€ 7,-

Raymond Roussel
Eindrücke aus Afrika

Roman

Aus dem Französischen
von Cajetan Freund

Mit 12 Radierungen
von Markus Raetz

Nachwort
von Bernd Mattheus

Matthes & Seitz Verlag
München

Alle Rechte vorbehalten. © 1980 Matthes & Seitz Verlag GmbH., Dietlindenstraße 14, 8000 München 40. Titel der Originalausgabe *Impressions d' Afrique*, © 1963, Jean-Jacques Pauvert, Paris. Gesamtherstellung Kösel, Kempten. Printed in Germany. ISBN 3-88221-213-6.

Inhaltsübersicht

Raymond Roussel, Eindrücke aus Afrika
7

Bernd Mattheus, Der Stern auf der Stirn
267

Impressianische Afrikonen
Inhaltsverzeichnis
289

I

Heute, am 25. Juni gegen vier Uhr, schien alle Welt bereit zu sein zur Krönung Talous VII., des Kaisers von Ponukele und Königs von Drelchkaff.

Obwohl die Sonne schon tief am Horizont stand, war die Hitze in dieser Gegend Afrikas nahe dem Äquator noch drückend und auf jedem von uns lastete die Gewitterschwüle, die keine Brise milderte.

Vor mir dehnte sich der riesige Platz der Trophäen im Herzen von Ejur, der imposanten Hauptstadt aus unzähligen Hütten, bespült vom Atlantischen Ozean, dessen fernes Tosen ich zu meiner Linken hörte.

Das exakte Viereck der Esplanade war auf allen Seiten durch eine Reihe hundertjähriger Sykomoren begrenzt; Waffen, tief in die Rinde jedes Stammes getrieben, trugen abgeschlagene Köpfe, Flitterkram, Schmuck aller Art, alles Dinge, die Talou VII. oder seine Vorfahren bei der Heimkehr aus so manchem siegreichen Feldzug aufgehäuft hatten.

Zu meiner Rechten erhob sich vor der Mitte der Baumreihe, einer Riesenkasperlbude ähnlich, ein rotes Theater, auf dessen Giebel die Worte *Club der Unvergleichlichen* in silbernen Buchstaben drei Zeilen bildeten, umgeben von breiten, glänzend goldenen Strahlen, die wie die Strahlen einer Sonne nach allen Richtungen gingen.

Auf der Bühne sah man im Augenblick einen Tisch und einen Stuhl, die anscheinend für einen Redner bestimmt waren. Mehrere ungerahmte Porträts, auf die Leinwand des Hintergrundes geheftet, waren durch ein Etikett hervorgehoben, das lautete: *Kurfürsten von Brandenburg*.

Näher bei mir stand in der Richtung nach dem roten Theater ein breiter Sockel aus Holz, auf dem sich Naïr, ein junger Neger von kaum zwanzig Jahren, gebückt stehend, einer aufreibenden Arbeit widmete. Rechts von ihm standen an je einer Ecke des Sockels zwei Pfähle, oben verbunden durch eine lange geschmeidige Schnur, die sich unter dem Gewicht von drei wie Tombolapreise nebeneinander aufgehängten Gegenständen straffte. Der erste war nichts weiter als ein steifer Hut, dessen schwarze Krone in weißlichen Großbuchstaben das Wort »ERTAPPT« trug; es folgte ein dunkelgrauer schwedischer Handschuh, mit der Handfläche nach vorn und geschmückt von einem flüchtig mit Kreide aufgemalten »C«; als letztes baumelte an der Schnur ein leichtes Pergamentblatt, das, mit seltsamen Hieroglyphen bedeckt, als Kopf eine ziemlich grobe Zeichnung trug, fünf Figuren darstellend, die durch ihre ganze Haltung und die Übertreibung einzelner Züge lächerlich erscheinen sollten.

Naïr war, als Gefangener auf seinem Sockel, mit dem rechten Fuß mittels eines Geflechts von Stricken, die eine richtige *Schlinge* bildeten, eng an die feste Plattform gefesselt; einer lebendigen Statue gleich, machte er langsame, genaue Gebärden und murmelte mit großer Schnelligkeit auswendig gelernte Wortfolgen. Vor ihm nahm eine gebrechliche Pyramide, zusammengefügt aus drei Rindenstücken, auf einem Gestell von besonderer Form, seine ganze Aufmerksamkeit in Anspruch; die Basis, ihm zugekehrt, aber merklich überhöht, diente ihm als Webstuhl; auf einem Ansatz des Gestells lag in Reichweite seiner Hand ein Haufen von Obstschalen, die auf der Außenseite von einer graulichten pflanzlichen Substanz überzogen waren. Sie erinnerten an Insektenlarven, die kurz vor der Verwandlung in Puppen standen. Indem der junge Mann mit zwei Fingern eine dieser zarten Umhüllungen faßte und langsam seine Hand an sich zog, schuf er eine elastische Verbindung gleich jenen Spinnenfäden, die im Frühling durch die Wälder schweben; aus diesen mit unbewaffnetem Auge nicht zu erkennenden Fasern machte er eine subtile und verwickelte Feenarbeit; denn seine Hände arbeiteten mit unvergleichlicher Gelenkigkeit, kreuzten, knüpften und verflochten auf alle erdenklichen Arten die Traumbänder, die sich anmutig ineinander verschlangen. Die Sätze, die er tonlos rezitierte, benützte er, um seine gefährliche und präzise Arbeit zu regulieren; der kleinste Irrtum konnte dem Ganzen einen nicht wieder gutzumachenden Schaden zufügen, und ohne die automatische Gedächtnisstütze, die ihm das Wort für Wort festgelegte Formular lieferte, hätte Naïr nie sein Ziel erreicht.

Unten zur Rechten am Rande des Sockels ermöglichten es andere Pyramiden, die mit der Spitze nach hinten lagen, die Wirkung der Arbeit nach ihrer gänzlichen Vollendung zu würdigen; die Basis, aufgerichtet und sichtbar, war durch ein fast nicht wahrzunehmendes Gewebe angezeigt, das zarter als Spinnweben war. Auf dem Grunde jeder Pyramide zog eine rote Blume, die mit dem Stengel befestigt war, den Blick machtvoll durch den unsichtbaren Schleier des hauchdünnen Gewebes auf sich.

Unweit der Bühne der Unvergleichlichen, zur Rechten des Darstellers stützten zwei Pfosten, vier bis fünf Fuß von einander entfernt, einen in Gang befindlichen Apparat; auf dem zunächst stehenden Pfosten ragte ein langer Drehzapfen, um den ein gelbliches Pergamentband fest wie eine Rolle gewickelt war; an den entfernteren war ein viereckiges Brettchen als Plattform für einen Zylinder fest angenagelt, der von einem Uhrwerk langsam auf und ab bewegt wurde.

Das gelbe Band, das sich, ohne aus der Richtung zu geraten, über die ganze Länge des Zwischenraumes spannte, wickelte sich um den

Zylinder, der es, sich um seine Längsachse drehend, unaufhörlich zu sich herüber zog, so daß der entferntere Pfosten der Drehbewegung folgen mußte.

Auf dem Pergament folgten Gruppen von wilden Kriegern, in groben Strichen gezeichnet, in den verschiedensten Posen aufeinander; eine Kolonne schien mit höchster Geschwindigkeit hinter einem fliehenden Feind herzulaufen; eine andere lag hinter einer Böschung auf der Lauer und wartete geduldig auf die Gelegenheit, sich zu zeigen; hier kämpften zwei an Zahl gleiche Phalangen in erbittertem Handgemenge; dort stürmten frische Truppen mit großen Gebärden vorwärts, um sich mutig in ein fernes Gemetzel zu stürzen. Die ständige Abwicklung bot dank der unendlichen Vielfalt der erzielten Effekte unaufhörlich weitere strategische Überraschungen.

Mir gegenüber am anderen Ende der Esplanade stand eine Art Altar mit mehreren Stufen davor, über die ein weicher Teppich gebreitet war; eine Schicht bläulich geäderter weißer Farbe gab dem Ganzen, von weitem gesehen, einen Anschein von Marmor.

Auf dem Altartisch, dargestellt durch ein langes Brett auf halber Höhe des Bauwerks und von einem Tuch verhüllt, sah man ein rechteckiges, mit Hieroglyphen besätes Pergament, das neben einem dicken Kännchen mit Öl aufgestellt war. Daneben trug ein großes Blatt aus starkem Luxuspapier den sorgfältig in gotischen Lettern gemalten Titel: *Regierendes Haus von Ponukele und Drelchkaff;* unter dem Kopf stellte ein rundes Porträt, eine Art zart kolorierter Miniatur zwei junge Spanierinnen von dreizehn bis vierzehn Jahren dar, die die landesübliche Mantille trugen – Zwillingsschwestern, nach der vollkommenen Ähnlichkeit der Gesichter zu schließen; auf den ersten Blick schien das Bild ein Bestandteil des Dokuments zu sein; bei genauerer Betrachtung jedoch entdeckte man ein schmales Band aus durchscheinendem Musselin, das, an den Umkreis der Bildscheibe und zugleich auf die Oberfläche des starken Papierblatts geklebt, die beiden Gegenstände so fest wie möglich miteinander verband, die in Wirklichkeit völlig unabhängig voneinander waren. Zur Linken des Doppelbildes stand in dicken Versalien der Name »SOUANN«; der Rest des Blattes darunter war mit einer genealogischen Nomenklatur angefüllt; sie wies zwei verschiedene Zweige aus, parallel zu einander von den beiden anmutigen Ibererinnen ausgehend, die ihren Ursprung bildeten; einer dieser Zweige endete mit dem Wort »Erloschen«, dessen Schriftzeichen, fast so groß wie die des Titels, brutal nach Effekt haschten; der andere hingegen, der nicht ganz so weit nach unten reichte wie sein Nachbar, schien die Zukunft durch das Fehlen jedes Schlußzeichens herauszufordern.

Rechts neben dem Altar grünte eine riesige Palme, deren bewundernswerter Wuchs ihr hohes Alter bezeugte; unten am Stamm hing eine Gedenktafel mit dem Vermerk: *Wiederkehr des Kaisers Talou IV. auf den Thron seiner Väter.* Im Schutz der Palmen trug daneben ein in den Boden gerammter Pfosten auf einer viereckigen Platte, die sein oberes Ende bildete, ein weichgekochtes Ei.

Zur Linken bildete in gleicher Entfernung vom Altar eine armselige hohe, alte Pflanze ein trauriges Gegenstück zu der prächtigen Palme; es war ein Gummibaum, am Ende seiner Kraft und fast schon in Fäulnis übergegangen. In seinem Schatten lag auf einer Sänfte aus Zweigen der Leichnam des Negerkönigs Yaour IX., klassisch kostümiert als Gretchen im *Faust,* in einem rosafarbenen Wollkleid mit kurzer Gürteltasche und einer starken blonden Perücke, deren dicke Zöpfe bis auf die Kniekehlen herunterhingen.

Zu meiner Linken erinnerte ein Gebäude, das sich an die Sykomorenreihe lehnte und dem roten Theater gegenüber lag, im Kleinformat an die Pariser Börse.

Zwischen diesem Gebäude und der Nordwestecke der Esplanade standen in einer Reihe mehrere lebensgroße Statuen.

Die erste stellte einen Mann dar, der von einer Waffe, die sein Herz durchbohrt hatte, tödlich getroffen worden war. Instinktiv preßte sich seine Hand an die Wunde, während die Beine unter dem Gewicht des Körpers nachgaben, der sich nach hinten geworfen hatte und im Begriff war zusammenzubrechen. Die Statue war schwarz und schien auf den ersten Blick aus einem einzigen Block gehauen zu sein; aber nach und nach entdeckte der Blick eine Menge von Rillen, die nach allen Richtungen verliefen und im allgemeinen zahlreiche parallele Gruppen bildeten. In Wirklichkeit war die Figur ausschließlich aus unzähligen Korsettstangen gemacht, die je nach den Erfordernissen des Modells zugeschnitten und gebogen worden waren. Nägel mit flachen Köpfen, deren Spitzen sich zweifellos innen umbiegen mußten, verbanden diese geschmeidigen Lamellen untereinander, die kunstvoll nebeneinander gelegt waren, ohne daß je der geringste Zwischenraum entstand. Das Gesicht mit allen Einzelheiten eines schmerzlichen und angstvollen Ausdrucks, bestand nur aus geschickt zusammengefügten Bruchstükken, die die Form der Nase, der Lippen, der Augenbögen und der

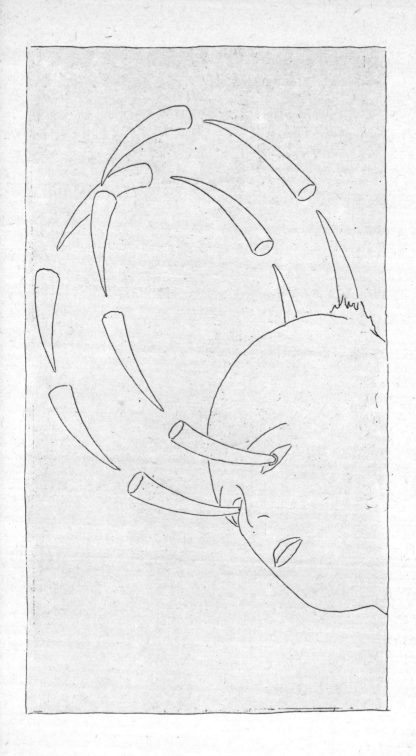

Augäpfel naturgetreu wiedergaben. Der Griff der Waffe, die im Herzen des Sterbenden stak, erweckte den Eindruck, daß hier eine große Schwierigkeit bewältigt worden sei, dank der Eleganz des Griffes, in dem man die Spuren von zwei oder drei Korsettstangen entdeckte, die in kurze, ringförmig zusammengebogene Stücke zerschnitten waren.

Der muskulöse Körper, die verkrampften Arme, die sehnigen, halb eingeknickten Beine, das alles schien, auf Grund des packenden, vollendeten Umrisses, den der Künstler den unveränderlichen dunklen Korsettstangen verliehen hatte, zu beben oder zu leiden.

Die Füße der Statue standen auf einem sehr einfachen Fahrzeug, dessen niedrige Brücke und dessen vier Räder ebenfalls aus geschickt zusammengefügten Korsettstangen gefertigt waren. Zwei schmale Schienen, aus einer rohen, rötlichen, gallertartigen Substanz, die nichts anderes als Kalbslunge war, lagen auf einer Fläche von geschwärztem Holz und erweckten durch Modellierung und Farbe die genaue Illusion eines Eisenbahngleises; auf sie paßten, ohne sie zu zerquetschen, die vier unbeweglichen Räder.

Der befahrbare Fußboden bildete das Oberteil eines völlig schwarzen hölzernen Sockels, dessen Vorderseite die weiße Inschrift trug: »Der Tod des Heloten Saridakis«. Darunter sah man, immer in schneeweißen Lettern und mit einer zarten Klammer:

DUELL { ἦστον
        ἤστην

Neben dem Heloten zeigte die Büste eines Denkers mit gerunzelten Brauen den Ausdruck intensiver und fruchtbarer Meditation. Auf dem Sockel las man den Namen:

IMMANUEL KANT

Dann kam eine Skulpturengruppe, die eine ergreifende Szene darstellt. Ein Reiter mit der grausamen Miene eines Schergen schien eine Nonne zu verhören, die vor der Türe ihres Klosters stand. Im Hintergrund, der durch ein Relief abgeschlossen war, erwarteten andere Bewaffnete auf feurigen Pferden einen Befehl ihres Führers. In die Basis war der folgende Titel in vertieften Lettern eingegraben: »Die Lüge der Nonne Perpetua«; darauf folgte die Frage: »Verbergen sich hier die Flüchtlinge?«

Weiter zeigte eine seltsame Gruppe mit der erklärenden Inschrift: »Der Regent verneigt sich vor Ludwig XV.« Philipp von Orléans, ehrfurchtsvoll gebeugt vor dem kindlichen König, der, an die zehn Jahre alt, eine Haltung voll unbewußter natürlicher Majestät einnahm.

Im Gegensatz zu dem Heloten sahen die Büste und die beiden Gruppen wie Terrakotten aus.

Norbert Montalescot ging ruhig und wachsam zwischen seinen Werken umher, wobei er besonders auf den Heloten achtete, dessen Zerbrechlichkeit unvorsichtige Berührungen durch Vorübergehende gefährlich machte.

Hinter der letzten Statue erhob sich eine kleine Hütte ohne Ausgänge, deren vier Wände von gleicher Größe aus dicker schwarzer Leinwand bestanden, die zweifellos vollkommene Dunkelheit erzeugten. Das Dach, nach einer Seite leicht geneigt, bestand aus mit der Zeit vergilbten Buchseiten, die in Form von Dachziegeln zugeschnitten waren; der Text, ziemlich groß gedruckt und ausschließlich in englischer Sprache, war verblaßt oder mitunter ganz verschwunden, doch trugen einige Seiten, deren oberer Rand sichtbar geblieben war, den noch deutlich erkennbaren Titel: *The Fair Maid of Perth*. In der Mitte des Daches war ein hermetisch verschlossenes Guckloch ausgespart, das an Stelle der Verglasung dieselben von Abnützung und Alter verfärbten Blätter aufwies. Die ganze leichte Bedachung mußte in dem Raum darunter ein diffuses gelbliches Licht von beruhigender Milde verbreiten.

Aus dem Inneren der Hütte erklang in regelmäßigen Abständen ein Akkord, der, freilich sehr gedämpft, an den Klang von Blechblasinstrumenten erinnerte und dem Zuhörer den genauen Eindruck einer musikalischen Atmung vermittelte.

Genau gegenüber von Naïr diente ein Grabstein in der Richtung auf die Börse zu als Gestell für die verschiedenen Teile einer Zuavenuniform. Ein Gewehr und Patronentaschen ergänzten diesen militärischen Plunder, der allem Anschein nach das Andenken des hier Begrabenen pietätvoll verewigen sollte.

Senkrecht hinter der Grabplatte bot eine mit schwarzem Stoff bezogene Tafel dem Blick eine Serie von zwölf Aquarellen, zu je dreien in vier Reihen symmetrisch übereinander angeordnet. Die Ähnlichkeit der Figuren ließ darauf schließen, daß sich diese Bilderfolge an irgend eine dramatische Darstellung anlehne. Über jedem Bild waren als Titel einige Worte mit dem Pinsel aufgemalt.

Auf dem ersten Blatt saßen ein Unteroffizier und eine blonde Frau in auffälliger Toilette im Fond eines luxuriösen Victorias; die Worte »Flore und der Feldwebel Lécurou« bezeichneten das Paar summarisch.

Darauf folgte die »Vorstellung des Daedalus«, dargestellt durch eine große Bühne, auf der ein Sänger in griechischem Gewande seine ganze

Stimme aufzubieten schien; in der ersten Reihe vor der Bühne stieß man wieder auf den Feldwebel, der, neben Flore sitzend, sein Opernglas auf den Künstler richtete.

In der »Konsultation« lenkte eine alte Frau in einem weiten Radmantel Flores Aufmerksamkeit auf eine an der Wand hängende Himmelskarte und wies mit dem Zeigefinger schulmeisterlich auf das Sternbild des Krebses.

Die »Geheime Korrespondenz«, mit der die zweite Reihe begann, zeigte die Frau im Radmantel, wie sie Flore einen jener besonderen *Leseroste* reicht, die man zur Dechiffrierung gewisser Geheimschriften braucht; sie bestehen aus einem einfachen Pappdeckel, in den bizarre Löcher geschnitten sind.

Das »Signal« zeigte die Terrasse eines fast menschenleeren Cafés, vor dem ein brauner Zuave, allein an einem Tisch sitzend, den Kellner auf die große Glocke am First einer nahen Kirche hinwies, die gerade läutete; darunter stand der kurze Dialog: »Garçon, was bedeutet dieses Geläut?« – »Das ist das Salve.« – »Dann bringen Sie mir ein *Arlequin*.«

Die »Eifersucht des Feldwebels« beschwor einen Kasernenhof herauf, in dem Lécurou, vier Finger der rechten Hand erhebend, dem Zuaven vom vorigen Bild eine scharfe Rüge zu erteilen schien; die Szene begleitete brutal eine Redewendung aus dem Militärjargon: »Vier Tage!«

Am Anfang der dritten Reihe führte die »Rebellion des *Bravos*« einen sehr blonden Zuaven in die Geschichte ein, der sich weigerte, einen Befehl Lécurous auszuführen und ihm mit dem einzigen Wort »Nein!« antwortete, das unter dem Aquarell stand.

Der »Tod des Schuldigen«, unterstrichen durch das Kommando »Legt an!«, bestand aus einem Exekutionspeloton, das unter der Führung des Feldwebels auf das Herz des Zuaven mit dem Goldhaar zielte.

Auf dem Bild »Wucherdarlehen« erschien die Frau im Radmantel wieder, um Flore mehrere Banknoten zu reichen, die, an einem Schreibtisch sitzend, irgend ein Schuldanerkenntnis zu unterschreiben schien.

Die letzte Reihe begann mit »Polizei in der Spielhölle«. Diesmal gab ein breiter Balkon, von dem sich Flore ins Leere stürzte, durch ein offenes Fenster den Blick auf einen großen Spieltisch frei, umgeben von Spielern, die durch das unzeitige Erscheinen mehrerer schwarzgekleideter Männer in Schrecken versetzt wurden.

Das vorletzte Bild, »Das Leichenschauhaus« betitelt, zeigte die Leiche einer Frau, von vorn gesehen, die hinter einer Glaswand auf einer steinernen Platte liegend ausgestellt war; im Hintergrund spannte sich eine deutlich sichtbar aufgehängte silberne Kette unter dem Gewicht einer kostbaren Uhr.

Endlich beschloß das Blatt »Verhängnisvolle Ohrfeige« die Reihe mit einer nächtlichen Landschaft; im Halbdunkel sah man den braunen Zuaven den Feldwebel Lécurou ohrfeigen, während in der Ferne über einem Wald von Masten eine von einem starken Scheinwerfer beleuchtete Tafel die drei Worte zeigte: »Hafen von Bougie«.

Hinter mir befand sich als Gegenstück zu dem Altar ein düsteres rechteckiges Gebäude von sehr kleinen Abmessungen; seine Frontseite bildete ein leichtes Gitter von dünnen, schwarzgestrichenen Holzstäben; vier Häftlinge, zwei Männer und zwei Frauen, alles Eingeborene, gingen schweigend im Inneren dieses winzigen Gefängnisses umher; über dem Gitter war das Wort »Haftanstalt« in rötlichen Lettern angeschrieben.

Um mich herum warteten die zahlreichen Passagiere der *Lyncée* auf die versprochene Parade.

II

Alsbald hörten wir ein Geräusch von Schritten; alle Blicke wandten sich nach links und wir sahen von der Südwestecke der Esplanade her einen seltsamen, pompösen Zug herannahen.

An der Spitze bildeten die sechsunddreißig Söhne des Kaisers, der Größe nach in sechs Reihen gruppiert, eine Negerphalanx, deren Angehörige zwischen drei und fünfzehn Jahren alt waren. Fogar, der älteste, der hinter den größten ging, trug auf seinen Armen einen riesigen Holzwürfel, der durch einen weißen Anstrich und schwarz ausgemalte kreisförmige Tupfen in einen Spielwürfel verwandelt worden war. Auf ein Zeichen von Rao, einem Eingeborenen, der damit beauftragt war, den Ablauf der Parade zu überwachen, begann der Kindertrupp in langsamem Schritt die Seite der Esplanade, an der die Börse stand, entlangzugehen.

Nach ihnen kamen in verführerischer Prozession die zehn Gemahlinnen des Herrschers, anmutige Ponukelefrauen voll Charme und Schönheit.

Endlich erschien Kaiser Talou VII. selbst, seltsam aufgeputzt als Konzertcafé-Sängerin in einem dekolletierten blauen Kleid mit langer Schleppe, auf der sich die Zahl »472« in schwarzen Ziffern abhob. Sein Negergesicht voll wilder Energie zeigte in dem Kontrast der Frauenperücke mit den prächtigen, sorgfältig gelockten blonden Haaren einen gewissen Charakter. An der Hand führte er seine Tochter Sirdah, ein schlankes Kind von achtzehn Jahren, dessen konvergierende Augen sich unter starken Hornhautflecken trübten, und dessen schwarze Stirn ein rotes Muttermal in Gestalt eines winzigen, mit gelben Strichen besäten Korsetts trug.

Dahinter marschierten die Truppen von Ponukele, stolze Krieger mit ebenholzfarbener Haut, schwer bewaffnet unter dem Schmuck von Federn und Amuletten.

Der Zug schlug allmählich die gleiche Richtung ein wie die Gruppe der Kinder.

Als Sirdah, die offenbar ihre Schritte gezählt hatte, am Grab des Zuaven vorbei kam, trat sie plötzlich an den Grabstein heran, auf den ihre Lippen sanft einen langen Kuß voll reinster Zärtlichkeit drückten. Nachdem diese fromme Pflicht erfüllt war, ergriff die junge Blinde wieder liebevoll die Hand ihres Vaters.

Als die Söhne des Kaisers, von Rao angeführt, das Ende der Esplanade erreicht hatten, wandten sie sich nach rechts, um an der Nordseite des großen Vierecks entlang zu gehen; als sie an der gegenüberliegenden Ecke angekommen waren, wendeten sie ein zweites Mal und nahmen die Richtung auf uns zu, während die Parade, an ihrem Ursprung fortwährend von neuen Heerscharen gespeist, genau ihren Spuren folgte.

Als schließlich die letzten schwarzen Krieger gerade in dem Augenblick erschienen, als die kindliche Vorhut das südliche Ende erreicht hatte, ließ Rao die Zugänge zum Altar freimachen, und alle Neuangekommenen stellten sich, die Blicke dem Mittelpunkt des Platzes zugekehrt, in guter Ordnung zu beiden Seiten auf.

Rings herum hatte sich eine Masse von Negern, aus der Bevölkerung von Ejur bestehend, hinter den Sykomoren versammelt, um dem anziehenden Schauspiel beizuwohnen.

Die Söhne des Kaisers, immer noch in sechs Reihen, hatten die Mitte der Esplanade erreicht und machten mit Front zum Altar Halt.

Rao nahm aus den Händen Fogars den riesigen Würfel, wog ihn mehrmals in den Händen und warf ihn endlich mit aller Kraft in die Luft; der gewaltige Kubus, fünfzig Centimeter hoch, stieg kreisend in die Höhe, eine weiße, schwarzgepunktete Masse, dann fiel er, eine enge Kurve beschreibend, auf den Boden und rollte noch ein Stückchen weiter, bevor er zum Stehen kam. Rao las augenblicklich die Zahl zwei auf der oberen Seite ab, trat auf die gehorsame Phalanx zu und wies mit dem Finger auf die zweite Reihe; sie blieb allein an Ort und Stelle, während der Rest der Gruppe den Würfel aufnahm und sich unter die Menge der Krieger mischte.

Nun trat Talou langsamen Schrittes zu den Auserwählten, die das Los als seine Pagen bestimmt hatte. Unter tiefster Stille wandte sich der Kaiser alsbald majestätisch dem Altar zu, eskortiert von den sechs privilegierten Kindern, die die Schleppe seines Gewandes trugen.

Nachdem er die wenigen Stufen zu dem summarisch geschmückten Tisch hinaufgestiegen war, winkte er Rao, heranzutreten, der in beiden Händen den schweren Krönungsmantel mit der Innenseite nach außen hielt. Der Kaiser, sich bückend, steckte Kopf und Arme durch die drei Öffnungen in der Mitte des Gewandstücks, dessen schwere Falten ihn bis zu den Zehen umhüllten.

So geschmückt, wandte sich der Monarch stolz der Versammlung zu, wie um den Blicken aller sein neues Kostüm darzubieten.

Der reiche seidige Stoff bildete eine große Karte Afrikas mit Angabe der Seen, Ströme und Berge.

Das blasse Gelb der Länder hob sich von dem abgetönten Blau der Meere ab, die sich nach allen Seiten soweit erstreckten wie die allgemeine Form des Gewands es zuließ.

Zarte silberne Streifenmuster furchten in Kurven und harmonischen Windungen die Oberfläche des Ozeans, um in einer Art Schema den unaufhörlichen Wellenschlag darzustellen. Nur die südliche Hälfte des Kontinents war zwischen dem Hals und den Fußknöcheln des Kaisers sichtbar.

An der Westküste befand sich ein schwarzer Punkt mit dem Namen Ejur daneben nahe der Mündung eines Stroms, dessen Quelle weit im Osten in einem Bergmassiv entsprang.

Zu beiden Seiten des mächtigen Wasserlaufs bezeichnete ein riesiger roter Fleck die Staaten des allmächtigen Talou.

Als Schmeichelei hatte der Schöpfer des Modells, die, übrigens nur ungenau bekannten Grenzen des imposanten Gebiets, das einem einzigen Szepter unterstand, bis ins Unendliche hinausgerückt; das strahlende Karminrot, das sich im Norden und Osten ausbreitete, reichte im Süden bis zu der Spitze, wo die Worte »Kap der Guten Hoffnung« in schwarzen Lettern standen.

Einen Augenblick später wandte sich Talou wieder nach dem Altar um; auf seinem Rücken zeigte die andere Hälfte des Gewands den nördlichen Teil Afrikas auf dem Kopf stehend in der gleichen maritimen Umrahmung.

Die feierliche Minute rückte näher.

Der Monarch begann mit lauter Stimme den Text zu lesen, der in der Sprache der Eingeborenen in Hieroglyphen auf das Pergamentblatt gemalt war, das in der Mitte des schmalen Tisches aufgestellt war.

Es war eine Art Bulle, durch die Talou, Kaiser von Ponukele, sich kraft seiner religiösen Machtbefugnis selbst zum König von Drelchkaff krönte.

Nach Beendigung der Proklamation ergriff der Herrscher das Fläschchen, das die heilige Phiole darzustellen bestimmt war, und, sich ins Profil wendend, goß er Öl auf seine Fingerspitzen und bestrich dann seine Stirn.

Darauf stellte er das Fläschchen sogleich auf seinen Platz zurück, schritt die Altarstufen hinab und erreichte mit ein paar Schritten das Lager aus Zweigen im Schatten des Gummibaumes. Hier stieß er, den Fuß auf Yaours Leichnam setzend, einen langen Seufzer der Freude aus und erhob triumphierend das Haupt, wie um vor Allen die sterbliche Hülle des verblichenen Königs zu demütigen.

Von diesem Akt des Hochmuts zurückkehrend, gab er Rao den schweren Mantel zurück, der sogleich weggebracht wurde.

Abermals eskortiert von seinen sechs Söhnen, die wiederum die Schleppe trugen, ging er langsam auf uns zu und schlug dann die Richtung zum Theater der Unvergleichlichen ein, um sich dann vor der Menge aufzustellen.

In diesem Augenblick rückten die Frauen des Kaisers bis in die Mitte der Esplanade vor.
Rao trat sogleich zu ihnen; er trug eine schwere Schüssel, die er mitten unter ihnen auf den Boden stellte.
Die zehn jungen Frauen ließen sich rings um das Gefäß nieder, das mit einer dicken schwarzen Speise gefüllt war, die sie mit Genuß verzehrten, indem sie sie mit der Hand zum Munde führten.
Einige Minuten später brachte Rao die völlig geleerte Schüssel wieder weg, und die gesättigten Negerinnen stellten sich für den *Luenn'chétuz* auf, einen religiösen Tanz, der hier zu Lande hoch in Ehren stand und den großen Festen vorbehalten war.
Sie begannen mit einigen langsamen Figuren, die von geschmeidigen, wogenden Bewegungen durchsetzt waren.
Von Zeit zu Zeit stießen sie aus weit geöffnetem Munde gewaltige Rülpser aus, die sich bald mit erstaunlicher Schnelligkeit vervielfachten. Statt diese widerlichen Geräusche zu verbergen, ließen sie sie sich kraftvoll entfalten und schienen untereinander in ihrer Lautstärke zu wetteifern.
Dieser Chor, als musikalische Begleitung der ruhigen und anmutigen Pavane, enthüllte uns die ganz besonderen Eigenschaften der unbekannten Substanz, die sie soeben zu sich genommen hatten.
Allmählich wurde der Tanz lebhafter und nahm einen phantastischen Charakter an, während die Rülpser in mächtigem Crescendo fortwährend an Zahl und Stärke zunahmen.
Es gab einen eindrucksvollen Höhepunkt, während dessen die harten, betäubenden Geräusche eine diabolische Sarabande skandierten; die fiebernden, zerzausten Tänzerinnen, von ihren schrecklichen Rülpsern, aber auch von Faustschlägen geschüttelt, begegneten sich, verfolgten einander, wanden sich wie in schwindelerregenden Delirien.
Dann beruhigte sich das Alles nach und nach, und nach einem langen Diminuendo schloß das Ballett mit einer Apotheose, die durch einen als Fermate verlängerten Schlußakkord unterstrichen wurde.
Bald darauf kehrten die jungen Frauen, immer noch von verspäteten Rülpsern geschüttelt, in langsamem Schritt an ihre ursprünglichen Plätze zurück.

Während der *Luenn'chétuz* getanzt wurde, hatte sich Rao nach der Südseite der Esplanade begeben, um eine Gruppe von Menschen schwarzer Rasse, bestehend aus einer Frau und zwei Männern, aus dem Gefängnis herauszulassen.

Jetzt bewegte sich nur noch eine einzige Gefangene hinter dem starken Gitter.

Rao führte, indem er sich einen Weg durch unsere Schar bahnte, die drei neu Angekommenen, deren Hände nach vorn gefesselt waren, bis an die Stelle, die durch den Tanz ausgetreten war.

Angstvolles Schweigen lastete auf der ganzen Versammlung, die durch die Erwartung der Qualen erregt war, denen die drei Gefesselten unterworfen werden sollten.

Rao zog aus seinem Gürtel ein großes Beil, dessen scharf geschliffene Klinge aus einem seltsamen Holz gefertigt war, das die Härte des Eisens besaß.

Soeben hatten sich ihm mehrere Sklaven zugesellt, um ihm bei seiner Henkerarbeit beizustehen. Der Verräter Gaïz-dûh, den sie festhielten, mußte mit gesenktem Kopfe niederknien, während die beiden anderen Verurteilten regungslos blieben.

Rao schwang sein Beil mit beiden Händen und traf mit drei Schlägen den Nacken des Verräters. Beim letzten Schlag rollte der Kopf des Verräters auf dem Boden.

Kein Tropfen Blut war verspritzt worden, denn das seltsame schneidende Holz bewirkte beim Eindringen in den Körper eine sofortige Gerinnung des Blutes und sog sogar die ersten Blutstropfen auf, die nicht zu vermeiden waren.

Haupt und Rumpf boten an ihrer Schnittfläche das solide, scharlachrote Bild gewisser Stücke von Schlachttieren.

Ohne es zu wollen, dachten wir an jene Puppen der Zauberer, die, mit Hilfe doppelbödiger Möbel an die Stelle des lebendigen Darstellers gesetzt, auf der Bühne in Scheiben geschnitten werden, denen vorher eine trügerische blutige Oberfläche aufgemalt worden ist. Hier machte die Wirklichkeit der Leiche die kompakte Röte eindrucksvoll, die sonst dank der Kunst des Pinsels entsteht.

Die Sklaven schafften die Überreste Gaïz-dûhs weg, desgleichen das geringfügig befleckte Beil.

Sie kamen bald zurück und stellten vor Rao ein brennendes Kohlenbecken, in dem die Enden zweier langer Eisenstäbe glühten, die an den anderen Enden grobe Holzgriffe trugen.

Mossem, der zweite Verurteilte, wurde vor dem Altar auf die Knie gezwungen, und zwar so, daß die Fußsohlen nach oben zeigten und die Zehennägel den Boden berührten.

Rao nahm aus der Hand eines Sklaven eine Pergamentrolle entgegen, die er breit entfaltete; es war die falsche Totenurkunde Sirdahs, die Mossem einst geschrieben hatte.

Mit Hilfe eines riesigen Palmwedels fachte einer der Schwarzen unaufhörlich das lodernde Feuer an.

Rao, hinter dem Delinquenten ein Knie beugend und das Pergament in der Linken haltend, ergriff einen der Stäbe im Feuer und drückte die Spitze auf die eine Ferse, die er vor Augen hatte. Das Fleisch zischte auf und Mossem, von den Sklaven festgehalten, krümmte sich vor Schmerz.

Unerbittlich erfüllte Rao seine Aufgabe. Er übertrug den Text des Pergaments getreulich auf den Fuß des Fälschers.

Von Zeit zu Zeit legte er den Stab, den er gerade benützte, in das Feuer zurück, um den anderen, rotglühenden, zu ergreifen.

Als die linke Sohle gänzlich mit Hieroglyphen bedeckt war, setzte Rao die Operation auf dem rechten Fuß fort, wobei er abwechselnd die beiden glühenden Eisenspitzen benützte, sobald eine zu erkalten begann.

Mossem, ein dumpfes Gebrüll erstickend, suchte sich mit monströsen Anstrengungen der Tortur zu entziehen.

Als das lügnerische Aktenstück bis zum letzten Zeichen kopiert war, befahl Rao, sich erhebend, den Sklaven, Mossem loszulassen, der, von der langen Qual niedergeworfen, unter schrecklichen Krämpfen vor unseren Augen seinen Geist aufgab.

Man brachte die Leiche weg, desgleichen das Pergament und das Kohlenbecken.

Auf ihren Platz zurückgekehrt, bemächtigten sich die Sklaven Ruls, eines seltsam schönen ponukelischen Mädchens, der einzigen Überlebenden des unseligen Trios. Die Verurteilte, in deren Haar lange goldene Nadeln sternförmig angeordnet waren, trug über ihrem Lendenschurz ein halbzerrissenes rotes Samtkorsett; das alles hatte eine verblüffende Ähnlichkeit mit dem bizarren Zeichen auf Sirdahs Stirn.

Wie Mossem auf die Knie niedergezwungen, versuchte die stolze Rul vergebens einen verzweifelten Widerstand.

Rao nahm eine der goldenen Nadeln aus ihren Haaren und setzte die Spitze senkrecht auf den Rücken der Delinquentin, wobei er auf der rechten Seite jene kreisförmige Stelle der Haut wählte, die unter der ersten Öse des roten Korsetts mit dem knotigen, abgenützten Schnürband sichtbar war; dann trieb er mit gleichmäßigem langsamem Stoß die spitze Nadel tief in das Fleisch.

Auf die Schreie, die der furchtbare Stich hervorrief, warf sich Sirdah, die die Stimme ihrer Mutter wiedererkannt hatte, Talou zu Füßen, um die Milde des Herrschers zu erflehen.

Als wolle er unerwartete Befehle entgegennehmen, wandte sich Rao dem Kaiser zu, der ihm jedoch mit unbeugsamer Gebärde gebot, fortzufahren.

Eine weitere Nadel, den schwarzen Zöpfen entnommen, wurde in eine zweite Öse gestoßen und nach und nach war die ganze Reihe mit glänzenden Goldnadeln gespickt; zur Linken neu begonnen, entfernte die Operation schließlich alle Nadeln aus den Haaren, indem sie der Reihe nach alle Schnürbandösen besetzte.

Seit kurzem schrie die Unglückliche nicht mehr; eine der Spitzen hatte das Herz erreicht und den Tod herbeigeführt.

Jäh gepackt, verschwand der Leichnam wie die beiden anderen.

Talou richtete die stumme, geängstigte Sirdah wieder auf und schritt zu den Statuen in der Nähe der Börse. Die Krieger traten beiseite um Platz zu machen und der Kaiser, dem unsere Gruppe sogleich gefolgt war, gab Norbert ein Zeichen, der sich der Hütte näherte und mit lauter Stimme seine Schwester rief.

Alsbald hob sich langsam das im Dach angebrachte Guckfenster, bis es, von der zarten Hand Louise Montalescots gestoßen, hinten überklappte. Sie erschien in der gähnenden Öffnung und es sah so aus, als steige sie die Sprossen einer Leiter hinauf.

Plötzlich, als sie halben Leibes aus der Öffnung herausragte, hielt sie inne und drehte sich zu uns herum. Sie war sehr schön in ihrer Offiziersverkleidung, mit ihren langen blonden Locken, die frei aus einer schmalen, schräg aufgesetzten Feldmütze hervorquollen.

Ihr blauer Dolman, der ihre prachtvolle Figur betonte, war auf der rechten Seite mit dünnen, schillernden Goldschnüren geschmückt; von da rührte der leise Akkord her, der bis dahin durch die Wand der Hütte gedrungen war; er wurde durch die Atmung der jungen Frau erzeugt dank einer operativen Verbindung zwischen der Basis der Lunge und den Besatzschnüren, die biegsame tönende Röhren verbargen. Die vergoldeten Eisenstifte, die wie anmutig langgezogene Gewichte an den Enden der Schnüre hingen, waren hohl und hatten in ihrem Inneren eine vibrierende Lamelle. Bei jeder Zusammenziehung der Lunge strömte ein Teil der ausgeatmeten Luft durch das Röhrennetz, versetzte die Lamelle in Schwingungen und erzeugte den harmonischen Klang.

Eine zahme Elster saß regungslos auf der linken Schulter der verführerischen Gefangenen.

Plötzlich bemerkte Louise die Leiche Yaours, die, noch immer im Gretchen-Gewand, im Schatten des gebrechlichen Gummibaumes lag. Heftige Erregung malte sich in ihren Zügen und, die Augen mit der Hand bedeckend, weinte sie nervös, die Brust von schrecklichem Schluchzen geschüttelt, das die Akkorde ihrer Schnüre laut erklingen ließ.

Talou, ungeduldig, sprach streng einige unverständliche Worte, die die unglückliche junge Frau zur Ordnung riefen.

Ihre qualvollen Ängste zügelnd, streckte sie die rechte Hand nach der Elster aus, die sich sogleich auf den plötzlich dargebotenen Zeigefinger setzte. Mit großer Gebärde streckte Louise den Arm aus wie um den Vogel in die Luft zu werfen; der flog auf und ließ sich vor der Statue des Heloten auf den Sand nieder.

Zwei kaum wahrnehmbare Öffnungen waren, über einen Meter von einander entfernt, knapp über dem Boden in die sichtbare Seite des schwarzen Sockels gebohrt.

Die Elster näherte sich der entfernteren Öffnung und steckte jählings ihren Schnabel hinein, um irgend eine Feder im Inneren in Gang zu setzen.

Alsbald begann sich die befahrbare Plattform langsam zu neigen, indem sie zur Linken in das Innere des Sockels einsank, während sie sich rechts über ihr bisheriges Niveau erhob.

Da das Gleichgewicht dadurch gestört war, setzte sich das Fahrzeug, das die tragische Statue trug, auf den gallertartigen Schienen langsam in Bewegung, die jetzt ein merkliches Gefälle aufwiesen. Die vier Räder aus schwarzen Lamellen waren gegen jede Entgleisung durch eine Schiene auf der Innenseite geschützt, die ihre fest auf dem Gleis stehenden Felgen seitlich ein wenig überragte.

Am unteren Ende der kurzen Gefällstrecke angelangt, wurde das Gefährt plötzlich durch den Rand des Sockels angehalten.

Während der wenigen Sekunden, die die Fahrt dauerte, war die Elster vor die zweite Öffnung gehüpft, in die sie gleichfalls ihren Schnabel versenkte.

Infolge einer neuen Auslösung neigte sich die Plattform jetzt nach der entgegengesetzten Seite. Das Gefährt, allmählich angehoben, – dann durch sein eigenes Gewicht nach rechts gezogen – rollte ohne jeden Motorantrieb lautlos über die Gleisstrecke und stieß am entgegengesetzten Ende an den Sockelrand, dessen Wand sich jetzt vor der schrägen Plattform wie ein Hindernis erhob.

Diese Hin- und Her-Bewegung wiederholte sich mehrmals dank der Tätigkeit der Elster, die unaufhörlich zwischen den beiden Öffnungen hin- und hereilte. Die Statue des Heloten blieb an dem Fahrzeug haften, dessen sämtliche Fahrten sie mitmachte, und das Ganze war so leicht, daß die Schienen trotz ihrer geringen Konsistenz keine Spur von Abplattung oder Bruch zeigten.

Talou sah mit Staunen den Erfolg des gefährlichen Versuchs, den er selbst erdacht, aber nicht für realisierbar gehalten hatte.

Die Elster beendete ihr Manöver aus eigenem Antrieb und erreichte mit einigen Flügelschlägen die Büste Immanuel Kants; aus dem oberen Teil ihres Sockels ragte zur Linken eine kleine Stange, auf die sich der Vogel setzte.

Sogleich erhellte ein gewaltiges Licht das Innere des Schädels, dessen Wände von der Linie der Augenbrauen an sehr dünn und vollkommen transparent waren.

Man ahnte das Vorhandensein einer Menge von Reflektoren, die nach allen Richtungen orientiert sein mußten, so machtvoll drangen die Strahlen, die die Flammen des Genies darstellten, aus dem weißglühenden Feuerherd.

Oft flog die Elster auf, um gleich wieder auf ihre Stange zurückzukehren, so daß sie das Licht in der Hirnschale, die allein in tausend Feuern strahlte, während Gesicht, Ohren und Nacken dunkel blieben, unaufhörlich aus und einschaltete.

Jedesmal, wenn sie sich wieder auf die Stange setzte, sah es so aus, als entstehe in dem plötzlich aufleuchtenden Hirn des Denkers eine transzendente Idee.

Die Büste verlassend, ließ sich der Vogel auf dem breiten Sockel mit der Gruppe der Schergen nieder; auch hier war es der herumstöbernde Schnabel, der, diesmal in einen dünnen senkrechten Schlauch gestoßen, einen unsichtbaren empfindlichen Mechanismus in Bewegung setzte.

Auf die Frage: »Sind die Flüchtlinge hier versteckt?« antwortete die Nonne, die vor ihrem Kloster stand, beharrlich: »Nein« und neigte nach jedem Schnabelhieb des Vogels, der aussah, als picke er etwas auf, den Kopf nach rechts und nach links.

Die Elster erreichte endlich die Plattform, die glatt wie ein Fußboden war und auf der die beiden letzten Statuen standen; der Platz, den das kluge Tier gewählt hatte, stellte eine zarte Rosette dar, die sich unter der leichten Mehrbelastung um einen halben Zoll senkte.

Im gleichen Augenblick verbeugte sich der Herrscher noch tiefer vor Ludwig XV., den diese Höflichkeit ungerührt ließ.

Der Vogel, auf der Stelle hüpfend, führte mehrere zeremoniöse Grußgebärden aus, dann setzte er sich flatternd wieder auf die Schulter seiner Herrin.

Nach einem langen Blick auf Yaour zog sich Louise in das Innere der Hütte zurück und schloß schnell das Guckloch, als habe sie es eilig, sich wieder irgend einer geheimnisvollen Arbeit zu widmen.

III

Der erste Teil des Spektakels war zu Ende und die Festveranstaltung der *Unvergleichlichen* konnte beginnen.

Zuvor sollte noch eine letzte Börsensitzung stattfinden.

Die schwarzen Krieger traten noch weiter zurück, um den Zugang zur Börse freizumachen, um die sich nun die Passagiere der *Lyncée* gruppierten.

Fünf Wechselmakler, verkörpert durch die beiden Inhaber der Bank Hounsfield & Cerjat, denen drei Gehilfen beistanden, traten an fünf Tische unter der Kolonnade des Gebäudes und verkündeten alsbald mit lauter Stimme gereimte Aufträge, die ihnen die Passagiere fortwährend erteilten.

Die Werte wurden mit den Namen der Unvergleichlichen selbst bezeichnet, deren jeder durch hundert Aktien vertreten war, die je nach den persönlichen Vorhersagen der Spieler über das Ergebnis des Wettkampfs stiegen und fielen. Alle Transaktionen wurden bar in Banknoten oder klingender Münze geregelt.

Eine Viertelstunde lang heulten die fünf Vermittler ohne Unterlaß kümmerliche Alexandriner, die die Spekulanten je nach den Kursschwankungen mit einem großen Aufgebot an Flickwörtern hastig improvisierten.

Endlich gaben Hounsfield und Cerjat aufstehend kund, daß der Handel abgeschlossen sei, und stiegen mit ihren drei Gehilfen die Stufen herunter, um sich zusammen mit mir unter die Menge der Spieler zu mischen, die sich auf ihrem alten Platz, dem Gefängnis abgekehrt, zusammendrängten.

Die schwarzen Krieger stellten sich wieder in ihrer ursprünglichen Ordnung auf, mieden jedoch, auf Raos Befehl, die unmittelbare Umgebung der Börse, die einen brauchbaren Durchgang bieten konnte.

Die Galavorstellung begann.

Zuerst traten die vier Brüder Boucharessas auf, alle in derselben Akrobatenkleidung, bestehend aus einem rosafarbenen Trikot und einem schwarzen Samthöschen.

Die beiden ältesten, Hector und Tommy, junge Männer von geschmeidiger Kraft, trugen jeder in einem soliden Tamburin sechs dunkle Gummibälle; sie gingen nach entgegengesetzten Richtungen und kehrten sich alsbald, an zwei weit entfernten Punkten stehenbleibend, einander zu.

Plötzlich stieß Hector, der vor unserer Truppe stand, gleichsam als Signal, einen Schrei aus und schlug mit dem Tamburin seine sechs Bälle, einen nach dem anderen, mit voller Kraft seinem Gegenüber zu.

Zur gleichen Zeit hatte Tommy vom Fuß des Altars aus mit der tönenden Scheibe, die er in der linken Hand hielt, alle seine Gummiprojektile geworfen, die sich mit denen seines Bruders kreuzten.

Nachdem diese erste Arbeit getan war, begann jeder der beiden Jongleure die Bälle seines Gegenübers in beständigem Austausch zurückzuschlagen, der ohne Unterbrechung andauerte. Die Tamburine vibrierten gleichzeitig und die zwölf Projektile bildeten eine Art langgezogenen Bogens, der ständig in Bewegung war.

Dank der völligen Übereinstimmung ihrer Bewegungen und ihrer großen äußerlichen Ähnlichkeit erzeugten die beiden Brüder die Illusion, als seien sie ein einziges Wesen mit seinem Spiegelbild.

Mehrere Minuten lang gelang dieses Kunststück mit mathematischer Präzision. Schließlich, auf ein neues Signal, fing jeder Spieler mit der hohlen Seite seines umgedrehten Tamburins die Hälfte der Geschosse auf, deren Hin und Her jäh abbrach.

Sogleich lief Marius Boucharessas, ein Knabe von zehn Jahren mit aufgeweckter Miene, nach vorn, während seine beiden älteren Brüder verschwanden.

Das Kind trug auf seinen Armen, auf den Schultern und sogar auf dem Kopf ein ganzes Rudel junger Katzen, die alle um den Hals ein rotes oder grünes Band trugen.

Mit dem Ende seiner Ferse zog er, parallel zu der Seite, die die Börse einnahm, im Sande zwei Linien in etwa zwölf bis fünfzehn Meter Entfernung von einander, und die Katzen, die von selber auf die Erde hintersprangen, stellten sich in zwei gleichen Parteien hinter diesen festgelegten Grenzen auf. Grüne Bänder auf der einen, rote auf der anderen Seite, standen sie sich ohne jede Vermischung Auge in Auge gegenüber.

Auf ein Zeichen von Marius begannen die graziösen Tiere eine fröhliche *Barlauf*partie.

Zum Beginn ging einer der *Grünen* bis zum Lager der *Roten* vor und berührte mit fast ganz eingezogenen Krallen dreimal die Pfote, die ihm einer der Gegner entgegenstreckte; beim drittenmal lief er schnell davon, der *Rote*, der ihn zu erwischen suchte, hinter ihm her.

In diesem Augenblick ging ein anderer *Grüner* auf den Verfolger los, der umkehren mußte und bald bei einem seiner Partner Hilfe fand;

dieser Letztere nahm die Verfolgung des zweiten *Grünen* auf, der seinerseits fliehen mußte.

Dieser Vorgang wiederholte sich mehrmals bis zu dem Augenblick, wo ein *Roter,* dem es gelungen war, einen *Grünen* mit seiner Pfote zu berühren, ein triumphierendes Miauen ausstieß.

Es gab eine Pause, der *grüne* Gefangene begab sich auf die Seite der Gegner, ging drei Schritte auf das eigene Lager zu und verharrte dann in gänzlicher Unbeweglichkeit.

Die Katze, der die Ehre zukam, einen Gegner gefangen zu haben, ging zum Lager der *Grünen* hinüber und forderte mit drei kurzen Schlägen auf eine entgegengestreckte Pfote zu neuem Kampf auf.

Dann gingen die gegenseitigen Verfolgungen schwungvoll weiter, bis ein *Roter* gefangen wurde, der sich dann, der Regel gehorchend, unbeweglich vor dem Lager der Gegner aufstellte.

Lebhaft und spannend setzte sich das Spiel ohne jeden Verstoß gegen die Regeln fort. Die Gefangenen, in zwei symmetrischen Reihen sich ansammelnd, sahen ihre Zahl zuweilen dank der Befreiung durch eine geschickte Berührung eines Partners sich vermindern. Ein gewandter Läufer, der ungehindert das dem seinen entgegengesetzte Lager erreichte, war während seines Aufenthaltes jenseits der ruhmvoll überschrittenen Linie unberührbar.

Schließlich wurde die Zahl der *grünen* Gefangenen so groß, daß Marius mit gebieterischer Stimme den Sieg des *roten* Lagers verkündete.

Ohne Zögern kehrten darauf die Katzen zu dem Kind zurück und kletterten an seinem Körper empor, um die Plätze wieder einzunehmen, die sie bei seinem Auftritt innegehabt hatten.

An die Stelle von Marius, der sich entfernte, trat Bob, der letzte der Brüder, ein reizender blonder Junge von vier Jahren mit großen blauen Augen und langen lockigen Haaren.

Mit unerhörter Meisterschaft und einem Talent von wunderbarer Frühreife begann das bezaubernde Kind eine Reihe von Geräuschimitationen, die von beredten Gesten begleitet wurden: die verschiedenen Geräusche eines anfahrenden Zuges, Schreie aller möglichen Haustiere, das Kreischen der Säge auf einem Quaderstein, den Knall eines Champagnerkorkens, das Glucksen einer Flüssigkeit beim Einschenken, Fanfaren eines Jagdhorns, ein Violinsolo, der klagende Gesang eines Cellos, das alles ergab ein glänzendes Repertoire, das, wenn man für einen Augenblick die Augen schloß, die vollkommene Illusion der Wirklichkeit erwecken konnte.

Das Wunderkind verabschiedete sich von der Menge und gesellte sich wieder zu Marius, Hector und Tommy.

Gleich darauf traten die vier Brüder ab, um ihrer Schwester Stella Platz zu machen, einem charmanten Mädchen von vierzehn Jahren, die, als *Fortuna* kostümiert, auf einem winzigen Rad erschien, das beständig unter ihren Füßen rollte.

Das junge Mädchen führte Bewegungen nach allen Seiten aus, indem sie, fortwährend hüpfend, mit den Fußspitzen die schmale Felge in Bewegung hielt.

In der Hand hielt sie ein großes, tiefes und geschweiftes Horn, aus dem plötzlich, einer Flut von Goldstücken ähnlich, Geldmünzen aus leichtem glänzendem Papier quollen, die, langsam zu Boden schwebend, keinerlei metallisches Geräusch erzeugten.

Die Louis, Doppel-Louis und die großen Scheiben zu hundert Francs bildeten eine schimmernde Spur hinter der hübschen Reisenden, die mit einem Lächeln auf den Lippen und ohne jemals mit dem Boden in Berührung zu kommen, wahre Wunder an Balance und Schnelligkeit vollbrachte.

Wie gewisse Taschenspielerkegel, aus denen man endlos Blumen aller Art hervorkommen sieht, schien der Geldbehälter unerschöpflich zu sein. Stella brauchte ihn nur ein wenig zu schütteln, um Reichtümer zu säen, deren dicke, aber unbeständige Schicht zum Teil von den Schleifen des rollenden Rades vernichtet wurde.

Nach mancherlei Kurven und Schwüngen verschwand das junge Mädchen wie eine Fee, indem sie bis zum letzten Augenblick ihr gemünztes Pseudometall verstreute.

Aller Blicke wandten sich nun dem Schützen Balbet zu; er hatte soeben vom Grab des Zuaven die Patronentaschen genommen, die er jetzt an seiner Seite trug, und die Waffe, die nichts anderes war als ein *Gras*-Gewehr sehr alten Datums.

Der berühmte Meister, Gegenstand der allgemeinen Aufmerksamkeit, ging schnell nach rechts, machte vor unserer Gruppe Halt und wählte sorgfältig seinen Platz, indem er nach dem Norden des Platzes schaute.

Ihm gerade gegenüber unter der Gedächtnispalme erhob sich in weiter Entfernung der vierkantige Pfosten mit dem weichgekochten Ei.

Die neugierigen Eingeborenen, die weiter weg hinter der Sykomorenreihe standen, traten auf ein Zeichen Raos beiseite, um einen großen Raum freizumachen.

Balbet lud sein Gewehr, legte an, zielte lange und schoß.

Die Kugel streifte den oberen Teil des Eis, riß ein wenig von dem Weißen weg und legte dadurch den Dotter frei.

Weitere Kugeln, der Reihe nach abgefeuert, setzten das begonnene Werk fort; nach und nach verschwand die Eiweißhülle zu Gunsten des inneren Elements, das bei all dem intakt blieb.

Zuweilen lief Hector Boucharessas zwischen zwei Detonationen herbei und drehte das Ei, das dadurch nacheinander alle Punkte seiner Oberfläche dem Schützen darbot.

Im Hintergrund fing eine der Sykomoren die Kugeln auf, die alle in den Stamm eindrangen, der an dieser Stelle zum Teil flach behauen war, um Abpraller nach der Seite zu vermeiden.

Die vierundzwanzig Patronen, die Balbets Vorrat bildeten, reichten genau für seinen Versuch aus.

Als der letzte Pulverdampf aus dem Lauf der Waffe entwichen war, nahm Hector das Ei in die hohle Hand, um es der Runde zu zeigen.

Keine Spur Weißes haftete mehr an der zarten inneren Membrane, die, völlig bloßgelegt, noch immer den Eidotter umschloß ohne auch nur einen einzigen Kratzer aufzuweisen.

Auf Balbets Bitte, dem daran lag zu zeigen, daß nicht etwa zu langes Kochen die Sache erleichtert hatte, schloß Hector für einen Augenblick die Hand, so daß der völlig flüssige Dotter zwischen seinen Fingern herunterlief.

Pünktlich zur verabredeten Zeit erschien der Konstrukteur La Billaudière-Maisonnial, indem er wie ein Scherenschleifer eine seltsam komplizierte Maschine vor sich herschob.

Er machte in der Mitte des Platzes Halt und stellte den umfangreichen Apparat, der von zwei Rädern und zwei Füßen in vollkommenem Gleichgewicht gehalten wurde, in die Achse des Altars.

Das Ganze bestand aus einer Art Schleifscheibe, die, durch ein Pedal angetrieben, ein ganzes System von Rädern, Pleuelstangen, Hebeln und Federn bewegen konnte, das ein unauflösliches metallisches Gewirr bildete; aus einer Seite ragte ein gegliederter Arm, der in einer Hand mit einem Florett endete.

Balbet legte das Gras-Gewehr und die Patronentasche wieder auf das Grab des Zuaven und nahm von einer schmalen Bank, die ein Bestandteil des neuen Apparats war, eine luxuriöse Fechtausrüstung, aus Maske, Plastron, Handschuh und Florett bestehend.

Sogleich setzte sich La Billaudière-Maisonnial, das Gesicht uns zugewendet, auf die freigemachte Bank und, während sein Körper durch den erstaunlichen Mechanismus vor ihm unseren Augen entzogen war, setzte er seinen Fuß auf das lange Pedal, das die Schleifscheibe drehen sollte.

Balbet, mit Maske, Handschuh und Plastron geschmückt, zog mit der Spitze seines Floretts auf dem Boden eine gerade Linie, dann ging er, die linke Sohle auf den unveränderlichen Strich gesetzt, elegant in Auslage vor dem Gliederarm, der, auf der linken Seite herausragend, sich deutlich von dem weißen Hintergrund des Altars abhob.

Die beiden Klingen kreuzten sich und La Billaudière-Maisonnial setzte, den Fuß auf dem Pedal, die Scheibe in schnelle Bewegung.

Plötzlich schnellte der mechanische Arm, nach mehreren schnellen und geschickten Finten, nach vorn und führte einen geraden Stoß gegen Balbet, der trotz seiner weltbekannten Geschicklichkeit diesen bewundernswerten unfehlbaren Ausfall nicht parieren konnte.

Der künstliche Ellenbogen hatte sich wieder zurückgezogen, aber die Scheibe drehte sich noch immer und bald folgte auf eine neue trügerische Gymnastik, die ganz anders war als die erste, ein jäher Stoß, der Balbet mitten auf die Brust traf.

So ging das Gefecht mit zahlreichen Ausfällen weiter; Quart, Sext, Terz, sogar Prim, Quint und Oktave, vermischt mit Dégagements, mit Doublieren und Coupieren, brachten zahllose noch nie dagewesene komplizierte Stöße hervor, jeweils in unvorhergesehenen blitzschnellen Finten endend, die immer ihr Ziel erreichten.

Den linken Fuß auf der Linie, die ihn hinderte zurückzuweichen, begnügte sich Balbet damit zu parieren, versuchte nur, das gegnerische Florett abzulenken, daß es nach der Seite abglitt ohne ihn zu treffen. Aber der von der Scheibe getriebene Mechanismus war so vollkommen, die unbekannten Ausfälle bargen so viele irremachende Listen in sich, daß die Abwehrkombinationen des Fechters regelmäßig im letzten Augenblick zunichte gemacht wurden.

Von Zeit zu Zeit änderte La Billaudière-Maisonnial, eine lange gezahnte Stange mehrmals ziehend und wieder zurückstoßend, die Einstellung des Räderwerks und schuf so einen neuen Zyklus von Finten, die ihm selber noch unbekannt waren.

Dieses Manöver, das eine unendliche Zahl zufälliger Resultate hervorbringen konnte, ließ sich mit den leichten Schlägen auf das Rohr eines Kaleidoskops vergleichen, durch die im Gesichtsfeld des Betrachters Kristallmosaike von ewig neuer Buntheit erzeugt werden.

Balbet gab schließlich den Kampf auf und legte seine Rüstung ab, entzückt von der eigenen Niederlage, die ihm Gelegenheit gegeben hatte, ein mechanisches Meisterwerk zu würdigen.

La Billaudière-Maisonnial ergriff zwei kurze Deichselholme, die hinter der Bank angebracht waren, von der er sich erhoben hatte, und entfernte sich langsam, seine erstaunliche Maschine vor sich herschiebend.

Nach diesem Abgang trat ein Negerkind von zwölf Jahren, schalkhaft lächelnd, unter tausend Bocksprüngen auf.
Es war Rhéjed, einer der jungen Söhne des Kaisers.
Unter seinem linken Arm trug er eine Art rothaariges Nagetier, das seine winzigen aufrechtstehenden Ohren nach allen Seiten bewegte.
In der rechten Hand hielt das Kind eine leichte, weißbemalte Türe, die irgend einem niedrigen Schrank entnommen sein mochte.
Den winzigen Türflügel auf den Boden stellend, faßte Rhéjed den aus seinem roten Lendenschurz herausragenden Griff eines Dolchmessers von plumper Form.
Ohne zu zögern tötete er das Nagetier mit einem raschen Hieb der schmalen Klinge, die in den behaarten Nacken eindrang und stecken blieb.
Das Kind packte schnell den noch warmen Kadaver an den Hinterfüßen und legte ihn auf die Türe.
Alsbald begann aus dem herunterhängenden Maul ein klebriger Geifer zu fließen.
Rhéjed schien dieses Phänomen vorhergesehen zu haben, denn im nächsten Augenblick drehte er die Türe um und hielt sie in geringer Höhe schräg über dem Boden.
Der schleimige Auswurf, der sich jetzt über die andere Seite des Türflügels ausbreitete, bildete in kurzer Zeit eine kreisförmige Schicht von einer gewissen Ausdehnung.
Als die tierische Quelle versiegte, legte Rhéjed den Nager in die Mitte der noch ganz frischen Lache. Dann richtete er die Türe wieder auf, ohne sich um den Kadaver zu kümmern, der, von dem seltsamen Kleister festgehalten, unbeweglich an derselben Stelle haften blieb.
Rhéjed löste mit einer raschen Bewegung seinen Lendenschurz, und klebte das Ende auf die erste Seite des Türflügels, die nicht so ausgiebig beschmiert war wie die zweite.
Der rote Stoff blieb ohne weiteres auf dem schleimigen Firnis kleben, den er vollständig bedeckte.
Die Türe, wieder flach liegend, verbarg ein Stück der langen Binde und bot den angeklebten Nager den Blicken dar.
Rhéjed drehte sich um sich selbst, um den Lendenschurz abzuwik-

keln, entfernte sich dabei ein paar Schritte und verharrte reglos wartend.

Schon seit einiger Zeit hatte sich ein seltsamer Geruch, der von dem ausfließenden Geifer herrührte, mit beispielloser Heftigkeit über den Platz der Trophäen ausgebreitet.

Rhéjed, den die Stärke dieser Emanationen nicht zu überraschen schien, hob die Augen, als spähe er nach dem Erscheinen irgend eines erwarteten Besuchers aus heiterem Himmel.

Mehrere Minuten verstrichen unter allgemeiner Stille.

Plötzlich stieß Rhéjed einen triumphierenden Schrei aus und wies auf einen riesigen Raubvogel, der, im Süden in großer Höhe schwebend, schnell näher kam.

Zur größten Freude des Kindes ließ sich der Vogel mit dem glänzenden schwarzen Gefieder auf die Türe nieder, indem er seine beiden Beine, die fast so lang wie die eines Stelzvogels waren, neben den Nager setzte.

Über dem hakenförmigen Schnabel schienen zwei bebende Öffnungen, Nasenlöchern gleichend, mit einem außerordentlichen Geruchsvermögen begabt.

Der verräterische Geruch war offenbar bis zum Horst des Vogels gedrungen, der, zuerst angezogen, dann geführt von seinem subtilen Geruchssinn, ohne Schwanken die seiner Gefräßigkeit dargebotene Beute entdeckt hatte.

Auf den ersten gierigen Schnabelhieb in den Kadaver folgte ein durchdringender Schrei Rhéjeds, der mit beiden Armen eine weit ausgreifende wilde Bewegung machte.

Dadurch erschreckt, breitete der Vogel seine Flügel aus und flog auf.

Aber seine Krallen, von dem zähen Kleister festgehalten, nahmen die Türe mit, die sich horizontal in die Lüfte erhob, ohne das rote Tuch loszulassen, das an ihre untere Seite geheftet war.

Auch Rhéjed hob sich in die Lüfte, an seiner Bauchbinde schaukelnd, von der noch ein großer Teil um seine Lenden gewickelt war.

Trotz dieser Last gewann der robuste Flieger schnell an Höhe, fortwährend angetrieben von den Schreien des Kindes, dessen Ausbrüche von Gelächter übermütigen Jubel anzeigten.

Im Augenblick des Aufflugs war Talou mit allen Anzeichen heftigen Erschreckens zu seinem Sohn herbeigestürzt.

Der unglückliche Vater, zu spät gekommen, folgte mit angstvollem Blick den Evolutionen des mutwilligen Kindes, das sich, ohne Bewußtsein der Gefahr, immer weiter entfernte.

Lähmender Schrecken ließ die Anwesenden erstarren, die voller Entsetzen den Ausgang des bedenklichen Zwischenfalls erwarteten.

Rhéjeds Vorbereitungen und die Sorgfalt, mit der er den reglosen Nager an der Türe befestigt hatte, bewiesen, daß dieser Flug, von dem niemand vorher etwas erfahren hatte, wohl überlegt war.

Indessen erhob sich der riesige Flieger, von dem hinter der Türe nur die Flügelspitzen zu sehen waren, in immer höhere Regionen.

Rhéjed, für unsere Augen immer kleiner werdend, schwankte heftig an seiner Bauchbinde und verzehnfachte so die tödlichen Möglichkeiten eines Sturzes, der allein schon wegen der Brüchigkeit des Bandes drohte, das das rote Tuch und die zwei unsichtbaren Klauen mit der Tür zusammenhielt.

Endlich schien der Vogel, offenbar erschöpft von der ungewohnten Last, geneigt zu sein, sich dem Erdboden wieder zu nähern.

Der Abstieg wurde bald schneller, und Talou streckte dem Knaben hoffnungsvoll seine Arme entgegen, als wollte er ihn an sich ziehen.

Am Ende seiner Kräfte, kam der Flieger jetzt mit erschreckender Geschwindigkeit herunter.

Einige Meter über dem Boden zerriß Rhéjed seine Bauchbinde und fiel graziös auf seine Füße, während der Vogel, von seiner Last befreit, mit der Türe im Schlepptau, die mit einem Fetzen des roten Tuches geschmückt war, nach Süden entflog.

Allzu froh, um an die verdiente Strafpredigt zu denken, stürzte sich Talou auf seinen Sohn und umarmte ihn lang und leidenschaftlich.

Als sich die Erregung gelegt hatte, trat der Chemiker Bex auf; er schob einen riesigen gläsernen Käfig vor sich her, der auf einer Mahagoni-Plattform mit vier gleichgroßen niedrigen Rädern stand.

Die Sorgfalt, die auf die bei all seiner Einfachheit sehr luxuriöse Herstellung des Fahrzeugs verwendet worden war, bewies den Wert der zerbrechlichen Last, der es präzis angepaßt war.

Es rollte weich und ohne Fehl, dank dicker Luftreifen, auf den geräuschlosen Rädern, deren dünne Metallspeichen frisch vernickelt zu sein schienen.

Hinten waren zwei senkrechte kupferne Stangen, oben elegant gekrümmt, an ihren Enden durch eine Querstange verbunden, mit der Bex die Mahagoni-Plattform schob.

Das Ganze erinnerte, in sehr verfeinerter Form, an jene soliden Karren, mit denen auf den Bahnsteigen Koffer und Ballen befördert werden.

Bex machte in der Mitte des Platzes Halt und ließ allen Zeit und Muße, den Apparat zu betrachten.

Der Glaskäfig schloß ein riesiges Musikinstrument ein, das aus kupfernen Schalltrichtern, Saiten, kreisförmigen Bogen, mechanischen Klaviaturen aller Art und einem reich ausgestatteten Schlagzeug bestand.

Auf dem vorderen Teil der Plattform war ein breiter Raum für zwei große Zylinder, einen roten und einen weißen, dicht vor dem Käfig reserviert, deren jeder durch ein Metallrohr mit der hinter den durchsichtigen Wänden eingeschlossenen Luft verbunden war.

Ein ungewöhnlich hohes Thermometer, auf dem jeder Grad in Zehntel geteilt war, streckte seine zerbrechliche Röhre in die Atmosphäre außerhalb des Käfigs, in den nur die kleine Kugel hineinreichte, die eine violettfunkelnde Flüssigkeit enthielt. Keinerlei Fassung umschloß die dünne durchsichtige Röhre, die wenige Zentimeter von dem Rand entfernt angebracht war, den die beiden Zylinder beinahe berührten.

Während aller Blicke die seltsame Maschine durchforschten, gab Bex mit Präzision eine Menge klarer, gelehrter Erläuterungen.

Wir erfuhren, das Instrument werde sogleich dank einem in seinem Inneren verborgenen Elektromotor vor unseren Augen funktionieren.

Die Zylinder, ebenfalls elektrisch angetrieben, dienten zwei entgegengesetzten Zwecken – der rote enthielt eine außerordentlich starke Wärmequelle, während der weiße unaufhörlich eine intensive Kälte erzeugte, die imstande war, jedes beliebige Gas zu verflüssigen.

Nun waren verschiedene Organe des automatischen Orchesters aus *Bexium* gefertigt, einem neuen Metall, dem Bex auf chemischem Wege eine ungewöhnliche Wärmeempfindlichkeit verliehen hatte. Die Herstellung des Klangensembles zielte sogar einzig darauf ab, die Eigenschaften der seltsamen Substanz, die der geschickte Erfinder entdeckt hatte, schlagend ins Licht zu rücken.

Ein *Bexium*-Block, der verschiedenen Temperaturen ausgesetzt wurde, veränderte sein Volumen etwa im Verhältnis von eins zu zehn.

Auf dieser Tatsache beruhte der ganze Mechanismus des Apparates.

Am oberen Ende jedes Zylinders befand sich ein leicht um sich selbst drehbarer Handgriff, der die Öffnung eines Hahns im Inneren regelte; dieser stand durch das Metallrohr in Verbindung mit dem Glaskäfig. Durch ihre ständigen Veränderungen wirkten die *Bexium*-Fragmente kraftvoll auf einige Federn und schalteten dadurch diese oder jene Klaviatur oder eine Gruppe von Hörnern ein oder aus, die dann im richtigen Augenblick auf ganz banale Weise mit Hilfe durchlöcherter Scheiben in Gang gesetzt wurden.

Trotz der thermischen Schwankungen behielten die Saiten auf Grund eines von Bex erdachten Verfahrens, durch das sie teilweise starr wurden, ihre Einstellung bei.

Das für die Wand des Käfigs verwendete Kristallglas war wunderbar dünn, so daß der Ton durch dieses zarte, vibrierende Hindernis kaum gedämpft wurde.

Nachdem Bex seine Demonstration beendet hatte, trat er vor das Fahrzeug hin, richtete seinen Blick auf die Thermometersäule und faßte die Handgriffe auf den zwei Zylindern.

Zuerst den roten Griff drehend, schickte er einen starken Wärmestrom in den Käfig, dann unterbrach er den Strahl plötzlich, als er sah, daß die violette Flüssigkeit nach schnellem Anstieg den gewünschten Teilstrich erreicht hatte.

Mit einer raschen Bewegung, als wollte er ein kleines Versehen korrigieren, klappte er ein bewegliches Pedal, ähnlich dem Trittbrett einer Kutsche, herunter, das, bis dahin zwischen den Zylindern versteckt, nach dem Herunterklappen bis auf den Boden reichte.

Mit der Fußsohle das leicht federnde Pedal tretend, schaltete er den Elektromotor ein, der in dem Instrument verborgen war; einige seiner Organe begannen nun zu tönen.

Zuerst erklang eine langsame, zart klagende Kantilene, begleitet von ruhigen, regelmäßigen Arpeggien.

Ein massives Rad, das wie ein Miniatur-Mühlstein aussah, strich als ein endloser Fiedelbogen eine lange Saite, die über einem Resonanzboden gespannt war; über dieser Saite senkten und hoben sich, wie die Finger eines Virtuosen, automatisch bewegte Hämmer und schufen so lückenlos alle Noten der Tonleiter.

Durch Veränderungen seiner Geschwindigkeit brachte das Rad alle denkbaren Nuancen hervor, und das Ergebnis war, was die Klangfarbe betraf, der vollkommene Eindruck einer Geigenmelodie.

An einer der Kristallglaswände lehnte eine Harfe, deren Saiten von je einem dünnen hölzernen Haken gehalten wurden, der sie zupfen konnte, indem er sich zurückzog, um dann, einen Bogen beschreibend, seine ursprüngliche Stellung wieder einzunehmen; die Haken waren im rechten Winkel am Ende beweglicher Stangen befestigt, deren zartes, geschmeidiges Spiel schmachtende Arpeggien hervorbrachte.

Gemäß der Vorhersage des Chemikers dämpfte die durchsichtige Hülle nur sehr wenig die Schwingungen, deren durchdringender Klang sich voll Charme und Kraft ausbreitete.

Ohne das Ende dieser Romanze ohne Worte abzuwarten, schaltete Bex den Motor aus, indem er das Pedal freigab. Dann erhöhte er durch eine Drehung des roten Handgriffs die Innentemperatur, wobei er das Thermometer beobachtete. Nach ein paar Sekunden schloß er den Wärmehahn und drückte abermals die Feder unter seinem Fuß.

Sogleich ließ ein zweites Fiedelbogenrad, größer als das erste und eine stärkere Saite streichend, Cellotöne voll sanfter Milde hören. Zugleich begann ein mechanisches Klavier, dessen Tasten sich von selbst bewegten, eine reiche, schwierige Begleitung mit gefährlich schnellen Einzelheiten zu spielen.

Nach diesem Probestück einer Duo-Sonate führte Bex ein neues Manöver aus, indem er diesmal die violette Flüssigkeit nur um einen Zehntelgrad steigen ließ.

Die Pseudogeige vereinigte sich jetzt mit dem Klavier und dem Cello, um das Adagio aus irgend einem klassischen Trio zu nuancieren.

Bald darauf veränderte eine neue Verschiebung um einen Zehntelgrad in der gleichen Richtung das langsame ernste Stück in ein beinahe tänzelndes Scherzo derselben Kombination von Instrumenten.

Mechanisch sein Pedal tretend, drehte Bex nun den weißen Griff und ließ dadurch die violette Säule bis auf den Nullpunkt sinken, der sich auf halber Höhe der Glasröhre befand.

Gehorsam erscholl eine schmetternde Fanfare aus einer Menge von Schalltrichtern verschiedener Größe, die zu einer kompakten Truppe vereinigt waren. Die ganze Familie der Blechblasinstrumente war hier dargestellt, von der riesigen Baßtuba bis zu dem hellen, durchdringenden Klapphorn. Der weiße Griff, mehrmals bewegt, bezeichnete verschiedene Teilstriche unter dem Gefrierpunkt und rief dadurch nacheinander einen Militärmarsch, ein Hornsolo, einen Walzer, eine Polka und geräuschvolle Trompetensignale hervor.

Plötzlich führte Bex, den Hahn ganz aufdrehend, einen scharfen Frost herbei, dessen Wirkung die zunächst stehenden Zuschauer durch die durchsichtigen Wände hindurch verspürten. Alle Blicke richteten sich auf einen Phonographen mit großem Schalltrichter, aus dem eine machtvolle, üppige Baritonstimme ertönte. Ein großer Kasten mit Luftlöchern, der unter dem Apparat stand, enthielt ohne Zweifel eine Reihe von Schallplatten, die nacheinander mit Hilfe eines besonderen Drahtes die Tonmembran telephonisch in Vibrationen versetzen konnte; denn nicht wahrnehmbare Fluktuationen, die der Chemiker sorgsam in der hyperboräischen Atmosphäre regulierte, brachten eine Menge von Rezitativen und Romanzen zum Klingen, die von Männer- oder Frauenstimmen aller möglichen Klangfarben und Register gesungen wurden. Harfe und Klavier teilten sich in die sekundäre Aufgabe, indem sie abwechselnd die bald heiteren, bald tragischen Stücke des unerschöpflichen Repertoires begleiteten.

Um die unerhörte Geschmeidigkeit seines wunderbaren Metalls, von dem nicht das allerkleinste Teilchen zu sehen war, zur Geltung zu bringen, drehte Bex den roten Griff und wartete einige Sekunden.

Der Eisschrank brauchte nicht lange, um sich in einen Schmelzofen zu verwandeln, und das Thermometer stieg bis in die höchsten Grade. Eine Gruppe von Flöten und Querpfeifen rhythmisierte sogleich einen mitreißenden Marsch auf scharfe, regelmäßige Trommelschläge. Auch hier erzeugten unterschiedliche thermische Schwankungen unvorhergesehene Resultate.

Auf mehrere Flötensoli, die von der Blechblasfanfare diskret unterstützt wurden, folgte ein anmutiges Duett, das, ein Echo nachahmend, dieselben Vokalisten stets zweimal nacheinander brachte, die, von einer Flöte und einer geschmeidigen Sopranstimme ausgeführt, aus dem Phonographen ertönten.

Die violette Flüssigkeit, von neuem ausgedehnt, stieg bis an den Rand der Röhre, die nah am Platzen zu sein schien. Mehrere Leute wichen zurück, weil sie plötzlich die heiße Nachbarschaft des Käfigs belästigte, in dem drei Jagdhörner, unweit der Harfe angebracht, mit Schwung betäubende Signale ausstießen. Eine winzige Abkühlung lieferte dann eine Probe der wichtigsten Jagdfanfaren, deren letzte ein heiteres Halali war.

Nachdem Bex die Hauptträderwerke seines Orchesters in Anspruch genommen hatte, schlug er uns vor, er wolle sich unserer Wahl unterwerfen, um bereits gehörte Instrumentengruppen aufs neue erklingen zu lassen.

Jeder von uns äußerte der Reihe nach einen Wunsch, den der Chemiker sofort erfüllte, indem er, ohne jedes andere Hilfsmittel als seine Handgriffe, zum zweitenmal in der Reihenfolge, die der Zufall ergab, seine verschiedenen mehrstimmigen Kombinationen Revue passieren ließ, nicht ohne mit einer Art Koketterie den Titel der Stücke zu ändern, woraus sich unmerkliche thermometrische Differenzen ergaben.

Zum Schlusse stellte Bex das Thermometer auf eine Reihe von Teilstrichen ein, die auf der Röhre rot markiert waren. Jetzt arbeiteten fast alle Organe des Instrumentes gleichzeitig; sie spielten eine mächtige majestätische Symphonie, mit der sich ein von dem Phonographen klar nuancierter Chor vereinte. Das Schlagzeug, aus einer großen Trommel mit Tschinellen, aus der schon vorher gebrauchten Trommel und verschiedenen zusätzlichen Schlaginstrumenten bestehend, belebte das Ensemble durch seinen reinen und gleichmäßigen Rhythmus. Das Repertoire der Orchesterstücke war unendlich reich, und Bex führte uns alle Arten von Tänzen, Potpourries, Ouvertüren und Variationen vor. Er schloß mit einem wilden Galopp, der die große Trommel einer harten Probe unterzog, dann ließ er das bewegliche Pedal los, bevor er sich hinter das Fahrzeug begab, das er wie einen Kinderwagen vor sich herschob.

Während er wendete, um sich zu entfernen, setzten überall die Gespräche ein, deren einziger Gegenstand das *Bexium* war und in denen die wunderbaren Leistungen kommentiert wurden, die durch die Verwendung des neuen Metalls erzielt worden waren, dessen verblüffende Eigenschaften uns das Instrument soeben deutlich gezeigt hatte.

Bex, der schnell hinter der Börse verschwunden war, kam alsbald zurück; er trug in beiden Händen senkrecht eine riesige Knopfgabel, einen Meter breit und doppelt so hoch und aus einem mattgrauen Metall bestehend, das wie Silber aussah.

Ein schmaler Längsschlitz öffnete sich in der Mitte der riesigen Platte; aber hier war der kreisförmige Ausschnitt, der zum Durchstekken der Knöpfe bestimmt ist, in der Mitte, nicht an seinem Ende angebracht.

Ohne näher zu treten versicherte sich der Chemiker mit einem Blick der allgemeinen Aufmerksamkeit, dann wies er uns auf zehn große Knöpfe hin, die vertikal dicht übereinander im unteren Teil des Schlitzes zu sehen waren, und nannte uns die Substanz, aus der jeder gefertigt war.

Alles zusammen bildete eine glänzende, vielfarbige Reihe, auf der die verschiedensten Reflexe blitzten.

Der erste Knopf oben, aus Rotgold und glatt, bot eine funkelnde Oberfläche. Darunter der zweite, ganz aus Silber, hob sich kaum von der gleichfarbigen Knopfgabel ab. Der dritte aus Kupfer, der vierte aus Platin, der fünfte aus Zinn und der sechste aus Nickel, waren Scheiben derselben Größe und ohne alle Verzierungen. Die vier folgenden waren aus einer Menge von Edelsteinen gefertigt, die kunstvoll befestigt waren; einer bestand ausschließlich aus Diamanten, der andere aus Rubinen, der dritte aus Saphiren und der letzte aus strahlenden Smaragden.

Bex drehte die Knopfgabel um, damit wir die andere Seite sehen könnten.

Hier hing unten ein Stück blaues Tuch, an das alle Knöpfe angenäht waren.

Auf dem Stoff waren zehn Blätter aus sehr dünnem grauen Metall längs der Rille übereinander angebracht; sie waren genauso breit wie diese. Auf dieser Seite des Gegenstands nahmen sie genau den Platz ein, den auf der Vorderseite die Knöpfe einnahmen, deren Durchmesser ihrer Höhe gleichkam. Zehn Nadellängen eines gleichfalls grauen Metallfadens, der zur soliden Befestigung der kostbaren Scheiben

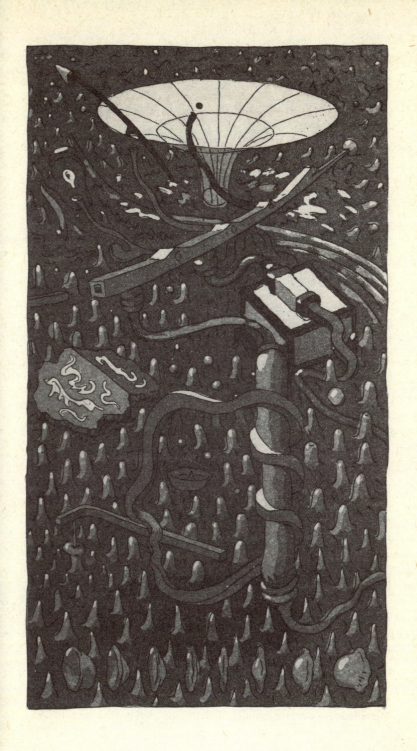

diente, bildeten genau in der Mitte einer jeden der rechteckigen dünnen Platten ein Gewirr vielfacher Kreuzungen, die dank den geübten Fingern einer geschickten Arbeiterin, in einem dicken Halteknoten endeten.

Bex stieß die etwas geschärfte Basis der Knopfgabel in den Sand, so daß sie, dicht vor der Börse senkrecht aufgepflanzt, die Rückseite der Knöpfe der Bühne der Unvergleichlichen zukehrte.

Nach ein paar Schritten, die er außerhalb unserer Sichtweite tat, erschien er wieder, unter jedem Arm fünf lange sperrige Zylinder aus demselben grauen Metall, von dem die Knopfgabel bereits ein Muster im Großen gegeben hatte.

Er überquerte die ganze Esplanade, um seine gewichtige Bürde vor dem roten Theater niederzulegen.

Jeder Zylinder trug am einen Ende eine gut befestigte Metallkapsel und glich damit einem riesigen Bleistift mit der üblichen Hülse.

Bex schichtete alles auf dem Boden auf und schuf dabei eine sinnreiche Figur von geometrischer Regelmäßigkeit.

Vier Riesenbleistifte, dicht nebeneinander in den Sand gelegt, bildeten die Basis des Gebäudes. Eine zweite Reihe von drei Bleistiften lag in den schmalen Gräben, die sich aus der gerundeten Form ihrer Vorgänger ergaben. Die nächste Etage zählte zwei Bleistifte, über denen der zehnte und letzte allein auf dem Gipfel des Gebäudes mit der dreieckigen Fassade lag.

Bex hatte das ganze im voraus mit zwei schweren Steinen verkeilt, die er aus seinen Taschen gezogen hatte.

Der Chemiker hatte die Zylinder nach einer sorgfältig bestimmten Ordnung und Auswahl aufgeschichtet; er konnte jeden einzelnen von ihnen an einer bestimmten Marke erkennen, die auf seinem Umfang eingraviert war.

Die Metallkapseln richteten alle ihre Spitze nach der fernen Knopfgabel, die den zehn Riesenbleistiften als Zielscheibe diente, auf welche sie wie Kanonenrohre gerichtet waren.

Bevor Bex den Versuch fortsetzte, legte er seine Manschettenknöpfe ab, die aus vier goldenen Oliven bestanden, holte aus seinen Taschen seine Uhr, seine Geldbörse und seinen Schlüssel und übergab dies alles Balbet, der versprach, über das kostbare Depot zu wachen.

Darauf kehrte er an seinen Platz zurück und, gebückt vor dem Zylinderhaufen stehend, ergriff er einen großen Ring, der an der Spitze der obersten Bleistifthülse befestigt war.

Ein leichter Zug nach hinten genügte, um die metallene Hülse abzunehmen, die sogleich wie ein Schwengel gegen die Beine des Chemikers schlug.

Der nun entblößte, bis dahin unsichtbare oberste Teil des Zylinders zog alle Blicke auf sich. Der silberfarbene Schaft verjüngte sich, wie ein wirklicher, gutgespitzter Bleistift, zu einem Kegel, aus dessen Spitze eine dicke glatte, bernsteinfarbene runde Mine herausragte.

Bex wiederholte sein Manöver und nahm nacheinander die Hülsen der zehn Zylinder ab, die alle an ihrem gleichmäßig verdünnten Ende dieselbe durchscheinende gelbliche Mine erkennen ließen.

Dies getan, überquerte der Chemiker abermals die Esplanade, auf den Armen die zehn kurzen Hülsen, die er neben der Knopfgabel niederlegte.

Eine Erklärung war nötig. Bex ergriff das Wort, um uns den Zweck seiner Vorbereitungen zu erläutern.

Die bernsteinfarbenen Minen in den Riesenbleistiften bestanden aus einer sehr komplexen Substanz, die Bex hergestellt und *Aimantin* getauft hatte.

Trotz gehäufter Hindernisse wurde das *Aimantin* aus der Ferne durch ein bestimmtes Metall oder einen bestimmten Edelstein angezogen.

Dank gewisser Unterschiede in der Zusammensetzung entsprachen die zehn Minen, die wir vor Augen hatten, in ihrer Anziehungskraft den zehn in der Rille der Knopfgabel solide befestigten Knöpfen.

Um die Handhabung des neuerfundenen *Aimantins* möglich und sachdienlich zu machen, war die Entdeckung einer isolierenden Substanz unumgänglich geworden. Nach langem Forschen hatte Bex mittels mühsamer Manipulationen das *Etanchium*, ein graues, mattschimmerndes Metall, gefunden.

Ein dünnes Etanchiumblatt als Hindernis gegen die Ausstrahlung des Aimantins hob dessen Anziehungskraft gänzlich auf, die selbst durch die dichtesten dazwischen gestellten Stoffe nicht vermindert werden konnte.

Die Bleistifte und ihre Hülsen bestanden alle aus Etanchium, ebenso wie die Knopfgabel und die zehn rechteckigen Lamellen, die längs des Schlitzes übereinander angebracht waren.

Die Fäden, mit denen die Knöpfe am Tuch festgehalten wurden, waren aus demselben, geschmeidig gemachten und geflochtenen Metall hergestellt worden.

Wenn Bex, an die Knopfgabel gelehnt, die jetzt unsichtbaren glänzenden Scheiben der Reihe nach in die kreisförmige Öffnung eingeführt hätte, so hätte er eine plötzliche Ortsveränderung der Zylinder hervorgerufen und diese wären mit aller Kraft jener besondern Substanz entgegengeflogen, die ihren bernsteinfarbenen Minen gegenübergestellt war.

Diese letzte Enthüllung rief unter den Anwesenden eine Regung panischer Angst hervor.

Denn wenn die Bleistifte, angezogen von unseren Schmucksachen, unseren Uhren, unserem Geld, unseren Schlüsseln oder unseren Goldzähnen, sich plötzlich auf uns stürzten, waren allerlei Konfusionen zu befürchten.

Das sichtbare Ende jeder Mine unterlag nicht der schützenden Kraft des Etanchiums und rechtfertigte diese naheliegende Besorgnis.

Bex beeilte sich, uns ohne Aufregung zu beruhigen. Um das Phänomen der unwiderstehlichen Magnetisierung herbeizuführen, mußte der gewünschte Gegenstand ziemlich nachhaltig auf die bernsteinfarbene Mine einwirken, deren Länge mit der des jeweiligen Zylinders übereinstimmte. Nur Metalle oder Edelsteine, die in der Achse der seltsamen Batterie lagen, konnten angezogen werden. Nun deckte aber die Knopfgabel, die breit genug war, mit ihrem Schirm die ganze bedrohte Zone; ohne sie hätte die Anziehungskraft auf jede beliebige Entfernung gewirkt, auf die Schiffe, die den Atlantik durchfurchten, ja sogar auf die Küsten Amerikas, wenn nicht die Krümmung der Erdoberfläche dies verhindert hätte. Bex, als Operateur besonders gefährdet, hatte anscheinend schon vorher alle verdächtigen Gegenstände abgelegt, sogar die Schnallen an seiner Weste und seiner Hose; die Knöpfe an seinem Hemd und seinem Anzug waren alle aus Bein und ein weicher seidener Gürtel ersetzte die Hosenträger mit ihren unvermeidlichen Metallteilen. Er hatte sich dann im letzten Augenblick völlig immunisiert, indem er Balbet seine wertvollsten Gegenstände anvertraut hatte. Durch einen glücklichen Zufall war sein tadelloses Gebiß frei von jedem Fremdkörper.

In dem Augenblick, als der Chemiker mit seinen Erklärungen fertig war, zeigte ein Gemurmel in der Menge, die allmählich näher getreten war, ein unerwartetes Ereignis an.

Man machte sich gegenseitig verwundert auf die Goldstücke aufmerksam, die Stella Boucharessas ausgestreut hatte.

Seit einiger Zeit regten sich die Louis, Doppel-Louis und Hundert-Francs-Stücke behutsam am Boden, ohne daß diese sanfte Bewegung, die von irgend einem launischen Windhauch herrühren mochte, irgend jemanden erregen konnte.

In Wirklichkeit unterlagen die leichtgewichtigen Münzen dem Einfluß des obersten Zylinders, der mit voller Kraft agierte; schon flogen einige Stücke in gerader Linie auf seine bernsteinfarbene Mine zu und hefteten sich fest an sie. Andere folgten, bald rund und intakt, bald gefaltet oder zertreten.

Bald war der Boden längs einem regelmäßigen Streifen reingefegt; zu beiden Seiten außerhalb der bestrichenen Zone lagen die restlichen Taler.

Die Mine war jetzt unter einem wahren Wulst von vergoldetem Papier verschwunden, das mit Jahreszahlen und Bildern bedruckt war.

Einige Goldatome mußten mit einem winzigen Anteil in diesen trügerischen Reichtum eingegangen sein.

Denn die überlastete Mine zielte schon durch ihre Lage unzweideutig auf den goldenen Knopf, der vor allen anderen dazu bestimmt war, mit seiner Scheibe die zentrale Öffnung der Knopfgabel auszufüllen. Sein ganz besonderes Vermögen hätte also auf eine Imitation nicht wirken können, die nicht wenigstens eine Spur Gold enthalten hätte.

Die langsame Bewegung der Geldstücke, die zuerst unentschlossen schienen, hatte keinen anderen Grund als den zu großen Mangel an reinem Gold.

Ohne sich um den Zwischenfall zu kümmern, der seine Absichten in keiner Weise störte, ergriff Bex das blaue Tuch an seinem oberen Ende und zog es ohne Ruck nach dem oberen Teil der Knopfgabel.

Das bequeme und regelmäßige Gleiten des Tuches forderte keinerlei Anstrengung.

An der Rinne entlang hinaufsteigend, verdeckte der Stoff allmählich die kreisförmige Aussparung, die, unsichtbar, aber leicht zu erraten, bald die erste Etanchium-Lamelle einrahmte.

Jetzt mußte Bex mit Hilfe seiner Knie und seiner linken Hand die Knopfgabel festhalten, die von der Zylindergruppe kraftvoll angezogen wurde.

Denn hinter dem Stoff war der goldene Knopf, der der ersten Lamelle entsprach, inzwischen von dem runden Ausschnitt eingekreist. Zwei Fragmente seiner Scheibe, die keinen Etanchium-Panzer trugen, traten so in unmittelbare Verbindung mit den auf sie eingestellten bernsteinfarbenen Minen.

Bexens Wiederstand bewirkte, daß der erste Zylinder nachgab, sich plötzlich losreißend, wie eine Bombe die Esplanade überquerte und seine Spitze neben der schmalen, schützenden Lamelle einbohrte.

Sich fest dagegenstemmend, achtete der Chemiker darauf, ein wenig nach rechts zu treten, um dem Riesenbleistift die vorgesehene Bahn bis zum Ziel freizumachen.

Der Stoß versetzte die Knopfgabel in Schwingungen, doch Bex, sich anklammernd, brachte sie wieder ins Gleichgewicht.

Der jetzt unbewegliche Bleistift bildete von dem nicht gespitzten Ende an, das sich auf den Boden gesenkt hatte, bis zur Bernsteinspitze, die trotz des hindernden blauen Tuches an dem goldenen Knopf klebte, eine leichte Schräge.

Die Papiermünzen hatten in keiner Weise die starke Anziehung des puren Metalls geschwächt; beim Zusammenstoß flach gedrückt, schmückten sie noch immer die Mine mit ihrem künstlichen Funkeln.

Durch den Stoff hindurch bewegte Bex behutsam den goldenen Knopf, den er in die vertikale Fortsetzung der Rille bringen wollte.

Aber die bernsteinfarbene Mine saß fest und machte die Operation schwierig.

Der Chemiker mußte sich, mangels eines praktischeren Mittels, Mühe geben. Denn jeder Versuch, die Trennung mit einem Ruck herbeizuführen, hätte wirkungslos bleiben müssen. Nur das langsame, allmähliche Dazwischenschieben einer Scheidewand aus Etanchium konnte auf die Dauer das erstaunliche Aneinanderhaften der beiden Gegenstände überwinden.

Eine Reihe anhaltender Bemühungen führte endlich zu dem gewünschten Ergebnis.

Der Goldknopf, immer noch unsichtbar, hatte, die Aussparung völlig beherrschend, hinter den beiden Wänden der Knopfgabel, die an dieser Stelle durch seine getreue starre Lamelle verbunden wurden, volle Deckung gefunden.

Bex hatte den riesigen Bleistift senkrecht aufgerichtet.

Mit der schneidenden Kante einer Bleistifthülse wollte er die Bernsteinspitze freilegen, die noch immer von vergoldetem Papier verdeckt war.

Die dünne gerundete Klinge glitt unmittelbar über die gelbliche Oberfläche und wurde schnell mit den leichten Münzen fertig, deren stark verdünnte Legierung nur schwachen Widerstand leistete.

Als alle Münzen, kunterbunt durcheinander, langsam zu Boden gefallen waren, steckte Bex die Hülse auf den Bleistift, den er nun beiseitestellen und furchtlos auf jeden beliebigen Punkt im All richten konnte.

Dann kehrte er zu der Knopfgabel zurück und ergriff behutsam die schmale Seite des Tuchs, um es in dieselbe Richtung zu ziehen.

Ein zweiter Versuch, dem ersten entsprechend, erbrachte den Flug eines zweiten Bleistiftes, dessen Mine sich kraftvoll an den unsichtbaren Knopf preßte, der in die Aussparung der Knopfgabel gelangt war.

Mit Hilfe des schon einmal angewandten Verfahrens befreit, wurde der Bleistift, mit einer Hülse versehen, sogleich beiseitegestellt.

Sodann zog der kupferne Knopf, den man hinter dem blauen Tuch vermuten konnte, den dritten Zylinder an, der sich, schnell mit einer Etanchiumhaube versehen, dem ersten und zweiten zugesellte.

An der dreieckigen Fassade, die ursprünglich durch die Aufschichtung der Bleistifte gebildet worden war, fehlten die beiden oberen Etagen.

Bex setzte sein Manöver unveränderlich fort. Einer nach dem anderen erhaschten die Knöpfe, sobald sie in der Aussparung erschienen, die Bernsteinminen ungeachtet der Entfernung, um sich dann im oberen Teil der Rille auf die Lauer zu legen.

Nachdem die Bleistifte ihre Rolle gespielt hatten und unverzüglich mit den Metallkapseln versehen worden waren, wurden sie nebeneinander auf den Boden gelegt.

Die letzten vier Scheiben, prunkvoll aus Edelsteinen zusammengesetzt, entsprachen der untersten Zylinderreihe, die allein vor dem Theater der Unvergleichlichen übrig geblieben war.

Ihre Anziehungskraft stand in nichts hinter der der metallenen zurück und der Aufschlag der gelehrigen Bernsteinminen war von außerordentlicher Kraft.

Als die Versuche beendet waren, ergriff Bex von neuem das Wort und unterrichtete uns über die unsinnigen Angebote, mit denen einige Bankhäuser, begierig, seine Entdeckung auszubeuten, ihn zu verführen gesucht hatten.

Seine Sammlung von Zylindern konnte in der Tat die Quelle eines unbegrenzten Vermögens werden, indem sie Lagerstätten von Metallen und Edelsteinen präzis bezeichnete.

Statt sich auf den Zufall zu verlassen, würden die Bergleute, sicher geführt von einem leicht zu konstruierenden Instrument, ohne herumzutappen und ohne unfruchtbare Mühe, ohne weiteres die reichsten Adern auffinden.

Doch illustre Gelehrte hatten seit langen Jahren durch ihre sprichwörtliche Uneigennützigkeit eine Art Standestradition begründet, die Bex verewigen wollte.

Die Millionen, ja sogar die Milliarden zurückweisend, hatte er sich also weise mit dieser Riesenknopfgabel begnügt, die in Verbindung mit den Zylindern seinen Fund gebührend ins Licht rückte ohne irgend einen praktischen Zweck zu verfolgen.

Während er sprach, hatte Bex die zehn Bleistifte eingesammelt, die alle durch ihre Hülse geschützt waren.

Vor Rao hergehend, der die schnell entwurzelte Knopfgabel trug, verschwand er mit seiner Last.

Nach einer kurzen Pause erblickten wir den Ungarn Skarioffszky in seiner tadellos sitzenden roten Zigeunerjacke und einer Feldmütze von der gleichen Farbe.

Sein rechter Ärmel, bis zum Ellenbogen aufgekrempelt, ließ ein dickes Korallenarmband sehen, das sich sechsmal um seinen nackten Arm ringelte.

Er wachte sorgfältig über drei schwarze Träger, die, mit verschiedenen Gegenständen beladen, mit ihm in der Mitte der Esplanade haltmachten.

Der erste Neger trug in seinen Armen eine Zither und ein zusammenlegbares Gestell.

Skarioffszky klappte das Gestell auseinander, dessen vier Beine fest auf dem Boden standen. Dann legte er auf den schmalen horizontal liegenden Scharnierrahmen die Zither, die bei der leichten Berührung erklang.

Auf der linken Seite des Instruments erhob sich, nach einem leichten Knick, eine senkrechte Metallstange, die am Rahmen des Gestells befestigt und an ihrem Ende gegabelt war; auf der rechten Seite bildete eine andere Stange das genaue Gegenstück.

Der zweite Neger trug ohne große Anstrengung einen langen durchsichtigen Behälter, den Skarioffszky wie eine Brücke über die Zither legte, indem er die beiden Enden in die metallenen Gabeln einhängte.

Der neue Gegenstand eignete sich durch seine Form für diese Anlage. Er war wie ein Trog gebaut und bestand aus vier Glimmerblättern. Zwei gleichgroße rechteckige Hauptblätter bildeten, indem ihre beiden Flächen schräg aneinander stießen, eine Kante als Basis. Zwei dreieckige Blätter, die sich gegenüber standen und an die Schmalseiten der Rechtecke stießen, ergänzten das durchsichtige Gerät, das dem weitgeöffneten starren Fach eines riesigen Portemonnaies glich. Ein Schlitz von der Breite einer Erbse durchbrach ihrer ganzen Länge nach die untere Kante des durchsichtigen Trogs.

Der dritte Neger hatte soeben eine große Terrine auf den Boden gestellt, die bis zum Rande mit klarem Wasser gefüllt war, das Skarioffszky durch einen von uns mit der Hand abwiegen lassen wollte.

La Billaudière-Maisonnial nahm eine kleine Menge davon in die hohle Hand, bekundete sogleich die lebhafteste Überraschung und versicherte, die seltsame Flüssigkeit scheine ihm ebenso schwer wie Quecksilber zu sein.

Während dieser Zeit hob Skarioffszky seinen rechten Arm vor sein Gesicht, wobei er einige sanfte Rufe ausstieß.

Darauf sahen wir, wie das Armband, das nichts anderes als ein riesiger Wurm von der Dicke eines Zeigefingers war, seine beiden ersten Ringe entrollte und sich langsam dem Ungarn entgegenstreckte.

La Billaudière-Maisonnial, abermals aufgestanden, machte bei einem neuen Versuch mit. Auf die Bitte des Zigeuners ließ er den Wurm auf seine geöffnete Hand kriechen; sein Handgelenk gab alsbald unter dem plötzlichen Druck des Eindringlings nach, der, wie es schien, so schwer wie massives Blei war.

Skarioffszky entfernte den noch immer an seinem Arm haftenden Wurm und legte ihn auf den Rand des Glimmertrogs.

Das Reptil glitt in den leeren Behälter und zog das Ende seines Körpers nach, das sich langsam vom Arm des Zigeuners löste.

Bald füllte das Tier den Schlitz in der unteren Kante mit seinem horizontal ausgestreckten Körper völlig aus, der von zwei schmalen, rechteckigen Randleisten im Inneren gestützt wurde.

Der Ungar hob nicht ohne Mühe die schwere Terrine auf und goß ihren ganzen Inhalt in den Trog, der nun plötzlich bis zum Überlaufen voll war.

Ein Knie auf den Boden setzend und den Kopf zur Seite neigend, stellte er die leere Terrine unter die Zither auf einen Punkt, der durch einen Blick von unten nach oben auf die Unterseite des Instruments bestimmt wurde.

Nachdem diese letzte Aufgabe gelöst war, steckte Skarioffszky, der schnell wieder aufgestanden war, die Hände in die Taschen, ganz so, als wolle er sich von nun an auf die Rolle des Zuschauers beschränken.

Der Wurm, sich selbst überlassen, hob plötzlich einen kurzen Abschnitt seines Körpers, um ihn sogleich wieder zurückfallen zu lassen.

Ein Wassertropfen, der durch die freigewordene Öffnung drang, fiel schwer auf eine Saite, die bei dem Aufprall ein reines, volltönendes tiefes C erklingen ließ.

Etwas später fiel bei einer neuen Zuckung des verschließenden Körpers ein zweiter Tropfen, der diesmal ein prächtiges E zum Tönen brachte.

Ein G und ein hohes C, auf dieselbe Weise hervorgebracht, ergänzten den vollkommenen Akkord, den der Wurm noch über eine ganze Oktave ausführte.

Nach dem dritten und letzten C ergaben die sieben zusammen klingenden Noten, gleichzeitig angeschlagen, eine Art Abschluß dieses Versuchs-Präludiums.

So in Form gebracht, begann der Wurm eine langsame ungarische Melodie voll zärtlicher, schmachtender Süße.

Jeder Wassertropfen, der nach einem Zusammenzuckens des Wurms fiel, traf genau eine bestimmte Saite, die ihn in zwei gleiche Hälften teilte.

Ein Filzstreifen, der an der richtigen Stelle auf den Resonanzboden der Zither geklebt war, dämpfte den Fall der schweren Flüssigkeit, der sonst ein störendes Geräusch erzeugt hätte.

Das Wasser, das sich in runden Pfützen sammelte, drang durch zwei kreisförmige Öffnungen im Resonanzboden in das Innere des Instruments. Jede der beiden vorgesehenen Kaskaden ergoß sich lautlos auf einen innen angebrachten schmalen Filz, der hierfür bestimmt war.

Unter der Zither bildete sich alsbald ein feiner, kristallklarer Wasserstrahl, der durch eine isolierte Abzugsöffnung genau in die Terrine floß, die Skarioffszky sorgsam aufgestellt hatte. Entsprechend der Neigung des gleichfalls mit Filz gefütterten engen Kanals floß das Wasser geräuschlos bis auf den Grund der großen Wanne, die den Boden vor jeder Überschwemmung schützte.

Der Wurm vollführte immer noch seine musikalischen Kontorsionen, wobei er mitunter zwei Noten zugleich ertönen ließ, nach der Art der berufsmäßigen Zitherspieler, die in jeder Hand ein Stäbchen führen.

Mehrere klagende oder heitere Melodien folgten ohne Pause auf die erste Kantilene.

Dann wagte sich das Reptil, die Grenzen des für das Instrument vorgesehenen Repertoires überschreitend, an die polyphone Ausführung eines seltsam tänzerischen Walzers.

Begleitung und Gesang vibrierten gleichzeitig auf der Zither, die im allgemeinen auf die dürftige Hervorbringung zweier simultaner Töne beschränkt ist.

Um die Hauptpartie hervorzuheben, erhob sich der Wurm höher als zuvor und ließ so eine größere Menge Wasser auf die Saiten fallen, die um so stärker in Schwingungen versetzt wurden.

Der etwas zögernde Rhythmus verlieh dem Ganzen diskret jene Eigenart, die die Zigeunerorchester kennzeichnet.

Nach dem Walzer leerten Tänze aller Art allmählich den durchsichtigen Trog.

Die Terrine unten war dank dem jetzt versiegten kontinuierlichen Strahl vollgelaufen. Skarioffszky hob sie auf und goß zum zweiten Mal ihren Inhalt in den leichten Behälter, bevor er sie wieder an ihren Platz auf dem Boden stellte.

Dergestalt neu versorgt, begann der Wurm einen Csárdás mit wilden, brutalen Nuancen. Bald verursachten mächtige Windungen des langen rötlichen Körpers schmetternde Fortissimi; bald beschränkten kaum merkliche Wellenbewegungen, die nur winzige Tröpfchen entweichen ließen, die jäh beschwichtigte Zither auf ein bloßes Säuseln.

Kein mechanisches Element war an dieser persönlichen Darbietung voll Feuer und Überzeugungskraft beteiligt. Der Wurm machte den Eindruck eines Virtuosen, der in täglichem Wechsel, je nach der

Eingebung des Augenblicks, irgend eine vieldeutige Passage jedesmal anders spielen mußte, wobei die feinsinnige Interpretation Stoff zur Unterhaltung geben mochte.

Ein langes Operettenpotpourri, das auf den Csárdás folgte, erschöpfte abermals den flüssigen Vorrat. Skarioffszky füllte schnell um und kündigte uns das letzte Stück an.

Diesmal begann der Wurm in lebhaftem Tempo eine fesselnde ungarische Rhapsodie, in der jeder Takt mit den schrecklichsten Schwierigkeiten gespickt zu sein schien.

Passagen voller Geschicklichkeit folgten ununterbrochen aufeinander, geschmückt mit Trillern und chromatischen Tonleitern.

Dann akzentuierte das Reptil durch gewaltige Sprünge ein Lied von üppigem Reichtum, in dem jede Note sicher einen dicken Sparren trug. Um dieses Thema herum, gleichsam als Basis, schlangen sich allerlei leichte Verzierungen, die durch ein bloßes Erbeben des geschmeidigen Körpers erzeugt wurden.

Das Tier berauschte sich an Harmonie. Weit entfernt, auch nur die geringste Müdigkeit zu zeigen, begeisterte es sich mehr und mehr an der fortwährenden Berührung mit den von ihm selbst entfesselten tönenden Entladungen.

Seine Trunkenheit teilte sich dem Auditorium mit, das von dem ausdrucksvollen Klang gewisser Töne, die Tränen glichen, seltsam bewegt wurde, ebenso wie von der unglaublichen Geschwindigkeit, die durch ein Gewirr von Zweiunddreißigstelligen Noten hervorgehoben wurde.

Ein frenetisches Presto krönte die enthusiastische Raserei des Reptils, das sich mehrere Minuten lang ungehemmt einer zügellosen Gymnastik hingab.

Zuletzt verlängerte es die vollkommene Kadenz durch eine Art erweiternde Improvisation, indem es die letzten Akkorde bis zur völligen Erschöpfung der anschlagenden Flüssigkeit wiederholte.

Skarioffszky näherte seinen nackten Arm den Wurm, der sich von neuem um ihn herumwickelte, nach dem er die Glimmerscheibe erklettert hatte.

Die Neger nahmen die verschiedenen Gegenstände auf, die Terrine eingeschlossen, die ebenso voll wie zu Anfang war.

Der Zug, von dem Ungarn angeführt, verschwand alsbald hinter der Börse.

IV

Auf Raos Befehl machte die ganze Masse der Schwarzen auf der rechten Seite kehrt und ging ein paar Schritte zurück, um das Theater der Unvergleichlichen von vorn zu betrachten.

Unsere Truppe trat zugleich näher, um Talou besser zu sehen, der soeben auf der Bühne erschienen war, gefolgt von Carmichael, einem jungen Marseiller, dessen alltäglicher brauner Anzug auffallend mit der extravaganten kaiserlichen Toilette kontrastierte.

Mit einer Fistelstimme, die, das weibliche Timbre nachahmend, zu seiner Kleidung und seiner Perücke paßte, sang Talou die *Aubade* von Dariccelli, ein Stück mit sehr gewagten Vokalisen.

Carmichael, sein Notenblatt in der Hand, soufflierte Takt für Takt die Begleitung zu dem französischen Text, und der Kaiser, als treues Echo seines Führers, gab mancherlei Koloraturen zum besten, die in der schrillen Stimmlage, nach einer Anstrengung von mehreren Minuten, in einer einigermaßen reinen Note endigten.

Nach beendeter Romanze mischten sich Sänger und Souffleur unter das Publikum, während der Historiker Juillard, ihr Nachfolger auf den Brettern, sich zu unserer Linken an seinem Vortragstisch niederließ, um die Notizen, die dort lagen, durchzublättern.

Zwanzig Minuten lang hielt uns der hervorragende Redner im Bann seiner packenden Vortragskunst, und zwar mit einem rapiden Exposé, das voll geistreich-anschaulicher Klarheit die Geschichte der Kurfürsten von Brandenburg behandelte.

Zuweilen wies er mit der Hand auf eines der an die Leinwand im Hintergrund gehefteten Bilder und lenkte unsere Aufmerksamkeit auf einen charakteristischen Zug oder einen bestimmten Gesichtsausdruck, den er in seinem Vortrag soeben erwähnt hatte.

Zum Abschluß faßte er seine Gedanken in eine glänzende Periode zusammen, und als er abtrat, waren wir völlig geblendet von der bildhaften Farbigkeit seiner funkelnden Laune.

Gleich darauf trat der Ichthyologe Martignon in die Mitte der Bühne; in beiden Händen trug er ein völlig durchsichtiges Aquarium, in dem ein weißlicher Fisch von seltsamer Gestalt langsam hin und her schwamm.

Der gelehrte Naturforscher stellte uns mit wenigen Worten den Störrochen vor, eine noch unbekannte Gattung, die ihm Tags zuvor ein glücklicher Fang auf hoher See beschert hatte.

Der Fisch, den wir vor Augen hatten, war das Ergebnis einer Rassenkreuzung; nur Rocheneier, die von einem Stör befruchtet worden waren, konnten die beiderseitigen Eigentümlichkeiten hervorbringen, die das Exemplar im Aquarium in sich vereinigte.

Während Martignon langsam abging, wobei er fortwährend die von ihm entdeckte Hybride im Auge behielt, hatte Tancrède Boucharessas, der Vater der fünf Kinder, deren Geschicklichkeit wir bewundert hatten, einen eindrucksvollen Auftritt, als er ein voluminöses Instrument auf Rollen auf die Vorderbühne schob.

Obwohl ihm beide Arme und Beine fehlten, bewegte sich Tancrède, in eng anliegendem Zigeunerkostüm, sehr flink, indem er auf seinen Oberschenkelstümpfen hüpfte. Ohne jede Hilfe erklomm er eine niedrige Plattform in der Mitte des Möbelstücks, das er vor sich hergeschoben hatte, und fand so, dem Publikum den Rücken zukehrend, in Höhe seines Mundes eine breite Pansflöte, die, bogenförmig um sein Kinn angeordnet, ein vertikales Ensemble von Röhren umfaßte, die nach unten von der größten bis zur kleinsten regelmäßig abgestuft waren. Zur Rechten präsentierte ein großes Akkordeon am Ende seines Balgs einen dicken Lederriemen, dessen Schlinge genau auf den von der Schulter an kaum zehn Zentimeter langen unvollständigen Bizeps des kleinen Mannes paßte. Auf der anderen Seite hing an einem Faden ein Triangel, bereit, unter den Schlägen einer eisernen Stange zu vibrieren, die im voraus am linken Armstummel des Ausführenden solide befestigt worden war.

Nachdem Tancrède, der für sich allein die Illusion eines ganzen Orchesters heraufbeschwor, die richtige Stellung eingenommen hatte, begann er kraftvoll eine brillante Ouvertüre zu spielen.

Sein Kopf drehte sich fortwährend blitzschnell hin und her, damit seine Lippen auf der Flöte die Töne der Melodie finden konnten, während zur gleichen Zeit seine beiden Bizepse arbeiteten, – der eine, indem er, den Balg des Akkordeons in beiden Richtungen bewegend, den vollstimmigen Akkord mit dem Non-Akkord abwechseln ließ, – der andere, indem er im rechten Augenblick die eiserne Stange wie einen Klöppel an die Basis des Triangels schlagen ließ.

Auf der rechten Seite stand, im Profil gesehen und eine der Seitenflächen des Möbels bildend, eine Pauke mit mechanischem

Schlegel als Gegenstück zu einem Paar Tschinellen auf der linken Seite, die am Ende zweier starker kupferner Stützen befestigt waren. Tancrède setzte immer wieder mit Hilfe eines gewandten Sprungs, bei dem sich nur seine Schultern bewegten, während sein Kopf an Ort und Stelle blieb, ein federndes Brettchen in Bewegung, auf dem er stand; unter dem Gewicht seines Körpers, der schwerfällig auf das Brettchen zurückfiel, bewegte die winzige bewegliche Fläche den Schlegel und zugleich das Tschinellenpaar, dessen betäubender Schall sich mit dem tönenden Schlag der großen Trommel vermischte.

Die meisterliche Ouvertüre mit ihren vielfältigen feinen Nuancen endete mit einem schwungvollen Presto, während dessen die verstümmelten Oberschenkel des Phänomens, bei jedem Takt auf das Brettchen springend, eine schwindelerregende Melodie rhythmisierten, die von dem vibrierenden Baß des Akkordeons zusammen mit den vielfachen Klängen des Triangels im Fortissimo begleitet wurden.

Nach dem Schlußakkord verließ der kleine Mann, immer noch munter, seinen Posten, um in der Kulisse zu verschwinden, während zwei seiner Söhne, Hector und Tommy, die gekommen waren, um die Bühne aufzuräumen, unverzüglich das Instrument ebenso wie Tisch und Stuhl des Vortragenden wegschafften.

Dies getan, trat ein Künstler auf die Bretter, korrekt im Frack und einen Klappzylinder in weißbehandschuhten Händen. Es war Ludovic, der berühmte vierstimmige Sänger, dessen Mund sogleich durch seine kolossalen Dimensionen aller Blicke auf sich zog.

Ludovic begann mit schönem, sanftem Tenorklang den bekannten Kanon *Frère Jacques;* aber dabei war nur das linke Ende seines Mundes in Bewegung und artikulierte die bekannten Worte, während der Rest des gewaltigen Abgrundes unbeweglich und geschlossen blieb.

In dem Augenblick, in dem nach den ersten Noten die Worte: »*Dormez-vous*« in der hohen Terz erklangen, begann ein zweiter Teil des Mundes »*Frère Jacques*«, ausgehend von der Tonica; Ludovic war es in langjähriger Arbeit gelungen, seine Lippen und seine Zunge in von einander unabhängige Teile zu spalten und so ohne Mühe mehrere miteinander verflochtene Partien, die sich in Wort und Weise unterschieden, gleichzeitig zu produzieren; im Augenblick bewegte sich allein die ganze linke Hälfte und entblößte die Zähne, ohne die rechte Hälfte, die geschlossen und unbewegt blieb, in ihre Wellenbewegung mit einzubeziehen.

Aber ein dritter Lippenteil trat alsbald in den Chor ein, indem er seine Vorgänger genau kopierte; während dieser Zeit stimmte die zweite Stimme die Worte »Dormez-vous« an, ermuntert von der ersten, die in das Ensemble ein neues Element einführte, indem sie »Sonnez les matines« in einem schnellen, silberhellen Rhythmus skandierte.

Zum vierten Male hörten wir jetzt die Worte *Frère Jacques*, diesmal von dem rechten Ende, das seine Untätigkeit aufgab, um das Quartett zu vervollständigen; die erste Stimme beendete jetzt den Kanon mit den Silben »Dig, ding, dong«, die die Basis für das von den mittleren Stimmen gesungene »Sonnez les matines« und »Dormez-vous« bildeten.

Starren Blickes, mit weitgeöffnetem Lid mußte Ludovic beständig seinen Geist anspannen, um dieses unnachahmliche Kunststück fehlerlos auszuführen. Die erste Stimme hatte die Melodie noch einmal vom Anfang an aufgenommen und die unterschiedlich bewegten Mundpartien teilten sich in den Text des Kanons, dessen vier gleichzeitig ausgeführte Teile aufs entzückendste miteinander verschmolzen.

Ludovic ließ allmählich seine Stimme anschwellen, um ein kraftvolles *Crescendo* zu beginnen, das die Illusion einer fernen Gruppe von Menschen erweckte, die schnellen Schrittes näher kam.

Es gab ein *Fortissimo* von einigen Takten, während dessen sich die vier Motive in ständigem Kreislauf von einem Mundfach ins andere tönend und geräuschvoll in etwas beschleunigtem Tempo entfalteten.

Dann, als wieder Stille eingetreten war, schien sich die imaginäre Truppe zu entfernen und an einer Wegbiegung zu verschwinden; die letzten Noten schrumpften zu einem schwachen Murmeln zusammen, und Ludovic, erschöpft von der furchtbaren geistigen Anstrengung, wischte sich im Abgehen den Schweiß von der Stirne.

Nach einer Pause von einer Minute sahen wir Philippo erscheinen, vorgestellt von Jenn, seinem unentbehrlichen Impresario.

Nichts weiter als ein fünfzigjähriger Kopf auf einer breiten Scheibe, gehalten von eisernen Beschlägen, die ein Herunterfallen verhinderten, das war Philippo; ein kurzer struppiger Bart steigerte die Häßlichkeit des Gesichts, das durch seine intelligente Drolerie amüsant und sympathisch wirkte.

Jenn, die flache Scheibe, eine Art Tisch ohne Fuß, in beiden Händen haltend, zeigte dem Publikum diesen Kopf ohne Körper, der mit der originellsten Zungenfertigkeit fröhlich zu plaudern begann.

Der stark vorspringende Unterkiefer erzeugte bei jedem Wort einen

Speichelsprühregen, der, garbenförmig vom Munde ausgehend, in einer gewissen Entfernung vor ihm niederging.

Hier war keiner der Kniffe möglich, die man für den klassischen *sprechenden Geköpften* anwendet; es gab kein System von Spiegeln unter der Platte, die Jenn ohne verdächtige Vorsichtsmaßnahmen nach Belieben handhabe. Übrigens ging der Impresario bis an den Rand der Estrade und streckte die runde Platte dem ersten Zuschauer entgegen, der neugierig darauf war, sie in die Hand zu nehmen.

Skarioffszky trat ein paar Schritte vor und nahm Philippo entgegen, der nun, von Hand zu Hand wandernd, mit jedem ein kurzes geistvolles Gespräch improvisierte; manche hielten die Scheibe mit ausgestreckten Armen vor sich, um so gut wie möglich dem Sprühregen aus dem Munde des Phänomens zu entgehen, dessen verblüffend schlagfertige Antworten unter uns immer wieder Gelächter erregte.

Nach seiner Wanderung durch die ganze Zuschauerrunde kehrte Philippo an seinen Ausgangspunkt zurück und wurde Jenn zurückgegeben, der auf der Bühne geblieben war.

Der Impresario drückte jetzt eine verborgene Feder, die die rote Tafel wie eine ungewöhnlich flache Dose öffnete, die in Wirklichkeit aus zwei durch ein Scharnier verbundenen dünnen Teilen bestand.

Die untere Scheibe klappte herunter, bis sie senkrecht hing, während die von Jenn gehaltene Scheibe, die eben noch die Rolle des Deckels gespielt hatte, nach wie vor waagrecht das bärtige Gesicht trug.

Unten aber hing jetzt, bekleidet mit dem klassischen fleischfarbenen Trikot, ein winziger menschlicher Körper, der dank einer totalen Atrophie bis jetzt in dem engen Versteck der hohlen Tafel Platz gefunden hatte, die höchstens drei Zentimeter dick war.

Diese plötzliche Wahrnehmung vervollständigte die Person Philippos, des geschwätzigen Zwergs, der mit normalem Kopf trotz der Winzigkeit seiner eindrucksvollen Anatomie in vollkommener Gesundheit lebte.

Fortwährend weitersprechend und -spuckend bewegte der erstaunliche Schwätzer seine Marionettengliedmaßen nach allen Seiten, als wollte er seiner unermüdlichen, überschwenglichen Heiterkeit freien Lauf lassen.

Philippo am Nacken haltend, entfernte der Impresario die in mehreren Scharnieren beweglichen, mit Sperrklinken versehenen Beschläge und senkte mit der linken Hand die obere Scheibe, deren Öffnung den rosagewandeten fast gewichtlosen Körper leicht passieren ließ.

Der agile Zwerg, dessen Kopf, größer als der Jenns, so hoch war wie der ganze übrige Körper, nützte die eben gewonnene Bewegungsfreiheit jählings aus, um sich frenetisch den Bart zu kratzen, ohne seinen feuchten Wortschwall zu unterbrechen.

In dem Augenblick, als ihn Jenn hinter die Kulissen trug, nahm er munter einen Fuß in jede Hand und verschwand humpelnd, während ein letzter Scherz noch einige Tropfen seines reichlich fließenden Speichels in die Weite sandte.

Sogleich trat der Bretone Lelgoualch in der legendären Tracht seiner Provinz hervor und grüßte mit seinem runden Hut, während der Bretterboden der Bühne unter den Tritten seines Holzbeines widerhallte.

In der Linken hielt er einen ausgehöhlten Knochen, in den, wie in eine Flöte, Löcher gebohrt waren.

Der Neuankömmling erzählte uns, während er mit stark bretonischem Akzent sich selbst anpries, die folgenden Einzelheiten aus seinem Leben.

Mit achtzehn Jahren fuhr Lelgoualch, der den Beruf eines Fischers ausübte, jeden Morgen in seinem kleinen Boot an der Küste in der Nähe von Paimpol, seiner Geburtsstadt, entlang.

Der junge Mann, Besitzer eines Dudelsacks, galt als der beste Bläser der Gegend. Jeden Sonntag versammelte man sich auf öffentlichem Platze, um zu hören, wie er mit einem ganz persönlichen Charme eine Menge bretonischer Lieder darbot, deren er einen unerschöpflichen Schatz in seinem Gedächtnis bewahrte.

Als er eines Tages auf dem Volksfest zu Paimpol einen Klettermast erklomm, stürzte er ab und brach sich den Oberschenkel. Er schämte sich seines Ungeschicks, dessen das ganze Dorf Zeuge geworden war, stand auf und begann von neuem hinaufzuklettern, was ihm auch dank der Kraft seiner Arme gelang. Dann ging er schlecht und recht nach Hause und setzte seine Ehre darein, seine Schmerzen zu verbergen.

Als er nach allzulangem Warten endlich doch den Arzt rufen ließ, hatte sich die Verletzung bereits zum Brand entwickelt.

Die Amputation wurde für unvermeidlich gehalten.

Lelgoualch, davon unterrichtet, faßte seine Situation mutig ins Auge und, entschlossen das beste aus ihr zu machen, bat er den Operateur nur darum, ihm sein Schienbein aufzuheben, von dem er einen mysteriösen Gebrauch zu machen gedachte.

Man tat nach seinem Wunsch, und eines Tages begab sich der arme Amputierte, geschmückt mit einem nagelneuen Holzbein, zu einem Instrumentenmacher, dem er, mit genauen Anweisungen, einen sorgfältig verpackten Gegenstand übergab.

Einen Monat später erhielt Lelgoualch in einem schwarzen, mit Samt ausgeschlagenen Schrein den Knochen seines Beines, der sich in eine seltsam tönende Flöte verwandelt hatte.

Der junge Bretone lernte schnell den neuen Fingersatz und begann eine lukrative Karriere, indem er die Weisen seines Landes in den Konzertcafés und Zirkussen spielte; die Bizarrerie des Instruments, dessen Herkunft er jedesmal erklärte, zog die Menge der Neugierigen an und steigerte überall die Einnahmen.

Die Amputation lag schon mehr als zwanzig Jahre zurück, und seitdem war der Klang der Flöte immer besser geworden, wie der einer Geige, die sich mit der Zeit veredelt.

Nachdem Lelgoualch seinen Bericht beendet hatte, führte er sein Schienbein an die Lippen und begann eine bretonische Melodie voll träger Melancholie zu spielen. Die reinen, samtenen Töne waren mit nichts Bekanntem zu vergleichen; die Klangfarbe, warm und kristallen zugleich, von unaussprechlicher Durchsichtigkeit, fügte sich wunderschön in den eigenartigen Zauber der ruhigen, sangbaren Weise, deren beschwörende Umrisse die Gedanken mitten in das aremorikanische Land versetzten.

Allerlei Lieder, heitere oder patriotische, verliebte oder tänzerische, folgten auf diese erste Romanze und alle bildeten eine große Einheit von intensivem Lokalkolorit.

Nach einer zarten Klage zum Schluß zog sich Lelgoualch schnellen Schrittes zurück, wobei er abermals mit seinem Holzbein auf den Bretterboden stampfte.

Darauf erschien der Zirkusstallmeister Urbain, in blauer Jacke, lederner Kniehose und Stulpenstiefeln, der einen prächtigen Rappen voll Kraft und Rasse vorführte. Nur ein elegantes Halfter schmückte den Kopf des Tiers, dessen Maul durch nichts beengt wurde.

Urbain machte einige Schritte auf der Bühne und ließ den herrlichen Renner mit dem Gesicht zum Publikum haltmachen; er stellte ihn unter dem Namen Romulus als *sprechendes Pferd* vor.

Auf die Bitte des Stallmeisters an das Publikum, ihm irgend ein Wort zu nennen, rief Juillard ihm das Wort »Äquator« zu.

Sogleich wiederholte das Pferd langsam der Reihe nach die Silben, die ihm Urbain mit lauter Stimme vorsagte; das Pferd sprach klar und deutlich »Ä...qua...tor...«.

Die Zunge des Tieres war nicht, wie bei seinen Artgenossen, viereckig, sondern hatte die spitze Form eines menschlichen *Mundwerks*. Diese Besonderheit, die Urbain durch Zufall entdeckt hatte, war für ihn der Anlaß gewesen, die Erziehung des Pferdes zu versuchen; in zweijähriger Arbeit hatte es sich daran gewöhnt, wie ein Papagei jeden beliebigen Klang zu wiederholen.

Der Stallmeister machte einen neuen Versuch, indem er die Zuschauer jetzt um ganze Sätze bat, die Romulus ihm dann nachsagte. Bald hörte er auf zu soufflieren, doch das sprechende Pferd trug nun sein ganzes Repertoire vor, das allerlei Sprichwörter, Bruchstücke von Fabeln, Flüche und Gemeinplätze umfaßte, die es aufs Geratewohl ohne eine Spur von Intelligenz oder Verständnis rezitierte.

Am Ende dieser verblüffenden Rede führte Urbain Romulus hinaus, der noch im Abgehen unbestimmte Bemerkungen vor sich hinmurmelte.

An die Stelle des Mannes mit seinem Pferd trat Whirligig; schlank und leicht in seinem Clownskostüm und dem mehlweißen Gesicht, trug er mit Hilfe seiner beiden Hände und seiner Zähne drei tiefe, zartgeflochtene Körbe, die er auf die Bühne stellte.

Gewandt den englischen Akzent nachäffend, stellte er sich als ein Glückspilz vor, der gekommen sei, um in zwei verschiedenen Spielen einen großen Gewinn zu erzielen.

Zu gleicher Zeit zeigte er die Körbe vor, von denen der eine mit Sous-Stücken, der andere mit Dominosteinen und der dritte mit dunkelblauen Spielkarten gefüllt war.

Whirligig nahm zuerst den Korb mit dem Kupfergeld, trug ihn nach rechts und begann, mit vollen Händen Kupfermünzen schöpfend, am Rand der Estrade ein sonderbares Bauwerk auszuführen, das sich an die Wand anlehnte.

Große und kleine Sous-Stücke türmten sich rasch unter den geübten Händen des Clowns, der in dieser Arbeit sehr bewandert zu sein schien. Wir unterschieden bald die Basis eines feudalen Wachtturms, durchbrochen von einem breiten Tor, dessen oberer Teil noch fehlte.

Ohne sich einen Augenblick Ruhe zu gönnen, führte der wendige Arbeiter sein Werk fort, das von einem metallischen Klirren voll klingender Heiterkeit begleitet war. An einigen Stellen waren schmale Schießscharten in der gekrümmten Mauer angebracht, die zusehends höher wurde.

Als Whirligig auf der durch den höchsten Punkt des Tores bezeichneten Höhe angelangt war, zog er aus seinem Ärmel eine lange, dünne und flache Stange, deren braune Farbe man mit der Schmutzfarbe der Sous-Stücke verwechseln konnte. Dieser widerstandsfähige Balken, den er wie eine Brücke auf die beiden Pfeiler des Tores legte, erlaubte dem Clown, sein Werk auf einer festen und zuverlässigen Unterlage fortzusetzen.

Die Münzen, noch reichlich vorhanden, türmten sich, und als der Korb leer war, wies Whirligig mit stolzer Geste auf einen hohen, kunstvoll mit Zinnen gekrönten Turm, der zu irgend einer alten Fassade zu gehören schien, von der nur eine Ecke wie eine Bühnendekoration sichtbar war.

Die Arme mit Dominosteinen beladen, die er dem zweiten Korb entnahm, wollte der Clown dann am äußersten rechten Ende der Bühne eine Art Mauer im Gleichgewicht bauen.

Die gleichförmigen Rechtecke, auf die Schmalseiten gestellt, bauten sich symmetrisch aufeinander auf und zeigten schwarze Rückseiten vermischt mit mehr oder weniger getupften weißen Vorderseiten.

Bald zeigte eine breite Fläche, in einer absolut vollkommenen Vertikalen hochgezogen, auf weißem Grunde die schwarze Silhouette eines Priesters in langer Soutane und mit dem traditionellen Hut; bald auf die Breit-, bald je nach der Notwendigkeit der Umrisse, auf die Längsseite gestellt, schienen die Dominosteine, die allein durch den geschickten Wechsel von Vorder- und Rückseite die Zeichnung hervorbrachten, mit ihren schmalen Kanten dank der Präzision der Arbeit zusammengeschweißt.

Ohne Mörtel und Kelle vollendete Whirligig in einigen Minuten eine drei Meter lange Mauer, die in etwas schräger Richtung nach dem Hintergrund der Bühne führte und einen streng homogenen Block entstehen ließ. Das erste Thema wiederholte sich auf der ganzen Ausdehnung der Mauer, und wir sahen jetzt eine ganze Parade von Vikaren, die in kleinen Gruppen einem unbekannten Ziel zuzustreben schienen.

An den dritten Korb tretend holte der Clown, indem er es dabei entfaltete, ein großes Stück schwarzen Tuchs heraus, das an zwei mit je einem Ring versehenen Ecken bequem an zwei vorher an dem Vorhang im Hintergrund und an der linken Bühnenwand angebrachten Haken aufgehängt wurde.

Der schwarze Behang, der bis auf den Fußboden herabreichte, bildete so eine große abgesonderte Fläche, in welcher, von dem Münzenturm ausgehend, die Achse der Dominomauer endete.

Durch Whirligigs Manöver der Luft ausgesetzt, erwies sich die sichtbare Seite des Tuchs als mit einem feuchten Überzug, einer Art frischem glänzendem Leim bedeckt.

Der Clown pflanzte sich grazös vor dieser großen Zielscheibe auf, auf die er mit wunderbarer Geschicklichkeit die Spielkarten warf, die er händevoll seinem Vorrat entnahm.

Jedes dieser leichten Geschosse landete, sich um sich selber drehend, unfehlbar mit seiner blauen Rückseite auf dem Vorhang und blieb an dem zähen Überzug haften; der Operateur schien eine Patience zu legen, indem er seine Karten symmetrisch anordnete, die, schwarz oder rot, stark oder schwach, ohne Unterschied des Wertes oder der Art nebeneinander zu liegen kamen.

In kurzer Zeit entwarfen Karo-, Kreuz-, Pik- und Herzkarten, in geraden Reihen aufeinanderfolgend, auf dem schwarzen Hintergrund die Gestalt eines Daches; dann war es eine vollständige Fassade mit ein paar Fenstern und einem großen Tor, auf dessen Schwelle Whirligig mit einem ganzen Spiel Karten sorgfältig die Silhouette eines Geistlichen zeichnete, der, den Hut auf dem Kopfe, aus seinem Hause kam und die Gruppe seiner Amtsbrüder zu empfangen schien, die auf ihn zukamen.

Als die Patience beendet war, drehte sich der Clown um und erklärte seine drei Meisterwerke mit folgenden Worten: »Eine Bruderschaft von Ordensgeistlichen verläßt den Turm eines alten Klosters, um den Pfarrer in seinem Pfarrhaus zu besuchen.«

Dann faltete er, immer flink und leichtfüßig, den schwarzen Vorhang mit allen Karten darauf zusammen und demolierte in Sekundenschnelle die beschwörende Mauer und den braunen Turm.

Schnell war alles wieder in die soliden Körbe verpackt, mit denen Whirligig wie ein Kobold verschwand.

Gleich darauf erschien der belgische Tenor Cuijper in tadellos sitzendem Gehrock auf der Bühne.

In den Händen hielt er ein zerbrechliches metallenes Instrument, das er, so weit möglich, den Blicken der Anwesenden darbot, indem er es langsam hin und her drehte, um es von allen Seiten zu zeigen.

Es war eine *Stimmröhre*, ähnlich jenen näselnden Spielzeugen, nur etwas größer, die dazu dienen, die Stimme des Polichinell nachzuahmen.

Cuijper erzählte uns in Kürze die Geschichte dieses Spielzeugs, das, von ihm selbst erfunden, seine Stimme verhundertfachte und das Théâtre de la Monnaie in Brüssel bis in seine Grundfesten erschüttert hatte.

Jeder von uns erinnerte sich noch des Lärms, den die Zeitungen um *Cuijpers Stimmröhre* gemacht hatten, welche kein Instrumentenmacher jemals hatte nachahmen können.

Der Tenor bewahrte eifersüchtig das Geheimnis, auf Grund dessen durch die Zusammensetzung des Metalls und die Form gewisser Zirkumvallationen das kostbare Ding außerordentliche Resonanzfähigkeiten erhielt.

Um nicht die Gelegenheiten zu Diebstahl und Indiskretionen zu vermehren, hatte sich Cuijper mit der Herstellung eines einzigen Exemplares begnügt, des Gegenstands seiner fortwährenden Aufmerksamkeit; unsere Blicke waren also in diesem Augenblick auf eben jene Stimmröhre geheftet, die ihm während einer ganzen Spielzeit geholfen hatte, auf der Bühne des Théâtre de la Monnaie die ersten Rollen zu spielen.

Zum Abschluß dieser einführenden Erklärungen kündigte Cuijper die große Arie des *Gorloès* an und nahm die Stimmröhre in den Mund.

Plötzlich kam aus seiner Kehle eine übermenschliche Stimme, die, so schien es, mehrere Meilen weit in der Runde zu hören sein mußte, und ließ alle seine Zuhörer erbeben.

Diese kolossale Kraft schadete in keiner Weise dem Zauber seines Timbres, und die geheimnisvolle Stimmröhre, die Ursache dieser unglaublichen Entfaltung, erhellte, statt sie zu entstellen, die elegante Aussprache der Worte.

Ohne alle Anstrengung erschütterte Cuijper, fast spielerisch, die Luftschichten, ohne daß je eine schrille Intonation die Reinheit seiner Töne getrübt hätte, die an die Weichheit der Harfe und zugleich an die Kraft der Orgel erinnerte.

Er als einzelner füllte den Raum besser als ein riesiger Chor; seine *Forti* hätten das Rollen des Donners übertönt und seine *Piani* besaßen eine außerordentliche Fülle, obgleich sie sich wie ein leises Murmeln anhörten.

Die letzte Note, zart genommen, dann kunstvoll anschwellend und auf dem höchsten Punkt abbrechend, erregte in der Menge ein Gefühl der Betäubung, die bis zu Cuijpers Abgang anhielt, dessen Finger nun wieder mit der seltsamen Stimmröhre spielten.

Ein Erschauern der Neugier ging durch das Publikum beim Auftritt der großen italienischen Tragödin Adinolfa; ihr einfaches schwarzes Kleid betonte die schicksalhafte Traurigkeit eines Gesichts, das durch ihre schönen, samtenen Augen und ihr üppiges braunes Haar verdüstert wurde.

Nach kurzer Ankündigung begann Adinolfa in italienischer Sprache klangvolle Verse von Tasso zu deklamieren; ihre Züge drückten intensiven Schmerz aus, und gewisse Ausbrüche ihrer Stimme waren fast ein Schluchzen; sie rang angstvoll die Hände, und ihre ganze Person bebte schmerzvoll, trunken von Überschwang und Verzweiflung.

Bald strömten echte Tränen aus ihren Augen und bewiesen die verwirrende Echtheit ihrer ungewöhnlichen Erregung.

Zuweilen kniete sie nieder, das Haupt gesenkt unter der Last ihres Grams, um dann wieder aufzustehen, die Hände gefaltet und zum Himmel emporgestreckt, an den sich ihre herzzerreißenden Rufe zu richten schienen.

Von ihren Lidern tropften unaufhörlich Tränen, während Tassos Stanzen schaurig hallten, getragen von ihrer eindrucksvollen Mimik und gesprochen in einem wilden, zupackenden Ton, der die Vorstellung der schlimmsten seelischen Tortur heraufbeschwor.

Nach einem letzten emphatischen Vers, dessen Silben sie, jede für sich, mit einer durch die Anstrengung heiser gewordenen Stimme herausheulte, trat die geniale Tragödin langsamen Schrittes ab, die Hände an den Kopf gepreßt, nicht ohne bis zuletzt den Strom ihrer kristallklaren Tränen fließen zu lassen.

Sogleich setzten sich, von unbekannter Hand gezogen, von den beiden Seiten der Bühne her zwei rote Damastvorhänge in Bewegung, die, in der Mitte sich treffend, sie völlig maskierten.

V

Zwei Minuten vergingen, während welcher sich Carmichael links vor dem Theater postierte, das von einer unsichtbaren aber geräuschvollen Tätigkeit erfüllt war.

Plötzlich öffneten sich die Vorhänge wieder und gaben ein lebendes Bild voll malerischer Heiterkeit frei.

Mit klangvoller Stimme sprach Carmichael, auf die unbewegliche Erscheinung deutend, die kurze Ankündigung: »Das Festmahl der Götter des Olymps«.

In der Mitte der mit schwarzen Tüchern behängten Bühne saßen Jupiter, Juno, Mars, Diana, Apollo, Venus, Neptun, Vesta, Minerva, Ceres und Vulkan prächtig kostümiert an einer üppig gedeckten Tafel und hoben lächelnd ihre vollen Schalen. Im Begriff, fröhlich mit der Runde anzustoßen, schien Merkur, dargestellt von dem Komiker Soreau, mit seinen Flügelschuhen ohne sichtbare Verbindung zum Schnürboden über dem Bankett frei im Raum zu schweben.

Die Vorhänge schlossen sich wieder und ließen die übermenschliche Versammlung verschwinden. Dann teilten sie sich nach einem kurzen Umbau von neuem, um in einem anderen Rahmen ein sehr komplexes Bild zu bieten.

Der linke Teil der Bühne zeigte friedlich eine Wasserfläche, die durch eine Hecke von Schilf verdeckt wurde.

Eine Farbige, die nach Kleidung und Schmuck zu einem wilden Stamm Nordamerikas zu gehören schien, stand unbeweglich auf dem Boden eines leichten Bootes. Allein mit ihr in dem gebrechlichen Nachen hielt ein kleines Mädchen weißer Rasse mit beiden Händen die Stange eines Fischernetzes, mit dessen Hilfe sie in einer plötzlichen Bewegung einen in die Falle gegangenen Hecht aus dem Wasser zog; unten sah man aus den Maschen des Netzes den Kopf des Fisches ragen, bereit in sein Element zurückzutauchen.

Die andere Hälfte der Bühne stellte ein grasbewachsenes Ufer dar. Im Vordergrund trug ein Mann, der Hals über Kopf zu laufen schien, auf seinen Schultern einen Wildschweinskopf aus Karton, der, seinen eigenen Kopf völlig bedeckend, ihm den Anschein eines Keilers mit menschlichem Körper verlieh. Ein Eisendraht, der einen großen Bogen bildete, war mit seinen beiden Enden an den Handgelenken befestigt, die der Läufer in ungleicher Höhe nach vorn streckte. An drei verschiedenen Punkten der anmutigen Kurve ging der Metalldraht durch einen Handschuh, ein Ei und einen Strohhalm, die einen künstlichen Flug vollführten. Die Hände des Flüchtigen streckten sich gen Himmel, als wollten sie mit den drei auf ihrer Luftreise erstarrten Gegenständen jonglieren. Der Bogen, schräg geneigt, vermittelte den Eindruck einer unwiderstehlichen schnellen Bewegung. Im Halbprofil und scheinbar von einer unüberwindlichen Kraft angezogen, entfernte sich der Jongleur nach dem Hintergrund der Bühne.

Im Mittelgrund verharrte eine lebendige Gans in einer Pose schwindelerregenden Auffliegens dank irgend einem Leim, der ihre in einem riesigen Schritt auseinanderstehenden Füße an den Boden heftete. Die beiden weißen Flügel spannten sich weit aus, als wollten sie diese kopflose Flucht noch beschleunigen. Hinter dem Vogel stellte Soreau in wallendem Gewande den erzürnten Boreas dar; aus seinem Munde ragte ein langer Trichter aus bläulich-grauer Pappe, der, mit seinen schmalen Längsstreifen jene Windwolken nachahmend, die die Zeichner den Lippen pausbäckiger Zephyre ausströmen lassen, kunstvoll den Atem des Sturms abbildete; das ausgeweitete Ende des Trichters zielte auf die Gans, die durch die verdrängte Luft vorwärts gejagt worden war. Im übrigen schickte sich Boreas, der eine Rose mit langem dornigem Stiel in der Hand hielt, in aller Ruhe an, die Flüchtige zu peitschen, um ihren Lauf zu beschleunigen. Fast nach vorne gewendet schien der Vogel im Begriff, den Jongleur zu kreuzen, wobei beide ein und derselben Parabel in entgegengesetzter Richtung zu folgen schienen. Im Hintergrund erhob sich ein goldenes Fallgitter, hinter dem die Eselin Milenkaya ihre geschlossenen Kiefer, die von oben nach unten von einem Haarseil durchbohrt waren, einem vollständig gefüllten Trog entgegenstreckte. Gewisse Einzelheiten ließen erraten, welcher Kunstgriff angewandt worden war, um die schmerzhafte, zum Hungern zwingende Behinderung vorzutäuschen. Nur die beiden sichtbaren Enden des Haarseils existierten wirklich; sie waren auf die Haut der Eselin geklebt und endeten beiderseits in einem Querstäbchen. Auf den ersten Blick hatte man den Eindruck eines totalen Verschlusses, der das arme Tier zu dauernden Tantalus-Qualen verurteilte.

Carmichael wies auf das kleine Mädchen, das in dem Boot stand und niemand anders war als Stella Boucharessas; er gab klar und deutlich die kurze Erklärung:

»Ursula, begleitet von der Huronin Maffa, leistet den Verhexten des Ontario-Sees Hilfe.«

Die Figuren wahrten alle eine statuarische Unbeweglichkeit. Soreau nahm die Spitze seines langen graublauen Horns zwischen die Zähne und blähte seine glatten, geröteten Wangen auf, ohne daß die Rose am Ende seines ausgestreckten Armes erzitterte.

Die Vorhänge schlossen sich wieder, und sogleich erhob sich hinter ihrem undurchdringlichen Schutzwall anhaltendes Gepolter, verursacht durch irgend eine fieberhafte eilige Arbeit.

Dann tat sich plötzlich wieder die völlig veränderte Bühne auf.

Die Mitte war ausgefüllt von einer Treppe, deren Biegung sich im Schnürboden verlor.

Auf halber Höhe präsentierte sich ein blinder Greis in einem Louis XV.-Kostüm den Zuschauern zugewandt an der abwärtsgehenden Biegung. Seine Linke hielt einen düsteren grünen Strauß von mehreren Stechpalmenzweigen. Betrachtete man die Basis der Garbe genauer, so entdeckte man nach und nach alle Farben des Regenbogens in Gestalt von sieben verschiedenen Seidenbändern, die einzeln um die zu einem Bündel vereinten Stiele gewunden waren.

Mit seiner freien Hand, die eine Gänsefeder führte, schrieb der Blinde auf das Geländer, das ihm zu seiner Rechten durch seine flache Form und seine weißliche Farbe eine glatte und bequeme Oberfläche bot.

Auf den benachbarten Stufen zusammengedrängt, beobachteten mehrere Statisten ernsthaft die Bewegungen des Greises. Der Zunächststehende trug ein großes Tintenfaß und schien die Feder zu überwachen, um sie rechtzeitig neu zu befeuchten.

Mit dem Finger auf die Bühne weisend, ergriff Carmichael das Wort: »Händel, sein *Vesper*-Oratorium mechanisch komponierend.«

Soreau, in der Rolle Händels, hatte sich eine konventionelle Blindheit zugelegt, indem er seine Augenlider, die er fast ganz geschlossen hielt, geschminkt hatte.

Das Bild verschwand hinter den Vorhängen, und eine ziemlich lange Pause wurde einzig durch das Geflüster der Anwesenden ausgefüllt.

»Zar Alexis, den Mörder Pletschtschejews entdeckend.«

Dieser Satz, von Carmichael in dem Augenblick gesprochen, als die Vorhänge aufgingen, bezog sich auf eine russische Szene des XVII. Jahrhunderts.

Zur Rechten hielt Soreau, den Zaren darstellend, in der Höhe seiner Augen eine Scheibe aus rotem Glas, die der untergehenden Sonne ähnelte. Sein Blick, das runde Glas durchdringend, fixierte eine Gruppe von Menschen aus dem Volk, die sich auf der linken Seite um einen Sterbenden drängten; Gesicht und Hände völlig blau, war er von Krämpfen geschüttelt in ihre Arme gesunken.

Die Vision war kurz; es folgte ein flüchtiger Zwischenakt, der mit der folgenden Ankündigung Carmichaels endete:

»Das Echo des Arghyros-Waldes sendet Constantin Canaris den Duft der beschworenen Blumen.«

Soreau in der Rolle des berühmten Seefahrers, stand im Profil ganz vorn und hielt die Hände als Schalltrichter an den Mund.

In seiner Nähe standen mehrere Gefährten in der Haltung bewundernder Verblüffung.

Ohne sich zu bewegen, sprach Soreau deutlich das Wort »Rose«, das sogleich von einer Stimme aus der Kulisse wiederholt wurde.

Genau in dem Augenblick, in dem das Echo ertönte, verbreitete sich auf dem Platz der Trophäen ein intensiver, penetranter Rosenduft und traf zu gleicher Zeit alle Nasenlöcher, um fast sofort wieder zu verschwinden.

Das Wort »Nelke«, das Soreau nun ausstieß, fand denselben phonetischen und duftenden Widerhall.

Der Reihe nach wurden Flieder, Jasmin, Maiglöckchen, Thymian, Gardenia und Veilchen mit lauter Stimme genannt, und jedesmal verströmte das Echo mächtige Duftwolken, immer in Übereinstimmung mit dem Wort, das es folgsam wiederholte.

Die Vorhänge schlugen über diesem poetischen Bild zusammen und die Atmosphäre befreite sich schnell von allen berauschenden Spuren.

Nach kurzer Pause wurde das brutal enthüllte nächste Bild von Carmichael angesagt, der seine Geste mit dem kurzen Kommentar begleitete:

»Der steinreiche Fürst Savellini, von Kleptomanie befallen, plündert die Bummler in den Vorstädten Roms.«

Zum ersten Male zeigte sich Soreau in moderner Kleidung, eingehüllt in einen eleganten Pelzmantel und geschmückt mit Edelsteinen, die an seiner Krawatte und an seinen Fingern funkelten. Ihm gegenüber umringte eine Schar finsterer Strolche zwei mit Messern bewaffnete Kämpfer. Die Spannung der Zuschauer ausnützend, die allzu sehr von dem Duell in Anspruch genommen wurden, als daß sie seine Anwesenheit bemerkt hätten, durchsuchte der Mann im Pelz verstohlen von hinten die widerlichen Taschen und förderte deren schmutzigen Inhalt zutage. Seine eilfertigen Hände packten soeben eine alte verbeulte Uhr, eine schmierige Börse und ein großes kariertes Taschentuch, das größtenteils noch in den Tiefen einer geflickten Jacke verborgen war.

Nachdem die gewöhnliche rasche Schließung der Vorhänge diese Lokalnachricht verdeckt hatte, verließ Carmichael seinen Posten und beendete damit die Folge der lebenden Bilder.

Die Bühne wurde bald wieder den Blicken freigegeben für den Auftritt der alten Ballerina Olga Tscherwonenkow, einer dicken schnurrbärtigen Livländerin, die, als Tänzerin gekleidet und mit Laub geschmückt, auf dem Rücken des Elchs Sladki erschien, der unter ihrem kolossalen Gewicht beinahe zusammenbrach; das anmutige Tier querte die Bretter zweimal nacheinander, dann verschwand es, seiner korpulenten Amazone entledigt, in der Kulisse; die Reiterin ging in Position, um den *Pas de la Nymphe* auszuführen.

Ein Lächeln auf den Lippen begann der einstige Star eine Reihe schneller Evolutionen, die noch Spuren ihres früheren Talents aufwiesen; unter den starren Falten ihres Tüllrocks verrichteten die monströsen Beine, in ein rosarotes Trikot gezwängt, ihre kunstvolle Arbeit mit hinreichender Geschicklichkeit und einem Rest von Grazie, die uns überraschte.

Olga überquerte die Bühne mit kleinen Schritten auf der äußersten Spitze der großen Zehe, als sie plötzlich unter Schmerzensschreien zu Boden fiel.

Doktor Leflaive, aus unserer Gruppe, stürzte auf die Bühne und stellte den beklagenswerten Zustand der Kranken fest, die sich infolge eines *Muskelkrampfs* nicht mehr bewegen konnte.

Der geschickte Arzt rief Hector und Tommy Boucharessas zu Hilfe, hob mit ihnen unter tausend Vorsichtsmaßregeln die Unglückliche auf und brachte sie weg, damit sie alle wünschenswerte Pflege finden könne.

Wie um jede Unterbrechung der Vorstellung zu vermeiden, hatte Talou sofort Rao diskret einige Befehle erteilt.

Plötzlich erscholl, die in der Ferne verhallenden Schreie der armen Olga übertönend, ein gewaltiger Chor von schweren, vibrierenden Männerstimmen.

Auf dieses Getöse hin wandten sich alle nach der Westseite, vor der die schwarzen Krieger, bei ihren Waffen kauernd, die sie auf den Boden gelegt hatten, die *Jerukka* sangen, eine Art hochfahrendes Heldengedicht, in dem der Kaiser selbst über seine eigenen Taten berichtete.

Die Weise, bizarr in Rhythmus und Tonart, bestand aus einem einzigen ziemlich kurzen Motiv, das sich mit immer neuen Worten unaufhörlich wiederholte.

Die Sänger skandierten jede Strophe durch einheitliches Händeklatschen; das glorreiche Klagelied, dessen Ausführung weder der Größe noch des Charakters ermangelte, machte einen grandiosen Eindruck.

Doch die fortwährende Wiederholung der ewig gleichen Phrase

erzeugte allmählich eine drückende Monotonie, die durch die unerläßliche Länge der *Jerukka* noch verstärkt wurde, eines getreuen Berichts über das ganze Leben des Kaisers, dessen Großtaten zahlreich waren.

Der ponukelische Text, europäischen Ohren völlig unverständlich, rollte in wirren Strophen ab, die sicher voll von kapitalen Ereignissen waren, und die Nacht brach allmählich ein, ohne daß ein Ende dieses langweiligen Singsangs abzusehen gewesen wäre.

Plötzlich aber, als wir schon daran verzweifelten, jemals bis zum letzten Vers zu gelangen, hielt der Chor inne und an seine Stelle trat die Stimme einer Sängerin – eine wundervolle, eindringliche Stimme, die in dem schon undurchsichtigen Dämmerlicht rein erklang.

Unser aller Augen, die zu erkennen suchten, woher dieser neue Gesang kam, entdeckten Carmichael, der auf der äußersten Linken vor der ersten Reihe der Chorsänger stand und die *Jerukka* zu Ende führte, indem er allein, ohne an dem musikalischen Motiv etwas zu ändern, das zusätzliche Kapitel über die *Schlacht am Tez* phrasierte.

Seine wundervolle Kopfstimme, die die Vibrationen einer weiblichen Kehle täuschend nachahmte, entfaltete sich nach Wunsch in der großen Klangfülle der freien Luft, ohne daß sie durch die schwierige Aussprache der unverständlichen Wörter behindert schien, aus denen die Strophen bestanden.

Nach einigen Augenblicken war Carmichael, der zuerst so sicher gewesen war, gezwungen, innezuhalten, weil ihn sein Gedächtnis im Stich gelassen hatte, das ihm ein Wort in der Folge unverständlicher Silben verweigerte, die er gewissenhaft auswendig gelernt hatte.

Talou soufflierte von weitem das Textfragment, das der junge Marseiller vergessen hatte; nun, nachdem er den Faden seines Gedichtes wiedergefunden hatte, gelangte er bis an das Ende der letzten Strophe.

Gleich darauf sprach der Kaiser einige Worte zu Sirdah, die, das Urteil ihres Vaters in tadelloses Französisch übersetzend, Carmichael drei Stunden Stubenarrest als Strafe für seinen geringfügigen Fehler auferlegen mußte.

VI

Die schwarzen Krieger waren alle zugleich aufgestanden und hatten ihre Waffen an sich genommen.

Unter Raos Leitung neu formiert, setzte sich der Zug, wie er am Anfang gewesen war, jedoch vermehrt um unsere Gruppe und die Mehrheit der Unvergleichlichen, schnell nach Süden in Marsch.

Das südliche Viertel von Ejur wurde im Geschwindschritt durchquert, und bald lag die Ebene vor uns, die zur Linken durch die hohen Bäume des Béhuliphruen begrenzt war, eines prächtigen Gartens voll wunderbarer, unbekannter Düfte.

Rao hielt plötzlich die riesige Kolonne an, als wir eine sehr weitläufige Örtlichkeit erreicht hatten, die durch ihre Dimensionen für ein phonetisches Experiment von weittragender Bedeutung geeignet war.

Stephan Alcott, ein kräftiger Bursche mit vorspringendem Brustkorb, löste sich aus unseren Reihen, zusammen mit seinen sechs Söhnen, jungen Männern von fünfzehn bis fünfundzwanzig Jahren, deren märchenhafte Magerkeit sich eindrucksvoll unter den einfachen enganliegenden roten Trikots abzeichnete.

Der Vater, wie sie gekleidet, stellte sich, den Rücken dem Westen zugekehrt, an einem bestimmten Punkt auf, machte sorgfältig eine Achteldrehung nach rechts und erstarrte plötzlich zur Unbeweglichkeit einer Statue.

Genau von dem Punkt aus, wo Stephan stand, schritt der älteste der sechs Brüder schräg in der Richtung nach dem Béhuliphruen, in dem er genau der Linie folgte, die der Sehstrahl seines Vaters zog; dabei zählte er mit lauter Stimme seine langsamen, weitausgreifenden Schritte, die er peinlichst genau in unveränderlichem Gleichmaß auszuführen suchte. Bei der Zahl 117 machte er halt und folgte, das Gesicht nach Westen wendend, dem Beispiel seines Vaters und nahm eine einstudierte Pose ein. Sein jüngerer Bruder, der ihn begleitet hatte, machte den gleichen Gang nach Südwesten und erstarrte nach 72 absolut gleichlangen Schritten wie eine Puppe, die Brust dem Osten zugekehrt. Dasselbe Manöver führten dann die vier Jüngsten der Reihe nach aus, wobei sie jedesmal als Ausgangspunkt das verabredete Ziel wählten, das der letzte Vermesser erreicht hatte, und in die Ausführung ihrer kurzen, wunderbar regelmäßigen Etappen jene mathematische Perfektion legten, die sonst den Arbeiten der Geometer vorbehalten ist.

Als der Jüngste auf seinem Posten war, standen die sieben

Komparsen in ungleichen Abständen auf einer seltsamen gebrochenen Linie, in der jeder der fünf kapriziösen Winkel von zwei geschlossenen Fersen gebildet wurden.

Die offenkundige Inkohärenz der Figur war der genauen Zahl der regelmäßigen Schritte zuzuschreiben, deren Anzahl sich jeweils zwischen einem Minimum von 62 und einem Maximum von 149 bewegt hatte.

Einmal auf seinem Posten, zog jeder der sechs Brüder mit Hilfe einer besonderen Muskelanstrengung gewaltsam Brust und Bauch ein und schuf so eine geräumige Höhlung; durch Hinzufügung der Arme, die wie zusätzliche Ränder im Kreis an sie gepreßt wurden, wurde sie noch tiefer. Die Trikots hafteten dank irgend einem Überzug immer noch an jedem Punkt der Epidermis.

Die Hände als Sprachrohr gebrauchend, rief der Vater mit gewichtiger, tönender Stimme seinen eigenen Namen in der Richtung nach seinem Ältesten.

Sogleich wurden, in ungleichen Abständen, die vier Silben: *Stephan Alcott* nacheinander an sechs Punkten der riesigen Zickzacklinie wiederholt, ohne daß sich die Lippen der Figuranten auch nur im geringsten bewegt hätten.

Es war die Stimme des Familienoberhauptes, die die Brusthöhlen der sechs jungen Leute zurückwarfen; dank ihrer außerordentlichen Magerkeit, die durch eine rigorose Diät sorgsam aufrechterhalten wurde, boten sie dem Schall eine knochige Oberfläche dar, die starr genug war, um alle Schallwellen zu reflektieren.

Dieser erste Versuch befriedigte die Ausführenden nicht, die nun Platz und Stellung ein wenig änderten.

Die Richtigstellung dauerte ein paar Minuten, während welcher Stephan häufig seinen Namen rief und dem Ergebnis lauschte, das seine Söhne mehr und mehr verbesserten, indem sie bald die Füße kaum merklich bewegten, um einen Zentimeter in einer bestimmten Richtung zu gewinnen, bald sich stärker neigten, um dem Schall eine bessere Passage zu verschaffen.

Es handelte sich scheinbar um ein imaginäres Instrument, das, schwer zu stimmen, bei seiner Regulierung vor allem eine minutiöse und geduldige Sorgfalt erforderte.

Als endlich eine Probe befriedigend zu sein schien, befahl Stephan mit einem kurzen Wort, das wider seinen Willen ein sechsfaches Echo erzeugte, seinen abgemagerten Schildwachen vollständige Unbeweglichkeit.

Jetzt erst begann das eigentliche Schauspiel.

Stephan sprach mit voller Stimme alle möglichen Eigennamen,

Interjektionen und allgemein gebräuchlichen Wörter, wobei er fortwährend Register und Intonation wechselte, und jedesmal vervielfachte sich der Schall, von Brust zu Brust geworfen, mit kristallener Reinheit, zuerst tragend und kraftvoll, dann allmählich schwächer werdend bis zum letzten Stammeln, das einem Murmeln glich.

Kein Echo in einem Wald, einer Höhle oder einer Kathedrale hätte es mit dieser künstlichen Kombination aufnehmen können, die ein wahres Wunder der Akustik war.

Von der Familie Alcott in monatelangen Versuchen und Studien geschaffen, verdankte die geometrische Führung der gebrochenen Linie ihre kunstvollen Unregelmäßigkeiten der besonderen Form jeder einzelnen Brust, deren anatomische Struktur ein Resonanzvermögen von mehr oder weniger großer Tragweite bot.

Mehrere Personen aus dem Gefolge hatten sich den Wachtposten genähert und konnten feststellen, daß keinerlei Betrug am Werke war. Die sechs Münder blieben hermetisch verschlossen und einzig das Initialwort trug die Kosten des vielfachen Hörens.

Um dem Versuch die größtmögliche Ausdehnung zu geben, artikulierte Stephan schnell kurze Sätze, die das sechsfache Echo beflissen wiedergab; fünffüßige Verse, nacheinander rezitiert, wurden ohne Übergreifen und Vermischung deutlich gehört; verschiedenartige Ausbrüche von Gelächter, gewichtige auf »ho«, spitze auf »he« und schrille auf »hi« wirkten Wunder, indem sie einen leichten, gelassenen Spott heraufbeschworen; Schmerzens- und Schreckensschreie, Seufzer, pathetische Ausrufe, lautes Husten, komisches Niesen folgten in gleicher Vollkommenheit aufeinander.

Vom Wort zum Gesang übergehend, stieß Stephan starke Baritonnoten aus, die nach Wunsch aus den verschiedenen Winkeln der Linie zurückhallten, dann Vokalisen, Triller, Melodiefragmente – und heitere volkstümliche Kehrreime, die in Bruchstücken dargeboten wurden.

Zum Abschluß arpeggierte der Solist, nachdem er tief geatmet hatte, endlos den vollkommenen Akkord in beiden Richtungen, indem er großzügig den ganzen Umfang seiner Stimme ausnützte und vermöge der reichen und nachhaltigen Polyphonie, die aus der Mischung aller Echos entstand, die Illusion eines fehlerlos singenden Chors erweckte.

Plötzlich der musikalischen Quelle beraubt, die Stephan, außer Atem, jäh hatte versiegen lassen, erloschen die künstlichen Stimmen, eine nach der anderen; die sechs Brüder nahmen mit sichtbarer Genugtuung wieder ihre normale Stellung ein und durften sich unter langen Seufzern wollüstig entspannen.

Der Zug, schnell wieder formiert, wandte sich aufs neue gen Süden.

Nach einem kurzen und leichten Marsch in der hereinbrechenden Dunkelheit erreichte die Vorhut das Ufer des Tez, eines großen stillen Stroms, dessen rechtes Ufer schnell von der sich entfaltenden Kolonne besetzt war.

Eine Piroge mit eingeborenen Ruderern nahm Talou und Sirdah an Bord und setzte sie auf das andere Ufer über.

Dort trat aus einer Bambushütte geräuschlos der Negerzauberer Bachkou, eine elfenbeinerne Schale in der Hand und näherte sich der jungen Blinden, die er mit der Hand auf ihrer Schulter in der Richtung zum Ozean geleitete.

Alsbald traten beide in das Bett des Flusses und tauchten, je mehr sie sich vom Ufer entfernten, allmählich tiefer in das Wasser ein.

Nach ein paar Schritten blieb Bachkou, bis an die Brust im Wasser, stehen; die Schale, die zur Hälfte mit einer weißlichen Flüssigkeit gefüllt war, hielt er in der Linken hoch empor, während Sirdah neben ihm schon fast ganz in dem trüben rauschenden Wasser verschwand.

Der Zauberer tauchte zwei Finger in den milchigen Balsam und strich damit sanft über die Augen des jungen Mädchens; dann wartete er geduldig, um dem Mittel Zeit zur Wirkung zu lassen; als die Frist verstrichen war, drückte er die Daumen auf die Augäpfel und riß die beiden Hornhautflecken ab, die in die Strömung fielen und schnell in der Richtung nach dem Meer verschwanden.

Sirdah hatte einen Freudenschrei ausgestoßen, der das vollständige Gelingen der Operation bewies, die ihr tatsächlich das Augenlicht wiedergegeben hatte.

Ihr Vater antwortete ihr mit wilden Jubelrufen, denen begeistertes Geschrei des ganzen Zuges folgte.

Schleunigst an Land zurückgekehrt, warf sich das glückliche Kind dem Kaiser in die Arme, der sie lange in rührender Erregung umschlungen hielt.

Beide nahmen abermals in der Piroge Platz, die sie, den Strom überquerend, auf dem rechten Ufer absetzte, während Bachkou in seine Hütte zurückkehrte.

Sirdah verwahrte die wirkkräftige Flüssigkeit, die den heiligen Wassern des Stromes zu verdanken war, sorgfältig als Zeugnis ihrer Heilung.

Von Rao geführt, stieg die Kolonne die Uferböschung auf einer Strecke von hundert Metern hinauf und machte vor einem großen Apparat halt, der, zwischen vier Pfosten aufgestellt, über den Wasserlauf wie ein Brückenbogen vorsprang.

Es war allmählich Nacht geworden, und am Ufer beleuchtete ein Azetylenscheinwerfer auf einem Pfahl mit Hilfe seines mächtigen Reflektors, der genau eingestellt war, alle Einzelheiten der erstaunlichen Maschine, auf die sich aller Blicke richteten.

Das Ganze, völlig aus Metall, erweckte auf den ersten Blick die bestimmte Vorstellung eines Webstuhls.

In der Mitte parallel zur Strömung, erstreckte sich etwas wie eine horizontale *Kette* aus einer Unzahl von hellblauen Fäden, die, in einer einzigen Reihe nebeneinander angeordnet, dank ihrer märchenhaften Feinheit, nicht mehr als eine Breite von zwei Metern einnahmen.

Mehrere *Litzen*, das heißt vertikale Fäden mit je einem Auge bildeten hintereinander Flächen senkrecht zu den Kettenfäden, die sie durchquerten. Vor ihnen hing ein riesiger metallener *Kamm*, dessen unzählige, nicht wahrnehmbare Zähne die Kettenfäden ordneten wie ein gewöhnlicher Kamm das Haar.

Zur Rechten neben der Kette befand sich eine Tafel, einen Quadratmeter groß, mit lauter kleinen Höhlungen, die durch Scheidewände voneinander getrennt waren; in jeder von ihnen steckte ein schmales *Schiffchen*, auf dessen *Spule* ein Vorrat von einfarbiger Seide aufgewickelt war. Alle denkbaren Tönungen, die die sieben Farben des Regenbogens variierten, waren in den Schiffchen vertreten, deren bis zu tausend hier untergebracht werden konnten. Die Fäden, je nach der Entfernung mehr oder weniger abgespult, endeten rechts am Anfang der Kette und ließen ein seltsames, wunderbar vielfarbiges Netz entstehen.

Unten, fast auf der Oberfläche des Wassers, bildete eine Anzahl von Schaufelrädern aller Dimensionen, im offenen Viereck wie eine Schwadron angeordnet, die gesamte Basis des Apparates, der auf der einen Seite vom Ufer und auf der anderen von zwei in das Flußbett gerammten Pfahlrosten gestützt wurde. Jedes Schaufelrad, zwischen zwei dünnen Stangen aufgehängt, schien bereit, einen Transmissionsriemen in Bewegung zu setzen, der, zur Linken, einen freien Teil der winzigen Nabe umschließend, seine beiden parallelen Abschnitte senkrecht aufrichtete.

Zwischen den Schaufelrädern und der Kette war eine Art langer Kasten untergebracht; er enthielt offenbar den geheimnisvollen Mechanismus, der das Ganze bewegen sollte.

Die vier Pfosten trugen auf ihrem oberen Ende eine starke rechteckige Decke, von der die Litzen und der Kamm herabhingen.

Schaufelräder, Kasten, Tafel, Schiffchen, Pfosten und Zwischenstücke, alles ohne Ausnahme war aus feinem hellgrauem Stahl gefertigt.

Nachdem er Sirdah in der ersten Reihe postiert hatte, um sie mit der automatischen Herstellung eines Mantels bekanntzumachen, den er ihr überreichen wollte, drückte der Erfinder Bedu, der Held des Augenblicks, auf eine Feder des Kastens, um die kostbare Maschine in Bewegung zu setzen, die seine emsige Ausdauer hervorgebracht hatte.

Sogleich tauchten einige Schaufelräder zur Hälfte in den Strom und stellten ihre Schaufeln der Kraft der Strömung entgegen.

Unsichtbar angetrieben von den Treibriemen, deren oberer Teil sich im Inneren des Kastens verlor, glitt die Tafel mit den Schiffchen horizontal in die Achse der Strömung. Trotz dieser Verschiebung bewahrten die unzähligen Fäden im Winkel der Kette vollkommene Straffheit dank einem System rückläufiger Spannung, mit der alle Schiffchen ausgestattet waren; sich selbst überlassen, drehte sich jeder *Querstift*, der das Schiffchen stützte, in der Gegenrichtung des Abspulens, und zwar mit Hilfe einer Feder, die dem Herausziehen der Seide einen sehr schwachen Widerstand entgegensetzte. Während sich manche Fäden mechanisch verkürzten, andere sich dehnten, behielt das Netz seine ursprüngliche Reinheit ohne daß die Fäden schlaff wurden oder sich verwirrten.

Die Tafel wurde von einer dicken senkrechten Stange gehalten, die, einen scharfen Knick beschreibend, waagrecht in das Innere des Kastens drang; dort ermöglichte eine lange Rille, die wir vom Ufer aus nicht sehen konnten, ohne Zweifel die geräuschlose Bewegung, die seit einem Augenblick im Gange war.

Alsbald machte die Tafel mit den Schiffchen halt und bewegte sich nach oben. Der vertikale Teil der Stange verlängerte sich allmählich und machte eine Folge von Teilstücken sichtbar, die wie bei einem Teleskop ineinander steckten; geregelt durch ein Zusammenwirken von Schnüren und Blöcken im Inneren konnte allein die Entspannung einer starken Schraubenfeder diesen leisen Aufstieg bewirken, der einen Augenblick später zu Ende war.

Die Bewegung der Tafel geschah gleichzeitig mit einer subtilen Bewegung der Litzen, von denen einige sich soeben gehoben, andere sich gesenkt hatten. Die Arbeit spielte sich außerhalb unserer Sichtweite in der Decke ab, in der schmale Rillen angebracht waren, um die riesigen Fransen durchzulassen, die unten durch eine Legion von kleinen Bleiloten nur wenig über dem Niveau des Kastens gespannt wurden. Jeder Kettenfaden, der durch ein Litzenauge lief, war jetzt um mehrere Zentimeter gehoben oder gesenkt.

Plötzlich schoß ein Schiffchen, von einer Feder im Kasten geschleudert, schnell wie der Blitz zwischen den gehobenen und gesenkten Fäden hindurch bis ans andere Ende zu einem bestimmten Teilstück, das am vorhergesehenen und berechneten Platz angebracht war. Aus der gebrechlichen Spule herausgezogen, befand sich jetzt ein *Schuß*- oder Querfaden in der Mitte der Kette und bildete so den Anfang des Einschlags.

Von unten durch eine bewegliche Stange in einem Schlitz des Kastens bewegt, schlug der Kamm den Schußfaden mit seinen Zähnen, um sogleich wieder seine vertikale Stellung einzunehmen.

Die Litzen verschoben sich abermals und bewirkten dadurch eine völlige Veränderung in der Anordnung der Fäden, die im rapiden Stellungswechsel eine bedeutende Strecke nach oben oder unten zurücklegten.

Von einer Feder im linken Teilstück getrieben, schoß das Schiffchen in der entgegengesetzten Richtung zurück, um wieder in sein Fach heimzukehren; ein zweiter Schußfaden, aus seinem Schiffchen abgespult, erhielt einen brutalen Schlag des Kamms.

Während die Litzen ihr seltsames Hin und Her vollführten, gebrauchte die Tafel mit den Schiffchen, einem einzigen Plan getreu, ihre beiden Möglichkeiten der Ortsveränderung gleichzeitig, um sich in schräger Richtung zu bewegen. Am bestimmten Ort aufs Ziel gerichtet, benützte eine zweite Höhlung eine Pause, um ein Schiffchen auszustoßen, das, wie ein Geschoß durch den Winkel fahrend, in dem sich die Kettenfäden trafen, auf der gegenüber liegenden Seite bis auf den Grund des immer noch verharrenden Teilstücks gelangte.

Auf einen Schlag des Kamms gegen den neuen Schußfaden folgte eine ausgiebige Bewegung der Litzen, die für das Schiffchen den Rückweg vorbereiteten, auf dem es jählings in sein Fach zurückgeschleudert wurde.

Die Arbeit ging unveränderlich weiter. Dank seiner wunderbaren Beweglichkeit placierte der Kasten der Reihe nach die Schiffchen, deren Hin- und Rückweg völlig mit der Tätigkeit des Kamms und der Litzen übereinstimmte, gegenüber dem festen Teilstück.

Allmählich wuchs die Kette auf unserer Seite an, gezogen von der langsamen Rotation des *Brustbaums*, eines breiten Querzylinders, an dem alle Kettenfäden befestigt waren. Das Weben ging schnell vor sich und bald erschien vor unseren Augen ein reicher Stoff in Gestalt eines schmalen, regelmäßigen Bandes in zart nuancierten Farbtönen.

Unten hielten die Schaufelräder durch ihre komplexen und präzisen Manöver alles in Bewegung, – manche, indem sie fast ununterbrochen eingetaucht blieben, während sich andere nur für ein paar Augenblicke in die Strömung senkten; mehrere von den kleinsten streiften die Wogen nur eine Sekunde lang und hoben sich rasch wieder, nachdem sie kaum eine Vierteldrehung ausgeführt hatten, um nach einer kurzen

Pause auf dieselbe flüchtige Weise wieder hinabzusteigen. Ihre Zahl, die abgestufte Größe, das isolierte oder gemeinsame, kurze oder lange Eintauchen ergaben eine unendliche Zahl von Kombinationen, die die Realisierung der kühnsten Konzeptionen erlaubten. Man hätte meinen können, irgend ein stummes Instrument schlage Akkorde an oder arpeggiere sie, bald magere, bald üppige, deren Rhythmus und Harmonie sich unaufhörlich erneuerten. Die Transmissionsriemen machten dank ihrer geschmeidigen Elastizität den beständigen Wechsel von Dehnung und Schrumpfung mit. Der ganze Apparat, bemerkenswert, was Einrichtung und Schmierung betraf, funktionierte mit lautloser Perfektion, die an ein mechanisches Wunder glauben ließ.

Bedu lenkte unsere Aufmerksamkeit auf die Litzen, die allein von den Schaufelrädern bewegt wurden, deren Wirkung ein Elektromagnet von dem Kasten auf den Plafond übertrug; die Leitungsdrähte waren in einem der beiden hinteren Pfosten verborgen, und diese Methode schloß die Verwendung der gelochten Karten des Jacquard-Webstuhls aus. Unbegrenzt war die Zahl der Varianten, die bei dem Ziehen gewisser Gruppen von Fäden gleichzeitig mit dem Senken der übrigen zu erzielen war. Vereint mit der polychromen Armee der Schiffchen, machte die Vielfalt aufeinanderfolgender Figuren je nach der Spreizung der Kettenfäden die Herstellung märchenhafter Gewebe analog den Gemälden der Meister möglich.

Durch eine Anomalie an Ort und Stelle hergestellt, die der ungewöhnliche Apparat forderte, der vor allem dazu bestimmt war, für ein aufmerksames Publikum zu funktionieren, wurde das Stoffband schnell größer und zeigte alle seine Einzelheiten, die durch den Scheinwerfer mächtig beleuchtet wurden. Das Ganze stellte eine weite Wasserfläche dar, auf der Männer, Frauen und Kinder, die Augen vor Entsetzen geweitet, sich verzweifelt an treibende Wrackteile klammerten, die hier und da zwischen Trümmern aller Art schwammen; und so grandios war der Scharfsinn des zauberhaften Räderwerks, daß das Ergebnis den Vergleich mit den zartesten Aquarellen aushalten konnte; die Gesichter, von ausdrucksvoller Wildheit, hatten bewundernswerte Fleischtöne, von der Sonnenbräune des Greises und dem Milchweiß der jungen Frau bis zum jugendlichen Rosa des Kindes; die Woge, die alle Töne der Blauskala enthielt, bedeckte sich mit schimmernden Reflexen und änderte je nach der Stelle den Grad ihrer Transparenz.

Von einem Transmissionsriemen aus dem großen Kasten angetrieben, mit dem er durch zwei Stützen verbunden war, zog der Brustbaum das Gewebe an sich, das sich schon auf ihn aufzuwickeln begann. Das andere Ende der Kette setzte dem einen ziemlich starken Widerstand entgegen und zwar mittels einer stählernen Stange, an der die

Kettenfäden befestigt waren und die sich zwischen zwei an dem Kasten durch eine Reihe senkrechter Stäbe gehaltenen parallelen Gleitschienen bewegte. Auf die linke Gleitschiene war das feststehende Teilstück geschraubt, auf dem jedes Schiffchen kurz Station machte.

Das Bild auf dem Stoff vervollständigte sich allmählich und wir sahen einen Berg hervortreten, auf den Gruppen von Menschen und Tieren aller Art zuschwammen; zur gleichen Zeit durchzuckte eine Menge von durchscheinenden schrägen Strahlen überall den Raum und ließ das Sujet erkennen, das der biblischen Schilderung der Sintflut entnommen war. Ruhig und majestätisch erhob über den Fluten Noahs Arche alsbald ihre regelmäßige, massive Silhouette, geschmückt mit zarten Figuren inmitten einer zahlreichen Menagerie.

Die Tafel zog unaufhörlich durch die wunderbare Sicherheit ihrer behenden und fesselnden Gymnastik aller Blicke auf sich. Die verschiedensten Farbtöne wurden der Reihe nach in Form von Schußfäden in die Kette geworfen, und die Gesamtheit der Fäden glich einer unendlich reichen Palette. Zuweilen vollführte die Tafel größere Ortsveränderungen, um weit auseinander liegende Schiffchen unmittelbar nacheinander zu gebrauchen; in anderen Augenblicken erforderten mehrere aufeinander folgende Schußfäden aus der gleichen Region der Tafel nur winzige Bewegungen. Die Spitze des gewählten Schiffchens fand immer einen Durchgang zwischen den anderen Fäden, die, aus benachbarten Fächern kommend und in einer einzigen Richtung gespannt, ihm nur ein durchbrochenes Gitter entgegenstellten, das kein Hindernis bieten konnte.

Auf dem Gewebe war jetzt der zur Hälfte von den Fluten bedeckte Berg bis zum Gipfel sichtbar. Überall auf seinen Abhängen, dem letzten Zufluchtsort, der ihnen bald versagt sein sollte, lagen unglückliche Verdammte auf den Knien und schienen mit großen Gebärden der Bedrängnis den Himmel anzuflehen. Der Sintflutregen ergoß sich in Katarakten über alle Punkte des Bildes, das mit treibenden Wrackteilen und Inselchen übersät war, auf denen sich dieselben Szenen verzweifelten Flehens wiederholten.

Der Himmel weitete sich immer mehr bis zum Zenith, und riesige Wolken zeichneten sich plötzlich ab dank einer Mischung von grauen Seidenfäden, die von den durchsichtigsten Tönen bis zu den rußschwarzen sorgsam ausgewählt waren. Die dicken Dampfwolken rollten majestätisch in den Lüften und bargen noch unerschöpfliche Reserven in sich, bereit, die furchtbare Überschwemmung beständig weiter zu speisen.

In diesem Augenblick hielt Bedu den Apparat an, indem er auf eine andere Feder des Kastens drückte. Sogleich standen die Schaufelräder still und damit erlosch das Leben in den nun starren und untätigen Teilen.

Bedu drehte den Brustbaum zurück und schnitt mit einer scharfgeschliffenen Klinge auf beiden Seiten alle Fäden ab, die über das schnell losgemachte Gewebe hinaushingen; dann legte er schnell mit einer im voraus bereitgelegten Fadenlänge Seide den oberen, von den Regenwolken besetzten Teil in Falten. Auf diese Weise nahm der Stoff, weniger hoch als breit, die Form eines einfachen, wallenden Mantels an.

Bedu näherte sich Sirdah und legte ihr den gefalteten Teil des wundervollen Kleidungsstückes um, das das glückliche und dankbare junge Mädchen anmutig umhüllte.

Der Bildhauer Fuxier hatte sich soeben dem Leuchtturm genähert, um uns auf seiner flachen Hand mehrere blaue Pastillen von einheitlichem Äußeren zu zeigen, die, soviel wir wußten, in ihrem Inneren von ihm geschaffene potentielle Bilder bargen. Er nahm eine davon und warf sie in den Fluß, ein wenig unterhalb des jetzt untätigen Webstuhls.

Alsbald entstanden auf der von dem Azetylenscheinwerfer beleuchteten Wasserfläche Wirbel, die im Relief bestimmte Umrisse zogen, die jedermann als die des Perseus erkennen konnte, der das Haupt der Medusa trug.

Nichts weiter als die Pastille hatte, sich auflösend, jählings diese vorhergesehene künstlerische Bewegung des Wassers bewirkt.

Die Erscheinung dauerte ein paar Sekunden, dann glätteten sich die Wasser allmählich und wurden wieder zu dem gleichmäßigen Spiegel von vorher.

Von Fuxier geschickt geworfen, tauchte eine zweite Pastille in die Strömung. Die kreisförmigen Wellen, die sie hervorrief, hatten sich kaum zerstreut, als in vielen zarten Wirbeln ein neues Bild erschien. Diesmal führten Tänzerinnen in Mantillen auf einem festlich gedeckten Tisch zwischen den Schüsseln und Kannen einen hinreißenden Tanz auf, den sie unter dem Beifall der Gäste mit ihren Kastagnetten akzentuierten. Die flüssige Zeichnung war so ausgeprägt, daß man stellenweise den Schatten der Pastillenkrümel auf der Wasserfläche unterscheiden konnte.

Als diese heitere Szene verschwunden war, wiederholte Fuxier das Experiment mit einer dritten Pastille, deren Wirkung nicht auf sich warten ließ. Das Wasser kräuselte sich plötzlich und zeigte in einem ziemlich großen Bild einen Träumer, der an einer Quelle sitzend in einem Heft das Ergebnis irgend einer Inspiration notierte; dahinter, an die Felsblöcke des Wasserfalls gelehnt, beugte sich ein Greis mit langem Bart, gleichsam eine Personifikation des Stroms, zu dem Anderen, als wollte er über seine Schulter seine Aufzeichnungen lesen.

»Der Dichter Giapalu läßt sich von dem alten Var die bewundernswerten Verse rauben, die seinem Genie entsprungen sind«, erklärte Fuxier, der sogleich noch eine Pastille in die wieder beruhigten Fluten warf.

Das erneute Aufwallen nahm die Gestalt eines riesigen halben Zifferblattes mit seltsamen Angaben an. Das Wort MITTAG, in erhabenen Lettern deutlich auf dem Wasser erscheinend, nahm den üblicherweise der dritten Stunde vorbehaltenen Platz ein; dann kamen auf einem Viertel des Kreises nach unten alle Teilstriche von Eins bis Elf Uhr; am unteren Ende las man an Stelle der Ziffer VI das Wort MITTERNACHT in Buchstaben geschrieben auf der Achse des Durchmessers; sodann mündeten links elf neue Teilstriche in eine zweite Notierung des Wortes MITTAG, das an die Stelle der Zahl IX trat. In der Rolle des einzigen Zeigers heftete sich ein langer Lappen, einem Wimpel ähnlich, genau an den Punkt, der das Zentrum des vollständigen Zifferblattes bezeichnet hätte; gleichsam im Winde wehend, streckte sich das geschmeidige Fähnchen nach rechts und zeigte mit seiner straffen Spitze auf fünf Uhr nachmittags. Die Uhr, am oberen Ende einer fest eingerammten Stange angebracht, schmückte eine offene Landschaft, in der sich einige Spaziergänger bewegten; die ganze flüssige Reproduktion war überraschend in ihrer Genauigkeit und Wahrheit.

»Die Winduhr des Schlaraffenlandes«, erklärte Fuxier und erweiterte seine Ansage durch den folgenden Kommentar:

»In diesem hier in Rede stehenden glückseligen Lande übernahm der vollkommen gleichmäßige Wind wohlwollenderweise die Aufgabe, den Einwohnern die Zeit anzuzeigen. Genau zwölf Uhr mittags wehte er heftig von Westen und legte sich dann allmählich bis Mitternacht, dem poetischen Augenblick, in dem völlige Windstille herrschte. Bald darauf kam von Osten eine leichte Brise auf und wurde immer stärker bis zum folgenden Mittag, der ihren Höhepunkt bezeichnete. Dann sprang der Wind plötzlich um und abermals kam der Sturm von Westen, um sein Manöver vom Vorabend zu wiederholen. In bemerkenswertem Grade diesen feststehenden Fluktuationen angepaßt, erfüllte die *in effigie* unserem Urteil unterbreitete Uhr besser als das gewöhnliche Zifferblatt der Sonnenuhr, dessen auf den hellen Tag beschränkte Aufgabe fortwährend durch Wolken behindert wird.«

Das Schlaraffenland war vom Wasserspiegel verschwunden und die wiederum geglättete Strömung verschlang eine weitere Pastille Fuxiers.

Die Oberfläche des Stroms, kunstvoll sich kräuselnd, zeichnete einen halbnackten Mann, der auf einem Finger einen Vogel trug.

»Fürst Conti und sein Eichelhäher«, sagte Fuxier und zeigte seine leere Hand.

Als sich die Wogen geglättet hatten, schlug der Zug wieder den Weg nach Ejur ein und verlor sich in der schwarzen Nacht, die das Licht des Scheinwerfers, den Rao plötzlich gelöscht hatte, nicht mehr zerstreute.

Wir wanderten seit einigen Minuten, als auf einmal zu unserer Rechten ein Feuerwerksbukett die Dunkelheit unter zahlreichen Detonationen erhellte.

Eine Garbe von Raketen stieg in die Lüfte und, auf dem Gipfel ihres Aufflugs angelangt, versprühten ihre glühenden Kerne, mit scharfem Knall explodierend, in den Raum eine Menge leuchtender Porträts des jungen Baron Ballesteros, die die übliche banale Serie der Feuer- und Sternenregen ersetzen sollten. Jedes Bild, aus seiner Umhüllung hervortretend, entfaltete sich von selbst, um dann aufs Geratewohl mit leichten Schwankungen zu schweben.

Diese Zeichnungen in flammenden Zügen und bemerkenswerter Ausführung, stellten den eleganten Clubman in den verschiedensten Posen dar, deren jede sich durch eine besondere Farbnuance von den anderen abhob.

Hier erschien der reiche Argentinier, shaphirblau von Kopf bis Fuß im Frack, die Handschuhe in der Hand und die Blume im Knopfloch; dort zeigte ihn eine Skizze in Rubinrot im Fechtanzug, bereit zu einem Waffengang; da stand eine Büste von kolossalen Abmessungen, von vorn gesehen und in goldenen Linien gezeichnet, neben einem blendenden Stich in Violett, auf dem der junge Mann, in Zylinder und zugeknöpftem Gehrock, im Profil bis zu den Knien sichtbar war. Weiter weg beschwor ein winziger Entwurf den glänzenden Sportsmann im Tennisanzug, wie er graziös einen Schläger schwingt. Andere strahlende Bilder entfalteten sich auf allen Seiten, aber der Clou des Ganzen war unstreitig ein großes smaragdgrünes Bild, auf dem der Held dieser Phantasmagorie als untadeliger Reiter auf einem trabenden Pferd im Vorübergehen irgend eine unsichtbare Reiterin grüßte.

Der Zug hatte haltgemacht, um dieses anziehende Schauspiel in Muße zu betrachten.

Die Porträts, langsam niederschwebend und ihr mächtiges vielfarbiges Licht auf große Entfernung verbreitend, hielten sich eine Zeitlang, ohne daß ihr Glanz nachließ. Dann erloschen sie geräuschlos eins nach dem anderen und Dunkel breitete sich wieder über die Ebene.

In dem Augenblick, da der letzte Feuerschein in der Nacht verschwand, gesellte sich der Unternehmer Luxo zu uns, stolz auf den großartigen Effekt dieses pyrotechnischen Meisterstücks, das er selbst abgebrannt hatte.

Plötzlich ließ sich ein fernes Donnerrollen hören, das dumpf nachhallte; die Detonationen der Raketen hatten offensichtlich das Gewitter ausgelöst, das sich seit langem in der überhitzten Atmosphäre angebahnt hatte; und sogleich kam allen jäh der Gedanke: »Djizmé wird sterben!«

Auf ein Zeichen Talous setzte sich der Zug wieder in Marsch und langte, den südlichen Teil Ejurs schnell durchquerend, noch einmal auf den Platz der Trophäen an.

Das Gewitter war schon näher gekommen; die Blitze folgten rasch aufeinander, von immer stärkeren Donnerschlägen begleitet.

Rao, der vorausgeeilt war, erschien bald mit seinen Männern, die an einem sonderbaren Ruhebett schwer zu tragen hatten; sie stellten es in der Mitte der Esplanade auf. Im Lichtschein der Blitze konnten wir die seltsame Zusammensetzung dieses Möbels betrachten, dessen Anblick komfortabel und zugleich schreckenerregend war.

Ein Gestell von vier hölzernen Beinen trug eine weiche weiße Matte, vollständig bedeckt mit einzelnen zarten Zeichnungen, die in Form und Größe an die Vignetten erinnerten, die in manchen Büchern die Kapitel beschließen. Die verschiedensten Sujets waren in dieser Kollektion von einander unabhängiger, isolierter winziger Bilder vereint; Landschaften, Porträts, träumende Paare, tanzende Gruppen, Schiffe in Seenot, Sonnenuntergänge waren mit einer gewissenhaften naiven Kunst ausgeführt, die weder des Charmes noch des Reizes ermangelte. Ein Kissen war unter das eine Ende der Matte geschoben, die hoch genug war, das Haupt des Schläfers zu schützen; hinter der Stelle, die möglicherweise für den Hinterkopf bestimmt war, erhob sich ein Blitzableiter, der mit seiner blinkenden Stange die Gesamtheit des langen Faulbetts beherrschte. Eine eiserne Haube, durch einen Leitungsdraht mit der Basis der hohen senkrechten Nadel verbunden, schien dazu bestimmt, die Stirne irgend eines bedeutenden Verurteilten zu umschließen, der sich auf dem tödlichen Lager ausstrecken sollte; gegenüber standen nebeneinander zwei metallene Schuhe, die mit der Erde durch einen weiteren Draht in Verbindung standen, dessen spitzes Ende Rao selbst soeben in sie versenkt hatte.

Das Gewitter hatte mit jener meteorischen Geschwindigkeit, die den

Regionen in der Nähe des Äquators eigen ist, seinen Höhepunkt erreicht und tobte jetzt mit äußerster Gewalt; ein fürchterlicher Wind trieb die dicken schwarzen Wolken, die sich unaufhörlich entluden.

Rao hatte das Gefängnis geöffnet, um Djizmé herauszulassen, eine schöne, anmutige junge Eingeborene, die nach der dreifachen Exekution zu Beginn allein hinter dem düsteren Gitter geblieben war.

Djizmé legte sich, ohne Widerstand zu leisten, auf die weiße Matte und streckte selbst ihren Kopf unter die eiserne Haube und ihre Füße in die starren Schuhe.

Rao und seine Helfer entfernten sich vorsichtig von dem gefährlichen Apparat, der völlig isoliert blieb.

Jetzt ergriff Djizmé mit beiden Händen ein Pergamentblatt, das an einer dünnen Schnur um ihren Hals hing, und betrachtete es lange, wobei sie den Lichtschein der Blitze ausnützte, um es zuweilen mit einem Ausdruck von Freude und Stolz den Blicken aller darzubieten; ein hieroglyphischer Name in der Mitte des geschmeidigen Rechtecks, auf der rechten Seite durch eine winzige dreifache Zeichnung unterstrichen, stellte drei verschiedene Mondphasen dar.

Schließlich ließ Djizmé das Blatt fallen und wendete ihre Blicke, die normalerweise auf das rote Theater vor ihr gerichtet waren, schräg hinüber zu Naïr; dieser, noch immer auf seinem Sockel festgehalten, hatte seit dem Erscheinen der Verurteilten, die er mit den Augen verschlang, seine delikate Arbeit eingestellt.

In diesem Augenblick rollte der Donner ohne Unterbrechung, und die Blitze waren so häufig, daß die Illusion eines künstlichen Tageslichts entstehen konnte.

Plötzlich durchfurchte, von entsetzlichem Getöse begleitet, eine blendende Zickzacklinie den ganzen Himmel und mündete in die Spitze des Blitzableiters. Djizmé, deren Arm sich eben noch nach Naïr ausgestreckt hatten, konnte ihre Gebärde nicht vollenden; der Blitz hatte ihren Körper durchschlagen und das weiße Lager trug jetzt nur noch einen Leichnam mit weit offenen Augen und reglosen Gliedern.

Während der kurzen Stille nach dem betäubenden Donnerschlag, zog ein schreckliches Schluchzen die Aufmerksamkeit auf Naïr, der, die Tote anblickend, Tränen der Angst vergoß.

Die Träger brachten den Apparat weg, ohne Djizmés Leiche zu berühren; dann warteten wir in schmerzlicher Bestürzung auf die allmähliche Beruhigung der Elemente.

Der Wind trieb noch immer die Wolken nach Süden; der Donner entfernte sich schnell und verlor mit jeder Minute an Kraft und Dauer. Allmählich wurde der Himmel wieder klar und prächtiges Mondlicht schien über Ejur.

VII

In der fahlen Helle erschienen sechs Sklaven; sie trugen eine schwere Last, die sie genau an der Stelle niederlegten, an der Djizmé soeben verschieden war.

Das neue Objekt bestand in der Hauptsache aus einer weißen Mauer, die, uns gegenüberstehend, von zwei langen Eisenträgern im Gleichgewicht gehalten wurde, die nur auf einer Seite auf dem Boden auflagen.

Oben an der Mauer sprang eine breite Markise vor, deren beide vorderen Ecken den äußersten Punkten der Eisenträger entsprachen, die sie um sechs Fuß überragte.

Die Träger entfernten sich, während der Hypnotiseur Darriand langsam näher kam; er führte den Neger Séil-kor an der Hand, einen armen Verrückten von etwa zwanzig Jahren, der im Gehen sanfte unzusammenhängende Worte in einem Französisch ohne jeden Akzent sprach.

Darriand verließ seinen Patienten für einen Augenblick, um die weiße Mauer zu besichtigen, vor allem die Markise, der seine ganze Aufmerksamkeit zu gelten schien.

Während dieser Zeit gestikulierte Séil-kor, sich selbst überlassen, voller Sanftmut, und zeigte unter dem brennenden Mondlicht die Bizarrerien einer Karnevalstracht, bestehend aus einer Kappe, einer Samtmaske und einer Halskrause, die alle drei aus Papier ausgeschnitten waren.

Die Halskrause war ausschließlich aus den blauen Umschlägen der Zeitschrift *Natur* ausgeschnitten, deren Titel hier und da zu sehen war; die Samtmaske trug auf ihrer ganzen Oberfläche eine kompakte Gruppe zahlreicher Unterschriften in Facsimile; auf dem Scheitel der Kappe breitete sich das Wort »Zittere« in starken Schriftzeichen aus, die bei bestimmten Kopfbewegungen des jungen Mannes sichtbar wurden; so geschmückt, glich er einem Scharadenherrn, wie sie am Hofe der letzten Valois ein- und ausgingen.

Die drei Gegenstände, zu klein für Séil-kor, schienen eher den Maßen eines zwölfjährigen Kindes zu entsprechen.

Darriand bat mit einigen Worten um allgemeine Aufmerksamkeit und neigte die weiße Mauer nach hinten, damit alle in das Innere des überhängenden Plafonds sehen könnten, der vollständig mit rötlichen Pflanzen ausgeschmückt war, so daß er wie eine umgestürzte Blumenkrippe aussah.

Dann stellte der Hypnotiseur den Apparat wieder senkrecht und teilte uns einige Einzelheiten über den Versuch mit, den er unternehmen wollte.

Die Pflanzen, die wir eben gesehen hatten, seltene und kostbare Pflanzen, deren Samen er im Laufe einer langen Reise durch Ozeanien gesammelt hatte, besaßen magnetische Eigenschaften von außerordentlicher Stärke.

Ein unter dem duftigen Plafond stehender Mensch fühlte sich durchdrungen von den verwirrenden Ausstrahlungen, die ihn sofort in eine wahre hypnotische Ekstase versetzte; dann sah er, das Gesicht zur Mauer gewendet, dank einem System elektrischer Projektionen auf dem weißen Hintergrund alle möglichen bunten Bilder vorüberziehen, die er infolge der augenblicklichen Überreizung seiner Sinne für Wirklichkeit hielt; der Anblick einer hyperboräischen Landschaft senkte sofort seine Körpertemperatur, so daß er zitterte und mit den Zähnen klapperte; im Gegensatz dazu erregte das Bild eines lodernden Herdfeuers einen starken Schweißausbruch und konnte auf die Dauer zu schweren Verbrennungen auf der ganzen Oberfläche seiner Epidermis führen. Indem Darriand solcherart Séil-kor eine frappante Episode persönlicher Biographie darbot, wollte er das Gedächtnis und die gesunde Vernunft wiedererwecken, die der junge Neger vor kurzem durch eine Kopfverletzung verloren hatte.

Nachdem Darriand seine Ankündigung beendet hatte, nahm er Séil-kor an der Hand und führte ihn unter die Markise, so daß seine Augen den Reflex der weißen Mauer unmittelbar aufnehmen konnten. Der arme Verrückte verfiel sofort in heftige Erregung; er atmete schneller als gewöhnlich und betastete mit den Fingerspitzen seine Halskrause, seine Kappe und seine Samtmaske und anscheinend fand er bei der unerwarteten Berührung dieser drei Dinge irgend eine schmerzliche intime Erinnerung wieder.

Plötzlich projizierte, mit Hilfe einer unsichtbaren Batterie aufleuchtend, eine elektrische Lampe in der Mitte des untersten inneren Teils der breiten Randleiste der Markise, dank der vereinten Wirkung einer Linse und eines Reflektors ein großes Lichtviereck auf die Mauer. Die Lichtquelle blieb verborgen, aber man sah deutlich die strahlende Lichtgarbe, sich entfernend, niedersteigen, bis sie, fortwährend größer werdend, auf das Hindernis traf, das zum Teil durch Séil-kors Kopf verdunkelt wurde.

Darriand, der selbst diese Beleuchtung bewirkt hatte, drehte jetzt langsam eine geräuschlose Kurbel, die in der Höhe seiner Hand am linken Ende der Mauer angebracht war; sogleich zeichnete sich, hervorgebracht durch einen bunten Film vor der Lampe, auf dem Schirm ein Bild ab, das den Blicken Séil-kors ein reizendes blondes

Kind von etwa zwölf Jahren voll Charme und Grazie darbot; über dem Porträt las man die Worte: »Die junge Kandiotin«.

Bei diesem Anblick fiel Séil-kor, von Raserei ergriffen, wie vor einer Gottheit auf die Knie nieder und schrie mit einer Stimme, die vor Freude und Erregung zitterte: »Nina... Nina...« Seine ganze Haltung zeigte, daß die Schärfe seiner Sinne, verzehnfacht durch die intensiven Emanationen der ozeanischen Pflanzen, ihn an die wirkliche, lebendige Gegenwart des anbetungswürdigen Mädchens glauben ließ, das er berauscht angerufen hatte.

Nach einem Augenblick der Unbeweglichkeit drehte Darriand abermals die Kurbel und bewirkte so durch ein System von Rollen und einem durchscheinenden Band, dessen versteckte Einrichtung man ahnte, eine Serie von Bildern, bereit, vor der Lichtlinse vorüberzuziehen.

Das Porträt glitt nach links und verschwand vom Schirm. Auf der schimmernden Fläche las man jetzt: »*Corréze*« inmitten eines französischen Départementes, dessen Präfektur, eine große schwarze Erbse, anstelle des Wortes »*Tulle*« ein einfaches Fragezeichen aufwies. Vor dieser plötzlichen Frage warf sich Séil-kor nervös hin und her, als suche er eine unauffindbare Antwort.

Aber unter dem Titel »Fang des Zitterrochens« trat ein ergreifendes Bild an die Stelle der Landkarte. In einem marineblauen Kleid und schwerbewaffnet mit einer langen, biegsamen Angelrute, fiel das kleine Mädchen, das Séil-kor Nina genannt hatte, in Ohnmacht, in der Hand einen weißen Fisch, der am Angelhaken zappelte.

Darriand setzte sein Manöver fort und die Bilder mit den Titeln folgten ohne Pausen aufeinander; Séil-kor, immer noch auf den Knien liegend, war tief beeindruckt und stieß Seufzer und Schreie aus, die seine wachsende Erregung bezeugten.

Nach dem »Fang des Zitterrochens« kam der »Doppelte Einsatz«; das Bild zeigte auf den Stufen eines großen Gebäudes einen jungen Neger, ein Kind noch, der ein paar blanke Münzen auf seiner Hand hüpfen ließ und auf eine Eingangstür zuging, über der die Worte standen: »Kasino von Tripolis«.

Die »Fabel« war ein Blatt aus einem Buch, das aufrecht an einem riesigen Savoyerkuchen gelehnt war.

Der »Ball« zeigte eine fröhliche Kindergesellschaft, die sich paarweise in einem großen Salon tummelte. Im Vordergrund näherten sich Nina und der junge Neger mit den blanken Geldstücken, die Arme einander entgegengestreckt, während eine Frau ihre zärtliche Umarmung mit wohlwollendem Lächeln zu ermutigen schien.

Alsbald folgte auf das »Oo-Tal«, eine grüne, in die Tiefe reichende

Landschaft, der »Bolero in der Remise«, wo man Nina und ihren Freund in einem primitiven Raum, der mit Wagen und Geschirren vollgestopft war, fieberhaft tanzen sah.

Die »Leitspur« stellte einen dichten Wald dar, in dem Nina mutig vorwärts ging. Neben ihr warf der junge Schwarze, als wollte er seinen Rückweg nach der Art des kleinen Däumlings markieren, indem er die Spitze seines Messers schüttelte, ein Stückchen Weißes auf den Boden, das er offenbar von einem Schweizerkäse abgeschnitten hatte, der auf seiner linken Hand lastete.

In der »Ersten Adventsnacht erschien Nina, auf einem Bett von Moos schlummernd, und dann in »Orientierung« wieder aufrecht stehend, den Finger zu den Sternen erhoben.

Endlich beschwor das Bild »Keuchhusten« die junge Heldin, wie sie, den Federhalter in der Hand, vor einem fast vollgeschriebenen Blatt sitzt und von einem furchtbaren Hustenanfall geschüttelt wird. An einer Ecke des Tisches schien auf einer breiten Seite die Arbeit des kleinen Mädchens in größerem Maßstab reproduziert zu sein; unter einer Reihe von kaum zu unterscheidenden Zeilen, ließ der Titel »Entschluß«, gefolgt von einem unvollständigen Satz an den Schluß einer Katechismus-Passage denken.

Während dieser Folge von Bildern hatte Séil-kor, in höchster Erregung, nicht aufgehört zu toben, während er seine Arme Nina entgegenstreckte und sie zärtlich anrief.

Darriand ließ die Kurbel los, löschte plötzlich die Lampe und hob Séil-kor auf, um ihn herauszuholen, denn die Erregung des jungen Negers, die sich zum Paroxysmus gesteigert hatte, ließ von einem noch längeren Aufenthalt unter der behexenden Vegetation unheilvolle Wirkungen befürchten.

Séil-kor fand schnell seine Ruhe wieder. Durch Darriand von seinem papierenen Flitterkram befreit, blickte er plötzlich um sich wie ein erwachender Schläfer, dann murmelte er leise:

»Oh! ich erinnere mich, ich erinnere mich ... Nina ... Tripolis ... das Oo-Tal ...«

Darriand beobachtete ihn ängstlich und vermerkte mit Freuden die ersten Zeichen der Heilung. Bald wurde der Triumph des Hynotiseurs offenkundig, denn Séil-kor erkannte alle Gesichter wieder und antwortete munter auf eine Menge Fragen. Der wunderbar gelungene Versuch hatte dem armen Irren, den Dankbarkeit gegenüber seinem Retter erfüllte, den Verstand wiedergegeben.

Darriand wurde mit Glückwünschen überschüttet, während die Träger das wunderbare Projektionsgerät wegtrugen, dessen Kraft sich so glücklich kundgegeben hatte.

Einen Augenblick später sahen wir links, von einem Sklaven mühelos gezogen, einen römischen Streitwagen kommen, dessen beide Räder in der Bewegung ohne Unterbrechung ein ziemlich hohes C hervorbrachten, das rein und genau in der Nacht vibrierte.

Auf der schmalen Plattform des Wagens trug ein Rohrsessel den mageren und hinfälligen Körper des jungen Kalj, eines der Söhne des Kaisers; neben der Radnabe ging Méisdehl, ein anmutiges, charmantes schwarzes Mädchen, das sich heiter mit seinem sorglosen Gefährten unterhielt.

Jedes der beiden Kinder – sie waren sieben oder acht Jahre alt – trug eine rötliche Kopfbedeckung, die mit ihren ebenholzschwarzen Gesichtern kontrastierte; die von Kalj, eine Art sehr einfaches Käppchen, das aus einem Blatt irgend einer illustrierten Zeitung geschnitten war, zeigte auf seinem von der Scheibe des Mondes beleuchteten Umfang eine reich kolorierte Attacke von Kürassieren, unter der der Name »Reichshofen« stand, der unvollständige Rest einer erklärenden Legende; bei Méisdehl handelte es sich um eine schmale Mütze von ähnlicher Herkunft, deren Rottöne, von dem Feuerschein bildlich dargestellter Brände herrührend, durch das Wort »Kommune« gerechtfertigt wurden, das auf einem der Ränder zu lesen war.

Der Wagen überquerte den Platz, wobei er fortwährend sein widerhallendes C ausstieß, dann hielt er nahe der Bühne der Unvergleichlichen.

Kalj stieg herab und verschwand mit Méisdehl nach rechts, während sich die Masse von neuem vor dem kleinen Theater zusammendrängte, um dem Schlußbild von *Romeo und Julia* beizuwohnen, das mit einer Fülle von Zusätzen inszeniert worden war, die man dem Originalmanuskript Shakespeares entnommen hatte.

Bald öffneten sich die Vorhänge und wir sahen Méisdehl im Profil auf einem erhöhten Lager; sie stellte Julias lethargischen Schlaf dar.

Hinter dem Totenbette loderten grünliche Flammen, durch bestimmte Siedesalze gefärbt, aus einem mächtigen Kohlenbecken auf dem Grunde eines dunklen Metallbehälters, von dem nur die Ränder sichtbar waren.

Einige Augenblicke später erschien Romeo, von Kalj gespielt, schweigend, in Schwarz, um bewegt den Leichnam seiner angebeteten Gefährtin zu betrachten.

Mangels traditioneller Kostüme genügten die beiden roten Kopfbedeckungen von legendärer Form, um Shakespeares Liebespaar zu bezeichnen.

Berauscht von einem letzten Kuß auf die Stirne der Toten, führte

Romeo einen winzigen Flakon an seine Lippen und warf ihn weit von sich, nachdem er den giftigen Inhalt getrunken hatte.

Plötzlich schlug Julia die Augen auf, erhob sich langsam und stieg vor den Augen des verblüfften Romeo von ihrem Lager herab. Die beiden Liebenden hielten einander umschlungen und wechselten tausend Zärtlichkeiten, ganz ihrer schaudernden Freude hingegeben.

Dann eilte Romeo an das Kohlenbecken und holte aus den Flammen eine Astbestschnur, deren Ende über den Rand des Metallbehälters hing. An dieser unverbrennbaren Schnur hingen, auf ihre ganze Länge verteilt, mehrere glühende Kohlen, die, wie kostbare Steine geschnitten und durch ihre Glut gerötet, strahlenden Rubinen glichen.

Auf die Vorderbühne zurückgekehrt, legte Romeo den seltsamen Schmuck um Julias Hals, deren Haut die Berührung mit den furchtbaren Juwelen ertrug, ohne auch nur im geringsten zu zittern.

Aber die ersten Ängste des Todeskampfes packten plötzlich mitten im Glück den von Hoffnung und Vertrauen strahlenden Liebhaber. Mit verzweifelter Gebärde zeigte er Julia das Gift, die, entgegen der geläufigen Version, auf dem Grunde des Fläschchens einen Rest Flüssigkeit fand, den sie eiligst verschluckte.

Halb auf die Stufen des Lagers hingestreckt, wurde Romeo unter dem Einfluß des tödlichen Tranks der Spielball ergreifender Halluzinationen.

Jedermann wartete auf diesen Augenblick, um die Wirkung gewisser roter Pastillen zu beobachten, die Fuxier kunstfertig bereitet hatte und die nun von der bis dahin hinter dem Totenbett versteckten Adinolfa eine nach der anderen in das Kohlenbecken geworfen wurden und in Rauchwolken Gestalten sichtbar machen sollten.

Die erste Erscheinung stieg aus den Flammen in Gestalt einer dichten Dampfwolke, die, exakt modelliert, die Versuchung Evas darstellte.

In der Mitte streckte die Schlange, einen Baumstamm umwindend, ihren flachen Kopf der anmutigen und nonchalanten Eva entgegen, deren ostentativ ausgestreckte Hand den bösen Geist zurückzuweisen schien.

Die Konturen, zuerst sehr deutlich, verdickten sich in dem Maße, wie sich die Wolke in die Lüfte hob; bald verschwanden alle Einzelheiten in einem wogenden chaotischen Block, der schnell nach oben verschwand.

Eine zweite Rauchemanation erzeugte dasselbe Bild; aber diesmal streckte Eva, ohne noch zu kämpfen, die Finger nach dem Apfel aus, den zu pflücken sie sich anschickte.

Romeo wandte seine verstörten Augen nach dem Herd, dessen grüne Flammen über das Schaugerüst einen tragischen Lichtschein breiteten.

Ein dichter, minutiös skulpierter Rauch, der jetzt aus dem Becken aufstieg, schuf vor dem Sterbenden ein heiteres Bacchanal; Frauen vollführten einen fieberhaften Tanz für eine Gruppe von Wüstlingen, die blasiert lächelten; im Hintergrund war ein Zechgelage im Begriff sich aufzulösen, während derjenige, der die Rolle des Gastgebers zu spielen schien, im Vordergrund die gelenkigen und lasziven Tänzerinnen der Bewunderung seiner Gäste empfahl.

Als erkenne er die Erscheinung, murmelte Romeo:
»Thisias ... die Orgie in Zion! ...«

Schon erhob sich die nebelhafte Szene, während sie hier und da sich aufzulösen begann. Nachdem sie entschwunden war, wiederholte eine neue Wolke aus der gleichen Quelle dieselben Figuren in einer anderen Stellung; die Freude hatte dem Schrecken Platz gemacht, Tänzerinnen und Wüstlinge, durcheinander auf den Knien liegend, beugten das Haupt vor der Erscheinung Gottvaters, dessen zürnendes, unbewegliches und drohendes Antlitz hoch in den Lüften alle Gruppen beherrschte.

Auf das unterbrochene Ballett folgte ein plötzlich aufwallender Nebel, den Romeo mit dem Ruf begrüßte:
»St. Ignatius!«

Der Rauch bildete hier zwei getrennt zu würdigende Sujets übereinander ab. Unten war der Heilige Ignatius, den wilden Tieren im Zirkus preisgegeben, nur noch ein eindrucksvoller, regloser und verstümmelter Leichnam; oben, ein wenig im Hintergrund, zog das Paradies, bevölkert von Häuptern mit Heiligenscheinen und dargeboten als eine verzauberte Insel in einem stillen Meer, ein zweites Bild des Heiligen an sich, das, transparenter als das erste, die vom Körper getrennte Seele darstellte.

»Pheior von Alexandria!«

Dieser Ausruf Romeos galt einem Phantom, das, aus ziseliertem Nebel geschaffen, nach dem Heiligen Ignatius aus dem Kohlenbecken auftauchte. Die neue Figur, inmitten einer aufmerksamen Menge stehend, glich einem Erleuchteten, der das rechte Wort spricht; sein Asketenkörper, der durch Fasten abgemagert schien, brachte sein grobes Gewand zum Wallen, und sein abgezehrtes Gesicht ließ als Kontrast seine voluminösen Schläfen stark hervortreten.

Diese Darbietung war der Anfang einer Handlung, die schnell durch eine zweite Auswerfung von schön modelliertem Nebel fortgesetzt wurde. Hier befanden sich in der Mitte eines öffentlichen Platzes zwei Gruppen, die zwei klar abgegrenzte Vierecke einnahmen: die eine bestand nur aus Greisen, die andere aus jungen Leuten; Pheior hatte sich durch eine heftige Bemerkung den Zorn der Jungen zugezogen, die ihn ohne Mitleid für die Schwäche seiner abgemagerten Glieder zu Boden geworfen hatten.

Eine dritte Nebelepisode zeigte Pheior auf den Knien in einer ekstatischen Pose, hervorgerufen durch eine Kurtisane, die mit einem Gefolge von Sklaven vorübergegangen war.

Dann breitete allmählich der Nebel, der die Menschengruppen hervorgebracht hatte, einen ungreifbaren beweglichen Schleier über die Szene.

»Jeremias ... der Feuerstein!«

Eine flüchtige Eruption hatte über dem Herd das Bild der Szene entworfen, wie Jeremias von einer großen Menschenmenge gesteinigt wird; danach fiel Romeo, am Ende seiner Kräfte, vor den Augen der verstörten Julia tot zu Boden, die, immer noch mit dem nun schon weniger roten Collier geschmückt, ihrerseits die Beute des sinnverwirrenden Trankes wurde.

Auf der linken Seite hinter dem Vorhang im Hintergrund flammte plötzlich ein Licht auf und beleuchtete eine Erscheinung, die durch ein feines gemaltes Gitter sichtbar wurde, das bis zu diesem Augenblick so undurchsichtig und homogen wie die gebrechliche Mauer geschienen hatte, zu der es gehörte.

Julia wandte sich dieser Flut von Licht zu und rief:

»Mein Vater!«

Capulet, von Soreau gespielt, stand in einem langen wallenden goldfarbenen Seidengewand da; er streckte den Arm nach Julia mit einer Gebärde des Hasses und des Vorwurfes aus, die sich unverkennbar auf die im geheimen gefeierte frevelhafte Hochzeit bezog.

Plötzlich wurde es abermals finster und die Erscheinung verschwand hinter der wieder normal gewordenen Mauer.

Julia, in flehender Haltung kniend, stand wieder auf, von Schluchzen geschüttelt, und verharrte einige Augenblicke, das Gesicht in den Händen verbergend.

Sie hob das Haupt, als ein neues Licht auf der rechten Seite die Gestalt Christi zeigte, der, auf dem legendären Esel reitend, gleichfalls durch ein gemaltes Gitter in der Scheidewand, dem Gegenstück des ersten, nur wenig verschleiert wurde.

Es war Soreau, der, schnell umgekleidet, die Rolle Jesu spielte, dessen bloße Anwesenheit Julia anzuklagen schien, sie habe ihren Glauben verraten, als sie aus freien Stücken den Tod rief.

Unbeweglich löste sich die göttliche Erscheinung, plötzlich verdunkelt, hinter der Mauer auf, und Julia, wie von Wahnsinn umnachtet, begann angesichts eines neuen Traums sanft zu lächeln, der im Begriff war ihre Phantasie zu bezaubern.

In diesem Augenblick erschien auf der Bühne eine Frauenbüste auf einem Sockel mit Rollen, den eine unsichtbare Hand aus der Kulisse zur Linken mit Hilfe einer dicht am Fußboden verborgenen Stange schob.

Die Büste in Weiß und Rosa, einem Perückenkopf ähnlich, wie ihn Friseure verwenden, hatte große blaue Augen mit langen Wimpern und prächtiges blondes Haar, das in dünne, nach allen Seiten hängende Zöpfe verteilt war. Einige von diesen Zöpfen, sichtbar dank dem Zufall, der sie auf die Brust oder an die Schultern gelegt hatte, trugen auf der nach außen gekehrten Seite von oben bis unten Goldstücke.

Julia trat entzückt auf die Besucherin zu und rief den Namen:
»Urgèle!...«

Der Sockel, mittels der Stange von rechts und von links zum Wackeln gebracht, gab die Stöße an die Büste weiter, deren Haar heftig hin und her wogte. Unzählige Goldstücke, die schlecht befestigt waren, fielen als reichlicher Regen und bewiesen, daß die unsichtbaren Zöpfe auf der Rückseite nicht schlechter als die anderen ausgestattet waren.

Eine Zeitlang verteilte die Fee ohne zu zählen ihre blinkenden Reichtümer, bis sie, von derselben Hand gezogen, lautlos verschwand.

Als bekümmere sie diese Trennung, ließ Julia ihren Blick in die Runde schweifen, der sich dann von selbst auf das noch immer lodernde Kohlenbecken heftete.

Abermals stieg ein Rauchschwaden aus den Flammen empor.

Julia wich zurück und rief im Ton höchsten Entsetzens:
»Pergovédule ... die beiden Färsen!«

Die ungreifbare, flüchtige Figur stellte eine Frau mit zerzausten Haaren vor einer monströsen Mahlzeit dar, die aus zwei in große Stücke zerlegten Färsen bestand; sie schwang gierig eine riesige Gabel.

Der Dampf zerteilte sich und enthüllte hinter dem Herd eine tragische Erscheinung, die Julia mit demselben Namen »Pergovédule« bezeichnete, den sie mit wachsender Angst aussprach.

Es war die Tragödin Adinolfa, die sich, mit seltsamer Kunst geschminkt, soeben erhoben hatte; ihr ganzes Gesicht, völlig von ockerfarbener Schminke bedeckt, kontrastierte mit den grünen Lippen, die einen schimmligen Farbton vortäuschten; sie öffneten sich zu einem furchterregenden Grinsen; ihr struppiges Haar machte sie der letzten von dem Kohlenbecken geschaffenen Vision ähnlich und ihre Augen hefteten sich beharrlich auf die von Grauen erfüllte Julia.

Ein dichter Rauch, diesmal ohne bestimmte Konturen, entstieg dem Becken und maskierte Adinolfas Gesicht, das man nicht mehr sah, als sich der vergängliche Schleier verzogen hatte.

Weniger glanzvoll geschmückt durch das Collier, das immer mehr verblaßte, sank Julia, jetzt in der Agonie, auf die Stufen des Bettes hin, die Arme bleischwer, den Kopf zurückgeworfen; ihre von nun an ausdruckslosen Blicke richteten sich nach oben auf einen zweiten Romeo in den Lüften, der langsam zu ihr niederstieg.

Der neue Komparse, von einem Bruder Kaljs dargestellt, verkörperte die leichte lebendige Seele des reglosen Leichnams, der neben Julia hingestreckt lag. Eine rötliche Kopfbedeckung, der des Modells ähnlich, schmückte die Stirn dieses vollkommenen Doppelgängers, der lächelnd und mit ausgestreckten Armen zu der Sterbenden trat, um sie in die ewige Heimat zu geleiten.

Doch Julia, scheinbar der Vernunft beraubt, wandte gleichgültig das Gesicht ab, während der Geist, zerknirscht und abgewiesen, lautlos nach oben entschwebte.

Nach einigen schwachen und unbewußten letzten Bewegungen, sank Julia tot neben Romeo zu Boden, genau in dem Augenblick, als sich die beiden Bühnenvorhänge schnell schlossen.

Kalj und Méisdehl hatten uns alle durch ihre wunderbare tragische Mimik und ihre wenigen fehlerlos und akzentfrei gesprochenen französischen Sätze in Staunen versetzt.

Auf die Esplanade zurückgekehrt, gingen die beiden Kinder schnell ab.

Von dem Sklaven gezogen und von Méisdehl getreulich eskortiert, entführte der Wagen, der wieder seine gleichbleibende hohe Note ausstieß, den von der Anstrengung seiner vielfältigen Auftritte sichtlich erschöpften Romeo.

Das hohe C vibrierte noch in der Ferne, als Fuxier sich uns näherte; mit der gespreizten Rechten hielt er einen irdenen Blumentopf an die Brust gepreßt, aus dem ein Weinstock sproß.

Seine Linke trug ein durchsichtiges zylindrisches Glasgefäß, in dem ein dicker Korkpfropfen mit einem Metallrohr stak; im unteren Teil befand sich ein Haufen chemischer Salze, die zu anmutigen Kristallen erblüht waren.

Fuxier stellte die beiden Gegenstände auf den Boden und zog eine kleine Blendlaterne aus der Tasche, die er in gleicher Höhe mit den Rändern des Steinguttopfes flach auf den Erdboden legte. Ein elektrischer Strom, im Inneren dieses tragbaren Scheinwerfers in Tätigkeit gesetzt, warf plötzlich durch eine starke Linse eine blendende weiße Lichtgarbe zum Zenith empor.

Dann hob Fuxier das Glasgefäß auf, das er waagrecht hielt, und drehte einen Hahn am Ende des Metallrohrs, dessen Öffnung, sorgfältig auf einen bestimmten Teil des Weinstocks gerichtet, ein stark komprimiertes Gas versprühte. Eine kurze Erklärung des Operators belehrte uns, daß diese Flüssigkeit bei Berührung mit der Atmosphäre in einem begrenzten Bereich eine intensive Hitze erzeuge, die zusammen mit gewissen ganz besonderen chemischen Eigentümlichkeiten vor unseren Augen eine Weintraube reifen lassen werde.

Er hatte seinen Kommentar kaum beendet, als sich die angekündigte Erscheinung bereits unseren Blicken in Gestalt eines verschwindend kleinen Träubchens enthüllte. Da Fuxier jenes Vermögen besaß, das die Legende gewissen Fakiren Indiens zuschreibt, vollführte er für uns das Wunder des plötzlichen Aufblühens.

Unter der Einwirkung des chemischen Stromes entwickelten sich die Beeren sehr schnell und bald hing, schwer und reif, eine weiße Weintraube isoliert an der Seite des Weinstockes.

Fuxier stellte das Glasgefäß wieder auf den Boden, nachdem er das Rohr durch abermalige Drehung des Hahns verschlossen hatte. Dann wies er auf die Traube und zeigte uns winzige Figuren im Mittelpunkt der durchscheinenden Kugeln.

Fuxier hatte schon am Keim eine Modellierungs- und Farbgebungsarbeit geleistet, die noch minutiöser war als die bei der Herstellung seiner blauen und roten Pastillen; in jede Beere hatte er die Genesis eines anmutigen Bildes gelegt, dessen Vollendung soeben die Phasen der Reife so leicht durchlaufen hatte.

Durch die besonders zarte und durchsichtige Haut der Beere konnte man, wenn man näher trat, ohne Mühe die verschiedenen Gruppen erkennen, die die elektrische Lichtgarbe von unten beleuchtete.

Die Manipulationen an dem Keim hatten die Kerne beseitigt, und nichts trübte die Reinheit der bunten durchsichtigen liliputanischen Statuen, deren Materie das Fruchtfleisch selbst war.

»Ein Bild aus dem alten Gallien«, sagte Fuxier und deutete mit dem Finger auf eine Beere, in der mehrere keltische Krieger zu sehen waren, die sich zum Kampf rüsteten.

Wir alle bewunderten die Zartheit der Konturen und den Reichtum der Töne, die durch die Beleuchtung so vorzüglich zur Geltung gebracht wurden.

»St. Jean Eudes, in einem Traum des Grafen Valtguire von einem Dämon zersägt«, fuhr Fuxier fort, auf eine zweite Beere weisend.

Diesmal unterschieden wir in der zarten Umhüllung einen Schläfer in Rüstung, am Fuße eines Baumes ausgestreckt; eine Rauchwolke, die aus seiner Stirn zu kommen schien und einen Traum bedeuten sollte, barg einen Dämon in sich, der mit einer langen Säge bewaffnet war; ihre scharfen Zähne fraßen sich in den Körper eines Verurteilten, dessen Züge vom Schmerz verzerrt waren.

Eine weitere Beere, summarisch erklärt, zeigte den römischen Zirkus mit einer großen Zuschauermenge, die sich an einem Gladiatorenkampf begeisterte.

»Napoleon in Spanien.«

Diese Worte Fuxiers bezogen sich auf eine vierte Beere, die den Kaiser in seinem grünen Rock als Sieger hoch zu Roß mitten unter Menschen zeigte, die ihn durch ihre drohende Haltung zu verhöhnen schien.

»Ein Evangelium des Heiligen Lukas«, fuhr Fuxier fort und berührte dabei drei nebeneinander an einem dreifach gegabelten Stiel hängende Beeren, in denen die drei folgenden Szenen von denselben Personen gestellt wurden.

In der ersten sahen wir Jesus, die Hand nach einem kleinen Mädchen ausstreckend, das mit halbgeöffneten Lippen und starrem Blick einen zarten, lang ausgehaltenen Triller zu singen schien. Daneben, auf einem kümmerlichen Bett, hielt ein junger Mann, unbeweglich im Todesschlaf, in seinen Fingern einen langen Weidenzweig; am Totenbett weinten Vater und Mutter in schweigender Betrübnis. In einer Ecke hielt sich ein schwächliches buckliges Kind demütig abseits.

In der mittleren Beere betrachtete Jesus, dem Bett zugewandt, den jungen Toten, der, wunderbarerweise dem Leben zurückgegeben, als geschickter Korbmacher einen leichten biegsamen Weidenzweig flocht. Die Familie gab durch ekstatische Gebärden ihre freudige Verblüffung kund.

Das letzte Bild, in derselben Szenerie und mit denselben Komparsen, verherrlichte Jesus, wie er die plötzlich verschönte und wiederhergestellte Kranke berührte.

Diese kurze Trilogie beiseite lassend, hob Fuxier den unteren Teil der Traube auf und zeigte uns eine prächtige Beere, die er mit folgenden Worten erklärte:

»Hans der Holzfäller und seine sechs Söhne.«

Hier trug ein seltsam robuster Greis auf der Schulter eine gewaltige Last Holz, die aus ganzen Stämmen und durch Lianen verschnürten Scheitern bestand. Hinter ihm beugten sich sechs junge Männer, jeder für sich, unter eine unendlich leichtere Last derselben Art. Der Greis, den Kopf halb zurückwendend, schien die Säumigen zu verspotten, die weniger ausdauernd und kräftig waren als er.

In der vorletzten Beere betrachtete ein junger Mann in einem Kostüm aus der Zeit Ludwigs XV. bewegt eine junge Frau auf der Schwelle ihres Hauses, während er wie ein gewöhnlicher Spaziergänger an ihr vorüberging.

»Die erste Liebesregung, die Jean-Jacques Rousseaus *Emile* empfand«, erklärte Fuxier und ließ, die Finger bewegend, die elektrischen Strahlen auf den hochroten Reflexen der schimmernden Robe spielen.

Die zehnte und letzte Beere enthielt ein übermenschliches Duell, das uns Fuxier als Reproduktion eines Gemäldes von Raffael vorstellte. Ein Engel, ein paar Fuß über dem Boden schwebend, stieß die Spitze seines Schwertes in die Brust Satans, der taumelnd seine Waffe fallen ließ.

Nachdem Fuxier die ganze Traube hatte Revue passieren lassen, löschte er seine Blendlaterne und steckte sie wieder in die Tasche; dann entfernte er sich und trug dabei abermals, wie bei seinem Auftritt, den irdenen Topf und den zylindrischen Behälter.

VIII

Wir folgten noch mit den Augen der zauberischen Traube, als Rao erschien, gefolgt von seinen Sklaven, die einen umfänglichen Gegenstand von ziemlich langgezogener Form trugen.

Neben dieser Gruppe marschierte Fogar, der älteste Sohn des Kaisers, schweigend einher; in seiner Rechten hielt er eine wundervolle veilchenblaue Blume, deren Stiel mit Dornen gespickt war.

Die neue Last wurde auf den gewohnten Platz gestellt, und Fogar blieb allein als Wache dabei, während sich die Übrigen schnell entfernten.

Der Gegenstand, den wir im Mondlicht deutlich sehen konnten, war nichts anderes als ein sehr primitives Bett, eine Art wenig komfortables Gestell, das mit einer Menge bunt zusammengewürfelter Attribute geschmückt war.

Rechts hinter dem erhöhten Teil, der den Kopf des Schläfers aufnehmen sollte, umschloß ein irdener Topf die Wurzel einer riesigen weißlichen Pflanze, die sich oben in der Luft krümmte, um eine Art Betthimmel zu formen.

Über diesem anmutigen Baldachin wurde ein Scheinwerfer, im Augenblick noch ohne Licht, von einer Metallstange mit gebogenem oberen Ende gehalten.

Die von uns am weitesten entfernte Seite des Gestells trug allerlei Zierat in einer bestimmten Ordnung.

Nahe der rechten Ecke entfaltete sich eine lange dreieckige Fläche, ähnlich dem Tuch eines Wimpels, seitwärts am oberen Ende eines dünnen, blau bemalten hölzernen Pfahls. Das Ganze sah aus wie eine Fahne, die durch ihre Farben irgend eine unbekannte Nation symbolisierte – auf cremefarbenem Grunde, durchzogen von nicht sehr symmetrischen roten Linien, gab es zwei schwarze Punkte übereinander und nahe beisammen an der senkrechten Basis des Dreiecks. Etwas weiter links erhob sich ein winziger, ungefähr zwei Dezimeter breiter Portikus. Kleider- oder Kostümfransen, am oberen Balkenfeld hängend, bewegten bei der geringsten Erschütterung ihre zahlreichen, regelmäßigen weißlichen Fäden, die alle übereinstimmend in einem hochroten Punkt endeten.

Fuhr man mit der Prüfung in der gleichen Richtung fort, so stieß man auf einen nicht sehr tiefen Behälter, aus dem eine mit dickem Schaum bedeckte weiße Seife herausragte.

Dann kam ein Alkoven aus Metall, der einen umfangreichen Schwamm enthielt.

Neben dem Alkoven trug eine gebrechliche Plattform eine Amphore mit bizarren Konturen, gegen die sich ein zylindrischer Gegenstand mit einem Propeller streckte.

Am linken Ende dieser unzusammenhängenden Reihe von Verzierungen lag endlich eine runde horizontale Zinkplatte im Gleichgewicht auf einem schmalen Pfeiler.

Die Seite des Gestells gegenüber der Pflanze und dem Scheinwerfer war nicht weniger vollgestopft.

In dem der Zinkplatte benachbarten Winkel sahen wir zunächst etwas wie einen reglosen gelblichen, gallertartigen Block.

Näher in der gleichen Richtung breitete sich, an einem Teppichfragment haftend, eine dünne Schicht trockenen Zements aus, in die hundert dünne, spitze Gagatnadeln in zehn gleichen Reihen senkrecht eingelassen waren.

Block und Teppich ruhten Seite an Seite auf einem kurzen Brett von gerade ausreichenden Dimensionen.

Drei Goldbarren, deren exakte Staffelung die Mittellinie des Gestells zu verlängern schien, ragten auf drei eisernen Stützen, die sie fest in ihren Klauen hielten. Sie waren nicht von einander zu unterscheiden, so regelmäßig und gleichartig war die Form der Zylinder mit den abgerundeten Enden.

Am Rande des winzigen Raums, den die drei kostbaren Walzen einnahmen, bildete ein zweites Brett näher bei uns das Gegenstück zu dem ersten.

Auf ihm befand sich ein Korb mit drei Katzen, die, von Marius Boucharessas geliehen, nichts anderes waren als drei *Grüne* von der Barlaufpartie; sie waren noch mit ihren Bändern geschmückt.

Der delikate Gegenstand daneben glich einer Käfigtüre und bestand aus zwei dünnen Brettchen, die horizontal, ein paar Zentimeter von einander entfernt, zwischen ihren vier inneren Enden zwei gebrechliche senkrechte Pfosten einschlossen. Das so entstandene Rechteck war ausgefüllt mit straff gespannten, dicht nebeneinander liegenden Roßhaaren, die oben und unten durch unsichtbare Löcher in den beiden Brettchen gezogen und verknotet waren. Am selben Platz lag ein schnurgerader, der Länge nach halbierter Zweig, dessen Innenseite leicht harzig war.

An letzter Stelle stand auf dem Brett im neuen Winkel des Gestells eine dicke Kerze in der Nachbarschaft von zwei dunklen Kieselsteinen.

Fast in der Mitte des Bettes, links von dem eventuellen Schläfer, sah man einen Metallstab, der, zuerst vertikal, einen scharfen Winkel nach rechts machte und in einer Art gekrümmter Handgriff in Form einer Krücke endete.

Fogar hatte soeben die verschiedenen Teile des Lagers aufmerksam geprüft. Auf seinem Ebenholzgesicht leuchtete eine frühreife Intelligenz, deren Glut bei diesem noch kaum erwachsenen jungen Mann überraschte.

Die einzige von hinderlichen Gegenständen frei gebliebene Seite benützend, stieg er auf das Gestell und legte sich langsam darauf nieder, und zwar so, daß seine linke Achselhöhle in den gekrümmten Griff zu liegen kam, der genau in sie paßte.

Arme und Beine völlig steif, erstarrte er in einer Leichnamsattitüde, nachdem er die violette Blume in Reichweite seiner rechten Hand niedergelegt hatte.

Seine Augenlider hatten aufgehört, über seinen starren ausdruckslosen Augen zu schlagen, und seine Atembewegungen wurden nach und nach schwächer unter dem Einfluß eines tiefen lethargischen Schlafes, der ihn allmählich übermannte.

Einen Augenblick später war die Entkräftung total. Die Brust des jungen Mannes blieb regungslos wie die eines Toten und der halbgeöffnete Mund schien jedes Atems beraubt.

Bex trat ein paar Schritte näher, zog einen ovalen Spiegel aus der Tasche und hielt ihn vor die Lippen des jungen Negers; kein Beschlag trübte die Oberfläche, die ihren vollen Glanz behielt.

Dann legte Bex seine Hand auf das Herz des Patienten und machte eine verneinende Gebärde, die das Fehlen jedes Herzschlages ausdrückte.

Einige Sekunden verstrichen in gänzlicher Stille. Bex hatte sich sachte zurückgezogen und gab den Raum um das Gestell frei.

Plötzlich machte Fogar, als finde er mitten in seiner Betäubung einen Rest von Bewußtsein, eine kaum wahrnehmbare Bewegung, die seine Achselhöhle auf den Handgriff wirken ließ.

Sogleich flammte der Scheinwerfer auf und warf senkrecht nach unten eine elektrische Lichtgarbe von blendender Weiße, deren Kraft sich unter der Einwirkung eines blankpolierten Reflektors verzehnfachte.

Die weiße Pflanze, die sich zum Betthimmel gekrümmt hatte, empfing diese Beleuchtung, die für sie bestimmt zu sein schien, in ihrer vollen Stärke. In dem überhängenden Teil, der durchsichtig war, sahen wir ein feines, klares und kraftvolles Bild, das mit dem in seiner ganzen Dicke farbigen Pflanzengewebe ein Ganzes bildete.

Das Bild erweckte den seltsamen Eindruck eines Kirchenfensters, das dank dem Fehlen jeder Bleifassung und jedes plumpen Effekts von wunderbarer Einheit und Geschlossenheit war.

Das durchscheinende Gemälde zeigte eine orientalische Landschaft. Unter einem klaren Himmel breitete sich ein prächtiger Garten voll verführerischer Blumen. In der Mitte eines Marmorbeckens zeichnete eine Fontäne, die aus einem Jaderohr aufstieg, anmutig ihre hohe schlanke Kurve.

Daneben erhob sich die Fassade eines prunkvollen Palastes; in einem offenen Fenster sah man ein Paar, das sich umschlungen hielt. Der Mann, eine dicke, bärtige Gestalt, gekleidet wie ein reicher Kaufmann aus *Tausend und einer Nacht,* drückte in seinem lächelnden Gesicht eine offenherzige unerschütterliche Freude aus. Die Frau, eine reinblütige Maurin nach Typ und Kleidung, verharrte trotz der guten Laune ihres Gefährten in schmachtender Melancholie.

Unter dem Fenster, unweit des Marmorbeckens, stand ein junger Mann mit lockigem Haar, dessen Tracht nach Zeit und Ort mit der des Kaufmanns übereinzustimmen schien. Den Blick auf das Paar gerichtet, sang er, ein inspirierter Dichter, eine von ihm selbst gedichtete Elegie, wozu er sich eines Megaphons aus mattsilbernem Metall bediente.

Der Blick der Maurin war begierig auf den Dichter gerichtet, der seinerseits die eindrucksvolle Schönheit der jungen Frau hingerissen bewunderte.

Plötzlich entstand in den Fasern der Lichtpflanze eine Molekularbewegung. Farben und Konturen des Bildes verschwammen. Die Atome vibrierten alle zugleich, als suchten sie sich in einer neuen unumgänglichen Gruppierung zu fixieren.

Alsbald erschien ein neues Bild, ebenso glänzend wie das erste und gleichfalls dem feinen, durchscheinenden vegetabilischen Gewebe inhärent.

Hier bemerkte man auf dem ausgedörrten Hang einer breiten, goldgetönten Sanddüne mehrere Abdrücke von Schritten. Der Dichter aus dem ersten Bild, über den lockeren Boden gebeugt, drückte seine Lippen zart auf die tiefe Spur eines graziösen kleinen Fußes.

Nach einigen Augenblicken der Ruhe begannen die Atome, von Schwindel ergriffen, ihr verwirrendes Treiben von neuem, das zu einem dritten Bild voll Leben und Farbe führte.

Diesmal war der Dichter nicht mehr allein; neben ihm wies ein Chinese in violettem Gewand mit dem Finger auf einen großen Raubvogel, dessen majestätischer Flug ohne Zweifel irgend eine poetische Bedeutung hatte.

Eine neue Krise der empfindlichen Pflanze zeigte in einem sonderbaren Laboratorium denselben Chinesen, wie er aus der Hand des Dichters einige Goldstücke als Gegenwert für ein angebotenes und angenommenes Manuskript empfing.

Jedes Bild der Pflanze hatte dieselbe Dauer; eines nach dem anderen zogen die folgenden Bilder über den Schirm, der die Decke bildete.

Auf das Laboratorium folgte ein reichdekorierter Bankettsaal. An der festlich gedeckten Tafel sitzend, schnupperte der dicke, bärtige Kaufmann an einer Schüssel, die er mit beiden Händen hochgehoben hatte. Seine Augen schlossen sich schwer unter dem Einfluß des verlockenden Duftes, dem irgend eine heimtückische Substanz beigemengt war. Ihm gegenüber warteten der Dichter und die Maurin befriedigt auf den Eintritt dieses tiefen Schlafes.

Darauf erstand ein wunderbares Paradies, auf das die Mittagssonne ihre glühenden Strahlen senkrecht herabsandte. Im Hintergrund sahen wir einen anmutigen Wasserfall, auf dessen Wassern grüne Reflexe spielten. Der Dichter und die Maurin schliefen Seite an Seite im Schatten einer Märchenblume, die einer riesigen Anemone glich. Von links eilte ein Neger herbei, um die beiden vor einer unmittelbar bevorstehenden Gefahr zu warnen.

Dieselbe Dekoration beherbergte danach noch einmal das Liebespaar, diesmal auf einem feurigen Zebra, das zu einem zügellosen Galopp ansetzte. Hinter dem Dichter auf der Kruppe des Tieres sitzend, schwang die Maurin lachend eine Börse, die einige Goldstücke enthielt. Der Neger sah diesem Aufbruch zu, indem er einen respektvollen Abschiedsgruß andeutete.

Die bezaubernde Landschaft verschwand endgültig, um einer sonnenbeschienenen Landstraße Platz zu machen, an deren Rand eine mit Lebensmitteln vollgestopfte Verkaufsbude stand. Mitten auf der Straße ausgestreckt und gestützt von dem ängstlichen Dichter, nahm die Maurin, bleich und am Ende ihrer Kräfte, einige Lebensmittel entgegen, die ihr eine eifrige und beflissene Händlerin reichte.

In dem darauf folgenden Auftritt wanderte die Maurin zu Fuß mit dem Dichter. Neben ihr schien ein Mann mit seltsamen Allüren düstere Worte zu sprechen, die sie voll Angst und Verwirrung zu hören schien.

Ein letztes Bild, das allem Anschein nach die tragische Lösung der Idylle enthielt, zeigte einen furchtbaren Abgrund, dessen Wand mit Felsennadeln gespickt war. Die Maurin tat, der schwindelerregenden Anziehung einer Menge von Augen ohne Körper und Gesicht erliegend, deren strenger Blick voller Drohungen war, einen entsetzlichen Fall, der sie gegen diese zahllosen Nadeln schleuderte. Oben stürzte sich der rasende Dichter mit einem Sprung in die Tiefe seiner Geliebten nach.

Auf diese dramatische Szene folgte überraschend das Porträt eines Wolfes mit flammenden Augen. Der Körper des Tieres nahm allein soviel Platz ein wie eines der vorangegangenen Bilder; darunter las man in großen Versalien die lateinische Bezeichnung: »LUPUS«. Weder in den Proportionen noch in den Farben gab es irgend eine Beziehung zwischen dieser Riesensilhouette und der orientalischen Bilderfolge, deren Einheit in die Augen sprang.

Der Wolf verschwand bald, und schon sahen wir das erste Bild wieder entstehen, mit Garten und Marmorbassin, mit dem singenden Dichter und dem Ehepaar am Fenster. Alle Bilder zogen ein zweitesmal in der gleichen Reihenfolge vorüber, getrennt durch Pausen von gleicher Länge. Der Wolf beschloß die Reihe, auf die ein dritter Zyklus folgte, der den beiden ersten völlig gleich war. Endlos wiederholte die Pflanze ihre merkwürdigen Molekularbewegungen, die an ihre eigene Existenz geknüpft zu sein schienen.

Als der anfängliche Garten mit seinem Becken zum viertenmal wiederkehrte, senkten sich alle Blicke, der Eintönigkeit des Schauspiels müde, auf den noch immer leblosen Fogar.

Der Körper des jungen Negers und die Gegenstände an den Rändern des Gestells waren bedeckt von vielfältigen Reflexen des seltsamen Betthimmels.

Wie die Fliesen in einer Kirche, die im Sonnenlicht die kleinsten Einzelheiten eines Kirchenfensters wiedergeben, so wiederholte der ganze Raum, den das Gestell einnahm, sklavisch die Konturen und Farben, die der Schirm festhielt.

Man erkannte die Personen wieder, den Springbrunnen, die Fassade des Palastes, die, durch die Projektion vergrößert, die verschiedenen Hindernisse oder Unebenheiten prunkvoll färbten, die der Zufall darbot, indem sie ihre bis ins Unendliche variierten Formen annahmen.

Die vielfarbigen Ausströmungen überfluteten den Boden oder zerfielen stellenweise in phantastische Schatten.

Ohne die Augen zu der Pflanze zu erheben, bemerkte man, ohne es zu wollen, jede Veränderung, die im Widerschein ein bereits vorhergesehenes, vertrautes Bild vorführte.

Bald war Fogars Erschöpfung zu Ende. Seine Brust hob sich leicht, die Atmungsfunktionen setzten wieder ein. Bex legte seine Hand auf das Herz, das solange stillgestanden hatte, dann kehrte er an seinen Platz zurück und berichtete uns, es gebe einen kaum wahrnehmbaren schwachen Herzschlag.

Auf einmal gab ein Aufschlag der Augenlider die vollständige Rückkehr ins Leben kund. Die Augen verloren ihre anomale Starrheit und Fogar ergriff mit einer jähen Bewegung die veilchenblaue Blume, die neben seiner rechten Hand lag.

Mit einem Dorn des Stiels machte er der Länge nach einen Schnitt in die untere Seite seines linken Handgelenks und öffnete so eine stark hervortretende, angeschwollene Vene, aus der er einen ganz fest gewordenen Klumpen grünlichen Blutes entnahm, um ihn auf sein Lager zu legen.

Darauf entlockte er einem Blütenblatt, das er flink abgerissen und zwischen seinen Fingern gepreßt hatte, ein paar Tropfen einer starkwirkenden Flüssigkeit, die, auf die Vene fallend, sofort deren klaffende Ränder zusammenfügte.

Nun konnte der Kreislauf, von jedem Hindernis befreit, bequem wieder hergestellt werden.

Fogar wiederholte diese Operation auf seiner Brust und in der Nähe der rechten Kniekehle; das ergab zwei neue und dem ersten ähnliche Blutklümpchen. Zwei weitere Blütenblätter, die zur Schließung der Blutgefäße erforderlich waren, fehlten von jetzt an der veilchenblauen Blume.

Die drei Klümpchen, die Fogar jetzt in seiner linken Hand hielt, ähnelten winzigen, durchsichtigen und klebrigen Angelikastangen.

Der junge Neger hatte das gewünschte Ergebnis durch seine freiwillige Katalepsie erreicht, denn deren einziger Zweck war es, eine teilweise Verdickung des Blutes herbeizuführen und dadurch die drei festgewordenen Fragmente voller delikater Nuancen zu liefern.

Nach rechts gewendet und das Tuch der rotgestreiften Flagge betrachtend, nahm Fogar eines der Blutklümpchen und erhob es gegen die blaue Fahnenstange.

Plötzlich entstand ein Zittern in dem weißlichen Tuch, auf dem, von oben kommend, Reflexe spielten; das Dreieck, bis dahin unbeweglich, begann sich zu senken, während es sich an seine Stange klammerte; anstelle eines einfachen Stückes Tuch hatten wir ein seltsames Tier vor Augen, das Instinkt und Bewegungsfähigkeit besaß. Die rötlichen Streifen waren nichts anderes als mächtige Blutgefäße, und die beiden schwarzen Punkte waren ein Paar beunruhigende, starre Augen. Die vertikale Basis des Dreiecks haftete an der Stange mit zahlreichen Saugnäpfen, die eine Reihe von Kontorsionen seit einigen Augenblicken in der gleichen Richtung verschob.

Fogar, der immer noch seinen grünen Klumpen in die Höhe hielt, traf bald auf das Tier, das weiter herunterstieg.

Nur die oberen Saugnäpfe blieben haften, während die unteren, sich von der Stange lösend, gierig nach dem Klümpchen griffen, das der junge Mann nun losließ.

Dank einer gefräßigen Saugarbeit hatten die saugenden Münder, sich gegenseitig unterstützend, sehr bald die blutige Nahrung verschlungen, auf die sie ganz besonders lüstern zu sein schienen.

Nach beendeter Mahlzeit klebten sie sich wieder an die Stange und das Ganze, reglos geworden, nahm wieder den früheren Aspekt der starren Fahne in unbekannten Farben an.

Fogar legte sein zweites Klümpchen bei dem gebrechlichen Portikus nieder, der sich links neben der blauen Stange am Rand seines Lagers erhob.

Sogleich bewegten sich die Fransen an der unteren Seite des horizontalen Balkens fieberhaft, als würden sie von einem mächtigen Köder angezogen.

Seine obere Kante bestand aus einem System von Saugnäpfen, ähnlich denen des dreieckigen Tieres.

Eine akrobatische Leistung machte es ihm möglich, einen der Pfosten zu erreichen und vertikal dem Leckerbissen zuzustreben, den man ihm anbot.

Die schwebenden Tentakel, mit Lebenskraft begabt, packten vorsichtig das Klümpchen, um es zu einigen der Saugnäpfe zu bringen, die sich, vom Pfosten losgelöst, unverzüglich daran gütlich taten.

Als die Beute vollständig verschlungen war, gingen die Fransen auf demselben Wege bis zum oberen Balken hinauf, wo sie ihre gewohnte Pose einnahmen.

Das letzte Klümpchen legte Fogar in den Behälter, in dem die weiße Seife lag.

Plötzlich sahen wir das dichte Moos auf dem oberen Teil des einfarbigen glatten Blocks sich bewegen.

Ein drittes Tier hatte soeben seine bis dahin durch absolute Unbeweglichkeit in Verbindung mit einem irreführenden Äußeren verborgene Anwesenheit enthüllt.

Ein schneeweißer Schildkrötenpanzer bedeckte den Körper des seltsamen Tieres, das, langsam kriechend, in regelmäßigen Intervallen einen kurzen klagenden Rülpser ausstieß.

Die Reflexe des Betthimmels gewannen eine ganz besondere Kraft auf der makellosen Hülle, die sich mit bemerkenswerter Reinheit verfärbte.

Am Rande der Seife angekommen, kroch das Tier den Hang senkrecht hinunter, um den flachen Grund des Behälters zu erreichen; dort verschlang es mit ungeduldiger Freßlust das Blutklümpchen, dann hielt es still, um schwerfällig eine ruhige und wollüstige Verdauung zu beginnen.

Fogar kniete auf seinem Lager nieder, um die von ihm entfernten Gegenstände leichter erreichen zu können.

Mit den Fingerspitzen bewegte er einen winzigen Hebel, der außen an dem metallenen Alkoven hinter dem Seifenblock angebracht war.

Im selben Augenblick setzte eine prächtige Beleuchtung den Schwamm, der allen Blicken ausgesetzt war, in das hellste Licht.

Mehrere Glasröhrchen, durch die ein leuchtender Strom floß, bauten sich horizontal an den Innenwänden des plötzlich von Strahlen überfluteten Alkovens übereinander auf.

Auf diese Weise transparent geworden, zeigte der Schwamm mitten in seinem durchsichtigen Gewebe, ein echtes menschliches Herz im Kleinen, an das sich ein sehr verwickeltes Netz von Blutgefäßen anschloß. Die Aorta, gut gezeichnet, beförderte eine Menge von roten Blutkörperchen, die durch alle möglichen, bis ins Unendliche verzweigten Adern den entferntesten Teilen des Organismus Leben spendeten.

Fogar ergriff die Amphora neben dem Alkoven und goß langsam einige Pinten eines reinen, kristallklaren Wassers auf den Schwamm.

Aber diese unerwartete Besprengung schien dem erstaunlichen Probestück zu mißfallen, denn es zog sich von selbst kräftig zusammen, um das unerwünschte Wasser auszustoßen.

Eine zentrale Öffnung, vertieft angebracht in der unteren Platte des Alkovens, gab dem zurückgewiesenen Wasser, das als dünnes Rinnsal über den Boden floß, den Weg frei.

Dieses Manöver wiederholte der junge Mann mehrmals. Mitten in der elektrischen Bestrahlung erzeugten die in Diamanten verwandelten Tröpfchen zuweilen infolge der unaufhörlich erneuerten vielfarbigen Projektion Reflexe wie von Edelsteinen.

Fogar stellte die Amphora wieder an ihren Platz und ergriff den Zylinder mit der Schraube daneben.

Ganz aus Metall, enthielt dieses neue Objekt, das von sehr begrenzten Dimensionen war, eine starke Batterie, deren sich der junge Mann bediente, indem er einen Knopf drückte.

Wie auf Befehl begann die Schraube, die am Ende des Zylinders wie am Heck eines Schiffes angebracht war, sich mit leichtem Geräusch schnell zu drehen.

Bald beherrschte das von Fogar vorgeführte Instrument die horizontale Zinkplatte, die nach wie vor oben auf ihrem Pfeiler im Gleichgewicht war.

Die Schraube lag unten und fächelte beständig der grauen Oberfläche Luft zu, deren Aussehen sich allmählich änderte; der sanfte Lufthauch wehte der Reihe nach über alle Punkte ihres Umfangs und bewirkte dadurch eine Zusammenziehung der seltsamen Scheibe, die sich wie eine Kuppel wölbte; man hätte sie für die Membran einer Riesenauster halten können, die sich unter der Einwirkung einer Säure zusammenzog.

Ohne den Versuch länger fortzusetzen, stellte Fogar den Ventilator ab und setzte ihn neben die Amphore.

Sobald kein Wind mehr wehte, richteten sich die Ränder der Kuppel langsam wieder auf und nach wenigen Augenblicken hatte die Scheibe wieder ihre alte Starrheit und verlor den trügerischen Schein animalischen Lebens, der sich soeben in ihr kundgegeben hatte.

Fogar wendet sich nun nach links der anderen Seite seines Lagers zu und hob den gallertartigen Block hoch, um ihn sorgsam auf die hundert Gagatnadeln zu legen, die senkrecht in ihrem Zementbett staken; nachdem ihn der junge Neger losgelassen hatte, drückte sich die reglose Fleischmasse durch ihr eigenes Gewicht langsam auf die Spitzen.

Plötzlich erhob sich unter dem Gefühl des heftigen Schmerzes, den die Stiche der hundert schwarzen Spitzen verursachten, am vorderen Teil des Blocks ein Fangarm als Zeichen der Bedrängnis und entfaltete an seinem Ende drei divergierende Zweige, deren jeder in einen schmalen Saugnapf endete.

Fogar holte aus dem Körbchen die drei dösenden Katzen. Bei dieser Bewegung gab der Schatten seines Körpers den Blick auf den Block frei, auf den sich nun die riesige Silhouette des Wolfs zum Teil projizierte, der mindestens zum zehntenmal in die Dichte des vegetabilischen Schirms zurückgekehrt war.

Eine nach der anderen klebte er die Katzen mit dem Rücken an die drei Saugnäpfe, die ihre Beute mit unwiderstehlicher Kraft festhielten, als gehörten sie zu den Fangarmen eines Kraken.

Währenddessen drangen die hundert Gagatnadeln immer tiefer in das Fleisch des gestaltlosen Tiers ein, dessen zunehmendes Leiden sich durch kreisförmige Bewegungen der drei Zweige kundgab, die sich wie die Speichen eines Rades drehten.

Das zuerst langsame Kreisen wurde fieberhaft schneller, sehr zum Leidwesen der Katzen, die sich, ihre Krallen ausstreckend, vergebens zur Wehr setzten.

Am Ende ging alles in einem rasenden Wirbel auf, den ein wildes Konzert von Katzenstimmen akzentuierte.

Das Phänomen führte nicht zu einer Verdrehung des nach wie vor starren Fangarms, der als Stütze diente. Dank einer subtilen mysteriösen Nabe übertraf das Ganze an Macht und Spannung das Illusionsspektakel, welches das Rad des Radträgers gegeben hatte.

Die Geschwindigkeit des Vorganges nahm noch zu unter dem Einfluß der hundert immer tieferen und immer qualvolleren Stiche; die heftig bewegte Luft erzeugte ein ständiges Rauschen, das unaufhörlich anschwoll; die verwirrten Katzen bildeten eine ununterbrochene, grüngestreifte Scheibe, aus der wilde Klagelaute ertönten.

Fogar hob den Block abermals hoch und legte ihn wieder an seinen ursprünglichen Platz.

Das Aufhören des Schmerzes führte zu plötzlicher Verlangsamung und schließlich zum Stillstand der Kreisbewegung.

Mittels eines dreimaligen heftigen Rucks befreite Fogar die Katzen und legte die halbbetäubten winselnden Tiere in den Korb, während der dreifach verzweigte Fangarm unter regelmäßig wechselnden Reflexen erschlaffend zurückfiel.

Sich nach rechts neigend ergriff der junge Mann wiederum die Amphora und goß auf die weiße Seife eine bestimmte Menge Wasser, die alsbald als Regen unten durch enge Öffnungen im Boden des Behälters floß.

Die völlig leere Amphora wurde wieder zu dem Zylinder mit der Schraube gestellt und der junge Neger umschloß mit der vollen Hand die auf den sechs flachen Seiten des etwas länglichen Würfels befeuchtete Seife.

Darauf rückte Fogar soweit wie möglich nach dem Kopfende des Lagers zurück und zielte, das linke Auge zukneifend, lange auf die drei Goldbarren, die er, einen hinter dem anderen, auf einer vollkommen geraden Linie zwischen dem Katzenkorb und dem Teppich mit den hundert schwarzen Spitzen sah.

Plötzlich entspannte sich der Arm des jungen Mannes mit einer geschmeidigen Bewegung.

Die Seife, scheinbar eine ganze Reihe von Salti mortali ausführend, beschrieb eine steile Kurve und fiel dann auf den ersten Barren; von dort sprang sie, immer wie ein Rad sich drehend, bis zur zweiten Goldwalze, die sie nur für einen Augenblick berührte; die dritte Flugbahn, die nur noch von zwei ganz langsamen Überschlägen begleitet war, beförderte sie bis zu dem dritten massiven Zylinder, auf dem sie aufrecht und unbeweglich im Gleichgewicht stehen blieb.

Die gewollte Zähflüssigkeit des verwendeten Gegenstandes, zusammen mit der Rundheit der drei Barren, machte das Gelingen dieses Kunststücks besonders rühmlich.

Fogar legte die Seife wieder in ihren Spezialbehälter zurück und fuhr mit seinen Versuchen fort, indem er den empfindlichen Apparat, der wie eine Käfigtür konstruiert war, sorgsam in seine linke Hand nahm.
 Dann ergriff er mit drei Fingern der Rechten, die er an seinem Lendenschurz abwischte, den der Länge nach halbierten Zweig.
 Diesen letzten Gegenstand benützte er als Geigenbogen, um auf einem der schwarzen Haare zu spielen, die zwischen den beiden Pfosten der kleinen rechteckigen Harfe gespannt waren.
 Der Zweig bewirkte die Reibung mit seiner Innenseite, auf der ein widerstandsfähiger Belag, durch natürliche Sinterung entstanden, mit Erfolg die Funktion des Kolophoniums versah.
 Das Haar vibrierte stark und brachte dank irgend eines sehr merkwürdigen Knotens zwei völlig verschiedene Noten hervor, die durch einen Quint-Intervall getrennt waren; man sah, von oben nach unten, zwei deutlich abgegrenzte und ungleiche Schwingungszonen.
 Fogar wechselte den Platz und führte den Bogen über ein anderes Haar, das für sich allein eine ideal richtige große Terz hören ließ.
 Der Reihe nach brachte jeder tönende Faden, einzeln erprobt durch das Auf und Ab des Zweiges, gleichzeitig zwei Töne von gleicher Amplitüde hervor. Richtig oder dissonant, die Intervalle waren sämtlich verschieden und gaben so dem Versuch eine amüsante Mannigfaltigkeit.

Der junge Mann legte Harfe und Bogen an ihren Platz, nahm die beiden dunklen Kiesel zur Hand und schlug sie über der dicken Kerze in der Ecke des Lagers kräftig gegeneinander; gleich beim ersten Schlag ging ein Regen von Funken nieder, zum Teil auf den leicht brennbaren Docht, der sofort aufflammte.
 Voll jäher Fremdheit, die durch das nahe Licht der ruhigen und geraden Flamme enthüllt worden war, glich die Substanz der Kerze dem porösen, appetitlichen Fleisch irgend einer zart gerippten Frucht.
 Plötzlich wurde die Atmosphäre durch ein fürchterliches Prasseln erschüttert; es kam von der Kerze, die, sich verzehrend, das Geräusch des Donners nachahmte.
 Eine kurze Stille trennte dieses erste Rollen von einem noch viel heftigeren Krach, auf den seinerseits ein dumpfes Grollen folgte, das eine Periode der Beruhigung bezeichnete.

Die Kerze brannte ziemlich schnell, und bald erreichte die Beschwörung des Gewitters eine wunderbare Vollkommenheit. Donnerschläge von schrecklicher Kraft wechselten mit der fernen Stimme wiederholter, ersterbender Echos.

Das blendende Mondlicht kontrastierte mit diesem rasenden, charakteristischen Lärm, dem lediglich das Pfeifen des Orkans und das Erscheinen von Blitzen fehlte.

Als die Kerze, kürzer und kürzer werdend, fast völlig niedergebrannt war, blies Fogar die Flamme aus, und ohne Übergang trat wieder friedliche Stille ein.

Sogleich hoben die schwarzen Träger, die vor wenigen Augenblicken zurückgekommen waren, das schmale Lager auf, auf dem sich der junge Mann lässig ausstreckte.

Die Gruppe entfernte sich geräuschlos im ständig wechselnden Schein der vielfarbigen Projektionen.

Damit war der feierliche Augenblick gekommen, zur Verteilung der Preise zu schreiten.

Juillard zog einen Gegenstand aus der Tasche, ein gleichseitiges Dreieck, das in Form eines Anhängers aus einem dünnen Weißblechblatt ausgeschnitten war; es stellte den griechischen Großbuchstaben Delta dar und trug an einer seiner Ecken einen kleinen Ring, der durch Verdrehung in eine zu dem Ganzen senkrechte Ebene gerückt worden war.

Dieses Spielzeug, das vernickelt zu sein schien und mittels seines Aufhängerings an einem riesigen blauen Schulterband hing, bildete das *Große Band des Delta-Ordens*, dessen Inhaber die klugen Aktionäre bereichern sollte, die an ihn geglaubt hatten.

Das einzige Kriterium für Juillard war die Haltung, die das Negerpublikum bei jeder der Vorführungen eingenommen hatte; daher rief er jetzt ohne Zögern Marius Boucharessas, dessen junge Katzen beim Barlauf die Begeisterung der Ponukeler erregt hatten.

Kaum war das Kind mit der höchsten Auszeichnung geschmückt, trat es stolz und glücklich wieder zurück und bewunderte den Effekt des blauen Bandes auf seiner Brust, das diagonal auf seinem blaßrosafarbenen Trikot lag, während sich an seiner linken Seite das schimmernde Gehänge, mit Mondstrahlen geschmückt, lebhaft von dem schwarzen Grund seines Samthöschens abhob.

Aus der Gruppe der Spekulanten waren einige Freudenschreie ertönt, ausgestoßen von den Aktionären des Marius, unter denen eine Prämie von zehntausend Franken sogleich verteilt werden sollte.

Nach der Überreichung des großen Ordensbandes hatte Juillard plötzlich sechs andere *Deltas* gezeigt, kleiner als das erste, aber von der gleichen Form und aus demselben Metall geschnitten. Diesmal ging durch jeden Aufhängering, der jetzt in der Ebene des Deltas belassen worden war, ein schmales, einige Zentimeter langes blaues Band, das an seinen beiden Enden ein Paar leicht gekrümmte vertikale Nadeln trug.

Stets unparteiisch geleitet von dem Grad der Anerkennung, den die Eingeborenen den verschiedenen Kandidaten zuerkannt hatten, rief Juillard Skarioffszky, Tancrède Boucharessas, Urbain, Lelgoualch, Ludovic und La Billaudière-Maisonnial zu sich, um jedem, ohne Förmlichkeit oder Ansprache, eine der sechs neuen Dekorationen an die Brust zu heften, die den Grad eines *Ritters des Delta-Ordens* versinnbildlichten.

Die Stunde der Ruhe hatte geschlagen.

Auf Befehl Talous, der mit langen Schritten selbst das Signal zum Zapfenstreich gab, zerstreuten sich die Eingeborenen in Ejur.

Unsere Gruppe begab sich geschlossen in das besondere Viertel, das ihr in der seltsamen Hauptstadt reserviert war und bald schliefen wir alle im Schutze unserer primitiven Hütten.

IX

Am nächsten Tag weckte uns Norbert Montalescot im Morgengrauen. Nachdem wir uns hastig angekleidet hatten, schlugen wir in dichtgedrängter Schar den Weg nach dem Platz der Trophäen ein und genossen wollüstig die relative Kühle der Morgenstunde.

Von Norbert benachrichtigt, traten der Kaiser und Sirdah zur gleichen Zeit wie wir auf die Esplanade. Talou hatte den Aufputz von gestern abgelegt und seine gewöhnliche Kleidung als Eingeborenenhäuptling angelegt.

Norbert rief uns zu der Hütte, wo Louise die ganze Nacht mit Arbeit verbracht hatte. Er war im ersten Strahl des Morgens aufgestanden und hergekommen, um die Befehle seiner Schwester entgegenzunehmen, die, ohne sich sehen zu lassen, die Stimme erhoben und ihm aufgetragen hatte, uns sofort aus dem Schlummer zu wecken.

Plötzlich schien eine funkelnde Klinge, von der wir nur einen Teil sehen konnten, mit einem Geräusch, als ob etwas zerrisse, von selbst eine der schwarzen Hüttenwände zu zerschneiden.

Die Schneide, die kraftvoll das dichte Gewebe durchsägte, legte eine lange rechteckige Strecke zurück; das Messer wurde drinnen von Louise selbst geführt, die sogleich, das ausgeschnittene Stück Tuch abreißend, heraussprang; sie trug eine riesige, vollgestopfte Reisetasche.

»Alles ist fertig für den Versuch«, rief sie mit einem Lächeln heiteren Triumphs.

Sie war groß und charmant in ihrem Aufzug als Kriegerin in der bauschigen Kniehose, die in feinen Reitstiefeln stak.

Durch die soeben geschaffene gähnende Öffnung erblickten wir durcheinander auf einem Tisch alle möglichen Phiolen, Retorten und flachen Schalen, die die Hütte zu einem kuriosen Laboratorium gemacht hatten.

Die Elster war soeben entkommen und flatterte, berauscht von Unabhängigkeit und reiner Luft, frei von einer Sykomore zur anderen.

Norbert nahm die gewichtige Reisetasche aus den Händen seiner Schwester entgegen und machte sich an ihrer Seite auf den Weg nach dem Süden Ejurs.

Die ganze Eskorte, Talou und Sirdah an der Spitze, folgte dem Bruder und der Schwester, die in der ständig zunehmenden Helle ziemlich schnell vorangingen.

Nachdem sie die Stadt verlassen hatten, ging Louise noch einen Augenblick weiter, dann machte sie, von bestimmten Farbkombinationen verlockt, halt und blieb genau an der Stelle stehen, von der aus wir gestern das Feuerwerk beobachtet hatten.

Die Morgenröte, die die prächtigen Bäume des Béhuliphruen von hinten beleuchtete, erzeugte merkwürdige und unerwartete Lichtspiele.

Talou wählte selbst einen für den versprochenen fesselnden Versuch günstigen Platz und Louise öffnete die Reisetasche, die ihr Bruder getragen hatte und packte einen zusammengefalteten Gegenstand aus, der in seiner normalen Lage eine genau senkrechte Staffelei bildete.

Eine neue Leinwand, auf ihren Keilrahmen aufgezogen, wurde in halber Höhe auf die Staffelei gestellt und mit einem Schraubbolzen befestigt, den Louise bis auf die erforderliche Höhe herunterließ. Darauf nahm die junge Frau mit großer Sorgfalt aus einem Kasten, der sie vor jeder Berührung schützte, eine schon zuvor hergerichtete Palette, die genau in eine metallene Vorrichtung an der rechten Seite der Staffelei paßte. Die Farben waren in voneinander getrennten Häufchen mit geometrischer Präzision im Halbkreis auf dem oberen Teil der dünnen hölzernen Scheibe angeordnet, und zwar so, daß die zu bemalende Leinwand nach dem Béhuliphruen gerichtet war.

Die Tasche enthielt außerdem ein zusammenlegbares Gestell, das dem Stativ eines photographischen Apparates ähnelte. Louise nahm es, zog die drei ausziehbaren Beine aus und stellte es unweit der Staffelei auf den Boden, wobei sie Höhe und Standfestigkeit des Ganzen sorgfältig regulierte.

In diesem Augenblick holte Norbert auf Geheiß seiner Schwester aus dem Koffer ein schweres Kästchen, dessen verglaster Deckel im Inneren mehrere Batterien nebeneinander erkennen ließ und stellte es hinter die Staffelei.

Während dieser Zeit packte Louise mit äußerster Vorsicht ein offenbar sehr zerbrechliches Gerät aus, das uns wie eine dicke massive Platte erschien, die durch einen genau ihrer rechteckigen Form entsprechenden metallenen Deckel geschützt war.

Der oberste Teil des dreibeinigen Gestells, das entfernt an das starre Gerüst einer Waage erinnerte, bestand aus einer Art Gabel mit weitgespreizten Zinken, die in zwei vertikale Stäbe auslief; auf diesen konnte Louise mit einer behutsamen Gebärde eine der Längsseiten ihrer Platte befestigen, wozu sie sich zweier kleiner, tiefer Öffnungen bediente, welche ein Paar kurzer Rillen in der Luft hielt; sie waren zur Erleichterung der Bewegung in der Umrandung des Deckels angebracht.

Um die Anordnung der verschiedenen Teile zu prüfen, trat die junge Frau in der Richtung, nach dem Béhuliphruen zu zurück und blinzelte mit den Augen, um die Entfernungen besser schätzen zu können. So sah sie zu ihrer Rechten das Gestell, zur Linken die Staffelei mit dem Kästchen dahinter und in der Mitte die Palette mit den Farben.

Die rechteckige Platte bot den Strahlen der Morgenröte direkt ihren glatten Deckel dar, der an einem Ring in der Mitte gehoben werden konnte; seine unverschleierte Rückseite zeigte etwas wie eine allzu regelmäßige Haartracht, nämlich eine Myriade von außerordentlich dünnen Metalldrähten, die auch die winzigste Region der Substanz mit einem beliebigen Apparat verbinden sollte, der elektrische Energie erzeugen konnte. Sich vereinigend bildeten die Drähte unter einer isolierenden Umhüllung ein dickes Tau, das in einem Stab endete, den Louise, wieder auf ihrem Posten, sich bückend in eine seitliche Öffnung des Batteriekoffers einführte.

Die Tasche lieferte nun, in Gestalt einer Kopfstütze, wie sie die Photographen benützen, ein starkes vertikales Rohr, das, auf einer schweren kreisförmigen Basis befestigt, an ihrem oberen Ende seitlich eine leicht zu handhabende Schraube trug, mit der eine in dem Rohr steckende Eisenstange in der gewünschten Höhe festgeklemmt werden konnte.

Louise stellte den Apparat vor die Staffelei, hob die bewegliche Stange aus dem Rohr und zog die Schraube an, nachdem sie sorgfältig geprüft hatte, ob die obere Spitze die richtige Höhe erreicht habe, die genau gegenüber der noch unberührten Leinwand stand.

Auf diese stabile und isolierte Spitze steckte die junge Frau wie eine Bilboquet-Kugel eine große Metallkugel mit einer Art schwenkbarem und mit einem Gelenk versehenen horizontalen Arm, an dessen auf die Palette gerichtetem Ende, wie Speichen eines flachgelegten Rades, zehn Pinsel angebracht waren.

Alsbald stellte Louise mit Hilfe eines doppelten Drahtes eine Verbindung zwischen der Kugel und dem elektrischen Kästchen her.

Vor Beginn des Versuches hatte sie ein kleines Kännchen entkorkt und einen Tropfen Öl auf jeden einzelnen Pinsel geträufelt. Norbert stellte den störenden Koffer beiseite, der fast leer war, seit die junge Frau die Metallkugel herausgenommen hatte.

Während dieser Vorbereitungen war es mehr und mehr Tag geworden, und der Béhuliphruen war jetzt erfüllt von strahlendem Licht, das ein vielfarbiges märchenhaftes Ganzes ergab.

Louise konnte einen Schrei der Bewunderung nicht unterdrücken, als sie sich nach dem prächtigen Garten umdrehte, der magisch beleuchtet zu sein schien. Der Augenblick erschien ihr unvergleichlich und wunderbar geeignet für die Verwirklichung ihrer Pläne; so näherte sie sich dem dreifach verzweigten Gestell und faßte den Deckel an seinem Ring.

Alle Zuschauer drängten sich vor der Staffelei zusammen, um den Lichtstrahlen kein Hindernis entgegenzustellen.

Louise war, unmittelbar vor der großen Probe, sichtlich bewegt. Ihre orchestrale Atmung beschleunigte sich und gab den monotonen Akkorden, die ständig den Achselschnüren entströmten, mehr Frequenz und Kraft. Mit einer schroffen Geste riß sie den Deckel weg, dann ging sie hinter dem Gestell und der Staffelei vorbei und gesellte sich uns zu, um die Bewegung des Apparates zu beobachten.

Des Deckels beraubt, den die junge Frau noch immer in ihren Händen hielt, zeigte sich die Platte jetzt nackt mit einer braunen, glatten und glänzenden Oberfläche. Aller Blicke fixierten begierig diese geheimnisvolle Materie, der Louise seltsame photomechanische Eigenschaften verliehen hatte. Plötzlich überlief ein leichter Schauder den automatischen Arm gegenüber der Staffelei, der, mit einem Wort, aus einem einfachen, glänzenden horizontalen Metallblatt bestand, das in der Mitte ein Gelenk hatte; der veränderliche Winkel dieses Gelenks strebte danach, sich unter der Wirkung einer ziemlich starken Feder soweit wie möglich zu öffnen; ihr entgegen wirkte ein Metalldraht, der, aus der Kugel kommend, die Spitze des Arms bewegte und so die Winkelöffnung regulierte; im Augenblick ließ der Draht, sich verlängernd, den Winkel zunehmend größer werden.

Dieses erste Symptom rief unter den angstvollen und verwirrten Zuschauern eine leichte Erregung hervor.

Der Arm streckte sich langsam nach der Palette aus, während das felgenlose horizontale Rad, das an seinem Ende durch den Pinselstern gebildet wurde, sich allmählich bis zum oberen Ende einer senkrechten Achse erhob, getrieben durch eine gezähnte Scheibe, die ein elastischer Transmissionsriemen direkt mit der Kugel verband.

Die beiden kombinierten Bewegungen führten die Spitze eines der Pinsel zu der blauen Farbe am oberen Rande der Palette. Die Pinselhaare befeuchteten sich schnell, dann strichen sie, nach kurzer Abwärtsbewegung, die entnommenen Farbpartikeln über einen unberührten Teil der Holzfläche. Einige Atome weißer Farbe, auf die gleiche Art entnommen, wurden auf das frische Blau aufgetragen, und beide Töne, durch langes Verreiben vollkommen gemischt, ergaben ein sehr mildes Blaßblau.

Durch einen Zug des Metalldrahtes leicht verkürzt, drehte sich der Arm langsam um sich selbst und machte oben vor der linken Ecke der auf der Staffelei befestigten Leinwand halt. Sogleich zog der mit der zarten Nuance befeuchtete Pinsel automatisch am Rande des künftigen Gemäldes einen schmalen vertikalen Streifen Himmel.

Ein Murmeln der Bewunderung empfing diese erste Andeutung, und Louise, nun ihres Erfolges sicher, stieß einen langen Seufzer aus, den eine schmetternde Fanfare ihrer Achselschnüre begleitete.

Das Pinselrad, vor die Palette zurückgekehrt, drehte sich plötzlich um sich selbst, bewegt von einem zweiten Transmissionsriemen, der wie der erste aus elastischem Gewebe bestand und ins Innere der Kugel führte. Ein kurzes Geräusch zeigte an, daß eine Sperrklinke einen anderen Pinsel mit noch unberührten Haaren an der bevorzugten Stelle festgehalten hatte. Alsbald schufen mehrere Grundfarben, auf einem anderen Teil der Palette miteinander vermischt, einen feurigen, goldgelben Farbton, der dann, auf die Leinwand übertragen, den bereits begonnenen vertikalen Streifen fortsetzte.

Wenn man sich nach dem Béhuliphruen umdrehte, konnte man die absolute Richtigkeit der schroffen Aufeinanderfolge dieser beiden Nuancen feststellen, die eine am Himmel deutlich hervortretende Linie markierte.

Die Arbeit ging schnell und präzise weiter. Bei jeder Rückkehr zur Palette mischten mehrere Pinsel der Reihe nach ihre Farben; vor der Leinwand defilierten sie dann in derselben Ordnung und trugen jeder seinen besonderen Farbton in mitunter verschwindend kleiner Proportion auf. Dieses Verfahren machte die sublimsten Abstufungen der Farbnuancen möglich, und allmählich entstand vor unseren Augen ein Stück Landschaft voll glänzender Naturtreue.

Louise gab uns, immer den Apparat betrachtend, einige zweckdienliche Erklärungen.

Die braune Platte allein setzte alles in Bewegung mit Hilfe eines Systems, das auf dem Prinzip des Elektromagneten beruhte. Obwohl keinerlei Objektiv vorhanden war, nahm die polierte Oberfläche vermöge ihrer außerordentlichen Empfindlichkeit wunderbar mächtige Lichteindrücke auf, die, von den unzähligen Drähten auf der Rückseite weitergeleitet, einen ganzen Mechanismus im Inneren der Kugel in Gang setzten, deren Umfang mehr als einen Meter betragen mußte.

Wie wir mit eigenen Augen hatten feststellen können, waren die beiden vertikalen Stäbe, in die die Gabel des dreibeinigen Gestells auslief, aus demselben braunen Stoff gemacht wie die Platte selbst; dank einer vollkommenen Anpassung bildeten sie mit ihr zusammen einen einzigen homogenen Block und trugen jetzt innerhalb ihrer besonderen Region zur ständigen Entfaltung der photomechanischen Kommunikation bei.

Nach Louises Erklärungen enthielt die Kugel noch eine zweite rechteckige Platte, die, ebenfalls mit einem Netz von Drähten ausgestattet, durch das sie Farbeindrücke der ersten empfing, von Kante zu Kante von einem schmalen metallenen Rade durchlaufen wurde, das mit Hilfe des Stroms, den es erzeugte, einen Komplex von Pleuelstangen, Kolben und Zylindern bewegte.

Die Malerei rückte Schritt für Schritt nach rechts vor, immer in senkrechten Streifen, die einer nach dem anderen von oben nach unten gezogen wurden. Jedesmal wenn das Rad ohne Felge vor der Palette oder vor der Leinwand wendete, hörte man das durchdringende Signal der Sperrklinke, die nacheinander diesen oder jenen Pinsel während der kurzen Dauer der Arbeit fixierte. Dieses monotone Geräusch ahmte, wenn auch viel langsamer, das gedehnte Knirschen der Drehkreuze auf den Jahrmärkten nach.

Die gesamte Fläche der Palette war jetzt beschmiert; die verschiedenartigsten Mischungen lagen nebeneinander und wurden immer wieder durch Hinzufügung einer neuen Grundfarbe verändert. Trotz dieser verwirrenden Farbenmischung gab es kein Durcheinander, da jeder Pinsel auf eine bestimmte Kategorie von Nuancen beschränkt war, die ihm eine mehr oder weniger genau umrissene Spezialität zuwies.

Bald war die ganze linke Hälfte des Bildes fertig.

Louise beobachtete freudig die Tätigkeit des Apparats, der bis jetzt ohne Fehler oder Zwischenfall funktioniert hatte.

Der Vorgang blieb sich völlig gleich bis zur Vollendung der Landschaft, deren zweite Hälfte mit wunderbarer Sicherheit gemalt wurde.

Einige Sekunden vor dem Ende des Versuchs war Louise noch einmal hinter die Staffelei getreten, dann hinter das Gestell, um sich neben die lichtempfindliche Platte zu stellen. In diesem Augenblick war am rechten Rande der Leinwand nur noch ein schmaler weißer Streifen, der schnell ausgefüllt war.

Nach dem letzten Pinselstrich setzte Louise den Deckel rasch wieder auf die braune Platte und legte dadurch den Gelenkarm still. Frei von aller Besorgnis hinsichtlich der mechanischen Arbeit konnte die junge Frau mit Muße das auf so sonderbare Weise zustande gekommene Gemälde betrachten.

Die großen Räume des Béhuliphruen mit ihrem prächtigen Geäst waren naturgetreu wiedergegeben; die Blätter, von seltsamer Form und Tönung, waren übergossen von einer Fülle intensiver Reflexe. Auf dem Erdboden schimmerten große blaue, gelbe oder hochrote Blüten im

Moos. In der Ferne, durch Baumstämme und Geäst, strahlte der Himmel; unten verblaßte eine erste horizontale Zone aus blutigem Rot, um etwas weiter oben einem orangenen Streifen Platz zu machen, der, heller werdend, ein sehr lebhaftes Goldgelb entstehen ließ; darauf kam ein kaum getöntes Blaßblau, in dem nach der Rechten zu, ein letzter verspäteter Stern funkelte.

Das Werk im ganzen ergab eine seltsam starke Farbwirkung und entsprach genau dem Modell, wovon sich jedermann durch einen Blick auf den Garten selbst überzeugen konnte.

Von ihrem Bruder unterstützt, ersetzte Louise, den Schraubbolzen der Staffelei betätigend, das Gemälde durch einen Block von gleicher Größe, der aus einem dicken Stoß weißer, an ihren Rändern zusammengeklebter Blätter bestand; dann entfernte sie den letzten Pinsel, der benützt worden war und setzte an seine Stelle einen sorgfältig gespitzten Bleistift.

Einige Worte enthüllten uns das Ziel der ehrgeizigen jungen Frau; sie wollte uns jetzt eine einfache Zeichnung vorlegen, deren Konturen notwendigerweise präziser als die des Gemäldes sein würden; sie brauchte nur eine Feder am oberen Pol der Kugel spielen zu lassen, um den Mechanismus im Inneren ein wenig umzustellen.

Bereit, ein buntes lebendiges Sujet zu stellen, gruppierten sich auf Louisens Bitte fünfzehn bis zwanzig Zuschauer in geringer Entfernung in dem Bereich, den die Platte erfaßte. Um den Anschein von Leben und Bewegung hervorzurufen, nahmen sie die Haltung von Passanten in einer belebten Straße ein; einige, die ihrer Haltung nach rasch zu gehen schienen, neigten die Stirnen mit einer Miene tiefer Besorgnis; andere, ruhiger, plauderten paarweise dahinschlendernd, während zwei Freunde, sich kreuzend, von weitem vertrauliche Grüße tauschten.

Wie ein Photograph empfahl Louise ihren Figuranten vollkommene Regungslosigkeit; dann nahm sie, neben der Platte stehend, mit einem kurzen Ruck den Deckel ab und machte dann wieder den gewohnten Weg, um die Bewegung des Bleistiftes aus der Nähe zu beobachten.

Der Mechanismus, durch den Druck der Feder auf die Kugel wieder in Gang gesetzt und zugleich verändert, führte den Arm mit dem Gelenk langsam nach links. Der Bleistift begann von oben nach unten über das weiße Papier zu gleiten und beschrieb dieselben senkrechten Streifen wie vorher die Pinsel.

Diesmal wurde die Bewegung zur Platte hin durch kein Auswechseln der Pinsel, kein Verreiben der Farben in der Arbeit aufgehalten, die schnell vor sich ging. Im Hintergrund erschien dieselbe Landschaft, aber das jetzt sekundäre Interesse an ihr wurde durch die Personen im Vordergrund aufgehoben. Die Gesten waren lebenswahr, die Gesamthaltung sehr ausgeprägt, die Silhouetten merkwürdigerweise amüsant und die Gesichter von verblüffender Ähnlichkeit: alles machte den gewünschten, bald düsteren, bald heiteren Eindruck. Hier schien ein Körper, ein wenig vornübergebeugt, von dem lebhaften Drang beseelt, vorwärts zu eilen; dort gab ein freudestrahlendes Gesicht das liebenswürdige Staunen über eine unerwartete Begegnung kund.

Der Bleistift glitt auf dem Blatt auf und nieder, nicht ohne es öfters zu verlassen; nach einigen Minuten war die Zeichnung fertig. Louise, rechtzeitig auf ihren Posten zurückgekehrt, setzte den Deckel wieder auf die Platte und rief dann die Figuranten, die froh waren, sich nach dem langen Stillhalten wieder ein wenig zu bewegen, und herbeieilten, um das neue Werk zu bewundern.

Trotz des kontrastierenden Hintergrundes erweckte die Zeichnung die genaue Vorstellung fieberhaften Verkehrs auf einer Straße. Jeder erkannte sich inmitten der dichtgedrängten Gruppe mühelos wieder, und Louise, bewegt und strahlend, konnte die lebhaftesten Glückwünsche entgegennehmen.

Norbert übernahm es, alle Utensilien abzubauen und in den Koffer zurückzulegen.

Während dieser Zeit berichtete Sirdah Louise, daß der Kaiser höchst befriedigt und voll Staunen darüber sei, wie vollkommen die junge Frau alle Bedingungen erfüllt habe, die er ihr streng auferlegt hatte.

Zehn Minuten später waren wir alle wieder in Ejur.

Talou führte uns bis zum Platz der Trophäen, wo wir Rao bemerkten, den ein eingeborener Krieger begleitete.

Vor aller Augen wies der Kaiser auf Carmichael, indem er seine Gebärde mit ein paar kurzen Worten begleitete.

Rao trat sogleich zu dem jungen Marseiller und führte ihn zu einer der Sykomoren nächst dem roten Theater.

Der Krieger hatte Befehl, den armen Bestraften zu überwachen, der, stehend, das Gesicht dem Baum zugewandt, den dreistündigen Arrest begann, währenddessen er unaufhörlich die *Schlacht am Tez* zu wiederholen hatte, die er tagszuvor mangelhaft vorgetragen hatte.

Ich holte mir aus den Kulissen den Stuhl Juillards, setzte mich unter das Geäst der Sykomore und schlug Carmichael vor, ihm bei seiner Arbeit zu helfen. Er reichte mir sogleich ein großes Blatt, auf dem die barbarische Aussprache des ponukelischen Textes minutiös in französische Lettern übertragen war. Getrieben von der Furcht vor einem neuen Scheitern, begann er aufmerksam seine bizarre Lektion halblaut zu rezitieren, wobei er die Weise vor sich hinsummte, während ich jeder Zeile Silbe für Silbe folgte, bereit, den kleinsten Fehler zu korrigieren oder eine vergessene Passage einzuflüstern.

Die Menge hatte den Platz der Trophäen verlassen und sich langsam in Ejur zerstreut, während ich, wenig abgelenkt durch meine rein mechanische Arbeit, mich nicht enthalten konnte, in der großen Stille des Morgens über die vielfältigen Abenteuer nachzudenken, die seit drei Monaten mein Leben erfüllt hatten.

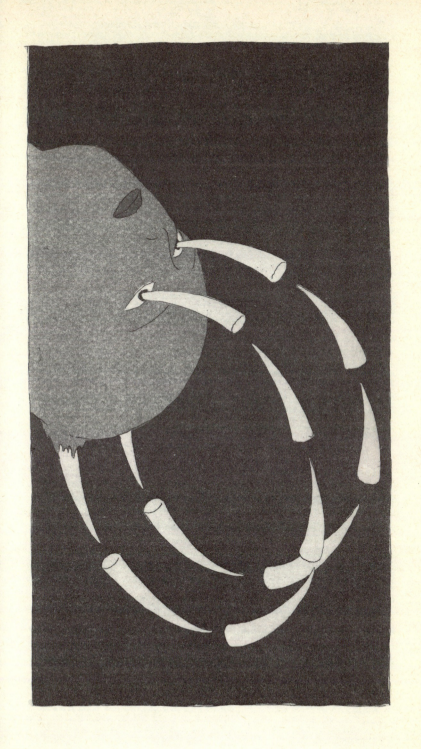

X

Am 15. März hatte ich mich mit dem Plan einer langen Reise durch die merkwürdigen Regionen Südamerikas in Marseille auf der *Lyncée* eingeschifft, einem großen und schönen Schiff mit dem Bestimmungsort Buenos Aires.

Die ersten Tage der Überfahrt waren ruhig und prächtig. Dank der Zwanglosigkeit der gemeinsam eingenommenen Mahlzeiten machte ich bald Bekanntschaft mit einem Teil der Passagiere. Hier die summarisch dokumentierte Liste:

1) Der Historiker Juillard, der als Eigentümer eines hübschen Vermögens ständig Vergnügungsreisen unternahm und hier und dort Vorträge hielt, die wegen ihrer anziehenden und geistvollen Klarheit berühmt waren.

2) Die alte Livländerin Olga Tscherwonenkow, ehemalige Solotänzerin in Sankt Petersburg – jetzt fettleibig und schnurrbärtig. Seit fünfzehn Jahren lebte Olga, die frühzeitig dem Theater entsagt hatte, umgeben von einer großen Zahl von Tieren, die sie liebevoll pflegte, ruhig und zurückgezogen auf einem kleinen Landsitz, den sie in Livland nicht weit von ihrem Geburtsdorf erworben hatte. Ihre beiden Lieblinge waren der Elch Sladki und die Eselin Milenkaja, die beide auf den leisesten Ruf ihrer Stimme zu ihr eilten und sie oft bis in ihre Gemächer begleiteten. Vor kurzem war ein Vetter der ehemaligen Tänzerin, der seit seiner Jugend in der argentinischen Republik ansässig gewesen war, unter Hinterlassung eines kleinen Vermögens gestorben, das er durch seine Kaffeeplantagen erworben hatte. Als einzige Erbin beschloß Olga, von dem Notar des Verstorbenen über diesen Glücksfall unterrichtet, sich an Ort und Stelle zu begeben und ihre Interessen selbst wahrzunehmen. Sie reiste unverzüglich ab, nachdem sie ihre Menagerie der Fürsorge einer diensteifrigen und ergebenen Nachbarin anvertraut hatte. Aber im letzten Augenblick konnte sie sich doch nicht zu der allzu schmerzlichen Trennung entschließen und kaufte zwei Kisten mit Gittern für Elch und Eselin, die dann sorgsam beim Gepäck untergebracht wurden. An jeder Anlegestelle besuchte die zärtliche Reisende die beiden Gefangenen, um für sie mit einer Hingabe zu sorgen, die nachher auf dem Schiff nur noch zunahm.

3) Carmichael, ein junger Marseiller von zwanzig Jahren, der schon berühmt war wegen seiner erstaunlichen Kopfstimme, die ganz und gar weiblich wirkte. Seit zwei Jahren reiste er in ganz Frankreich umher und hatte in allen Konzertcafés Triumphe gefeiert, indem er in Frauenkleidern die schwierigsten Stücke für Sopran mit außerordentlicher Gewandtheit und Virtuosität in der richtigen Stimmlage sang. Er

hatte die Fahrt auf der *Lyncée* wegen eines glänzenden Engagements in der Neuen Welt gebucht.

4) Balbet, der französische Meister im Pistolenschießen und Degenfechten, und künftige Favorit für einen internationalen Wettkampf in Waffen aller Art, der in Buenos Aires organisiert worden war.

5) La Billaudière-Maisonnial, Konstrukteur von Präzisionsgeräten, der darauf brannte, bei eben diesem Wettkampf ein mechanisches Florett mit zahlreichen überraschenden Finten vorzuführen.

6) Luxo, ein pyrotechnischer Unternehmer, der in Courbevoie eine große Fabrik besaß, in der alle großen Feuerwerke von Paris hergestellt wurden. Drei Monate vor seiner Einschiffung hatte Luxo den Besuch des jungen Barons Ballesteros empfangen, eines sehr reichen Argentiniers, der seit mehreren Jahren in Frankreich ein Leben voll wahnwitziger Ausgaben und Protzereien führte. Im Begriff, in sein Heimatland zurückzukehren um sich zu verheiraten, wollte Ballesteros auf seiner Hochzeit in dem riesigen Park seines Schlosses in der Nähe von Buenos Aires ein königliches Feuerwerk abbrennen lassen; außer dem vereinbarten Preis sollte Luxo ein hohes Honorar dafür erhalten, daß er selbst an Ort und Stelle alles persönlich regelte. Der Unternehmer nahm den Auftrag an und versprach selbst zu kommen. Bevor sich der junge Baron, ein wenig berauscht von dem berechtigten Ruf seiner Schönheit, verabschiedete, äußerte er einen Gedanken, der zwar eine Hochstaplermentalität erkennen ließ, aber nicht einer unerwarteten Originalität ermangelte. Er wollte für das Finale Raketen, die, wenn sie platzten, an Stelle der bunten Raupen oder Sterne, deren Banalität ihn langweilte, sein eigenes Bildnis unter verschiedenen Aspekten in die Lüfte projizierten. Luxo hielt das Projekt für realisierbar und bekam am nächsten Tag eine umfangreiche Sammlung von Photographien, die als Modelle für sein Unternehmen seinen prunksüchtigen Kunden in den verschiedensten Kostümierungen zeigte. Einen Monat vor der Hochzeit war Luxo mit der kompletten Ladung abgereist, ohne das berühmte *Bukett* zu vergessen, das mit besonderer Sorgfalt eigens verpackt war.

7) Der große Architekt Chènevillot, von demselben Baron Ballesteros berufen, der während seiner Hochzeitsreise in seinem Schloß beträchtliche Reparaturen ausführen lassen wollte und der Meinung war, nur ein französischer Baumeister sei imstande, ihn zufriedenzustellen. Chènevillot nahm einige seiner besten Leute mit, um die Arbeiten genau überwachen zu lassen, die Einheimischen anvertraut werden sollten.

8) Der Hypnotiseur Darriand, begierig, in der Neuen Welt gewisse geheimnisvolle Pflanzen bekannt zu machen, deren halluzinogene

Eigenschaften er erforscht hatte und deren Aroma die Sinnesschärfe eines Menschen in dem Grade steigern konnte, daß er simple Lichtprojektionen mit Hilfe von bunten Filmen für Wirklichkeit hielt.

9) Der Chemiker Bex, der seit einem Jahr weite Gebiete ohne eigennützige Absicht bereiste, nur um zwei wundervolle wissenschaftliche Entdeckungen, die Früchte seiner geduldigen, erfindungsreichen Arbeit bekannt zu machen.

10) Der Erfinder Bedu, der nach Amerika einen vervollkommneten Webstuhl mitnahm, der, in die Strömung eines Flusses gestellt, mit Hilfe eines merkwürdigen Systems von Schaufelrädern automatisch die reichsten Stoffe weben konnte. Der Erfinder hoffte durch die Installierung des nach seinen Plänen konstruierten Apparates auf dem Rio de la Plata von allen Fabrikanten des Landes lukrative Bestellungen auf Webstühle dieser Art zu erhalten. Bedu zeichnete und kolorierte selbst die verschiedenen Modelle von Seidenwaren, Damast oder dunkelblauem Tuch, die er erzielen wollte; wenn das Funktionieren der unzähligen Schaufelräder erst einmal nach einem bestimmten Schema geregelt war, konnte die Maschine auf unbestimmte Zeit ohne Hilfe oder Überwachung dasselbe Muster immer aufs neue wiederholen.

11) Der Bildhauer Fuxier, der mit Hilfe einer wunderbar subtilen inneren Modellierung in von ihm erfundenen roten Pastillen den Keim verführerischer Bilder legte, die bei unmittelbarer Berührung mit irgend etwas glühendem in Rauch aufgingen. Andere, tiefblaue Pastillen zerschmolzen im Wasser und zeigten auf der Oberfläche dank derselben inneren Zusammensetzung wirkliche Flachreliefs. Um die Ausbreitung seiner Entdeckung voranzutreiben, nahm er nach Buenos Aires einen reichlichen intakten Vorrat der beiden von ihm hergestellten Substanzen mit, um an Ort und Stelle auf Bestellung eine luftige Gruppe, deren Keim in einer roten Pastille, oder ein flüssiges Flachrelief anzufertigen, das in einer blauen Pastille eingeschlossen war. Diese Methode einer plötzlich aufblühenden Skulptur sollte in einer dritten Anwendung dazu dienen, zarte Sujets in Traubenbeeren zu schaffen, die fähig sein würden, in wenigen Minuten zu reifen. Fuxier hatte für seine Experimente mehrere Rebstöcke in voluminösen Töpfen mitgenommen, deren Lüftung und Bewässerung er sorgfältig überwachte.

12) Die beiden assoziierten Bankiers Hounsfield und Cerjat, die, von dreien ihrer Angestellten begleitet, in der argentinischen Republik Geschäfte von großer Wichtigkeit abwickeln wollten.

13) Eine zahlreiche Truppe, die sich nach Buenos Aires begab, um eine Menge Operetten aufzuführen, zählte zu ihren Mitgliedern den Komiker Soreau und die berühmte Sängerin Jeanne Souze.

14) Der Ichthyologe Martignon wollte sich einer Forschergruppe anschließen, die von Montevideo aus auf einer kleinen Dampfjacht Lotungen in südlichen Meeren durchführen wollte.

15) Doktor Leflaive, der Schiffsarzt.

16) Adinolfa, die große italienische Tragödin, die im Begriff war, demnächst zum ersten Male vor einem argentinischen Publikum aufzutreten.

17) Der Ungar Skarioffszky, ein höchst talentierter Zitherspieler, der, als Zigeuner gekleidet, auf seinem Instrument wunderbare Kunststücke vollführte und dafür von den Konzertunternehmern beider Welten hoch bezahlt wurde.

18) Der Belgier Cuijper, bereit, märchenhafte Honorare einzustreichen, wie sie seiner schönen Stimme rechtmäßig zukamen; der Gebrauch einer Stimmröhre aus einem mysteriösen Metall machte sie gewaltig und zauberhaft.

19) Eine seltsame Vereinigung von Phänomenen, Tierbändigern und Akrobaten, die von einem Zirkus in Buenos Aires mit sehr hohen Gagen für drei Monate engagiert worden waren. Dieses bunt zusammengewürfelte Personal bestand aus dem Clown Whirligig, dem Zirkusreiter Urbain, Eigentümer des Pferdes Romulus, aus Tancrède Boucharessas, einem Menschen ohne Arme und Beine, begleitet von seinen fünf Kindern Hector, Tommy, Marius, Bob und Stella, dem Sänger Ludovic, dem Bretonen Lelgoualch, aus Stephan Alcott und seinen sechs Söhnen, aus dem Impresario Jenn und dem Zwerg Philippo.

Eine Woche lang blieb die Fahrt ruhig und glücklich. Aber um die Mitte der achten Nacht erhob sich plötzlich mitten im Atlantik ein fürchterlicher Orkan. Schraube und Ruder wurden von der Gewalt der Wogen zertrümmert und nach zwei Tagen wilden Treibens scheiterte die *Lyncée* wie ein lebloses Wrack an der Küste Afrikas.

Niemand fehlte beim Namensaufruf, aber angesichts des angeschlagenen Schiffes, das nur noch gebrauchsunfähige Boote trug, mußten wir jede Hoffnung aufgeben, wieder auf hohe See zu gelangen.

Kaum waren wir an Land gegangen, sahen wir mehrere hundert Neger in geschmeidigen Sprüngen auf uns zueilen; sie umringten uns fröhlich und gaben ihrer Freude durch lautes Geschrei Ausdruck. Ihr Führer war ein junger Mann mit offenem intelligentem Gesicht, der sich unter dem Namen Séil-kor vorstellte und uns aufs höchste überraschte, als er auf unsere ersten Fragen in gewandtem und korrektem Französisch antwortete.

Einige Worte unterrichteten uns über Séil-kors Mission; er hatte den Auftrag, uns nach Ejur zu geleiten, der Residenz des Kaisers Talou VII., seines Herren, der, von einem eingeborenen Fischer benachrichtigt, seit ein paar Stunden auf das unausbleibliche Scheitern unseres Schiffes wartete und die Absicht hatte, uns bis zur Zahlung eines hinreichenden Lösegeldes festzuhalten.

Wir mußten uns der Überzahl beugen.

Während sich die Neger damit beschäftigten, die Ladung des Schiffes zu löschen, gab uns Séil-kor auf unsere Bitten einige Einzelheiten über unseren künftigen Wohnsitz.

Im Schatten einer hohen Felswand auf einem schmalen Stein sitzend, begann der junge Redner der aufmerksamen Gruppe, die wir, hier und da in weichen Sand ausgestreckt, bildeten, seine eigene Geschichte zu erzählen.

Mit zehn Jahren strich Séil-kor in eben dieser Gegend umher, in die uns der Zufall verschlagen hatte, und hier begegnete er einem französischen Forscher namens Laubé, der, offenbar von dem aufgeweckten Gesicht des Kindes angezogen, den Entschluß faßte, es an sich zu fesseln und als lebendiges Reiseandenken den Seinen zuzuführen.

Als Laubé an der Westküste Afrikas an Land gegangen war, hatte er sich geschworen, nicht umzukehren; von einer tapferen Eskorte begleitet, drang er nach Osten vor, wandte sich dann nach Norden, durchquerte die Wüste auf Kamelsrücken und erreichte endlich Tripolis, das Ziel, das er sich gesetzt hatte.

Während der zwei Jahre, die die Reise dauerte, hatte Séil-kor, seinen Gefährten lauschend, Französisch gelernt; überrascht von soviel Begabung, hatte der Forscher die Fürsorge soweit getrieben, dem Kinde nutzbringende Lektionen in Lesen, Geschichte und Geographie zu geben.

In Tripolis gedachte Laubé seine Frau und seine Tochter zu treffen; nach den Plänen, die sie im Augenblick der Trennung gefaßt hatten, sollten sie schon seit zwei Monaten im Hotel Angleterre wohnen, um auf seine Rückkehr zu warten.

Der Forscher verspürte sanfte Erregung, als er von dem Portier des Hotels erfuhr, daß die beiden teuren Verlassenen, die seit so langer Zeit seiner zärtlichen Zuneigung beraubt waren, im Hotel anwesend seien.

Séil-kor ging diskret hinaus, um die Stadt zu besichtigen, denn er wollte nicht die ersten Augenblicke der Gefühlsergüsse stören, die sein Beschützer mit soviel Ungeduld ersehnt hatte.

Als Séil-kor nach einer Stunde in die große Eingangshalle zurückkam, bemerkte er Laubé, der ihn in sein Zimmer mitnahm; es lag im

Erdgeschoß und war durch ein großes offenes Fenster erhellt, das auf den Hotelgarten ging.

Der Forscher hatte bereits von Séil-kor als einem Menschen von großem Wissen gesprochen und wollte nun das Kind einer summarischen Prüfung unterziehen, bevor er es den beiden neuen Gefährten seines Daseins vorstellte.

Einige Fragen über die großen historischen Tatsachen wurden zufriedenstellend beantwortet.

Darauf zur Geographie Frankreichs übergehend, fragte Laubé nach den Hauptstädten einer Reihe von willkürlich genannten Départements.

Séil-kor saß dem Fenster gegenüber; in seinen fast mechanisch gegebenen Antworten hatte er noch keinen Fehler gemacht, als er plötzlich, gerade als er die Präfektur des Départements Corrèze nennen wollte, seine Sinne schwinden fühlte; eine Wolke glitt vor seine Augen und seine Beine begannen zu zittern, während das Herz in seiner Brust dumpf und hastig schlug.

Diese Verwirrung war verursacht worden durch den Anblick eines hinreißenden blonden Kindes von etwa zwölf Jahren, das soeben in den Garten getreten war; für einen Augenblick hatte sich ihr tiefblauer Blick mit dem betörten Blick Séil-kors gekreuzt.

Währenddessen wiederholte Laubé, der nichts bemerkt hatte, ein wenig ungeduldig:

»Corrèze, Hauptstadt?...«

Die Vision war verschwunden, und Séil-kor hatte sich soweit wieder gefaßt, daß er mit einem Murmeln antwortete:

»Tulle.«

Der Name dieser Stadt sollte in Séil-kors Erinnerung für immer mit der aufwühlenden Erscheinung verbunden bleiben.

Als die Prüfung beendet war, führte Laubé Séil-kor zu seiner Frau und seiner Tochter Nina, in der der junge Neger ekstatisch, mit himmlischer Freude, das blonde Kind aus dem Garten wiedererkannte.

Von nun an war Séil-kors Leben von Ninas ständiger Gegenwart erhellt, denn die beiden Kinder, im gleichen Alter stehend, trafen sich immer wieder zum Spielen und zum Studium.

Bei Ninas Geburt hatte Laubé mit seiner Frau in Kreta gelebt, da er ein umfangreiches Werk über *Kandia und seine Bewohner* vorbereitete. Auf dieser fremden Erde verbrachte das kleine Mädchen seine ersten Jahre, zärtlich behütet von einer einheimischen Amme, die ihr einen leichten Akzent voll Sanftheit und Charme übermittelt hatte.

Dieser Akzent entzückte Séil-kor, dessen Liebe und Ergebenheit stündlich wuchsen.

Er träumte davon, Nina für einen Augenblick in seine Arme zu schließen, seine Phantasie sah sie in tausend Gefahren, aus denen er sie unter den Augen ihrer von Angst und Dankbarkeit erfüllten Eltern leidenschaftlich rettete.
Diese Chimären sollten bald jähe Wirklichkeit werden.
Auf einer Hotelterrasse am Meer angelte Séil-kor eines Tages zusammen mit seiner Freundin, die in ihrem marineblauen Kleid, das er besonders liebte, überaus reizend aussah.
Plötzlich stieß Nina einen Freudenschrei aus, als sie an ihrem Angelhaken, den sie aus dem Wasser hob, einen schweren Fisch zappeln sah. Das Ende der Leine an sich ziehend, griff sie kraftvoll nach ihrer Beute, um sie vom Haken zu nehmen. Doch bei der ersten Berührung verspürte sie einen plötzlichen Schlag und sank bewußtlos zu Boden. Der Fisch, ein scheinbar ungefährlicher Rochen, war nichts anderes als ein *Zitterrochen*, dessen elektrische Entladung das unerwartete Ergebnis herbeigeführt hatte.
Séil-kor hob Nina auf und trug sie ins Hotel zu ihrem Vater und ihrer Mutter, die schnell herbeigeeilt waren. Sie kam nach dieser harmlosen Ohnmacht bald wieder zu sich.
Als die erste Unruhe vorüber war, segnete Séil-kor das Abenteuer, das seinen Traum verwirklicht und ihm erlaubt hatte, seine geliebte Gefährtin einen Augenblick lang zu umarmen.
Einige Tage nach diesem Ereignis war Ninas Namenstag. Laubé wollte dazu einen kleinen Kinderball geben, zu dem die paar europäischen Familien, die in der Stadt lebten, eingeladen werden sollten.
Entschlossen, den Tag damit zu begehen, daß er seiner Freundin eine Fabel rezitierte, verbrachte Séil-kor einen Teil seiner Nächte damit, insgeheim sein Gedächtnis und seine Aussprache zu üben.
Da er dem Mädchen außerdem noch irgend ein Geschenk machen wollte, nahm er sich vor, die paar Goldstücke, die er der Großmut Laubés verdankte, im Spiel zu riskieren.
In einem leicht zugänglichen Kasino in Tripolis gab es ein Pferdchenspiel, dessen Einrichtung selbst den bescheidensten Börsen entsprach.
Begünstigt von dem Zufall, der, wie man sagt, den ersten Versuchen hold ist, gewann Séil-kor prompt mittels eines doppelten Einsatzes und konnte bei dem besten Kuchenbäcker des Ortes einen ungeheuren Savoyer-Kuchen bestellen, der den Mittelpunkt des Festes bilden sollte.
Der Ball, der im Laufe des Tages begann, erfüllte den großen Salon des Hotels mit heiterem Leben. Gegen fünf Uhr gingen die Kinder in ein benachbartes Zimmer und setzten sich an eine riesige Tafel, die mit Obst und Leckereien bedeckt war. In diesem Augenblick wurde

Séil-kors großartiger Kuchen gebracht und mit lärmendem Beifall begrüßt. Aller Augen richteten sich auf den Spender, der, ohne Verlegenheit aufstehend, seine Fabel mit klarer und klangvoller Stimme vortrug. Beim letzten Vers brach Beifall auf allen Seiten aus und Nina, ebenfalls aufstehend, brachte einen Trinkspruch zu Ehren Séil-kors aus, der für einen Augenblick der König des Banketts war.

Nach dem Imbiß ging der Ball weiter. Séil-kor und Nina tanzten Walzer, dann, nach mehreren langen Runden ermüdet, machten sie plötzlich bei Madame Laubé Halt, die stehend in aller Ruhe die schöne kindliche Freude genoß, von der sie sich umgeben fühlte.

Als sie ihre Tochter mit ihrem Begleiter herankommen sah, wandte sich die treffliche Frau, dankbar für alle Aufmerksamkeiten Séil-kors, lächelnd dem jungen Neger zu und sagte mit sanfter Stimme, auf Nina deutend: »Küsse sie!«

Séil-kor, von Schwindel ergriffen, umschlang seine Freundin und drückte auf ihre frischen Wangen zwei keusche Küsse, die ihn in trunkenen Taumel versetzten.

Nach dieser fast intimen Festlichkeit beschloß Laubé, durch den Aufenthalt in Tripolis von den vergangenen Strapazen erholt, nach Frankreich zurückzukehren. Der Forscher besaß in den Pyrenäen, in der Nähe eines Dorfes namens Port-d'Oo, ein Familienschlößchen, dessen Stille und Abgelegenheit er sehr schätzte. Dort würde er die rechte Muße haben, um an Hand seiner Notizen einen ausführlichen Bericht über seine Reise zu schreiben.

Der Termin der Abreise wurde unverzüglich festgelegt. Nach einer schönen Überfahrt gingen Laubé und die Seinen in Marseille an Land und nahmen den Zug nach Port-d'Oo.

Séil-kor gefiel der neue Wohnsitz sehr; das Schloß lag in dem wunderschönen Oo-Tal, und jeden Tag machte der junge Afrikaner lange Waldspaziergänge mit Nina, um die letzten Strahlen eines warmen und milden Herbstes auszunützen.

Eines Abends, als die Zufälle ihres Spazierganges die beiden Kinder bis an das Dorf geführt hatten, sahen sie plötzlich eine wandernde Truppe, die, auf einem Karren zusammengepfercht, im Schritt durch die Straßen fuhr, die voll von Neugierigen waren; sie verteilten Handzettel und lockten die Menge mit marktschreierischen Anpreisungen und Trommelklang.

Zwei Zettel wurden Séil-kor in die Hand gedrückt; er las sie mit Nina. Der erste, als Plakat aufgezogen, begann mit einem langen Satz, der in großen Lettern die sensationelle Ankunft der Ferréol-Truppe ankündigte, die aus Akrobaten, Tänzern und Equilibristen bestehe; die zweite Hälfte des Blattes enthielt eine emphatische Rede, die die

Franzosen beschwor, auf der Hut zu sein, da sich auf ihrem Boden der Chef der Truppe, der berümte Ringer Ferréol befinde, der imstande sei allein ganze Armeen zu vernichten und Wälle zu durchbrechen; die Ermahnung begann mit den Worten: »Zittere, französisches Volk!...« und das Wort »Zittere«, als Blickfang hervorgehoben, bildete eine Art Überschrift.

Der andere Zettel, von bescheideneren Abmessungen, enthielt die einfache Feststellung: »Wir sind von Ferréol besiegt worden«, gefolgt von einer Unzahl in Facsimile wiedergegebener Unterschriften der gefürchtetsten Berufsringer, die der Meister niedergeworfen hatte.

Am nächsten Tag begaben sich Séil-kor und Nina auf den Dorfplatz, um der angekündigten Vorstellung beizuwohnen. Im Freien war eine große Estrade errichtet worden und die beiden Kinder amüsierten sich sehr beim Anblick der Jongleure, Clowns, Taschenspieler und der dressierten Tiere, die zwei Stunden lang vor ihren Augen defilierten.

In einem bestimmten Augenblick stellten drei Männer rechts am Ende der Estrade einen Teil einer Renaissance-Fassade auf, die in der ersten Etage von einem großen Balkonfenster durchbrochen war.

Gleich darauf wurde eine zweite ähnliche Dekoration links am entgegengesetzten Ende des Schaugerüstes aufgerichtet; einer der Träger verband die Balkone, die genau einander gegenüber lagen, durch einen sorgfältig befestigten Eisendraht.

Die Vorbereitungen waren kaum beendet, als sich das Fenster zur Rechten diskret öffnete, um eine junge Frau auftreten zu lassen, die wie die Prinzessinnen zur Zeit Karls IX. gekleidet war. Die Unbekannte gab ein Zeichen mit der Hand und sogleich öffnete ein reichgekleideter Herr das andere Fenster und trat auf seinen Balkon. Der Neuankömmling, in gesticktem Wams, Kniehose und Samtkäppchen, trug eine hohe Halskrause und eine geheimnisvolle Samtmaske, die zu der geheimen Expedition paßte, die er vorzubereiten schien.

Nach einem Austausch von Zeichen voller Empfehlungen und Versprechungen stieg der Verliebte über die Balustrade, setzte seinen Fuß auf den Eisendraht und schickte sich an, die Arme ausgestreckt wie eine Balancierstange, auf dem luftigen Weg, der seiner Kühnheit dargeboten war, die Entfernung hinter sich zu bringen, die ihn von seiner schönen Nachbarin trennte.

Doch plötzlich lauschte die junge Frau ins Innere ihres Hauses, als laure sie auf den Schritt eines Eifersüchtigen, und lief Hals über Kopf in das Zimmer zurück, nicht ohne durch ein Zeichen den verwegenen Liebhaber zu warnen, der nun mit großen Schritten an seinen Ausgangspunkt zurückkehrte und hinter seinen Vorhängen verschwand.

Ein paar Augenblicke später gingen die beiden Fenster fast gleichzeitig wieder auf und die gefährliche Reise begann mit neuer Hoffnung noch einmal. Diesmal wurde der Weg ohne blinden Alarm bis zum Ende zurückgelegt und die beiden Liebenden fielen einander unter anhaltendem Beifall in die Arme.

Der Eisendraht und die beiden Dekorationen wurden schnell entfernt, ein junges spanisches Paar trat eilends auf und begann sofort unter Schreien und Füßestampfen einen wilden Bolero zu tanzen. Die Frau in Mantille, der Mann in kurzer Jacke und Sombrero, hielten jeder ein Tamburin mit Schellen in der rechten Hand, auf das sie im Takt kräftig mit der Faust schlugen. Nach zehn Minuten ständiger Pirouetten und Verrenkungen erstarrte das Paar zum Abschluß lächelnd in einer anmutigen Pose, während die elektrisierte Menge enthusiastisch applaudierte.

Die Vorstellung schloß mit mehreren glänzenden Siegen des berühmten Ferréol und es begann schon zu dunkeln, als Séil-kor und Nina, entzückt von ihrem Nachmittag, Arm in Arm den Weg zum Schloß einschlugen.

Am nächsten Tag mußten die beiden Kinder, von einem Dauersprühregen ans Haus gefesselt, auf ihren täglichen Spaziergang verzichten. Glücklicherweise befand sich unter den Nebengebäuden des Schlosses eine große Remise, die Platz genug für die ausgelassensten Spiele bot; unter diesem schützenden Dach verbrachten die mutwilligen Kinder ihre Freizeit.

Nina, noch unter dem Eindruck des Schauspiels von gestern, hatte ihren Handarbeitskorb mitgebracht, um für Séil-kor ein Kostüm ähnlich dem des Seiltänzers anzufertigen. Hinten in der Remise standen zwei Karren einander gegenüber und boten mit ihren Deichseln, die mit den Enden gegeneinander gestellt waren, ein bequemes und leichtes Experimentierfeld für die ersten Versuche eines noch unerfahrenen Equilibristen.

Mit einer Schere, einer Nadel mit Faden und den zwei Handzetteln bewaffnet, die Séil-kor aufgehoben hatte, machte sich Nina an die Arbeit; aus dem ersten Blatt schnitt sie ein Käppchen und aus dem zweiten eine Maske mit zwei Schnüren, um sie hinter den Ohren zu befestigen.

Die Halskrause forderte eine größere Menge Papier; in einer Ecke der Remise lag, zum Abfall geworfen, ein Paket alter Nummern der *Natur*, einer Zeitschrift, die Laubé regelmäßig bekam und in der er alle seine Reiseberichte veröffentlichte. Nina riß die blauen Umschläge mehrerer Hefte ab, machte daraus eine elegante einfarbige Halskrause, und alsbald konnte Séil-kor, geschmückt mit den drei von der geschickten Arbeiterin angefertigten Stücken, die ersten Schritte seiner Seiltänzerlaufbahn tun, indem er den schmalen und gebrechlichen Weg über die beiden Deichseln vom einen bis zum anderen Ende zurücklegte.

Von diesem ersten Erfolg ermutigt, wollten die Kinder den Bolero des spanischen Paares nachahmen. Séil-kor legte seine papierene Maske ab, der Tanz begann und wurde sofort ausgelassen und fieberhaft; Nina vor allem legte eine seltsame Leidenschaft in ihre Mimik und klatschte in die Hände, um das rhythmische Geräusch des Tamburins nachzuahmen und ihr fröhliches Herumtoben ohne Angst vor Ermüdung und Atemlosigkeit zu verlängern. Mitten im höchsten Überschwang plötzlich durch die Glocke zum Versperbrot gerufen, verließen die beiden die Remise, um ins Schloß zurückzukehren.

Mit der vorzeitigen Dämmerung war das Wetter trüber geworden und ein durchdringender eisiger Schneeregen fiel langsam vom grauen Himmel hernieder.

Durch den langen wilden Tanz in Schweiß gebadet, wurde Nina von einem schrecklichen Fieberschauer befallen, der erst im Speisesaal aufhörte, wo das erste Feuer des Jahres loderte.

Am nächsten Tag war die funkelnde Sonne wieder da und erhellte einen der letzten reinen, durchsichtigen Tage, die alljährlich der Ankunft des Winters vorhergehen. Séil-kor wollte diesen wolkenlosen Nachmittag ausnützen, der vielleicht der letzte Gruß der schönen Jahreszeit war und schlug Nina fröhlich einen großen Waldspaziergang vor.

Das Mädchen, fieberglühend, aber im Glauben, es handle sich nur um ein vorübergehendes Übel, nahm das Angebot ihres Freundes an und machte sich an seiner Seite auf den Weg. Séil-kor führte in einem großen Henkelkorb einen reichlichen Imbiß mit sich.

Nach einer Stunde Weges im Walde standen die beiden Kinder vor einem undurchdringlichen Gewirr von Bäumen, das den Anfang eines weiten, unerforschten Hochwaldes bildete, den die Bewohner des Landes als *Maquis*, den Busch, bezeichneten. Diese Bezeichnung war gerechtfertigt durch die ungewöhnliche Verflechtung der Äste und der Lianen; niemand konnte sich in den Busch wagen ohne zu riskieren, sich für immer darin zu verlieren.

Bis jetzt hatten Séil-kor und das Mädchen bei ihren übermütigen Abenteuern den unheimlichen Waldrand wohlweise umgangen. Jedoch, vom Unbekannten verlockt, hatten sie sich vorgenommen, eines Tages eine kühne Erkundung im Inneren der geheimnisvollen Region zu versuchen. Die Gelegenheit zur Verwirklichung dieses Planes schien ihnen günstig.

Séil-kor beschloß vorsichtshalber den Rückweg nach der Methode des kleinen Däumlings zu markieren. Er öffnete seinen Proviantkorb, aber in Erinnerung an das Mißgeschick des berühmten Helden, nahm er nicht sein Brot, um es zu verkrümeln, sondern wählte einen Schweizerkäse von strahlender Weiße, dessen Partikeln, wenig verlockend für Vogelmägen, sich deutlich von dem dunklen Grund des Mooses und des Heidekrauts abheben mußten.

Die Erkundung begann; alle fünf Schritte stach Séilkor mit der Spitze seines Messers in den Käse und legte das kleine Stückchen auf den Boden.

Eine halbe Stunde lang drangen die beiden Unvorsichtigen in das Maquis vor, ohne dessen Grenze zu entdecken; der Tag ging zur Neige, und Séil-kor, plötzlich beunruhigt, mahnte zum Rückzug.

Eine Weile fand der Junge leicht seinen ohne Unterbrechung markierten Weg. Aber bald hörten die Zeichen auf, irgend ein hungriges Tier, Fuchs oder Wolf, hatte die duftende Spur gewittert, die Käsepartikeln aufgeleckt und so den Leitfaden der beiden Verirrten zerrissen.

Der Himmel hatte sich allmählich bedeckt und die Nacht wurde undurchsichtig.

Séil-kor in seiner Bestürzung versteifte sich lange, aber vergebens darauf, einen Weg aus dem Maquis zu finden. Nina, erschöpft, vor Fieber mit den Zähnen klappernd, konnte ihm kaum mehr folgen und fühlte, daß ihre Kraft jeden Augenblick versagen konnte. Schließlich taumelte das arme Kind wider Willen, stieß einen Notschrei aus und fiel auf ein Bett von Moos, während Séil-kor angstvoll und mutlos zu ihr trat.

Nina sank in einen unruhigen Schlaf; es war jetzt stockdunkle Nacht und die Kälte war empfindlich; die Adventszeit hatte soeben begonnen, und eine Ahnung des Winters lag in der feuchten eisigen Luft. Séil-kor zog seine Jacke aus, um das Mädchen damit zuzudecken; er wagte nicht sie der Ruhe zu berauben, welcher sie so sehr zu bedürfen schien.

Nach einem langen, unaufhörlich von Träumen durchsetzten Schlummer erwachte Nina von selbst und stand auf, bereit ihren Weg fortzusetzen.

Am klaren Himmel leuchteten die Sterne in glänzendstem Licht. Nina verstand sich zu orientieren; sie wies mit dem Finger nach dem Polarstern, und die beiden Kinder, die von nun an einer unveränderlichen Richtung folgten, erreichten nach einer Stunde den Rand des Maquis; eine weitere Etappe führte sie in das Schloß, wo die Eltern bleich vor Angst und Schrecken das Mädchen in ihre Arme schlossen.

Noch am nächsten Morgen wollte Nina gegen die schnell fortschreitende Krankheit ankämpfen; sie stand wie gewöhnlich auf und ging in das Studierzimmer, wo Séil-kor einen französischen Aufsatz schrieb, den Laubé ihm aufgegeben hatte.

Seit der Rückkehr aus Afrika besuchte das Mädchen den Religionsunterricht in der Dorfkirche; an diesem Morgen sollte sie eine Analyse beenden, die am nächsten Tag abgegeben werden sollte.

Eine halbe Stunde fleißiger Arbeit genügte ihr, um die Aufgabe abzuschließen bis zum Entschluß.

Als sie die ersten Worte geschrieben hatte: »Ich fasse den Entschluß...«, hatte sie sich zu Séil-kor umgedreht, um seinen Rat für das Folgende zu erbitten, als ein schrecklicher Hustenanfall ihren ganzen Körper erschütterte und qualvolles Stöhnen hervorrief.

Séil-kor trat tief erschrocken zu der Kranken, die zwischen zwei Krampfanfällen alles gestand: den Schauder, den sie beim Verlassen der Remise verspürt hatte, und das Fieber, das seit gestern nicht aufgehört und sich während des gefährlichen Schlummers auf dem Moosbett verschlimmert hatte.

Ninas Eltern wurden sogleich unterrichtet und das Mädchen mußte sofort ins Bett.

Doch leider konnten weder die Mittel der Wissenschaft noch die vielfache leidenschaftliche Aufmerksamkeit ihrer Umgebung das furchtbare Übel besiegen, das in weniger als einer Woche das arme Kind der abgöttischen Liebe seiner Eltern entriß.

Nach diesem plötzlichen Tode überkam Séil-kor, der, halb wahnsinnig vor Verzweiflung war, ein Abscheu gegen die Örtlichkeit, die bis dahin durch die Gegenwart seiner Freundin himmlisch erhellt worden war. Der Anblick der Landschaften, die er so oft mit Nina betrachtet hatte, machte ihm den grauenvollen Gegensatz zwischen seiner gegenwärtigen Trauer und seinem vergangenen Glück verhaßt. Außerdem entsetzte die kalte Jahreszeit den jungen Neger, der im Grunde seines Herzens immer noch die Sehnsucht nach der afrikanischen Sonne trug. Eines Tages legte er auf seinen Tisch einen Brief an seinen teuren Beschützer, einen Brief voller Zuneigung, Dankbarkeit und Bedauern, und floh aus dem Schloß, mit dem Käppchen, der Halskrause und der Maske, die Nina angefertigt hatte, als heiligen Reliquien.

Er verrichtete auf den Bauernhöfen, die er auf seiner Wanderung berührte, verschiedene Arbeiten und brachte so eine hinreichende Geldsumme zusammen, mit der er seine Reise nach Marseille bezahlen konnte. Dort heuerte er als Heizer auf einem Schiff an, das die Westküste Afrikas entlang fahren wollte. Während eines Zwischenaufenthaltes in Porto-Novo verließ er seinen Posten und suchte seine

Heimat auf, wo ihm seine Bildung und Intelligenz binnen kurzer Zeit eine wichtige Stellung in der unmittelbaren Umgebung des Kaisers einbrachten.

Wir hatten Séil-kors Bericht schweigend angehört; einen Augenblick hielt er inne, bewegt von so vielen schmerzlichen Erinnerungen, dann ergriff er wieder das Wort, um uns über den Herrn zu unterrichten, dem er diente.

Talou VII., von illustrer Herkunft, rühmte sich, europäisches Blut in seinen Adern zu haben. In einer schon fernen Epoche hatte einer seiner Vorfahren, Souann, mit großer Kühnheit den Thron erobert und sich zum Ziel gesetzt eine Dynastie zu begründen. Die Tradition berichtet darüber das Folgende.

Einige Wochen vor Souanns Thronbesteigung war ein großes Schiff, vom Sturm getrieben, angesichts der Küste von Ejur untergegangen. Den einzigen Überlebenden des Schiffbruchs, zwei jungen Mädchen von fünfzehn Jahren, gelang es, an einen Balken geklammert, tausend Gefahren zu überstehen und an Land zu kommen.

Die Schiffbrüchigen, reizende Zwillingsschwestern spanischer Nationalität, hatten so ähnliche Gesichter, daß man die eine nicht von der anderen unterscheiden konnte.

Souann verliebte sich in die charmanten Mädchen, und in seinem dringenden Wunsch nach großer Nachkommenschaft heiratete er beide am gleichen Tag, glücklich, die Überlegenheit seiner Rasse durch Hinzufügung europäischen Blutes zu befestigen, was die fetischistische Phantasie seiner Untertanen jetzt und in Zukunft beeindrucken mußte.

Und es geschah auch, daß jede der beiden Schwestern innerhalb der genauen Frist am selben Tag und zur selben Stunde einen Knaben gebar.

Talou und Yaour – so wurden die Kinder genannt – bereiteten in der Folge ihrem Vater schwere Sorgen, da er, durch die nicht vorhersehbare Gleichzeitigkeit der beiden Geburten aus der Fassung gebracht, nicht wußte, wie er den Thronerben wählen sollte.

Die vollkommene Ähnlichkeit der Gattinnen hinderte Souann, sich darüber auszusprechen, welche von den beiden früher geschwängert worden sei, was allein den Rechten eines Bruders den Vorrang geben konnte. Man versuchte vergebens, diesen Punkt zu erhellen, indem man die beiden Mütter befragte; mit Hilfe von ein paar einheimischen Wörtern, die sie mühsam gelernt hatten, zeugte jede kühn zugunsten ihres Sohnes.

Souann beschloß, sich auf die Entscheidung des Großen Geistes zu verlassen.

Unter der Bezeichnung »Platz der Trophäen« hatte er soeben in Ejur eine große viereckige Esplanade anlegen lassen, um an den Stämmen der Sykomoren, die sie umrandeten, Beutestücke aufzuhängen; sie stammten von gefährlichen Feinden, die sich erbittert bemüht hatten, ihm den Weg zur Macht zu versperren. Er stellte sich vor den nördlichen Rand des neuen Platzes und ließ in derselben Sekunde auf einem entsprechend vorbereiteten Gelände auf der einen Seite das Samenkorn einer Palme, auf der anderen das eines Gummibaumes niederlegen, deren jedes sich auf einen der Söhne bezog, wie er es vorher vor Zeugen gesagt hatte; den göttlichen Willen wiedergebend, sollte der Baum, der als erster aus der Erde sproß, den künftigen Herrscher bezeichnen.

Überwachung und Bewässerung wurden auf die beiden befruchteten Punkte gleichmäßig verteilt.

Der Palmbaum, zur Rechten gepflanzt, erreichte zuerst die Erdoberfläche und proklamierte dadurch die Rechte Talous zum Schaden Yaours, dessen Gummibaum um einen vollen Tag im Rückstand war.

Knapp vier Jahre nach ihrer Ankunft in Ejur kamen die Zwillinge, von Fieber ergriffen, fast zur gleichen Zeit ums Leben, niedergeworfen von der furchtbaren Heimsuchung einer besonders heißen Jahreszeit. Bei dem Schiffbruch hatten sie ein Miniaturporträt retten können, das sie beide Seite an Seite mit der landesüblichen Mantille darstellte; Souann verwahrte dieses Bild als kostbares Dokument, das sich dazu eignete, die Überlegenheit seiner Rasse festzustellen.

Talou und Yaour wuchsen heran und mit ihnen entwickelten sich die beiden Bäume, die bei ihrer Geburt gepflanzt worden waren. Der Einfluß des spanischen Blutes machte sich bei den jungen Brüdern nur durch eine etwas hellere Färbung ihrer schwarzen Haut und durch eine geringere Betonung der Wulstlippen bemerkbar.

Souann, der die Etappen ihres Heranwachsens überwachte, dachte manchmal mit Besorgnis an die blutigen Streitigkeiten, die eines Tages wegen der Erbfolge zwischen ihnen entstehen könnte. Glücklicherweise zerstreute eine neue Eroberung seine Befürchtungen zum Teil, indem sie ihm die Möglichkeit gab, ein Königreich für Yaour zu schaffen.

Das Kaiserreich Ponukele, von Souann gegründet, war im Süden durch einen Fluß begrenzt, den Tez, dessen Mündung nicht weit von Ejur entfernt war.

Jenseits des Tez erstreckte sich das Drelchkaff, ein reicher Landstrich, den Souann mittels eines erfolgreichen Feldzuges unter seine Herrschaft gebracht hatte.

Daraufhin wurde Yaour von seinem Vater dazu bestimmt, eines

Tages den Thron von Drelchkaff zu besteigen. Im Vergleich mit dem benachbarten Kaiserreich erschien die Apanage gewiß recht bescheiden; Souann hoffte nichtsdestoweniger durch diese Entschädigung die Eifersucht des enterbten Sohnes zu besänftigen.

Die beiden Brüder waren zwanzig Jahre alt, als ihr Vater starb. Die Dinge gingen ihren natürlichen Gang: Talou wurde Kaiser von Ponukele und Yaour König von Drelchkaff.

Talou I. und Yaour I. – so unterschied man sie – nahmen viele Gattinnen und gründeten zwei rivalisierende Häuser, die stets zum Kampf bereit waren. Die Yaours forderten die Kaiserwürde, indem sie die Rechte der Talous bestritten, und diese wiederum, gestützt auf das göttliche Eingreifen, das sie für den höchsten Rang bestimmt hatte, beanspruchten die Krone von Drelchkaff, um die sie eine bloße Laune Souanns gebracht hatte.

Eines Nachts überschritt Yaour V., König von Drelchkaff, direkter und legitimer Nachkomme Yaours I., mit seinem Heer den Tez und drang überraschend in Ejur ein.

Kaiser Talou IV., Urenkel Talous I., mußte fliehen, um dem Tod zu entgehen, und Yaour V. verwirklichte den Traum seiner Vorfahren und vereinigte Ponukele und Drelchkaff unter einem einzigen Zepter.

In dieser Zeit hatten die Palme und der Gummibaum auf dem Platz der Trophäen den Höhepunkt ihrer Entwicklung erreicht.

Die erste Sorge Yaours V. nach Übernahme des Kaisertitels war, die Palme zu verbrennen, die der verabscheuten Rasse der Talous geweiht war, und alle Wurzeln des verfluchten Baumes zu vernichten, dessen erstes Erscheinen über dem Erdboden die Seinen enteignet hatte.

Yaour V. regierte dreißig Jahre lang und starb auf dem Gipfel seiner Macht.

Sein Nachfolger Yaour VI., schlaff und unfähig, machte sich durch seine ständigen Mißgriffe und seine Grausamkeit unbeliebt.

Talou IV. verließ nun sein fernes Exil, in dem er seit langer Zeit geschmachtet hatte und konnte sich mit einer Schar von Partisanen umgeben, die das unzufriedene Volk zu einer Revolte anstifteten.

Yaour VI., in Schrecken versetzt, ergriff die Flucht, ohne den Konflikt abzuwarten und zog sich in sein Königreich Drelchkaff zurück, dessen Krone er sich erhalten konnte.

Nachdem Talou IV. wieder Kaiser von Ponukele geworden war, pflanzte er eine neue Palme an der von Yaour V. verwüsteten Stelle; bald wuchs ein Baum heran, der dem ersten ähnlich war und an dessen Bedeutung erinnerte, indem er, wie ein Emblem, die Wiedereinsetzung des rechtmäßigen Zweiges symbolisierte.

Seitdem war alles normal verlaufen, ohne gewaltsame Usurpation

und Erbfolgestreitigkeiten. Zur Zeit herrschte Talou VII. über Ponukele und Yaour IX. über Drelchkaff und beide setzten die Traditionen des Hasses und der Eifersucht fort, die allezeit ihre Vorfahren entzweit hatten. Von dem Einfluß des europäischen Blutes, das seit langem durch zahlreiche rein einheimische Verbindungen ausgelöscht worden war, zeugten keine Spuren mehr in der Person der beiden Herrscher, die ihren Untertanen in Gesichtsform und Hautfarbe glichen.

Auf dem Platz der Trophäen stellte jetzt die von Talou IV. gepflanzte Palme durch ihre Pracht den vor Alter schon halb abgestorbenen Gummibaum in den Schatten, der ihr Gegenstück war.

XI

An diesem Punkt seiner Erzählung machte Séil-kor eine Verschnaufpause, dann erörterte er einige intimere Einzelheiten aus dem Privatleben des Kaisers.

Zu Beginn seiner Regierungszeit hatte Talou VII. eine junge Ponukelerin von vollkommener Schönheit geheiratet, Rul mit Namen. Der Kaiser war sehr verliebt und lehnte es ab, weitere Gefährtinnen zu wählen, ganz entgegen der Landessitte, die die Polygamie in Ehren hielt.

An einem stürmischen Tag gingen Talou und Rul, die damals im dritten Monat schwanger war, zärtlich am Strande von Ejur spazieren, um das erhabene Schauspiel des stürmischen Meeres zu bewundern, als sie draußen auf hoher See ein Schiff in Seenot erblickten, das auf ein Riff aufgelaufen war und vor ihren Augen unterging.

Stumm vor Entsetzen verharrten sie lange und schauten nach der verhängnisvollen Stelle aus, an der noch einige Trümmer schwammen. Nachher trieb, in den Wogen rollend, die Leiche einer Frau von weißer Rasse, die offenbar zu dem gesunkenen Schiff gehört hatte, auf den Strand zu. Die Reisende, im Wasser liegend, das Gesicht dem Himmel zugekehrt, trug Schweizer Tracht, bestehend aus einem dunklen Rock, einer Schürze mit bunter Stickerei und einem roten Samtmieder, das, nur bis zur Taille reichend, ein dekolletiertes weißes Leibchen mit weiten Puffärmeln einschloß. Unter ihrem Kopfe sah man im Wasser lange Goldnadeln blinken, die sternförmig um einen festgeflochtenen Haarknoten angeordnet waren.

Rul, auf Schmuck versessen, war sogleich fasziniert von dem roten Mieder und den goldenen Nadeln und träumte davon, sich damit aufzuputzen. Auf ihre Bitte schickte der Kaiser einen Sklaven in einer Piroge hinaus, der die Schiffbrüchige bergen sollte.

Doch das Wetter machte die Sache schwierig, und Rul, deren krankhafter Wunsch durch diese Schwierigkeit nur noch dringender wurde, verfolgte ängstlich, zwischen Hoffnung und Entmutigung hin und hergerissen, das gefährliche Manöver des Sklaven, der seine Beute immer wieder entschlüpfen sah.

Nach einer Stunde unaufhörlichen Kampfes mit den Elementen erreichte der Sklave endlich den Leichnam und konnte ihn in seine Piroge ziehen; jetzt sah man die Leiche eines zweijährigen Kindes auf dem Rücken der Toten, deren Hals von den beiden noch immer zusammengekrampften schwachen Armen umklammert wurde. Der arme Kleine war ohne Zweifel das Pflegekind der Schiffbrüchigen, die im letzten Moment versucht hatte, sich zusammen mit ihrer kostbaren Last schwimmend zu retten.

Amme und Kind wurden nach Ejur gebracht; bald war Rul im Besitz der Goldnadeln, die sie sich kreisförmig ins Haar steckte, und des roten Mieders, das sie kokett über dem Lendenschurz zusammenhakte, der ihre Taille umschloß. Von nun an trennte sie sich nicht mehr von diesen Schmuckstücken, die ihre Freude waren; mit dem Fortschreiten ihrer Schwangerschaft machte sie die Schnürbänder weiter, die sich leicht durch die metallbeschlagenen Ösen ziehen ließen.

Als Folge des Schiffbruchs spülte das Meer noch lange Zeit neben Strandgut aller Art Kisten mit verschiedenem Inhalt ans Land, die sorgfältig eingesammelt wurden. Unter den Trümmern fand man eine Matrosenmütze mit der Aufschrift *Sylvandre;* das war der Name des gesunkenen Schiffes.

Sechs Monate nach dem Sturm brachte Rul eine Tochter zur Welt, die den Namen Sirdah erhielt.

Die Stunde der Angst, die die junge Mutter vor der Bergung der Schweizerin verbracht hatte, war nicht spurlos verstrichen. Das Kind, im übrigen gesund und wohlgeschaffen, trug auf der Stirn ein rotes Muttermal von besonderer Form, mit langen gelben Streifen, die in ihrer sternförmigen Anordnung an die Goldnadeln erinnerten.

Als Sirdah zum erstenmal die Augen öffnete, bemerkte man, daß sie entsetzlich schielte; ihre Mutter, die sehr stolz auf ihre eigene Schönheit war, sah sich gedemütigt durch die Tatsache, daß sie ein häßliches Geschöpf in die Welt gesetzt hatte, und faßte eine Abneigung gegen dieses Kind, das ihre Eitelkeit kränkte. Der Kaiser hingegen, der sich brennend eine Tochter gewünscht hatte, empfand eine tiefe Neigung zu der armen Unschuldigen und umgab sie mit Fürsorge und Zärtlichkeit.

In dieser Zeit hatte Talou als Ratgeber einen gewissen Mossem, einen Neger von hoher Gestalt, Zauberer, Arzt und Literat zugleich, der die Rolle des Premierministers spielte.

Mossem hatte sich in die reizende Rul verliebt, die ihrerseits dem Einfluß des verführerischen Ratgebers unterlag, dessen majestätische Erscheinung und großes Wissen sie bewunderte.

Die Intrige nahm ihren unvermeidlichen Verlauf, und Rul gebar ein Jahr nach Sirdahs Geburt einen Sohn, dessen Züge ganz und gar denen Mossems glichen.

Talou merkte glücklicherweise nichts von der fatalen Ähnlichkeit. Trotzdem blieb dieser Sohn seinem Herzen fern, in dem Sirdah nach wie vor den ersten Platz einnahm.

Nach einem Gesetz, das Souann erlassen hatte, mußte an die Stelle jedes Herrschers nach seinem Tode sein erstes Kind treten, gleichgültig, ob Mädchen oder Knabe. Schon zweimal hatten in jedem der beiden rivalisierenden Zweige Mädchen regieren müssen; aber jedesmal hatte deren vorzeitiger Tod einem Bruder das Anrecht auf den höchsten Rang übertragen.

Mossem und Rul faßten den abscheulichen Plan, Sirdah zu beseitigen, damit ihr Sohn eines Tages Kaiser werden könne.

Mittlerweile begann Talou, kriegerischer Instinkte voll, einen langen Feldzug und überließ die Regierungsgewalt Mossem, der während der Abwesenheit des Monarchen unumschränkte Macht ausüben sollte.

Die beiden Komplizen nützten die günstige Gelegenheit zur Ausführung des Plans.

Im Nordosten von Ejur erstreckte sich die Vorrh, ein riesiger Urwald, in den sich niemand hineinwagte, da er nach einer Legende von bösen Geistern bewohnt sein sollte. Man brauchte Sirdah nur dort auszusetzen, und ihr Leichnam würde unter dem Schutz des Aberglaubens vor allen Nachforschungen sicher sein.

Eines Nachts brach Mossem auf mit Sirdah in seinen Armen; am folgenden Abend erreichte er nach einem langen Tagesmarsch den Rand der Vorrh, und da er zu intelligent war, um an die übernatürlichen Geschichten zu glauben, drang er ohne Furcht in den Geisterwald ein, der sich seinen Blicken darbot. Auf einer weiten Lichtung angekommen, legte er die schlafende Sirdah auf das Moos und kehrte auf dem Weg in die Ebene zurück, den er sich selbst durch die dichten Äste und Schlingpflanzen gebahnt hatte.

Vierundzwanzig Stunden später kam er nächtlicherweile wieder nach Ejur; Aufbruch und Rückkehr waren ohne Zeugen vor sich gegangen.

Während seiner Abwesenheit hatte sich Rul auf der Schwelle des kaiserlichen Hauses postiert, um zu verhindern, daß irgend jemand es betrete. Sirdah sei schwer krank, sagte sie, und Mossem sei ständig bei dem Kind, um ihm alle nötige Fürsorge angedeihen zu lassen. Nach der Rückkehr ihres Komplizen verkündete sie Sirdahs Tod, und tags darauf wurde ein pompöses Begräbnis vorgetäuscht.

Die Tradition forderte, daß beim Tode jedes Mitgliedes des Herrscherhauses ein Protokoll mit allen Einzelheiten des Hinscheidens aufgenommen werde. Da Mossem alle Geheimnisse der ponukelischen Schrift beherrschte, übernahm er die Aufgabe und schrieb auf Pergament einen imaginären Bericht über Sirdahs letzte Augenblicke.

Der Schmerz des Kaisers war ungeheuer, als er bei seiner Rückkehr den Tod seiner Tochter erfuhr.

Aber nichts ließ ihn die Verschwörung gegen Sirdah erraten; die beiden Komplizen sahen freudetrunken alle ihre Machenschaften nach Wunsch gelingen, die ihren Sohn zum alleinigen Thronerben machen sollten.

Zwei Jahre verstrichen, in denen Rul nicht mehr schwanger wurde. Aufgebracht über diese Unfruchtbarkeit, entschloß sich Talou endlich – ohne deswegen jene, die er immer noch für treu hielt, zu verstoßen – weitere Gattinnen zu nehmen, in der Hoffnung, eine zweite Tochter zu bekommen, deren Züge ihm das Bild seiner teuren Sirdah ins Gedächtnis rufen würden.

Seine Erwartung wurde enttäuscht; er zeugte nur Söhne, denen es nicht gelang, ihn die arme Entschwundene vergessen zu lassen.

Einzig der Krieg konnte seinen Kummer zerstreuen; unaufhörlich unternahm er neue Feldzüge, rückte die Grenzen seines weiten Herrschaftsgebietes immer weiter hinaus und heftete viele Beutestücke an die Sykomoren auf dem Platz der Trophäen.

Mit dichterischer Empfindsamkeit begabt, hatte er eine große epische Dichtung begonnen, in der jeder Gesang eine seiner kriegerischen Großtaten verherrlichte. Das Werk betitelte sich *Jerukka*, ein ponukelisches Wort, das siegreiches Heldentum bezeichnete. Voll Ehrgeiz und Stolz hatte sich der Kaiser vorgenommen, durch seine Persönlichkeit alle Fürsten seiner Rasse in den Schatten zu stellen und den künftigen Generationen einen poetischen Bericht über seine Regierungszeit zu hinterlassen, die er sich zermalmend und ruhmreich wünschte.

Jedesmal, wenn er wieder ein Stück der *Jerukka* beendet hatte, teilte er es seinen Kriegern mit, die es einstimmig im Chor als langsames, monotones Rezitativ sangen.

Die Jahre vergingen, ohne daß irgend eine Wolke zwischen Mossem und Rul aufgezogen wäre; sie liebten sich nach wie vor im Geheimen.

Aber eines Tages wurde der Kaiser von einer seiner neuen Gattinnen über die Beziehungen der beiden unterrichtet.

Unfähig, dem, was er für eine verwegene Verleumdung hielt, Glauben zu schenken, gab Talou die Geschichte mit Heiterkeit an Rul weiter und empfahl ihr, dem eifersüchtigen Haß zu mißtrauen, den ihre erdrückende Schönheit ihren Rivalinnen einflößte.

Rul fühlte sich zwar durch den jovialen Ton des Kaisers beruhigt, witterte aber die Gefahr und nahm sich vor, doppelt vorsichtig zu sein.

Sie bat Mossem, zum Schein eine Geliebte zu nehmen, die er

ostentativ mit Ehrungen und Reichtümern überhäufen sollte, um den Argwohn des Monarchen abzulenken.

Mossem billigte den Plan, dessen Verwirklichung ihm, wie Rul, dringend notwendig schien. Er richtete seinen Blick auf eine junge Schönheit namens Djizmé, deren ebenholzfarbenes Gesicht mittels eines berauschenden Lächelns Zähne von glitzernder Weiße sehen ließ.

Djizmé gewöhnte sich schnell an die Privilegien ihrer hohen Stellung; Mossem, bemüht, seine Rolle gut zu spielen, befriedigte ihre geringsten Launen; mit einem Wort erlangte die junge Frau für ihre Kreaturen die unverdientesten Gunstbeweise.

Ihr Kredit versammelte um die Favoritin des Ministers bald einen Schwarm von Bittstellern, die sich zu ihren Audienzen drängten. Glücklich und geschmeichelt mußte Djizmé diesen Andrang bald reglementieren.

Auf ihre Bitte schnitt Mossem aus mehreren Pergamentblättern eine Anzahl von dünnen geschmeidigen Rechtecken aus, auf deren jedes er in zarten Zügen den Namen »*Djizmé*« schrieb; in einer Ecke waren, vereinfacht gezeichnet, drei verschiedene Mondphasen dargestellt.

Mit einem Wort, es waren richtige Visitenkarten, die, in Massen verbreitet, den Interessenten die drei Empfangstage bezeichneten, die die allmächtige Vermittlerin für jede Periode von vier Wochen gewählt hatte.

Djizmé amüsierte sich von nun an damit, die Souveränin zu spielen. Jedesmal, wenn eines der festgesetzten Daten nahte, schmückte sie sich prächtig und empfing die Menge der aufdringlichen Bittsteller, wobei sie den einen ihre Unterstützung versprach, anderen sie verweigerte, im voraus sicher, daß Mossem alle ihre Entschlüsse genehmigen würde.

Doch etwas fehlte noch an Djizmés Glück. Schön, feurig und voll übermütiger Jugend, fühlte sie in sich die Glut fieberhaften Begehrens.

Denn Mossem, der Rul treu geblieben war, hatte jener, die in aller Augen als seine abgöttisch verehrte Geliebte galt, niemals auch nur den geringsten Kuß gewährt.

In dem Bewußtsein, daß man sie die Rolle des Paravents spielen ließ, beschloß Djizmé, sich ohne alle Skrupel dem ersten, der sie verstehen und würdigen werde, rückhaltlos hinzugeben.

Bei all ihren Audienzen hatte sie in der ersten Reihe der Bittsteller einen jungen Schwarzen namens Naïr bemerkt, der nur ergriffen und schüchtern zu ihr zu sprechen wagte.

Mehrmals glaubte sie Naïr zu entdecken, wie er ihr zur Stunde ihres Spaziergangs, hinter einem Gebüsch versteckt, auflauerte, um sie für einen Augenblick zu sehen.

Bald zweifelte sie nicht mehr an der Leidenschaft, die sie dem jungen

Verliebten eingeflößt hatte. Sie zog Naïr in ihre Nähe und lieferte sich ohne Vorbehalt dem anmutigen Anbeter aus, dessen ungestümes Gefühl sie alsbald teilte.

Ein sehr plausibler Vorwand erklärte in Mossems Augen den Eifer des neuen Pagen bei seiner Favoritin.

Ejur wurde in dieser Zeit von einem Heer von Moskitos heimgesucht, deren Stich zu fieberhaften Erkrankungen führte. Naïr aber verstand es, Fallen herzustellen, die die gefährlichen Insekten unfehlbar einfingen.

Er hatte als Köder eine rote Blume entdeckt, deren sehr starker Duft die Tierchen, die es zu fangen galt, von weit her anlockte. Bestimmte Obstschalen lieferten ihm Fasern von höchster Feinheit, aus denen er selbst ein Gewebe anfertigte, dünner als Spinnweben, aber fest genug, um fliegende Moskitos festzuhalten. Diese Arbeit forderte große Präzision, und Naïr konnte sie nur mit Hilfe einer langen Formel zum Erfolg führen, deren auswendig rezitierter Text ihm der Reihe nach jede Bewegung und jeden Knoten angab.

Djizmé schöpfte, wie ein Kind, immer neues Vergnügen aus dem Schauspiel, das ihr die geschickte Anordnung der Fäden bot, die sich unter den Fingern ihres Liebhabers zart miteinander verflochten.

Die Gegenwart Naïrs war also gerechtfertigt durch die ausgiebige Zerstreuung, die sein subtiles, erfindungsreiches Talent Djizmé verschaffte.

Als vielseitiger Künstler konnte Naïr zeichnen und erholte sich von der anstrengenden Herstellung seiner Fallen, indem er Porträts und Landschaften von primitiver und bizarrer Ausführung skizzierte. Eines Tages übergab er seiner Geliebten eine merkwürdige weiße Matte, die er geduldig mit einer Menge kleiner Zeichnungen verschiedenster Sujets geschmückt hatte. Mit Hilfe dieses Geschenks wollte er Djizmés Schlaf überwachen, die von nun an jede Nacht auf dem weichen Lager ruhte, dessen Berührung sie unaufhörlich an die zarte und aufmerksame Fürsorge des Geliebten erinnerte.

So lebte das junge Paar ruhig und glücklich, bis durch eine Unvorsichtigkeit Naïrs plötzlich Mossem die Wahrheit vor Augen gestellt wurde.

Einige der Kisten, die das Meer nach dem Schiffbruch der *Sylvandre* angeschwemmt hatte, enthielten verschiedene Bekleidungsartikel, die seit damals keine Verwendung gefunden hatten. Djizmé entnahm diesem Vorrat mit Mossems Erlaubnis eine Menge billigen Tandes, der ihrer sorglosen und leichtfertigen Frivolität genügte.

Besonders die Handschuhe amüsierten das fröhliche Kind, das sich bei jeder nur einigermaßen feierlichen Gelegenheit darin gefiel, Hände und Arme in die weichen Futterale aus schwedischem Leder zu zwängen.

Bei der Suche in dem großen zusammengewürfelten Vorrat hatte Djizmé einen steifen Hut entdeckt, mit dem sich Naïr vergnügt schmückte. Seitdem zeigte sich der junge Schwarze niemals ohne seine Melone, an der man ihn schon von weitem leicht erkennen konnte.

Südöstlich von Ejur, nicht weit vom rechten Ufer des Tez, liegt ein riesiger prächtiger Garten, der Béhuliphruen genannt, den eine Masse von Sklaven mit unerhörtem Aufwand in Stand hielt. Als wahrer Dichter liebte Talou die Blumen und verfaßte die Strophen seines Epos unter dem köstlichen Laubdach dieses grandiosen Parks.

Im Mittelpunkt des Béhuliphruen gab es ein ziemlich hochgelegenes Plateau, das, sorgfältig als Terrasse eingerichtet, von einer bewundernswerten Vegetation bedeckt war. Von hier aus überschaute man den ganzen weiten Garten, und der Kaiser liebte es, lange Ruhestunden nahe der Brüstung aus Ästen und Laubwerk zu verbringen, die diesen wunderbar kühlen Ort auf allen Seiten umgab. Abends träumte er oft gemeinsam mit Rul in irgend einem Winkel des Plateaus, von dem man eine besonders prächtige Aussicht hatte.

Unfähig, diese heitere Kontemplation zu würdigen, die ihr langweilig erschien, lud Rul eines Tages Mossem ein, das kaiserliche Tête-à-tête aufzuheitern. Blind und vertrauensvoll wie immer widersetzte sich Talou keineswegs der Erfüllung dieser Laune; Djizmés Anwesenheit würde überdies genügen, jeden unheilvollen Argwohn aus seinem Geiste zu entfernen.

Naïr, der sich jeden Abend mit seiner Freundin traf, war ärgerlich, als er von ihr erfuhr, welches Ereignis sie daran hindere, mit ihm beisammen zu sein. Entschlossen, sich Djizmé trotzdem zu nähern, faßte er einen verwegenen Plan, der es ihm erlauben sollte, als fünfter an der Zusammenkunft im Béhuliphruen teilzunehmen.

Aber an diesem Tag gab Djizmé der gewohnten Flut ihrer Bittsteller Audienz; der Empfang hatte bereits begonnen und Naïr würde keine Gelegenheit mehr zu der langen Unterhaltung mit der jungen Frau haben, die nötig war, um ihr seinen ziemlich komplizierten Plan auseinanderzusetzen.

Gleichermaßen Literat wie Künstler, kannte Naïr die ponukelische Schrift; er hatte sie Djizmé bei ihren häufigen langen Begegnungen beigebracht. So entschloß er sich, seiner Freundin alle die dringenden Empfehlungen aufzuschreiben, die er ihr mündlich nicht darlegen konnte.

Der Brief wurde auf Pergament geschrieben, dann mitten im Gewühl geschickt Djizmé in die Hand gespielt, die ihn schnell unter ihren Lendenschurz schob.

Jedoch Mossem, der in der Menge umherirrte, hatte das heimliche Manöver bemerkt. Als er Djizmé umarmte, die gewohnt war, von ihm in der Öffentlichkeit allerlei gewollte Zärtlichkeiten entgegenzunehmen, bemächtigte er sich des Briefes, trat beiseite und las ihn.

Als Briefkopf hatte Naïr die fünf Personen, die an der abendlichen Szene mitwirken sollten, in Form eines Zuges gezeichnet: zur Rechten ging Talou allein voraus; Mossem und Rul hinter ihm machten Gebärden des Spottes, während sie selbst wiederum von Naïr und Djizmé verhöhnt wurden, die hinter ihnen kamen.

Der Text enthielt die folgenden Anweisungen:

Sobald sich Djizmé an der Ecke der kühlen Terrasse befand, sollte sie nach Naïr ausspähen, der sich auf einem bestimmten Pfad lautlos nähern würde; im Dunkeln würde die Silhouette des jungen Schwarzen dank der Melone, die er wohlweislich tragen wollte, leicht zu erkennen sei. Der Ort, den Talou für seine tiefen Träumereien gewählt hatte, war von fast senkrecht abfallenden Hängen umrandet; nichtsdestoweniger würde sich Naïr mit seinen zehn Fingern an Wurzeln und Buschwerk klammern und sich vorsichtig bis auf die Höhe der sorglosen Gruppe emporziehen; Djizmé sollte ihre Hand durch die blumengeschmückte Brüstung hängen lassen und dann, nachdem sie sich durch vorsichtiges Betasten des Hutes von der Identität des Besuchers überzeugt hatte, diese Hand dem Kuß ihres Liebhabers überlassen, der sich durch die Kraft seiner Handgelenke einen Augenblick in seiner Position halten konnte.

Nachdem Mossem alle Einzelheiten, die so überraschend zu seiner Kenntnis gekommen waren, seinem Gedächtnis eingeprägt hatte, kehrte er zu Djizmé zurück, und unter dem Vorwand neuer Liebkosungen gelang es ihm, den Brief unter den Lendenschurz der Favoritin zurückzubefördern.

In seiner Eigenliebe verletzt und rasend bei dem Gedanken, daß er schon seit langer Zeit dem allgemeinen Gespött preisgegeben sei, suchte Mossem nach einem Mittel, einen schlagenden Beweis gegen die beiden Komplizen zu erlangen, die er streng zu züchtigen gedachte.

Er arbeitete einen ganzen Plan aus und begab sich zu Séil-kor, der um diese Zeit dem Kaiser bereits seit mehreren Jahren diente; dank einer vollkommenen Übereinstimmung des Alters und des Aussehens konnte man ihn bei Nacht für Naïr halten.

Dies war Mossems Plan:

Mit der Melone auf dem Kopf, die der Täuschung diente, sollte Séil-kor auf dem im Brief genau bezeichneten Pfad zu Djizmé gehen. Bevor er den Hang hinaufkletterte, würde der falsche Naïr auf seinem Hut mittels eines klebrigen Belags bestimmte Schriftzeichen anbringen.

Djizmé würde, ihrer Manie gemäß, nicht verfehlen, zu dem Abend mit dem Kaiser Handschuhe anzuziehen; durch die vorsichtige Geste, die nach den Anweisungen des Briefes dem Kuß vorhergehen sollte, würde sich die Favoritin selbst anklagen, indem sie auf das schwedische Leder eines der verräterischen Zeichen übertrug.

Séil-kor übernahm die Mission. Im übrigen war eine Ablehnung unmöglich, denn der allmächtige Mossem brauchte nur zu befehlen.

Zu allererst galt es, Naïr auf seinem nächtlichen Weg aufzuhalten. Mossem wollte jedoch aus Furcht vor einer Indiskretion, die seine Kombinationen zum Scheitern bringen konnte, auf jede fremde Hilfe verzichten.

Gezwungen, allein zu handeln, erinnerte sich Séil-kor der Schlingen, mit denen die Jäger in den Wäldern der Pyrenäen das Wild fangen. Aus Stricken, die aus dem Tauwerk der einst untergegangenen *Sylvandre* stammten, errichtete er auf dem Pfad, den Naïr gehen sollte, eine Falle. Dank dieser List war Séil-kor sicher, einen Vorsprung vor dem Gegner zu haben, der durch verräterische Hindernisse bereits zur Hälfte lahmgelegt war.

Dies getan, deponierte Séil-kor am Fuß des steilen Hangs, den er zur gegebenen Stunde erklettern wollte, eine eilig hergestellte Mischung aus kreidehaltigen Steinen und Wasser.

Sobald der Abend angebrochen war, versteckte er sich unweit der Falle, die er selbst gestellt hatte.

Naïr erschien alsbald und blieb jählings mit dem Fuß in der geschickt gelegten Schlinge hängen. Einen Augenblick später hatte Séil-kor den Unvorsichtigen angesprungen und dann geknebelt und gefesselt.

Zufrieden mit seinem stillen, unauffälligen Sieg, setzte Séil-kor den Hut seines Opfers auf und begab sich an den verabredeten Ort.

Er bemerkte von weitem Djizmé, die verstohlen ausschaute, während sie lässig in Gesellschaft des Kaiserpaares und Mossems plauderte.

Durch die Silhouette und vor allem die Kopfbedeckung des Ankömmlings getäuscht, glaubte Djizmé Naïr zu erkennen und ließ im voraus ihre Hand über die Brüstung hängen.

Als Séil-kor den Fuß des Hangs erreicht hatte, tauchte er seinen Finger in die weißliche Mischung und schrieb auf den schwarzen Hut in einer scherzhaften Anwandlung das französische Wort »PINCÉE« (ertappt), das er voreilig auf die unglückliche Djizmé anwandte; darauf begann er den Hang zu erklimmen, indem er sich mühsam an das geringste Gezweig klammerte, das stark genug war, ihn zu halten.

Auf der Höhe des Plateaus angekommen, machte er Halt und spürte die herabhängende Hand, die, nachdem sie den steifen Filz berührt hatte, sich weiter herabließ, um den versprochenen Kuß zu empfangen.

Séil-kor drückte schweigend seine Lippen auf das Leder des Handschuhs, mit dem sich Djizmé gemäß Mossems Voraussicht geschmückt hatte.

Nachdem er seine Aufgabe erfüllt hatte, stieg er geräuschlos wieder hinunter.

Oben hatte Mossem fortwährend Djizmés Haltung beobachtet. Er sah, wie sie ihren Arm zurückzog und entdeckte zur gleichen Zeit wie sie selbst ein »C«, das sich sauber auf den grauen Handschuh kopiert, von den Fingerspitzen bis zum Handgelenk erstreckte.

Djizmé verbarg schnell ihre Hand, während Mossem sich im Stillen freute, daß sein Manöver gelungen war.

Eine Stunde später, als Mossem mit Djizmé allein war, entriß er ihr den befleckten Handschuh und holte aus dem Lendenschurz der Unglücklichen den anklagenden Brief, den er ihr schroff vor Augen hielt.

Am nächsten Tag waren Naïr und Djizmé im Gefängnis: bösartige Wächter ließen sie nicht aus den Augen.

Als Talou eine Erklärung für diese scharfe Maßnahme forderte, benützte Mossem die Gelegenheit, das Vertrauen des Kaisers zu festigen, dessen Argwohn gegen Rul und ihn selbst er immer noch fürchtete. Er stellte als Rache eines eifersüchtigen Liebhabers dar, was in Wirklichkeit nur die Wirkung seines Zorns war, den eine Verletzung seiner Eigenliebe ausgelöst hatte. Berechnend übertrieb er die Tiefe seines Grolls und erzählte dem Souverän lang und breit die Einzelheiten des Abenteuers, eingeschlossen die Besonderheiten der Schlinge, des Hutes und des Handschuhes. Doch verschwieg er seine eigene Intrige mit Rul, indem er es vermied, auf die kompromittierenden Bildnisse anzuspielen, die Naïr an den Anfang seines Briefes gezeichnet hatte.

Talou billigte die Strafe, die Mossem über die beiden Schuldigen verhängt hatte, die in Haft gehalten wurden.

Siebzehn Jahre waren seit Sirdahs Verschwinden dahingegangen, und Talou beweinte seine Tochter wie am ersten Tag.

Da er den Anblick des so treu betrauerten Kindes sehr genau in seiner Erinnerung bewahrt hatte, suchte er auf rein imaginäre Weise sich das junge Mädchen vorzustellen, das er jetzt vor Augen gehabt hätte, wäre nicht der Tod dazwischengetreten.

Die Züge des eben erst entwöhnten kleinen Mädchens, die sich seinem Geist eingeprägt hatten, dienten seiner geistigen Arbeit als

Grundlage. Er erweiterte sie, ohne an ihrer Form etwas zu ändern; von Jahr zu Jahr schien er ihr allmähliches Aufblühen zu beobachten, und so gelang es ihm schließlich, für sich allein eine Sirdah von achtzehn Jahren zu schaffen, deren sehr genau umschriebenes Phantom ihn unaufhörlich begleitete.

Eines Tages entdeckte Talou auf einem seiner üblichen Feldzüge ein verführerisches Kind namens Méisdehl, dessen Anblick ihn erstarren ließ. Er hatte Sirdahs lebendes Porträt vor sich, so wie er sie im Alter von sieben Jahren in der ununterbrochenen Reihe der Bilder vorfand, die sein Denken geschaffen hatte.

Als der Kaiser in einem von ihm niedergebrannten Dorf mehrere Gefangenenfamilien Revue passieren ließ, die den Flammen entkommen waren, bemerkte er Méisdehl. Er beeilte sich, das Kind unter seinen Schutz zu nehmen und behandelte es, nach Ejur zurückgekehrt, wie seine eigene Tochter.

Unter ihren Adoptivbrüdern unterschied Méisdehl schnell einen gewissen Kalj, der, sieben Jahre alt wie sie selbst, ganz dazu bestimmt schien, ihre Spiele zu teilen.

Kalj war von zarter Gesundheit, die für sein Leben fürchten ließ, denn in ihm schien Alles vom Geist mit Beschlag belegt. Seinem Alter voraus, übertraf er die Mehrzahl seiner Brüder an Intelligenz und Scharfsinn, aber seine Magerkeit erregte Mitleid. Seines Zustandes bewußt, hatte er sich allzu oft zu einer tiefen Traurigkeit hinreißen lassen, die Méisdehl zu bekämpfen beschloß. Von Zärtlichkeit für einander ergriffen, wurden die beiden Kinder ein unzertrennliches Paar, und in seinem tiefen Kummer konnte sich Talou, der beständig die Neuangekommene an der Seite seines Sohnes sah, der Illusion hingeben und augenblicksweise glauben, er habe eine Tochter.

Kurze Zeit nach Méisdehls Adoption kamen einige Eingeborenen aus Mihu, einem Dorf in der Nähe der Vorrh, und berichteten den Einwohnern von Ejur, daß seit dem Abend zuvor ein durch Blitzschlag verursachter Brand den südlichen Teil des riesigen Urwaldes verzehre.

Talou begab sich in einem Palankin, von zehn kräftigen Läufern getragen, an den Rand der Vorrh, um das blendende Schauspiel zu betrachten, das ganz dazu angetan war, seine Dichterseele zu inspirieren.

Er stieg ab, als die Nacht anbrach. Eine starke Nordostbrise trieb die Flammen nach seiner Seite; er blieb unbeweglich und beobachtete den Brand, der sich schnell ausbreitete.

Die ganze Einwohnerschaft von Mihu hatte sich in der Nähe eingefunden, um nichts von dieser großartigen Szene zu verlieren.

Zwei Stunden nach der Ankunft des Kaisers waren nur noch etwa zehn Bäume nicht vom Feuer erfaßt, sie bildeten ein dichtes Massiv, an dem die Flammen zu lecken begannen.

Plötzlich sah man aus dem Unterholz eine junge Eingeborene von achtzehn Jahren herauskommen, begleitet von einem französischen Soldaten in Zuavenuniform mit Gewehr und Patronentaschen.

Im Feuerschein des Brandes erkannte Talou auf der Stirn des jungen Mädchen ein rotes Zeichen mit sternförmig angeordneten gelben Linien, die keine Täuschung zuließen: er hatte seine geliebte Sirdah vor Augen. Sie sah ganz anders aus als jenes imaginäre Porträt, das er mit Mühe entworfen und durch Méisdehl so vollkommen realisiert hatte, doch das machte dem Kaiser wenig aus; er war außer sich vor Freude und stürzte seiner Tochter entgegen, um sie zu umarmen.

Darauf versuchte er, mit ihr zu sprechen, doch Sirdah, erstaunt, verstand seine Sprache nicht.

Während der Gefühlsergießungen des glücklichen Vaters, brach plötzlich ein Baum zusammen, der von unten her brannte und traf im Fallen den Kopf des Zuaven, der das Bewußtsein verlor. Sirdah eilte sofort mit allen Zeichen lebhaftester Unruhe zu dem Soldaten.

Talou wollte den Verletzten nicht aufgeben, der seiner Tochter ein reines und liebevolles Gefühl eingeflößt zu haben schien; außerdem rechnete er auf die Enthüllungen dieses Zeugen, um das ferne Geheimnis von Sirdahs Verschwinden aufzuklären.

Einige Augenblicke später trug der Palankin, von den Läufern aufgenommen, den Kaiser, Sirdah und den noch immer bewußtlosen Zuaven in der Richtung nach Ejur fort.

Tags darauf kehrte der Kaiser in seine Hauptstadt zurück.

Ihrer Tochter gegenübergestellt, legte Rul, von wahnwitzigem Schrecken ergriffen und mit der Folter bedroht, vor dem Kaiser ein volles Geständnis ab, der sogleich Mossem verhaften ließ.

Als Talou im Hause seines Ministers nach Beweisen seiner schmachvollen Treulosigkeit suchte, entdeckte er den Liebesbrief, den Naïr ein paar Monate vorher an Djizmé geschrieben hatte. Als sich der Monarch durch die Zeichnung im Briefkopf lächerlich gemacht sah, geriet er in Wut und beschloß Naïr wegen seiner Frechheit und Djizmé wegen ihrer Doppelzüngigkeit, deren sie sich schuldig gemacht hatte, indem sie ein solches Werk angenommen hatte, ohne den Urheber zu denunzieren, hinrichten zu lassen.

Von Fürsorge umgeben, kam der Zuave in dem Haus, in das man ihn gebracht hatte, wieder zu sich, und erzählte Séil-kor seine Erlebnisse.

Velbar – so hieß der Verletzte – war in Marseille geboren.

Sein Vater, ein Dekorationsmaler, hatte ihm frühzeitig sein eigenes

Metier beigebracht, und das bewundernswert begabte Kind hatte sich in seiner Kunst dadurch vervollkommnet, daß es einige populäre Kurse besuchte, in denen Gratisunterricht in Zeichnen und Aquarellmalerei erteilt wurde. Mit achtzehn Jahren hatte Velbar entdeckt, daß er eine kräftige Baritonstimme besaß; ganze Tage lang sang er, während er auf seinem Gerüst damit beschäftigt war, irgend ein Schild zu malen, aus vollen Lungen irgendwelche modischen Romanzen, und die Vorübergehenden blieben stehen, verblüfft von dem Charme und der Reinheit seines edlen Organs.

Als die Zeit seines Militärdienstes herankam, wurde Velbar nach Bougie zum 5. Zuavenregiment geschickt. Nach glücklicher Überfahrt betrat der junge Mann, hoch erfreut, ein neues Land kennen zu lernen, an einem schönen Novembermorgen den Boden Afrikas und wurde sogleich mit einer ganzen Schar von Rekruten in die Kaserne gewiesen.

Das Debüt des neuen Zuaven war mühsam und Tag für Tag durch tausend Widerwärtigkeiten gekennzeichnet. Ein unseliger Zufall hatte ihn dem Befehl des Feldwebels Lécurou unterstellt, eines mitleidlosen manischen Rohlings, der sich stolz seiner legendären Grausamkeit rühmte.

Zu jener Zeit verbrachte Lécurou, um den Unterhalt einer gewissen Flore Crinis zu bestreiten, einer anspruchsvollen, verschwenderischen jungen Frau, deren Liebhaber er war, viele Stunden in einer geheimen Spielhölle, wo ständig eine verlockende Roulette in Betrieb war. Da das Glück bisher den verwegenen Spieler begünstigt hatte, zeigte sich Flore, die üppig ausgehaltene, überall mit Schmuck behängt und brüstete sich im Wagen auf der eleganten Promenade der Stadt an der Seite des Feldwebels.

Während dieser Zeit setzte Velbar seine harte Lehrzeit als Rekrut fort.

Als das Regiment eines Tages, von einem langen Marsch nach Bougie zurückkehrend, noch auf freiem Felde war, erhielten die Zuaven Befehl, ein fröhliches Lied anzustimmen, das sie die Strapazen des Weges wenigstens zum Teil vergessen lassen sollte.

Velbar, dessen schöne Stimme bekannt war, erhielt den Auftrag, die Strophen eines endlosen Klagelieds solo zu singen, wozu das ganze Regiment den ewig gleichen Refrain sang.

In der Dämmerung durchquerte man einen kleinen Wald, in dem ein vereinzelter Träumer, unter einem Baum sitzend, auf einem Blatt mit Notenlinien eine Melodie notierte, die im Schoße der Einsamkeit und der geistigen Sammlung erblüht war.

Als der inspirierte Spaziergänger Velbars Stimme hörte, die für sich allein voller tönte als der riesige Chor, der ihr in regelmäßigen

Zwischenräumen antwortete, sprang er auf und folgte dem Regiment bis in die Stadt.

Der Unbekannte war niemand anders als der Komponist Faucillon, dessen bekannte Oper *Daedalus* nach einer glänzenden Karriere in Frankreich soeben der Reihe nach in den bedeutendsten Städten Algeriens gespielt worden war. Faucillon befand sich in Begleitung seiner Sänger seit gestern in Bougie, das eine der Etappen seiner triumphalen Tournee war.

Nun war seit der letzten Aufführung der Bariton Ardonceau, von der aufreibenden Rolle des Daedalus überanstrengt und von einer hartnäckigen Heiserkeit befallen, nicht imstande aufzutreten; Faucillon, in großer Verlegenheit und vergebens auf der Suche nach einem Ersatz für den ersten Mann seiner Gruppe, hatte plötzlich hingehört, als der junge Zuave auf der Landstraße sang.

Am nächsten Morgen suchte Faucillon, nachdem er die nötigen Auskünfte eingeholt hatte, Velbar auf, der sich bei dem Gedanken, auf der Bühne zu erscheinen, vor Freude kaum zu fassen wußte. Die Genehmigung des Obersten war schnell erreicht und nach einigen Tagen verbissener Arbeit fühlte sich der junge Anfänger auf der Höhe seiner Aufgabe.

Die Aufführung fand vor vollbesetztem Hause statt; in der ersten Reihe der Proszeniumslogen thronte Flore Crinis mit dem Feldwebel Lécurou.

Velbar, großartig in der Rolle des Daedalus, gab als vollendeter Komödiant die Ängste und Hoffnungen des von den grandiosen Konzeptionen seines Genies besessenen Künstlers wieder. Die griechischen Gewänder brachten seine stattliche Figur vorzüglich zur Geltung und der ideale Klang seiner mächtigen Stimme rief nach jeder Phrase jähe Begeisterungsstürme hervor.

Flore wandte kein Auge von ihm, sie richtete die Gläser ihres Opernguckers auf ihn und fühlte in sich ein unwiderstehliches Gefühl wachsen, das bei dem ersten Auftritt des jungen Sängers entstanden war.

Im dritten Akt triumphierte Velbar mit der Hauptarie des Stückes, einer Art Hymne der Freude und des Stolzes, mit der Daedalus, nachdem er den Bau des Labyrinths beendet hat, nicht ohne lebhafte Bewegung beim Anblick seines Meisterwerkes, die Verwirklichung seines Traumes trunken begrüßt.

Die bewundernswerte Wiedergabe dieser hinreißenden Passage verwirrte Flores Herz vollends; gleich am nächsten Morgen entwarf sie einen subtilen Plan, sich Velbar zu nähern.

Aber bevor Flore, die sehr abergläubisch war, irgendeinen Plan in die

Tat umsetzte, pflegte sie stets Mutter Angélique zu Rate zu ziehen, eine unschätzbare vertraute und geschwätzige alte Intrigantin, Kartenlegerin, Handleserin, Astrologin und Pfandleiherin in einem, die gegen bar jede mögliche Arbeit leistete.

Durch einen dringenden Brief entboten, begab sich Angélique zu Flore. Die alte Frau verkörperte den vollkommenen Typ der Wahrsagerin mit ihrer schmutzigen Einkaufstasche und dem weiten Radmantel, der ihr seit zehn Jahren dazu diente, den manchmal strengen algerischen Wintern zu trotzen.

Flore gestand ihr Geheimnis und wollte vor allem wissen, ob ihre Liebesglut unter glücklichen Vorzeichen geboren worden sei. Angélique holte sofort aus ihrer Tasche eine Himmelskarte und heftete sie an die Wand; dann nahm sie das Datum des Vortages als Ausgangspunkt ihres Horoskops und versank in tiefes Nachdenken; sie schien sich mit einer komplizierten Kopfrechnung herumzuschlagen. Schließlich deutete sie mit dem Finger auf das Sternbild des Krebses, dessen wohltätiger Einfluß Flores künftiger Liebe vor jedem Verdruß bewahren mußte.

Nachdem dieser erste Punkt geklärt war, galt es, die Intrige so heimlich wie möglich auszuführen, denn der argwöhnische und eifersüchtige Feldwebel belauerte tückisch die geringsten Handlungen seiner Geliebten.

Angélique tat die Himmelskarte in ihre Tasche zurück und holte aus deren Tiefen eine Papptafel, in der eine Reihe unregelmäßig verteilter Löcher war. Dieses Ding, in der Sprache der Kryptographie *Leserost* genannt, sollte den beiden Liebenden die Möglichkeit geben, gefahrlos miteinander zu korrespondieren. Ein Satz, mit Hilfe der Löcher auf leeres Papier geschrieben, konnte durch Ausfüllung der Zwischenräume mit beliebigen Buchstaben unverständlich gemacht werden. Velbar allein konnte den Sinn des Briefes finden, indem er einen genau gleichen Leserost auf den Text legte.

Aber dieses Verfahren erforderte eine vorherige Erklärung und machte eine heimliche Zusammenkunft zwischen Velbar und Angélique nötig. Die Alte konnte nicht in die Kaserne gehen, ohne sich der Gefahr einer Begegnung mit dem Feldwebel auszusetzen, der über ihre Intimität mit Flore genau unterrichtet war; Velbar aber zu sich einladen, hieße andererseits das Mißtrauen des jungen Zuaven erregen, der in einer solchen Aufforderung nur den eigennützigen Wunsch nach einer Konsultation gegen Bezahlung erblicken würde. Angélique beschloß also, das Rendezvous an irgend einen öffentlichen Ort zu legen und ein Erkennungszeichen zu vereinbaren, das jede Überraschung ausschloß.

Unter Flores Augen verfaßte die Alte einen anonymen Brief voll lockender Versprechungen: Velbar sollte sich am nächsten Abend auf der Terrasse des Cafés Léopold einfinden und einen Arlequin (ein Allerlei aus Speiseresten) bestellen, und zwar genau in dem Augenblick, in dem in der Kirche Saint-Jacques zum Salve geläutet werde; dann würde sich sogleich eine Vertrauensperson dem jungen Soldaten nähern und ihm die schmeichelhaftesten Eröffnungen machen.

Am anderen Tag war Angélique zur verabredeten Stunde auf ihrem Posten an einem Tischchen vor dem Café Léopold, nicht weit von dem schweigsamen Zuaven, der ruhig seine Pfeife rauchte. Die Alte, die Velbar nicht kannte und eine Ungeschicklichkeit zu begehen fürchtete, wartete vorsichtshalber auf das vereinbarte Signal, um zur Sache überzugehen.

Plötzlich, als das Geläut zum Gottesdienst den nahen Glockenturm der Kirche Saint-Jacques erschütterte, bestellte der Zuave seinen Instruktionen gemäß einen Arlequin.

Angélique trat näher und stellte sich vor, indem sie von dem anonymen Brief sprach, während der Kellner den bestellten Arlequin vor Velbar auf den Tisch stellte, eine Art bunte Mischung verschiedener Fleischsorten und Gemüse, die auf einem Teller aufgehäuft waren.

Mit ein paar Worten schilderte die Alte die Situation, und Velbar erhielt zu seinem Entzücken ein absolut vollkommenes Duplikat des Flore anvertrauten Leserostes.

Die beiden Liebenden begannen ohne Verzug eine glühende geheime Korrespondenz. Velbar, der nach der Aufführung des *Daedalus* ein hohes Honorar erhalten hatte, verwendete einen Teil seines Gewinns zur Mietung und Ausstattung eines verführerischen Schlupfwinkels, wo er seine Geliebte ohne Furcht vor Störenfrieden empfangen konnte; mit dem Rest der Summe wollte er Flore ein Geschenk machen und wählte dafür beim ersten Juwelier der Stadt eine silberne Gürtelkette, an der eine entzückende, fein ziselierte Uhr hing.

Flore stieß einen Freudenschrei aus, als sie dieses charmante Souvenir entgegennahm und befestigte es schnell an ihrem Gürtel; sie vereinbarten, daß sie, Lécurou gegenüber, sich diese Laune selbst geleistet habe.

Jedoch, dem Sternbild des Krebses zum Trotz, sollte das Abenteuer tragisch ausgehen.

Lécurou hatte in Flores Benehmen gewisse Absonderlichkeiten bemerkt und folgte ihr eines Tages bis zu der von Velbar gemieteten Wohnung. An einer Straßenecke wartete er zwei Stunden lang im Hinterhalt und sah endlich die beiden Liebenden herauskommen und sich nach ein paar Schritten zärtlich voneinander verabschieden.

Schon am nächsten Tag brach Lécurou alle Beziehungen zu Flore ab und widmete Velbar, den er grausam zu verfolgen begann, einen tödlichen Haß.

Unaufhörlich belauerte er seinen Rivalen, um ihn bei einem Fehltritt zu ertappen und verhängte erbittert die härtesten und ungerechtesten Strafen. Den Daumen der erhobenen rechten Hand einkneifend, hatte er eine gewisse Art, die Ausgangssperre mit den Worten anzukündigen: »Vier Tage!«, die Velbar das Blut zu Kopfe steigen ließen; in solchen Augenblicken der Wut war er imstande, seinen Vorgesetzten zu beschimpfen.

Aber ein schreckliches Beispiel rief dem jungen Zuaven die Notwendigkeit ins Gedächtnis, seine gefährliche Neigung zur Rebellion zu zügeln.

Einer seiner Kameraden namens Suire stand im Ruf, von seinem achtzehnten bis zu seinem zwanzigsten Jahr ein sehr bewegtes Leben geführt zu haben. Vor seinem Eintritt ins Regiment verkehrte er in den anrüchigen Vierteln von Bougie und lebte in der Welt der Dirnen und Zuhälter; er war damals eine Art *Bravo*, der, gewissen Gerüchten zufolge, gegen Bezahlung zwei Morde begangen hatte, die straflos blieben.

Suire war eine wilde, gewalttätige Natur, beugte sich nur widerwillig den Forderungen der Disziplin und konnte die ständigen Verweise Lécurous nicht ertragen.

Eines Tages forderte der Feldwebel bei der Inspektion der Stube Suire auf, sein Marschgepäck sofort neu zu packen, da es nicht vorschriftsmäßig sei.

Suire hatte einen schlechten Tag und rührte sich nicht.

Der Feldwebel wiederholte seinen Befehl und Suire antwortete mit dem einzigen Wort: »Nein!«

Lécurou, aufs äußerste erzürnt, beschimpfte Suire und sprach in schneidendem Ton und mit giftigem Vergnügen von den dreißig Tagen Arrest, die seine Gehorsamsverweigerung zweifellos zur Folge haben werde; bevor er dann ging, spuckte er – die äußerste Beleidigung – Suire ins Gesicht. In diesem Augenblick verlor Suire den Kopf, griff nach seinem Bajonett und stieß es dem verhaßten Feldwebel mitten in die Brust; man trug ihn sofort hinaus.

Doch Lécurou, zwar bewußtlos und blutend, war nur ganz leicht verletzt; die Waffe war an einer Rippe abgeglitten.

Trotzdem kam Suire vor ein Kriegsgericht und wurde zum Tode verurteilt.

Lécurou, schnell genesen, kommandierte das Erschießungspeloton, zu dem auch Velbar gehörte.

Als der Feldwebel rief: »Legt an!«, fühlte sich Velbar bei dem

Gedanken, daß er einem Menschen den Tod geben solle, von furchtbarem Entsetzen geschüttelt.

Plötzlich erscholl das Wort »Feuer!« und Suire sank in sich zusammen, von zwölf Kugeln getroffen.

Velbar sollte die Erinnerung an diesen furchtbaren Augenblick für immer bewahren.

Flore trug jetzt ihre Verhältnis mit Velbar offen zur Schau; aber seit Lécurou sie verlassen hatte, machte das arme Mädchen unaufhörlich beträchtliche Schulden. Sie kannte die Spielbank, die dem Feldwebel für eine gewisse Zeit als Geldquelle gedient hatte, und beschloß, nun selbst ihr Glück zu versuchen. Und so setzte sie sich täglich an den Roulettetisch.

Anhaltendes Pech ließ sie den letzten Louis verlieren.

Sie wandte sich an Angélique, und die Alte, die ein gutes Geschäft witterte, lieh ihr sogleich gegen Wucherzinsen eine runde Summe, die durch ihren Schmuck und das Mobiliar von jetzt an dem einzigen Besitz der Borgerin gesichert war.

Leider verschlang das Spiel sehr schnell auch dieses neue Kapital.

Eines Tages riskierte Flore am Spieltisch, aufgeregt und nervös, ihre letzten Goldstücke. Wenige Runden vollendeten ihren Ruin. Niedergeschmettert sah die Unglückliche in einem Blitz jäher Erkenntnis ihren Schmuck verkauft und ihre Möbel beschlagnahmt und plötzlich überfiel sie der Gedanke an Selbstmord.

In diesem Augenblick entstand an der Türe des geheimen Etablissements ein starker Lärm und jemand stürzte herein mit dem Ruf: »Polizei!«

Eine Panik bemächtigte sich der Anwesenden, von denen einige die Fenster öffneten, wie um dort einen Ausweg zu finden. Aber vier Etagen trennten den Balkon von der Straße und machten die Flucht unmöglich.

Alsbald wurde die Türe aufgebrochen und etwa zehn Polizisten in Zivilkleidung eilten durch das Vorzimmer in den Saal.

Die allgemeine Bestürzung hatte Flores übermäßige Erregung bis zum äußersten getrieben. Die Aussicht auf den Skandal, zusammen mit dem Gespenst der Not, beschleunigte die Ausführung ihres verhängnisvollen Plans. Mit einem Sprung erreichte sie den Balkon und stürzte sich hinunter auf das Pflaster.

Als Velbar tags darauf von dem Drama in der Spielbank und dem Ende seiner Geliebten erfuhr, hatte er eine düstere Vorahnung. Er begab sich ins Leichenschauhaus und sah dort, über der Leiche einer Frau mit einem bis zur Unkenntlichkeit zerschmetterten Gesicht die bekannte silberne Gürtelkette aufgehängt, die er selbst der armen Flore geschenkt hatte. Dieses Kennzeichen diente zur Identifizierung der Toten, deren Begräbnis der junge Zuave bezahlen konnte, indem er sofort die kürzlich von seinem Honorar gekauften Möbel zu niedrigen Preisen verkaufte.

Flores Tod besänftigte Lécurous Haß nicht; mehr denn je überhäufte er seinen Rivalen mit Beschimpfungen und Strafen.

An einem Abend im Mai während einer Rast auf einem Nachtmarsch ohne Mondschein, nur beim Licht der Sterne, näherte sich Lécurou Velbar und diktierte ihm unter dem Vorwand einer Nachlässigkeit in der Uniform acht Tage Arrest. Woraufder Feldwebel den jungen Zuaven beschimpfte, der sich, bleich vor Zorn, krampfhaft zusammennahm, um Herr seiner selbst zu bleiben.

Am Ende wiederholte Lécurou den Höhepunkt seiner Szene mit Suire, indem er Velbar ins Gesicht spuckte; dieser wurde von einem Schwindel befallen und versetzte dem Feldwebel in einer instinktiven Regung mit äußerster Kraft eine Ohrfeige. Doch plötzlich traten ihm die furchtbaren Folgen dieser fast unwillkürlichen Geste mit erschrekkender Klarheit vor Augen, während eine jähe Vision ihm das gräßliche Beispiel Suires zeigte, wie er unter den Kugeln des Erschießungspelotons fiel. Er stieß den Feldwebel und die wenigen Unteroffiziere, die herbeikamen, um ihrem Chef Hilfe zu leisten, beiseite und lief querfeldein davon; dank der Finsternis der Nacht war er bald in Sicherheit vor jeder Verfolgung.

Er erreichte den Hafen von Bougie und konnte sich im Laderaum der *Saint-Irénée* verstecken, eines großen Dampfers, der nach Süd-Afrika fahren sollte.

Am nächsten Morgen lichtete die *Saint-Irénée* die Anker; doch fünf Tage später, als sie nach einem Sturm hilflos dahintrieb, strandete sie vor Mihu. Die *Sylvandre* und das Passagierschiff der spanischen Zwillinge eingerechnet, war es das dritte Mal seit Souanns ferner Ankunft, daß sich dergleichen in diesen Gewässern ereignete.

Nach wie vor in Uniform mit Gewehr und gefüllten Patronentaschen hatte Velbar sein Versteck verlassen müssen und sich unter die Masse der Passagiere gemischt.

Die Einwohner von Mihu, furchterregende Kannibalen, pferchten die Schiffbrüchigen unter scharfer Bewachung zusammen, um sich an ihrem Fleisch gütlich zu tun. Jeden Tag wurde einer der Gefangenen nach schneller Exekution unverzüglich in Gegenwart aller anderen verspeist. Bald war Velbar der einzige Überlebende, nachdem er seine unglücklichen Gefährten bis zum letzten hatte verschwinden sehen.

Am Tag seiner eigenen Hinrichtung beschloß er, das Unmögliche zu versuchen, um seinen Henkern zu entkommen. Als sie ihn holen wollten, bahnte er sich jählings mit Kolbenstößen einen Weg durch die Menge, dann rannte er aufs Geratewohl los, verfolgt von etwa zwanzig Eingeborenen.

Nach einer Stunde wilden Laufes, als seine Kräfte nachzulassen begannen, sah er den Rand der Vorrh vor sich und verdoppelte seine Anstrengung in der Hoffnung, er werde sich in den dichten Baumgruppen des riesigen Waldes verbergen können.

Den Kannibalen ihrerseits, die sich mit Geschrei anfeuerten, gelang es, sich dem Flüchtling zu nähern und erst im letzten Moment, als sie ihn beinahe erreicht hatten, drang Velbar unter das erste Laubdach vor. Die Jagd war sofort zu Ende, denn die Eingeborenen wagten sich nicht in den düsteren Schlupfwinkel der bösen Geister.

Velbar lebte ruhig in der sicheren Zuflucht, die ihm die Vorrh gewährte, und wagte sich niemals hinaus, um nicht von den wilden Menschenfressern wieder ergriffen zu werden. Er hatte sich eine kleine Hütte aus Astwerk gebaut und nährte sich von Früchten oder Wurzeln; sein Gewehr und seine Patronen verwahrte er in Voraussicht eines Angriffs von Raubtieren.

Als Velbar dem Feldwebel die verhängnisvolle Ohrfeige verabreichte, hatte er seinen Malkasten und seine Mappe bei sich. Mit dem Wasser eines Baches, das er mit einem hohlen Stein schöpfte, konnte er seine Farben verrühren und die langen Tage der Einsamkeit durch Arbeit verschönern. Er wollte das düstere Drama von Bougie im Bilde wiedergeben und verwandte alle seine Bemühungen auf die Lösung dieser anspruchsvollen Aufgabe.

Viele Monate vergingen ohne irgendeine Veränderung in der Lage des armen Einsiedlers.

Eines Tages hörte Velbar in der Ferne das Schreien eines Kindes, das von dem im allgemeinen schweigsamen Echo seiner ausgedehnten Domäne wiederholt wurde. Er näherte sich dem Punkt, von dem das Geschrei kam, entdeckte Sirdah, die vor kurzem von Mossem ausgesetzt worden war, und nahm das arme Kind in seine Arme; es hörte sogleich auf zu schreien. Ein paar Tage vorher hatte er mit Hilfe von Fallen ein Paar wilder Büffel gefangen; er hielt sie mit starken Lianen fest, die um ihre Hörner gewickelt und mit dem anderen Ende an einem Baumstamm befestigt waren. Die Milch der Kuh diente ihm dazu, sein Adoptivkind großzuziehen, und sein bis dahin so einsames Leben hatte von nun an einen Sinn und ein Ziel.

Je mehr Sirdah, trotz ihres Schielens voll Charme und Anmut, heranwuchs, desto mehr vergalt sie durch ihre Zuneigung ihrem Beschützer die Wohltaten, die sie täglich von ihm empfing. Velbar lehrte sie Französisch, und schärfte ihr ein, niemals die Vorrh zu verlassen, da er fürchtete, sie werde wieder in die Hände der grimmigen Feinde fallen, die sie so grausam dem Tod preisgegeben hatten und die sie unfehlbar an dem Zeichen auf ihrer Stirn wieder erkennen würden.

Die Jahre gingen dahin, aus dem Kinde wurde schon eine Frau, als ein gewaltiger Brand die Vorrh verwüstete und die beiden Eingeschlossenen vertrieb, die sich bis zum letzten Augenblick unter dem immer mehr zusammenschmelzenden Schutz der Bäume versteckten.

Einmal außerhalb des Verstecks, in dem er solange gelebt hatte, war Velbar darauf gefaßt, wieder in die Welt der Kannibalen von Mihu zu geraten. Glücklicherweise bewahrte ihn die Anwesenheit des Kaisers vor dieser furchtbaren Gefahr.

Als Séil-kor dem Kaiser Velbars Bericht übersetzt hatte, versprach dieser, den Retter seiner Tochter würdig zu belohnen.

Aber leider blieb ihm keine Zeit, diese hochherzige Absicht auszuführen.

Denn Velbar überlebte den fürchterlichen Schock nicht, den er beim Sturz des brennenden Baumes erlitten hatte.

Eine Woche nach seiner Ankunft in Ejur tat er seinen letzten Seufzer in den Armen seiner Adoptivtochter, die bis zum Ende beherzt und zärtlich über ihren treuen Wohltäter, die einzige Stütze ihrer Kindheit, gewacht hatte.

Talou wollte Velbar eine letzte Ehre erweisen und trug Séil-kor auf, den Leichnam des Zuaven auf dem Platz der Trophäen in der Mitte der Westseite mit allen Ehren zu bestatten.

Nach dem Vorbild der französischen Begräbnisse legte Séil-kor, von mehreren Sklaven unterstützt, den Leichnam am angegebenen Ort nieder, um ihn dann mit einem großen Grabstein zu bedecken, auf dem die Uniform, das Gewehr und die Patronentaschen symmetrisch angeordnet waren. Die biographischen Aquarelle, die in einer der Taschen des Zuaven gefunden worden waren, dienten dazu, hinter dem Grab eine Art senkrechtstehende, mit schwarzem Tuch bezogene Tafel zu schmücken.

Nach diesem Todesfall, der sie in schmerzliche Betäubung versetzte, übertrug Sirdah, sanft und liebevoll, wie sie war, ihre ganze Zuneigung auf den Kaiser. Séil-kor hatte ihr auf Französisch das Geheimnis ihrer Geburt enthüllt, und sie wollte ihren Vater auf jede nur mögliche Weise für die langen Jahre der Trennung entschädigen, die ein ungerechtes Schicksal ihnen beiden auferlegt hatte.

Mit Séil-kors Hilfe lernte sie die Sprache ihrer Vorfahren, um mit ihren künftigen Untertanen geläufig sprechen zu können.

Jedesmal, wenn ihre Schritte sie zu Velbars Grabe führten, drückte sie andächtig ihre Lippen auf den Stein, der dem teuren Entschlafenen geweiht war.

Sirdahs Rückkehr stellte Méisdehl nicht in den Schatten, der Kaiser liebte sie nach wie vor zärtlich, und trotz der letzten Ereignisse sah er in ihr noch immer gern das lebendige Abbild jenes wunderbaren irrealen Phantoms, das er einst so oft heraufbeschworen hatte.

Im Gedenken ihrer alten Liebe schonte Talou Ruls Leben; von nun an zählte sie zu den Sklaven, denen die Pflege des Béhuliphruen oblag, und mußte sich ununterbrochen grabend oder jätend zur Erde bücken. Die Rache des Monarchen erstreckte sich nicht auf den unehelichen Sohn, dessen Ähnlichkeit mit Mossem im Lauf der Jahre immer größer geworden war. Fassungslos über Sirdahs Erscheinen und die Entdeckung des Komplotts von einst, das für ihn allein geschmiedet worden war, siechte der junge Mann dahin, der geglaubt hatte, er sei bestimmt, eines Tages unter dem Namen Talou VIII. zu regieren, und starb einige Wochen später.

Mossem, Naïr und Djizmé wurden für eine furchtbare Hinrichtung aufgespart, die von Tag zu Tag verschoben wurde; der Kaiser wollte den drei Schuldigen als Sühne die Angst einer langen grausamen Erwartung aufbürden.

Ein Neger namens Rao, ein Schüler Mossems, der auf ihn sein umfassendes Wissen übertragen hatte, wurde zur Nachfolge des in Ungnade gefallenen Ministers in den wichtigen Ämtern des Ratgebers und Regierenden berufen.

Indessen hatte Rul, von Demütigungen überhäuft, geschworen, sich zu rächen. Aufgebracht vor allem gegen Sirdah, deren Rückkehr all ihr Unglück verursacht hatte, suchte sie ein Mittel, ihren Haß an dieser Tochter auszulassen, deren Geburt sie verfluchte.

Nach mancherlei Überlegungen kam die abscheuliche Mutter auf die folgenden Gedanken.

In dem Lande wütete eine endemische Krankheit, die sich durch das Erscheinen zweier höchst ansteckender weißer Flecken auf der Hornhaut des Auges äußerte; sie breiteten sich über die Augen aus und wurden jeden Tag dicker.

Nur der Zauberer Bachkou, ein einsamer, schweigsamer Greis, verstand das gefährliche Leiden mit Hilfe einer geheimnisvollen Salbe zu heilen. Aber die Schnellkur konnte nur an einem geweihten Ort im

Bett des Tez-Flusses gelingen. Mit dem Patienten in einen bestimmten Wirbel tauchend, löste Bachkou mit seinem Balsam leicht die beiden Flecken ab, die sogleich von der Strömung auf die offene See hinausgetragen wurden, wo ihre furchtbare Ansteckungskraft nicht mehr zu fürchten war. Viele Kranke erlangten durch die Operation ihr Sehvermögen wieder; andere aber, weniger begünstigt, blieben für immer blind, weil sich das Übel schon zu weit ausgebreitet und allmählich den ganzen Augapfel in Mitleidenschaft gezogen hatte.

Rul kannte den ansteckenden Charakter der Flecken. Eines Abends täuschte sie die Aufmerksamkeit der Sklavenaufseher im Béhuliphruen, erreichte das Meeresufer und gelangte auf einer Piroge bis an die Mündung des Tez. Sie wußte, daß Bachkou immer bei Einbruch der Nacht operierte, um den frisch Geheilten ein sanftes, ruhiges Dämmerlicht zu verschaffen. Vom dunklen Schleier der Dämmerung geschützt, wartete sie, ohne entdeckt zu werden, auf das Erscheinen der Flecken, die der Zauberer entfernt hatte, fing einen im Vorüberschwimmen am Ausgang der Strömung ab und kehrte an ihren Ausgangspunkt am Ufer zurück.

Mitten in der Nacht drang sie geräuschlos bei Sirdah ein, deren Haus an das des Kaisers stieß; dann trat sie, vom Licht eines Mondstrahls geleitet, vorsichtig näher und rieb die Augenlider des schlafenden Mädchens mit dem gefährlichen Fleck, den sie fest in zwei Fingern hielt.

Aber Talou, durch Ruls leichte Schritte aufgeweckt, stürzte in Sirdahs Haus, gerade im rechten Augenblick, um die verbrecherische Geste zu sehen. Er begriff sogleich die Absicht der unnatürlichen Mutter und schleppte sie brutal hinaus, um sie den Händen dreier Sklaven zu übergeben, die den Auftrag erhielten, sie nicht aus den Augen zu lassen.

Der Kaiser ging dann wieder zu Sirdah, die der Lärm aus tiefem Schlaf geweckt hatte; das Übel wirkte bereits und ein Schleier begann sich über die Augen des armen Kindes zu breiten.

Auf Befehl Talous, der rasend vor Wut war, wurde Rul, die er zu einem grausamen Tod bestimmte, zusammen mit Mossem, Naïr und Djizmé eingekerkert.

Am folgenden Tag hatte Sirdahs Krankheit bereits niederschmetternde Fortschritte gemacht; zwei opake Flecken, die innerhalb einiger Stunden auf ihren Augen entstanden waren, machten sie völlig blind.

Der Kaiser wünschte eine sofortige Operation, überquerte bei Anbruch der Nacht mit seiner Tochter den Tez und näherte sich einer ziemlich großen Hütte, die Bachkou bewohnte.

Aber der Ort der magischen Behandlung lag auf dem linken Ufer des Stromes und gehörte daher zu Drelchkaff.

Nun hatte jedoch König Yaour IX. von Ruls Verbrechen erfahren, und da er vorhersah, was Vater und Tochter unternehmen würden, hatte er sich beeilt, Bachkou genaue und strenge Anweisungen zu erteilen.

Der Zauberer ergriff das Wort und weigerte sich, Yaours Befehl gemäß, Sirdah zu behandeln, da jener, so fügte er hinzu, als Gegenleistung für eine von ihm zu bewilligende Heilung die Hand des jungen Mädchens fordere.

Denn dank der geplanten Heirat würde Yaour mit Sirdah die Nachfolge Talous teilen und eines Tages Ponukele und Drelchkaff unter seiner alleinigen Herrschaft vereinigen.

Empört über den Wortlaut dieser Botschaft und bei dem Gedanken, seine Länder in die Hände des feindlichen Zweiges übergehen zu sehen, unterließ es Talou verachtungsvoll, zu antworten und brachte seine Tochter nach Ejur zurück.

Seit diesem Ereignis, das erst ein paar Wochen zurücklag, hatte sich in Sirdahs Lage nichts verändert; sie war blind geblieben.

XII

Ausgestreckt im feinen Sand, im Schatten unter der hohen Felswand, waren wir alle ohne jede Unterbrechung den Wechselfällen des langen Dramas gefolgt, das uns Séil-kor darlegte.

Während dieser Zeit hatten die Neger aus den Tiefen der *Lyncée* eine Menge von Gegenständen und Kisten zutage gefördert, die sie nun eilig auf ihre Schultern luden, um einem Befehl Séil-kors zu gehorchen, dessen helle Stimme nach dem Abschluß seines Berichts soeben das Signal zum Aufbruch gegeben hatte.

In der Folge sollten noch mehrere Transporte bis zur vollständigen Löschung der Schiffsladung erfolgen, bis nach und nach die gesamte Ausbeute nach Ejur gebracht war.

Einige Augenblicke später setzte sich unsere Gruppe, von Séil-kor geführt, als Kolonne mitsamt den Negern, die unter ihren vielfachen Lasten gebeugt gingen, in gerader Linie auf die angekündigte Hauptstadt zu in Bewegung. Den Zwerg Philippo trug sein Impresario Jenn wie ein Kind, während Tancrède Boucharessas mit einer Familie von dressierten Katzen auf einem Wägelchen für Beinlose thronte, das sein Sohn Hector schob. An der Spitze ging Olga Tscherwonenkow, gefolgt von Sladki und Milenkaya, nicht weit von dem Zirkusreiter Urbain, der auf seinem Pferd Romulus stolz den ganzen Trupp beherrschte.

Eine halbe Stunde genügte, um Ejur zu erreichen, wo wir alsbald den Kaiser sahen, der zu unserem Empfang auf dem Platz der Trophäen seine Tochter, seine zehn Gattinnen und alle seine Söhne, damals sechsunddreißig an der Zahl, um sich versammelt hatte.

Séil-kor wechselte einige Worte mit Talou und übersetzte uns sogleich den Bescheid seines souveränen Willens: jeder von uns sollte einen Brief an einen der Seinen schreiben, um ein Lösegeld zu erlangen, dessen Höhe je nach dem äußeren Anschein des Briefschreibers variieren sollte; dies getan, sollte sich Séil-kor mit einem großen Trupp von Eingeborenen nach Norden, nach Porto-Novo, auf den Weg machen, um die kostbare Korrespondenz nach Europa abzusenden; einmal im Besitz der geforderten Summen, sollte der getreue Mandatar verschiedene Waren einkaufen, die seine Leute, immer unter seiner Führung, nach Ejur bringen sollten. Danach würde derselbe Séil-kor uns bis nach Porto-Novo als Führer dienen, wo wir dann ohne Schwierigkeiten die Heimreise antreten könnten.

Jeder Brief sollte einen besonderen Hinweis für den Empfänger enthalten, daß der geringste Versuch, uns zu befreien, das Signal zu unserem sofortigen Tod wäre. Auf jeden Fall war denen, die sich nicht auslösen konnten, die unverzügliche Hinrichtung sicher.

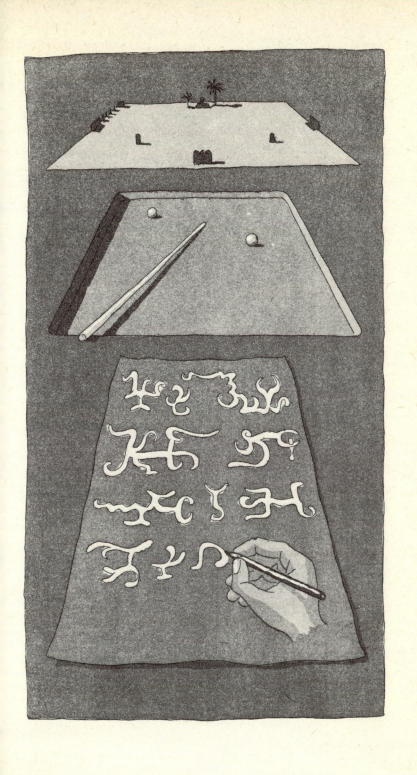

Auf Grund eines seltsamen Skrupels ließ uns Talou, der nicht als Straßenräuber erscheinen wollte, im vollen Besitz unseres Taschengeldes. Ohnehin hätte das Bargeld, das er uns hätte abnehmen können, der ungeheuren Gesamtsumme des erhofften Lösegeldes nur einen winzigen Betrag hinzugefügt.

Ein umfangreicher Papierballen wurde aufgemacht, und jeder beeilte sich, seinen Brief abzufassen, in dem er die rettende Summe vermerkte, deren Höhe Séil-kor auf Veranlassung des Kaisers festsetzte.

Acht Tage später machte sich Séil-kor auf den Weg nach Porto-Novo, begleitet von denselben Schwarzen, die wir im Augenblick unseres Scheiterns gesehen und die in weniger als einer Woche in stetigem Hin- und Herwandern die ganze Ausbeute unseres unglücklichen Schiffes, das von der Menge der Passagiere häufig aufgesucht wurde, nach Ejur transportiert hatten.

Dieser Aufbruch bezeichnete für uns den Beginn eines eintönigen und langweiligen Lebens. Wir riefen laut nach der Stunde der Befreiung, schliefen nachts in den für uns reservierten Hütten und verbrachten unsere Tage damit, zu lesen oder mit Sirdah französisch zu sprechen, die sich freute, Landsleute Velbars kennenzulernen.

Um uns zu beschäftigen und zu amüsieren, äußerte Juillard um diese Zeit den Gedanken, mit Hilfe einer Auslese der Besten einen seltsamen Club zu gründen, in dem jedes Mitglied gehalten sein sollte, sich durch ein originales Werk oder auch durch eine sensationelle Schaustellung auszuzeichnen.

Beitrittserklärungen trafen alsbald ein, und Juillard, dem die Ehre des ersten Einfalls zukam, mußte den Vorsitz der neuen Vereinigung übernehmen, die sich den anspruchsvollen Titel »Club der Unvergleichlichen« zulegte. Jedes Mitglied mußte sich auf eine große Galavorstellung vorbereiten, bei der die befreiende Rückkehr Séil-kors gefeiert werden sollte.

Da der Club einen zentralen Sitz nicht entbehren konnte, erbot sich Chènevillot, ein kleines Gebäude zu errichten, das gewissermaßen das Wahrzeichen der Gruppe sein sollte; Juillard stimmte zu und bat ihn im Hinblick auf künftige Vorstellungen, seinem Gebäude die Gestalt einer leicht erhöhten Bühne zu geben.

Aber die Genehmigung des Kaisers war unerläßlich, um einen Teil des Platzes der Trophäen zu bekommen.

Sirdah, unserer Sache ganz ergeben, übernahm die Aufgabe, bei Talou zu intervenieren, der, hoch erfreut, zu hören, daß seine

Hauptstadt verschönert werden sollte, das Gesuch wohlwollend aufnahm, jedoch nach dem Zweck des geplanten Gebäudes fragte. Sirdah berichtete kurz über die Galavorstellung, und der Kaiser, das improvisierte Fest im voraus genießend, ließ uns sofort jegliche Freiheit, aus der Beute der *Lyncée* alle zur Organisation des Schauspiels nötigen Gegenstände zu entnehmen.

Als uns das junge Mädchen das glückliche Ergebnis ihrer Mission mitgeteilt hatte, fällte Chènevillot, unterstützt von seinen Arbeitern, denen es nicht an Werkzeug fehlte, eine bestimmte Anzahl Bäume im Béhuliphruen. Die Stämme wurden zu Brettern zersägt und so wurde das Gebäude am Platz der Trophäen errichtet, und zwar in der Mitte der vom Meer entferntesten Seite.

In dem Wunsche, zwischen den einzelnen Clubmitgliedern ein wenig Wetteifer zu entzünden, beschloß Juillard, eine neue Dekoration zu erfinden, die den Verdientesten vorbehalten sein sollte. Nachdem er lange Zeit nach einem zugleich neuen und leicht anzufertigenden Ordenszeichen gesucht hatte, richtete er seine Aufmerksamkeit auf den griechischen Großbuchstaben *Delta,* der die beiden geforderten Eigenschaften in sich zu vereinigen schien. Er öffnete einen alten Behälter, den er im Vorrat der *Lyncée* gefunden hatte und fand ein Weißblechblatt, aus dem er sechs Dreiecke mit einem Ring darüber ausschneiden konnte; an einem Stückchen blauem Band aufgehängt, war jedes so entstandene Delta für die Brust eines *Ritters* dieses Ordens bestimmt.

Da Juillard außerdem eine einmalige höchste Auszeichnung schaffen wollte, schnitt er ein riesiges Delta aus, das auf der linken Seite getragen werden sollte.

Die Auszeichnungen sollten am Ende der Galavorstellung überreicht werden.

Unterdessen bereitete sich jeder auf den großen Tag vor.

Olga Tscherwonenkow, die den »Tanz der Nymphe« vorführen wollte, ihren einst größten Erfolg, übte an einem abgelegenen Ort, in der Hoffnung, ihre frühere Gelenkigkeit wieder zu erlangen.

Juillard entwarf einen glänzenden Vortrag über die Kurfürsten von Brandenburg mit Porträts als Belegen.

Nachdem Balbet, dessen Gepäck Waffen und Munition enthielt, zugesagt hatte, im Programm zu erscheinen, entdeckte er, daß alle seine

Patronen vom Seewasser durchnäßt waren, das vermittels eines beim Auflaufen auf den Strand entstandenen großen Lecks während der Flut in den Laderaum der *Lyncée* eingedrungen war. Sirdah, von dieser Ungelegenheit unterrichtet, bot großmütig die Waffe und die Patronentaschen Velbars an. Das Angebot wurde akzeptiert, und so kam Balbet in den Besitz eines ausgezeichneten Gras-Gewehrs zusammen mit vierundzwanzig Patronen, die dank der Trockenheit des afrikanischen Klimas in tadellosem Zustand geblieben waren. Der illustre Kämpfer ließ alles auf dem Grab des Zuaven an Ort und Stelle und kündigte für den Tag der Galavorstellung eine wunderbare Schießübung an, die durch einen sensationellen Waffengang mit dem mechanischen Florett von La Billaudière-Maisonnial ergänzt werden sollte.

Luxos Gepäck hatte noch mehr als das Balbets unter der Überflutung gelitten und alle die glücklich geborgenen Feuerwerksnummern waren unwiderruflich verdorben. Nur das Schlußbukett, das sorgfältig für sich verpackt worden war, war dem Unheil entgangen. Luxo beschloß, unser vielseitiges Fest noch dadurch zu verschönern, daß er jene Gruppe von blendenden Porträts abfeuerte, die ja nun zur Hochzeit des Barons Ballesteros nicht mehr rechtzeitig eintreffen konnten.

Der Ichthyologe Martignon verbrachte seine Zeit auf See in einer Piroge, die ihm Sirdah verschafft hatte. Ein riesiges Netz mit langer Leine, das er aus einem seiner Koffer geholt hatte, diente ihm als Mittel zu ununterbrochenen Sondierungen; er hoffte irgend eine interessante Entdeckung zu machen, deren Mitteilung das Programm der Festvorstellung bereichern konnte.

Alle übrigen Mitglieder des Clubs, Erfinder, Künstler, Tierbändiger, Abnormitäten oder Akrobaten übten ihre jeweiligen Spezialitäten, um an dem festlichen Tage ihre Mittel zu beherrschen.

In einem bestimmten Teil der *Lyncée*, der von dem Stoß besonders schwer getroffen worden war, hatte man zwölf zweirädrige Vehikel entdeckt, eine Art römischer Wagen, geschmückt mit Malereien in schreienden Farben. Die Familien Boucharessas und Alcott, die sich zusammengetan hatten, verwendeten auf ihren Tourneen diesen ganzen Wagenpark zu einer seltsamen musikalischen Darbietung.

Jeder von diesen Wagen ließ, wenn er in Bewegung gesetzt war, einen reinen vibrierenden Ton hören, der durch die Bewegung der Räder entstand.

Bei der Aufführung erschienen Stephan Alcott und seine sechs

Söhne, dann die vier Brüder Boucharessas und ihre Schwester plötzlich im Zirkus und bestiegen einzeln die zwölf Wagen, deren jeder mit einem einzigen Pferd bespannt war, das durch eine rapide Dressur trainiert worden war.

Die Gesamtheit der tönenden Gespanne, die nebeneinander auf einem Radius der kreisförmigen Piste standen, ergab die diatonische C-Tonleiter, von der tiefen Tonica bis zum schmetternden G.

Auf ein Zeichen Stephan Alcotts begann eine langsame, melodiöse Fahrt. Die Wagen rückten einer nach dem anderen in einer bestimmten Ordnung und nach einem bestimmten Rhythmus vor und spielten eine Menge volkstümlicher Weisen, die sorgfältig aus abgedroschenen Melodien und Refrains ohne Modulationen ausgewählt waren. Die Ausrichtung der Wagen war bald durchbrochen von der Wärme und Frequenz der Noten; der eine Wagen, der eine ganze Note hervorbrachte, überholte um vier bis fünf Meter den Nachbarwagen, der eine Sechzehntelnote zu liefern hatte und kaum ein paar Zoll zurücklegte. Die Pferde, bald auf die ganze Länge der Bahn zerstreut, trabten, kunstfertig angetrieben, genau im richtigen Augenblick los.

Elf Wagen waren bei der Landung zerbrochen. Der einzige intakt gebliebene wurde von Talou zugunsten des jungen Kalj beschlagnahmt, der, von Tag zu Tag schwächer werdend, langer, heilsamer und nicht ermüdender Spazierfahrten bedurfte.

Ein Korbsessel, der von der *Lyncée* stammte, wurde mit seinen vier Füßen auf dem Boden des Fahrzeugs befestigt, dessen Räder, sobald sie sich drehten, ein hohes C ertönen ließen.

Ein Sklave zwischen den Stangen der Gabeldeichsel vervollständigte die Equipage, die Kalj zu entzücken schien. Von nun an traf man den jungen Patienten oft in seinem Korbsessel, tapfer begleitet von Mésdehl, die an seiner Seite ging.

XIII

In drei Wochen stellte Chènevillot eine kleine Bühne her, die sehr hübsch anzusehen war. Unter den Arbeitern, die alle unermüdlichen Eifer an den Tag gelegt hatten, verdienten der Weißbinder Torresse und der Tapezierer Beaucreau besonderes Lob. Torresse hatte sich, sehr mißtrauisch gegen amerikanische Lieferungen, mit verschiedenen Farben in Fäßchen versehen, und das ganze Gebäude mit einem prächtigen roten Anstrich überzogen; auf dem Giebel waren die Worte »Club der Unvergleichlichen« mit einer Menge Strahlen geschmückt, die den Ruhm der glanzvollen Gesellschaft symbolisierten. Beaucreau seinerseits hatte einen Vorrat von Stoffen, die für Ballesteros bestimmt waren, an sich genommen und einen weichen scharlachroten Damast dazu verwendet, zwei breite Vorhänge anzubringen, die sich in der Mitte der Estrade schlossen oder sich bis zu den Pfosten teilten. Ein weißer Cretonne-Stoff mit zarten Goldarabesken maskierte die Bretterwand im Hintergrund.

Chènevillots Werk hatte großen Erfolg, und Carmichael wurde aufgefordert, die neue Bühne dadurch einzuweihen, daß er mit seiner wundervollen Kopfstimme einige Romanzen aus seinem Repertoire sang.

Nachdem Carmichael am selben Tag gegen vier Uhr seinen weiblichen Aufputz ausgepackt hatte, zog er sich in seine Hütte zurück und erschien eine Stunde später völlig verwandelt wieder.

Er trug ein Gewand aus blauer Seide mit einer wogenden Schleppe, auf der die Zahl 472 zu lesen war. Eine Frauenperücke aus dichten blonden Haaren, die gut zu seinem noch bartlosen Gesicht paßte, vervollständigte die seltsame Metamorphose. Auf die Frage nach der Herkunft der seltsamen Zahl auf seinem Rock, erzählte uns Carmichael die folgende Anekdote.

Gegen Ende des Winters mußte Carmichael eilig nach Amerika reisen, wohin ihn ein glänzendes Engagement rief, wurde aber in Marseille bis zum 14. März, dem Tag der Rekrutenlosung, festgehalten, und wählte dann unter den sämtlichen Passagierdampfern die *Lyncée*, die am fünfzehnten des gleichen Monats auslaufen sollte.

Während dieser Zeit sang der junge Mann jeden Abend mit rauschendem Erfolg in den Folies-Marseillaises. Als er am 14. März morgens auf der Mairie erschien, erkannten die dort versammelten Konskribierten ohne weiteres ihren berühmten Landsmann und feierten ihn spontan, als die Auslosung vorüber war.

Carmichael mußte, ihrem Beispiel folgend, an seinen Hut mit einer Nadel eine biegsame Nummer heften, die mit prächtigen Bildern geschmückt war, und eine Stunde lang zogen sie nun fröhlich und brüderlich mit Tanz und Gesang durch die Straßen.

Als sie sich trennten, verteilte Carmichael Freikarten an seine neuen Freunde, die am Abend hinter die Kulissen der Folies-Marseillaises stürmten, wobei sie mit leicht beschwipsten Gebärden ihre Hüte schwangen, die immer noch mit grellen Bildern geschmückt waren. Als derjenige von ihnen, der am stärksten torkelte, der Sohn eines der ersten Schneider der Stadt, Carmichael in großer Toilette und im Begriff aufzutreten sah, zog er aus der Tasche, in einen großen schwarzen Seidenrest eingewickelt, eine Schere und eine Nadellänge Faden und wollte mit der Hartnäckigkeit des Betrunkenen auf die elegante blaue Robe die Nummer 472 nähen, die sein illustrer Kamerad am Morgen gezogen hatte.

Carmichael ging bereitwillig auf diese bizarre Laune ein und nach zehn Minuten Arbeit prangten drei kunstvoll ausgeschnittene und aufgenähte schwarze Ziffern auf der langen Schleppe.

Einige Augenblicke später akklamierten die Konskribierten im Saal geräuschvoll Carmichael, verlangten die Wiederholung aller seiner Romanzen und schrien »Hoch 472«! zur großen Erheiterung der Zuschauer, die staunend die Zahl auf dem Rock des jungen Sängers betrachteten.

Als Carmichael am nächsten Morgen abreiste, hatte er keine Zeit, das ausgefallene Ornament abzutrennen, das er jetzt als kostbare Erinnerung an seine Vaterstadt behalten wollte, von der ihn eine bloße Laune Talous für immer fern halten konnte.

Nachdem Carmichael seinen Bericht beendet hatte, ging er auf die Bühne der Unvergleichlichen und sang glanzvoll die Aubade von Dariccelli. Seine Kopfstimme, die sich mit unerhörter Geschmeidigkeit bis zur äußersten Grenze des Soprans erhob, bewältigte spielend die verwirrendsten Vokalisen; die chromatischen Tonleitern kamen wie Raketen und die märchenhaft schnellen Triller dehnten sich bis ins Unendliche.

Eine lange Ovation folgte auf die Schlußkadenz, der sich sogleich fünf weitere Romanzen anschlossen, nicht weniger verblüffend als die ersten. Als Carmichael die Bühne verließ, wurde er von allen Zuschauern mit herzlichem und dankbarem Beifall überschüttet.

Talou und Sirdah, die dem Schauspiel vom Anfang an beiwohnten, teilten sichtlich unsere Begeisterung. Der Kaiser, aufs höchste verwundert, hielt sich in der Nähe Carmichaels, dessen exzentrische Toilette ihn zu faszinieren schien.

Alsbald belehrten uns einige gebieterische Worte, die Sirdah sogleich übersetzte, daß Talou in der Art Carmichaels zu singen begehrte und von dem jungen Künstler eine Anzahl Lektionen zu bekommen wünschte, deren erste augenblicklich beginnen sollte.

Sirdah hatte den Satz kaum beendet, als der Kaiser schon die Bühne betrat, wohin Carmichael ihm beflissen folgte.

Und nun bemühte sich Talou eine halbe Stunde lang, mit einer ziemlich reinen Falsettstimme das Beispiel Carmichaels sklavisch nachzuahmen, der überrascht die erstaunliche Begabung des Monarchen feststellte und einen unermüdlichen aufrichtigen Eifer entfaltete.

Nach dieser unerwarteten Szene wollte die Tragödin Adinolfa die Akustik des Platzes der Trophäen in deklamatorischer Beziehung erproben. In einem prächtigen gagatschwarzen Kleide, das sie in wenigen Minuten für ihren Auftritt angelegt hatte, kam sie auf die Bühne und rezitierte mit eindrucksvoller Mimik italienische Verse.

Méisdehl, die Adoptivtochter des Kaisers, hatte sich soeben zu uns gesellt und schien wie erstarrt vor den genialen Attitüden der berühmten Künstlerin.

Doch am nächsten Morgen erlebte Adinolfa eine große Überraschung, als sie unter den duftenden Laubgewölben des Béhuliphruen spazierenging, dessen glühende Vegetation jeden Tag ihre bebende Seele anzog, die immer auf der Suche nach natürlichen oder künstlichen Herrlichkeiten war.

Seit einigen Augenblicken durchquerte die Tragödin eine dichtbewaldete Region, die von prangenden Blüten bedeckt war. Sie stieß bald auf eine Lichtung, in deren Mitte Méisdehl, in ihrem Kauderwelsch großartige Worte improvisierend, vor Kalj die wunderbare Mimik wiederholte, die tagszuvor aller Blicke auf die Bühne der Unvergleichlichen gelenkt hatte.

Zwanzig Schritte entfernt hielt der Wagen, den der Sklave, auf einem Lager von Moos ausgestreckt, bewachte.

Adinolfa wartete, ohne einen Laut von sich zu geben, einige Zeit, und beobachtete Méisdehl, deren Gesten sie durch ihre Genauigkeit verblüfften. Die Offenbarung dieses dramatischen Instinkts interessierte sie, und sie näherte sich dem jungen Mädchen, um ihr die grundlegenden Prinzipien der Haltung und der Bewegung auf der Bühne beizubringen.

Dieser Versuchskurs erbrachte ungeheure Ergebnisse. Méisdehl begriff mühelos die subtilsten Anweisungen und entdeckte spontan tragische und persönliche Bühnentricks.

Während der nächsten Tage waren neue Zusammenkünfte demselben Studium gewidmet, und Méisdehl wurde schnell eine wirkliche Künstlerin.

Durch diese erstaunlichen Fortschritte ermutigt, wollte Adinolfa ihre Schülerin eine ganze Szene lernen lassen, die dann am Tage der Festvorstellung gespielt werden sollte.

Um dem ersten Auftreten ihres Schützlings den gebührenden Nachdruck zu verleihen, hatte Adinolfa einen geistreichen Einfall, der sie nötigte uns ein paar Worte über ihre Vergangenheit zu sagen.

Alle Völker der Erde jubelten Adinolfa zu, vor allem aber die Engländer widmeten ihr einen besonders feurig-fanatischen Kult. Die Ovationen, die ihr das Londoner Publikum bereitete, waren mit anderen nicht zu vergleichen, und ihre Photographien wurden zu Tausenden in allen Winkeln Großbritanniens verkauft, das für sie eine zweite Heimat wurde.

Da sie sich für die alljährlichen längeren Aufenthalte in der Stadt der Nebel einen festen Wohnsitz wünschte, kaufte die Tragödin ein sehr altes, prunkvolles Schloß am Ufer der Themse; der Besitzer, ein gewisser Lord Dewsbury, der sich durch gewagte Spekulationen ruiniert hatte, verkaufte ihr die Liegenschaft mit allem, was dazu gehörte, in Bausch und Bogen zu einem Spottpreis.

Von diesem Wohnsitz aus konnte man leicht Verbindung mit London halten, ohne auf den Vorteil des weiten Raums und der guten Luft zu verzichten.

Unter den verschiedenen Salons im Erdgeschoß, die als Empfangsräume dienten, liebte die Tragödin besonders eine große Bibliothek, deren Wände gänzlich von alten Büchern in kostbaren Einbänden bedeckt waren. Ein breites Regal mit dramatischer Literatur zog öfter als alles übrige die Aufmerksamkeit der großen Künstlerin auf sich, die, des Englischen vollkommen kundig, viele Stunden damit verbrachte, die nationalen Meisterwerke ihrer Wahlheimat zu durchblättern.

Eines Tages hatte Adinolfa zehn Bände Shakespeare aus dem Regal genommen und auf ihren Tisch gelegt, um eine bestimmte Anmerkung zu suchen, die sie kannte, ohne sich jedoch an den Titel des kommentierten Stückes zu erinnern.

Als sie die Anmerkung gefunden und abgeschrieben hatte, nahm sie die Bände geschickt wieder auf, um sie an ihren Platz zurückzustellen; jedoch, vor dem Regal angekommen, bemerkte sie auf dem leeren Brett eine dicke Staubschicht. Sie legte ihre Last einstweilen auf einen Sessel und schickte sich an, mit ihrem Taschentuch die glatte, staubbedeckte Oberfläche zu säubern, wobei sie auch die Rückwand des Möbels einbezog, die ebenfalls der Säuberung bedurfte.

Plötzlich hörte Adinolfa ein Knacken, das von einer verborgenen

Feder herrührte, die sie ausgelöst hatte, als sie unabsichtlich auf einen bestimmten Punkt gedrückt hatte.

Ein dünnes schmales Brettchen klappte plötzlich herunter und gab den Blick in ein Versteck frei, aus dem die Tragödin erregt und nicht ohne unendliche Vorsicht ein sehr altes, kaum lesbares Manuskript hervorholte.

Sie brachte ihren Fund sofort nach London zu dem berühmten Experten Creighton, der nach einer raschen Prüfung mit der Lupe einen Schrei der Verblüffung ausstieß.

Es gab keinen Zweifel: vor ihren Augen lag die Handschrift von *Romeo und Julia,* von Shakespeares eigner Hand aufgezeichnet!

Geblendet von dieser Entdeckung, gab Adinolfa Creighton den Auftrag, ihr eine saubere, genaue Abschrift des kostbaren Dokuments zu liefern, das unbekannte Szenen von höchstem Interesse enthalten konnte. Nachdem sie sich dann noch nach dem Wert des umfangreichen Autographen erkundigt hatte, den der Experte auf eine märchenhafte Summe bezifferte, trat sie nachdenklich den Weg nach ihrem neuen Heim an.

Nach der ausdrücklichen und präzisen Formulierung des Vertrags gehörte alles, was sich im Schloß befand, von Rechts wegen der Tragödin. Doch Adinolfa war zu gewissenhaft, um einen zufälligen Umstand auszunützen, der ihren Handel schandbar vorteilhaft machte. Sie schrieb also an Lord Dewsbury, berichtete ihm von dem Abenteuer und sandte ihm einen Scheck über den Betrag, den die eindrucksvolle Reliquie nach der Angabe des Sachverständigen darstellte.

Lord Dewsbury bekundete seine glühende Dankbarkeit durch einen langen Dankesbrief, in dem er auch die wahrscheinliche Erklärung der mysteriösen Entdeckung gab. Nur einer seiner Vorfahren, Albert von Dewsbury, ein großer Sammler von Autographen und seltenen Büchern, hatte sich ein solches Versteck ausdenken können, um ein Manuskript von solchem Wert gegen Diebstahl zu schützen. Nun war Albert von Dewsbury aber mitten im blühenden Leben bei einem furchtbaren Reitunfall an einem Schädelbruch plötzlich gestorben und hatte nicht mehr die Zeit gehabt zu tun, was er ohne Zweifel in seinen letzten Augenblicken tun wollte, nämlich seinen Sohn in die Existenz des so gut verborgenen Schatzes einzuweihen, der seitdem an seinem Platz geblieben war.

Vierzehn Tage später überbrachte Creighton selbst der Tragödin das Manuskript zusammen mit zwei Kopien, von denen die eine den Text mit all seinen Archaismen und seiner Dunkelheit genau wiedergab, während die andere völlig klar und verständlich eine in Sprache und Schrift modernisierte wirkliche Übertragung gab.

Als der große Experte gegangen war, nahm Adinolfa die zweite Kopie zur Hand und begann sie aufmerksam zu lesen.
Jede Seite versetzte sie in tiefe Betroffenheit.
Sie hatte schon öfter die Rolle der Julia gespielt und konnte das ganze Drama auswendig. Nun aber entdeckte sie im Laufe ihrer Lektüre immer wieder völlig neue, unbekannte Repliken, bisher unbekannte Einzelheiten in Gesten, Mimik und Kostüm.
So stellte sich heraus, daß das ganze Stück vom Anfang bis zum Ende mit einer Menge von Einschüben geschmückt war, die ihm, ohne es in seinem Wesen zu verändern, viele unvermutete pittoreske Bilder hinzufügten.
Die Tragödin war sicher, daß sie die echte Fassung des berühmten Dramas von Verona in Händen habe, und beeilte sich ihre Entdeckung in der *Times* bekannt zu machen, die eine ganze Seite mit Zitaten aus dem Manuskript füllte.
Diese Veröffentlichung hatte ein gewaltiges Echo. Künstler und Gelehrte strömten an dem alten Sitz der Dewsburys zusammen, um die merkwürdige Handschrift zu sehen, die Adinolfa sie durchblättern ließ ohne sie je aus den Augen zu lassen.
Zwei Lager bildeten sich alsbald und eine heftige Polemik entspann sich zwischen den Parteigängern des berühmten Dokuments und den Gegnern, die es für apokryph erklärten. Die Spalten der Zeitungen waren voll von flammenden Plaidoyers, deren gegensätzliche Einzelheiten und Beweise in England und auf der ganzen Welt bald im Mittelpunkt der Gespräche standen.
Adinolfa wollte dieses leidenschaftliche Interesse dazu benützen, das Stück in der neuen Fassung herauszubringen, wobei sie die Rolle der Julia sich selbst vorbehielt, deren sensationelle Verkörperung ihrem Namen unauslöschlichen Glanz verleihen konnte.
Aber kein Direktor übernahm die angebotene Aufgabe. Die riesigen Inszenierungskosten, die fast jede Seite des Manuskripts forderte, schreckte selbst die Kühnsten ab, und so klopfte die große Künstlerin an allen Türen vergeblich an.
Adinolfa, entmutigt, verlor schließlich das Interesse an der Sache und bald hörte auch die Polemik auf, verdrängt durch ein aufsehenerregendes Verbrechen, das plötzlich die Aufmerksamkeit des Publikums gefangennahm.
Adinolfa wollte nun Méisdehl die Schlußszene von Shakespeares Drama spielen lassen, und zwar nach den Anweisungen des berühmten Autographen. Die Tragödin hatte die moderne Abschrift in Händen, die auf gut Glück gemacht worden war, um amerikanische Theaterdirektoren zu gewinnen. Kalj würde, feinfühlig und begabt wie er war,

einen bezaubernden Romeo abgeben, und die sehr komplizierte Mimik würde leicht zugänglich, des Dialogs entraten können, der den beiden Kindern nicht zugänglich war; außerdem konnte das Fehlen des Textes das Verständnis eines so allgemein bekannten Sujets kaum behindern.

Mangels vollständiger Ausstattung mußten irgend welche Kostüm- oder Schmuckfragmente gefunden werden, die die beiden Figuren hinreichend kenntlich machten. Die Kopfbedeckung war in dieser Hinsicht das einfachste und am leichtesten zu verwirklichende Element. Jedoch nach dem Manuskript sollten die beiden Liebenden in Stoffe mit roten Zieraten gekleidet sein und dazu passende, *reichbestickte* Kopfbedeckungen tragen.

Diese letzte Angabe verwirrte Adinolfa und ließ ihr keine Ruhe, als sie eines Tages auf ihren gewohnten Spaziergängen durch die Baumgruppen des Béhuliphruen, den Blick auf den Boden geheftet, in Gedanken versunken vor sich hinwanderte und plötzlich Halt machte, da sie einen langsamen, öfter unterbrochenen Monolog hörte. Sie sah sich um und erblickte Juillard, der, im Türkensitz auf dem Rasen, ein Heft in der Hand hielt und Notizen niederschrieb, die er laut aussprach. Eine große illustrierte Sammlung, die offen auf dem Boden lag, erregte die Aufmerksamkeit der Tragödin durch gewisse rötliche Töne, die mit ihren intimsten Gedanken genau übereinstimmten. Sie näherte sich Juillard, der den großen Reiz des Schlupfwinkels rühmte, den er gewählt hatte.

Hier bereitete er, nachdem er kürzlich den für die Festvorstellung bestimmten Vortrag abgeschlossen hatte, tagaus tagein inmitten völliger Stille und Sammlung eine große Arbeit über den Krieg von 1870/71 vor. Mit einer Geste wies er auf mehrere um ihn verstreute Werke, die während des schrecklichen Kampfes erschienen waren, unter ihnen die große Sammlung, von der die zwei Seiten, die die Tragödin bemerkt hatte, einmal den Angriff bei Reichshofen, andererseits eine Episode aus der Zeit der Kommune darstellten; die roten Töne, die zur Linken den Uniformen und Federbüschen, zur Rechten den Flammen eines Brandes entnommen waren, konnten von weitem die Illusion der von dem Shakespeareschen Autographen geforderten Stickereien erwekken. Begierig, dieses buntbedruckte Papier als Stoff nach ihren Absichten zu verwenden, trug Adinolfa ihren Wunsch Juillard vor, der sich nicht lange bitten ließ und die gewünschten Blätter herausriß.

Mit Schere und Nadel fertigte die Tragödin für Kalj und Méisdehl die beiden klassischen Kopfbedeckungen der Liebenden von Verona.

Nachdem dieser erste Punkt geregelt war, nahm Adinolfa das Werk Shakespeares noch einmal zur Hand, um sorgfältig die kleinsten Einzelheiten zu studieren.

Manche Episoden der Schlußszene fanden ihre Erklärung in einem ziemlich ausgedehnten Dialog, der zwei Bilder aus der Jugend Romeos und Julias umfaßte, als sie sich noch nicht kannten.

Diesen Prolog machte sich Adinolfa ganz besonders zu eigen.

Im ersten Bild folgte Romeo als Kind den Lektionen seines Lehrers, des Paters Valdivieso, eines gelehrten Mönchs, der seinem Schüler die Prinzipien der reinsten religiösesten Moral einprägte.

Seit vielen Jahren verbrachte Valdivieso alle seine Nächte mit Arbeit, umgeben von Folianten, die seine ganze Freude waren, und von alten Pergamenten, deren Geheimnisse seinem unfehlbaren Scharfsinn niemals standhielten. Begabt mit einem ausgezeichneten Gedächtnis und hinreißender Redekunst, bezauberte er seinen Schüler mit sehr bildhaften Geschichten, deren Sinn fast immer eine nützliche Lehre in sich barg. Die Anfangsszene war ganz von seiner Rolle erfüllt, in die sich nur ein paar naive Unterbrechungen des jungen Romeo einfügten.

Biblische Erinnerungen drängten sich in den Erzählungen des Mönchs. Minutiös schilderte er die Versuchung Evas, dann erzählte er das Abenteuer des Wüstlings Thisias, dem mitten in Zion während einer Orgie Gottvater, furchtbar und zürnend, als Geist erschienen war.

Dann kamen die folgenden Einzelheiten über die Legende von Pheior von Alexandria, dem jungen ausschweifenden Zeitgenossen der Thaïs.

Verzweifelt über den Verlust einer Geliebten, die ihm den Bruch dadurch angekündigt hatte, daß sie absichtlich ein verabredetes Schäferstündchen vergaß, hatte Pheior auf sein Lüstlingsleben verzichtet und Trost im Glauben gesucht; er war in die Wüste gegangen, um dort als Anachoret zu leben. Manchmal kam er zurück, um an den Stätten, die Zeugen seiner einstigen Verirrungen gewesen waren, das rechte Wort zu verbreiten.

Durch lange Entbehrungen war Pheior aufs äußerste abgemagert; sein von Natur schon gewaltiger Schädel schien im Vergleich mit seinem ausgemergelten Körper riesenhaft zu sein, und vor allem seine Schläfen sprangen zu beiden Seiten des abgezehrten Gesichts mächtig vor.

Eines Tages erschien Pheior auf dem Marktplatze, als die zusammengerufenen Bürger gerade die Staatsangelegenheiten besprachen. Zu jener Zeit tagten zwei verschiedene Versammlungen, die der Jungen und die der Greise, an bestimmten Tagen auf diesem Forum, wobei jene kühne Gesetzentwürfe vortrugen, die von diesen im Sinne der Mäßigung korrigiert wurden. Diese beiden Gruppen waren jede in einem vollkommenen Quadrat aufgestellt, das die Fläche eines Morgens darstellen mochte.

Das Erscheinen Pheiors, der durch seine plötzliche Bekehrung bekannt geworden war, unterbrach für einen Augenblick die Beratungen.

Sogleich begann der Neophyt, seiner Gewohnheit gemäß, voll glühenden Eifers die Verachtung des Reichtums und der Lust zu predigen, wobei er besonders den Clan der Jungen angriff, denen er schnurstracks alle Arten von Lastern und Schändlichkeiten vorzuwerfen schien.

Erbost ob dieser herausfordernden Haltung stürzten sich die Angesprochenen auf ihn und warfen ihn wütend zu Boden. Zu schwach, sich zu verteidigen, stand Pheior mühsam wieder auf und entfernte sich, grün und blau geschlagen und die Angreifer verfluchend. An einer Straßenbiegung fiel er plötzlich ekstatisch auf die Knie nieder, als er seine ehemalige Geliebte sah, die, reich geschmückt und von einer Schar Sklaven gefolgt, vorüberging, ohne ihn zu erkennen. Pheior fühlte sich für einen Augenblick wieder im Bann seiner glühenden Leidenschaft; aber als die Vision vorüber war, gelang es ihm, sich wieder zu fassen, und er ging abermals in die Wüste, wo er nach mehreren Jahren ständiger Buße als begnadigter Sieger über seine Triebe starb.

Nach der Legende von Pheior beschrieb der Mönch Valdivieso zwei berühmte Martyrien, das des Jeremias, der von seinen Landsleuten mittels zahlreicher scharfkantiger und spitzer Flintsteine gesteinigt worden war, und das des heiligen Ignatius, der den Tieren vorgeworfen worden war, die seinen Leib zerrissen, während sich seine Seele zum Paradiese aufschwang, als welches sich ihm unter dem märchenhaften Bilde einer wunderbaren Insel darstellte.

Alle diese Reden bildeten eine große Einheit. Ihre schlagenden Sujets hatten offensichtlich das Ziel, Romeos Geist zum Guten zu lenken; außerdem erklärten sie die Leichtigkeit, mit der Julia, das Vorbild reiner Gattenliebe, sich siegreich des jungen Mannes bemächtigte, der zuvor frivolen und erniedrigenden Machenschaften gehuldigt hatte.

Das zweite Bild des Prologs, als rührende Parallele zum ersten, zeigte Julia als Kind bei ihrer Amme sitzend, die sie durch anmutige oder schreckliche Geschichten entzückte; unter anderen Märchenfiguren, die die Erzählerin schilderte, sah man die wohltätige Fee Urgèle, die ihre Zöpfe schüttelte, um auf ihrem Wege endlos Goldmünzen auszustreuen, dann die Menschenfresserin Pergovédule, die, durch ihr gelbes Gesicht und ihre grünen Lippen abstoßend entstellt, zwei Färsen zum Nachtmahl verzehrte, wenn es ihr an Kindern fehlte, um ihren Appetit zu stillen.

In der Schlußszene, die Adinolfa inszenieren wollte, erschien eine

Menge von Bildern aus dem Prolog noch einmal vor den Augen der Liebenden, die, nachdem sie Gift getrunken hatten, die Beute fortwährender Halluzinationen wurden.

Nach Angabe des Manuskripts stellten alle diese Phantome eine Reihe von lebenden Bildern, deren allzu schnelle Aufeinanderfolge in Ejur unüberwindliche Schwierigkeiten bereiten mußten.

Adinolfa dachte seitdem an Fuxier, dessen Tabletten durch ihren pittoresken Effekt Kostüme und Zubehör ersetzen konnten.

Fuxier kam dem Wunsch der Tragödin nach und versprach alle geforderten Visionen vorzubereiten; da er sich mit den Feinheiten der englischen Sprache auskannte, las er den Prolog und die Schlußpartie, die ihm eine Menge Material für eine interessante Arbeit lieferten.

Ein besonderer Vermerk im Manuskript verlangte neben Julias Grab eine Feuerstelle mit grünlichem Feuer, das die herzergreifende Szene, die die Liebenden spielten, mit einem tragischen Schimmer beleuchten sollte. Dieses Kohlenbecken, dessen Flammen mit Meersalz gefärbt werden sollten, schien sich gut dafür zu eignen, die beschwörenden Tabletten abzubrennen. Adinolfa, die sich alt schminken wollte, um am Ende selbst mit den Zügen der Menschenfresserin Pergovédule zu erscheinen, konnte sich hinter dem Grab ausstrecken und, allen Augen verborgen, im passenden Augenblick eine bildertächtige Tablette in die Glut werfen.

Dieses Verfahren schloß nicht jedes Auftreten von Menschen aus. Zwei Erscheinungen, die Capulets, der ein Gewand mit goldenen Reflexen tragen sollte, und die Christi auf dem berühmten Esel, sollten von Soreau verkörpert werden, der in seinem Kostümvorrat alles dafür Nötige besaß. Die Verwandlung würde, vor Blicken geschützt, in wenigen Sekunden vor sich gehen, und die gelehrige Milenkaya würde für diesen Fall zugezogen werden. Chènevillot versprach, auf dem Hintergrundprospekt zwei geschickt gemalte dünne Gitter anzubringen, die im rechten Augenblick mit Hilfe des Lichtes einer Lampe mit Reflektor durchsichtig gemacht werden sollten; dahinter sollten zwei Nischen von hinreichender Größe und in der gewünschten Höhe eingerichtet werden.

Da Romeos Geist zum Schluß in Gegenwart seiner eigenen Leiche vom Himmel herabsteigen sollte, wurde einer der Brüder Kaljs, der ihm an Alter und Gesichtszügen sehr ähnlich sah, für die Funktion des Doppelgängers bestimmt. Aus dem Rest des Blattes, aus dem die Kürassiere von Reichshofen geschaffen worden waren, wurde eine zweite Kopfbedeckung, ähnlich der ersten, geschnitten, und Chènevillot ersann ohne Mühe, mittels eines Taus und eines Blocks von der *Lyncée* ein Aufhängungssystem, das mit der Hand bewegt werden konnte.

Für die Erscheinung Urgèles entnahm man der Schiffsladung eine Puppe, die in einer Kiste für einen Friseur in Buenos Aires unbeschädigt geblieben war. Schnell war ein Gestell mit Rollen gebaut, das die weiße und rosafarbene Büste mit den großen blauen Augen tragen konnte. Unweit der Kiste war eine Menge goldener Spielmarken, die wie Zwanzig-Franken-Stücke aussahen, aus einem zertrümmerten Frachtstück ausgelaufen, das verschiedene Spiele enthielt; mit einem kleinen Vorrat von Leim wurden sie leicht in dem prächtigen blonden Haar der Büste befestigt, das aufgelöst und in Zöpfen nach allen Seiten ausgebreitet wurde; die kleinste Erschütterung würde bewirken, daß diese funkelnden Münzen abfielen, die die freigiebige Fee dergestalt in verschwenderischer Fülle ausstreuen konnte.

Für den Rest der Inszenierung, zu dem das Grab und das Kohlenbecken gehörten, verließ man sich ohne Kontrolle auf Chènevillot.

Einer kurzen Passage der Handschrift gemäß legte Romeo um Julias Hals, als sie aus ihrem lethargischen Schlaf erwachte, ein kostbares Halsband von Rubinen, das zuvor nach der Absicht des Gatten dazu bestimmt gewesen war, nur den kalten Leichnam der Geliebten zu schmücken.

Dieses Detail gab Bex Gelegenheit, einen Balsam seiner eigenen Erfindung zu gebrauchen, dessen Anwendung ihm im Laufe seiner gelehrten Zubereitungen immer gelungen war.

Es handelte sich um ein Narkotikum, ein Betäubungsmittel, das stark genug war, die Haut unempfindlich gegen Verbrennungen zu machen. Wenn Bex seine Hände mit dieser schützenden Masse bestrich, konnte er, ganz gleich, bei welcher Temperatur, ein Metall handhaben, das er selbst erfunden und *Bexium* getauft hatte. Ohne die vorhergehende Entdeckung der kostbaren Ingredienz wäre dem Chemiker die Erfindung des *Bexiums* nicht gelungen, dessen besondere Eigenschaften ja gerade extreme Temperaturveränderungen forderten.

Um das Rubinhalsband zu ersetzen, das in Ejur nicht einmal in einer Imitation aufzutreiben war, schlug Bex vor, mehrere glühende Kohlen auf einem Asbestfaden aneinander zu reihen, den zu liefern er sich selbst erbot. Kalj brauchte nur das seltsame rotfunkelnde Kleinod aus dem Kohlenbecken zu nehmen und es Méisdehl anzulegen, deren Brust und Schultern vorher mit dem unfehlbaren Balsam unempfindlich gemacht worden waren.

Die Tragödin nahm Bexens Angebot an, nachdem sie sich der Zustimmung Méisdehls versichert hatte, die sich mutig und vertrauensvoll zeigte.

Das ganze Bild sollte ohne Dialog gespielt werden. Aber Kalj und

Méisdehl legten bei ihren mimischen Studien soviel Intelligenz und guten Willen an den Tag, daß Adinolfa, durch den Erfolg ermutigt, ihren Schülern ein paar ins Französische übersetzte Satzfragmente beizubringen suchte, die zur Erklärung der einzelnen Erscheinungen dienlich sein konnten. Der Versuch führte schnell zum Ziel, und nun galt es nur noch die ergreifenden Auftritte zu vervollkommnen, die die beiden Kinder so gut verstanden hatten.

XIV

Angestachelt durch den Erfolg des Theaters der Unvergleichlichen, schlug Juillard eine weitere Gründung vor, die die Geister für den großen Tag erhitzen und Chènevillot Gelegenheit geben sollte, noch einmal seine Talente als Baumeister zu üben. Es handelte sich darum, alle Mitglieder des Clubs in Aktien umzusetzen und ein Glücksspiel einzurichten, dessen großes Los der künftige Inhaber des großen Bandes des neuen Ordens verkörpern sollte. Nachdem der Plan angenommen worden war, ging man ohne Zögern an die Ausführung.

Fünfzig Passagiere gründeten zunächst eine Spielkasse von zehntausend Franken, indem jeder zweihundert Franken einzahlte; danach sah sich jedes Clubmitglied durch hundert Aktien repräsentiert, einfache viereckige Papiere mit seiner Unterschrift.

Die sämtlichen Aktien wurden wie Spielkarten ausgiebig gemischt, dann in fünfzig gleiche Pakete gepackt, die eins nach dem anderen gleichmäßig an die fünfzig Passagiere verteilt wurden.

Am Schluß der Galavorstellung sollten die zehntausend Franken unter den Aktionären des glücklich gewählten Trägers der höchsten Auszeichnung des Deltas verteilt werden; von nun an hatten die Aktien Zeit, alle erdenklichen Schwankungen mitzumachen, je nach den Chancen, die jeder einzelne Konkurrent bieten würde.

Die Clubmitglieder sollten jedem Handel fern bleiben, aus demselben Grunde, der den Jockeys verbietet, zu wetten.

Vermittler waren nötig, um das Hin und Her der Wertpapiere zwischen den Spielern zu regeln. Hounsfield, Cerjat und ihre drei Angestellten hatten die Rolle der Wechselmakler übernommen und erhielten den Betrag der Spielkasse zur Verwahrung; Chènevillot mußte ein neues Gebäude für die Börsengeschäfte schaffen.

Innerhalb von vierzehn Tagen erhob sich eine Miniaturbörse, eine genaue Verkleinerung der Pariser Börse, gegenüber der Bühne der Unvergleichlichen; in Holz ausgeführt, erweckte das Gebäude dank eines weißen Verputzes, den Torresse aufgetragen hatte, vollständig die Illusion eines Steinbaus.

Um dem nützlichen Bauwerk freien Raum zu schaffen, hatte man die sterbliche Hülle des Zuaven um einige Meter nach Süden verlegt, ebenso wie den Grabstein mit den prächtigen Aquarellen auf der schwarzen Tafel.

Die Originalität einer Spekulation, deren Gegenstand die Personen der Unvergleichlichen waren, forderte eine eigene Sprache und es wurde entschieden, daß nur in Alexandrien abgefaßte Aufträge ausgeführt werden sollten.

Noch am Tage ihrer Vollendung, um sechs Uhr, öffnete die Börse zum ersten Mal und die fünf Wechselmakler setzten sich an fünf Tische, die für sie hinter der kleinen Kolonnade aufgestellt worden waren. Bald verlasen sie mit lauter Stimme eine Menge Zettel, die ihnen von den um sie gruppierten Spielern überreicht worden waren und Kaufs- und Verkaufsanträge in kläglichen zwölfsilbigen Versen voller Füllwörter und Hiaten. Eine Börsennotierung bildete sich heraus nach der Größe von Angebot und Nachfrage, und die Aktien, sofort bezahlt und geliefert, gingen von einer Hand in die andere. Unaufhörlich flatterten neue Zettel auf die Tische und so wurde eine Stunde lang ein märchenhafter lärmender Handel getrieben. Zur Bezeichnung der Wertpapiere verwendete man den Namen mit vorangestelltem Artikel. Am Ende der Börsenzeit notierte die *Carmichael* mit 52 Franken und die *Tancrède Boucharessas* mit zwei Louis, während die *Martignon* mit 28 Sous und die *Olga Tscherwonenkow* mit 60 Centimes bezahlt wurden. Die *Balbet* fand wegen der vielversprechenden Schießvorführungen Käufer bei 14 Franken und die *Luxo* brachte 18,90 Franken dank dem erstaunlichen Feuerwerk, von dem man ungeheure Ergebnisse erwartete.

Die Börse schloß um sieben Uhr, aber von diesem Tage an öffnete sie täglich zwanzig Minuten lang, zur lebhaften Freude der Spekulanten, von denen viele, ohne sich um das Endergebnis zu kümmern, nur darauf aus waren, mit Hausse und Baisse Glückstreffer zu machen, indem sie Gerüchte aller Art in Umlauf setzten. Eines Tages sank die *Carmichael* um neun Punkte wegen einer angeblichen Heiserkeit des jungen Sängers; am nächsten Tag wurde die Nachricht als falsch erkannt, und das Papier stieg plötzlich um zwölf Franken. Die *Balbet* unterlag ebenfalls starken Schwankungen infolge sich ständig widersprechender Berichte über das Funktionieren des Gras-Gewehrs und die Haltbarkeit der Patronen.

Dank täglicher Lektionen war es Talou gelungen, die Aubade von Dariccelli zu singen, indem er die Takte wiederholte, die Carmichael, neben ihm sitzend, ihm einflüsterte. Der Kaiser wollte nun die Frauengewänder anlegen, die auf den ersten Blick seine Begehrlichkeit erregt hatten, und zugleich seine Bildung vervollständigen, indem er die Kunst der Gebärde und der Haltung übte. Sirdah übersetzte den Wunsch ihres Vaters, der sich, von dem jungen Marseiller unterstützt, voll kindlicher Freude sorgfältig mit dem blauen Kleid und der blonden Perücke schmückte, deren doppelte Seltsamkeit die Seele des Dichter-

Monarchen entzückte, da er ein ganz klein wenig zur Verstellung neigte.

So als Sängerin kostümiert, stieg der Kaiser auf die Bühne, und diesmal zerlegte Carmichael in seiner Lektion langsam die verschiedenen Armbewegungen, die ihm geläufig waren, und gewöhnte zugleich seinen Schüler daran, ungezwungen zu gehen und dabei mit einem geschickten Fußtritt die lästige lange Schleppe beiseite zu schleudern. Von nun an studierte Talou, immer in großem Aufputz, seine Rolle und löste schließlich ehrenvoll die Aufgabe, die er sich gestellt hatte.

Am Tag der Festvorstellung sollte eine Reihe lebender Bilder von der Truppe der Operettensänger gestellt werden, die über einen ziemlich großen Fundus an Kostümen und Requisiten verfügten.

Soreau, der den Anstoß zu dem Plan gegeben und die Leitung übernommen hatte, beschloß, mit einem *Gelage der olympischen Götter* zu beginnen, das mit den verfügbaren Bestandteilen der Ausstattung von *Orpheus in der Unterwelt* leicht zu verwirklichen war.

Für die übrigen Bilder ließ sich Soreau von fünf Anekdoten anregen, die er während seiner Tournee durch Nordamerika, England, Rußland, Griechenland und Italien gesammelt hatte.

An erster Stelle stand eine kanadische Erzählung, die er in Quebec gehört hatte, eine Art kindlicher Legende, deren Inhalt hier folgt.

Am Ufer des Ontario-Sees lebte ein reicher Pflanzer französischer Abkunft namens Jouandon.

Seit kurzem verwitwet, weihte Jouandon seine ganze Zärtlichkeit seiner Tochter Ursule, einem anmutigen Kinde von acht Jahren, das der Fürsorge der treuen Maffa anvertraut war, einer sanften und freundlichen Huronin, die sie mit ihrer eigenen Milch gesäugt hatte.

Jouandon sah sich den Umtrieben einer Intrigantin, Gervaise mit Namen, ausgesetzt, die wegen ihrer Häßlichkeit und Armut Jungfrau geblieben war und sich in den Kopf gesetzt hatte, den reichen Pflanzer zu heiraten.

Jouandon, ein Mann von schwachem Charakter, ließ sich von der amourösen Komödie verführen, die die Megäre geschickt spielte, so daß sie bald seine zweite Frau wurde.

Das Leben in dem einst so friedlichen und heiteren Heim wurde von nun an unerträglich. Gervaise hatte in ihren Räumen ihre Schwester Agathe und ihre beiden Brüder Claude und Justin aufgenommen, alle drei ebenso mißgünstig wie sie selbst; von morgens bis abends schreiend und gestikulierend, beherrschte diese infernalische Clique das Haus. Ursule vor allem war die Zielscheibe von Gervaises Spott, bei dem sie ihre Helfer unterstützten, und nur mit Mühe gelang es Maffa, das Mädchen vor den Mißhandlungen zu schützen, mit denen es bedroht wurde.

Nach zwei Jahren starb Jouandon an der Schwindsucht, verzehrt von Kummer und Reue und sich selbst beschuldigend, zugleich mit seinem eigenen Unglück durch die beklagenswerte Verbindung das Unglück seiner Tochter verursacht zu haben, weil er nicht die Kraft zum Bruch gefunden hatte.

Gervaise und ihre drei Komplizen waren mehr denn je hinter der unglücklichen Ursule her, die sie wie ihren Vater zu Tode zu bringen hofften, um ihren Reichtum an sich zu reißen.

Entrüstet begab sich Maffa eines Tages zu den Kriegern ihres Stammes und schilderte die Situation dem alten Zauberer No, der wegen seiner großen Fähigkeiten berühmt war.

No versprach, die Schuldigen zu züchtigen, und folgte Maffa, die ihn zu der verfluchten Wohnung führte.

Am Ontario-See entlanggehend, bemerkten sie in der Ferne Gervaise und Agathe, die auf das Ufer zugingen, gefolgt von ihren beiden Brüdern, die die stumme, unbewegliche Ursule trugen.

Die vier Ungeheuer hatten die Abwesenheit der Amme ausgenützt und das Kind geknebelt, das sie nun in die tiefen Wasser des Sees stürzen wollten.

Maffa und No versteckten sich hinter einer Baumgruppe; die anderen gelangten bis an die Uferböschung, ohne sie zu bemerken.

In dem Augenblick, als die beiden Brüder Ursules Körper hin und her schwangen, um ihn in die Fluten zu werfen, sprach No eine tönende Zauberformel, die auf der Stelle vier plötzliche Metamorphosen bewirkte.

Gervaise wurde in eine Eselin verwandelt und vor einen Trog voll appetitlicher Kleie gestellt; sobald sie sich aber dem üppigen Fraß näherte, hielt eine Art Haarseil jählings ihren Unterkiefer fest und hinderte sie, ihren Heißhunger zu stillen. Als sie, der Qual müde, vor der trügerischen Versuchung fliehen wollte, erhob sich vor ihr ein goldenes Fallgatter; das unerwartete Hindernis versperrte ihr den Weg, bereit, an jedem beliebigen Punkt einer engbegrenzten Umwallung zu erscheinen.

Agathe, in eine Gans verwandelt, lief, von Boreas verfolgt, der aus vollen Lungen hinter ihr herblies, während er sie mit einer dornigen Rose peitschte, wie verrückt davon.

Claude behielt seinen Menschenkörper, aber man sah, daß sein Kopf sich in den eines Wildschweins verwandelte. Drei Gegenstände verschiedenen Gewichts, ein Ei, ein Handschuh und ein Strohhalm hüpften in seinen Händen, die sie gegen seinen Willen ständig in die Luft warfen, um sie dann geschickt wieder aufzufangen. Gleich einem Jongleur, der, statt sein Spielzeug zu beherrschen, sich von ihm mitreißen läßt, floh der Unglückliche in gerader Linie, als ob er einer Art schwindelerregender Magnetkraft unterliege.

Justin, in einen Hecht verwandelt, wurde in den See geworfen, in dem er unaufhörlich mit großer Geschwindigkeit die Runde machen mußte wie ein Pferd in einem riesigen Hippodrom.

Maffa und No hatten sich Ursule genähert, um ihr den Knebel abzunehmen.

Voll Mitgefühl und allen Groll vergessend, wollte das Mädchen, das die vierfache Verwandlung gesehen hatte, sich zugunsten ihrer Henker verwenden.

Sie bat den Zauberer um ein Mittel, die Verzauberung zu beenden, und verfocht mit Eifer die Sache der Schuldigen, die ihrer Meinung nach keine ewige Strafe verdienten.

Gerührt von soviel Güte, gab ihr No die kostbare Auskunft: einmal im Jahr, bei der Wiederkehr des Tages und der genauen Stunde der Verzauberung, sollten sich die vier Verhexten an dem Punkt der Uferböschung einfinden, an dem sich die Eselin befand, die allein während der Wanderungen der drei Umherirrenden an Ort und Stelle bleiben sollte; diese Begegnung würde nur eine Sekunde dauern, denn den unseligen Flüchtlingen sollte keine Pause gegönnt sein; wenn es während dieses kaum meßbaren Augenblicks einer großmütigen Hand gelingen sollte, den Hecht mit irgend einem Gerät zu fangen und aufs Ufer zu werfen, so würde der Zauber sofort gebrochen und den vier Verwunschenen die Menschengestalt wiedergegeben werden; doch die geringste Ungeschicklichkeit bei der befreienden Geste konnte die Möglichkeit eines neuen Versuchs bis ins nächste Jahr hinausschieben.

Ursule prägte sich alle Einzelheiten dieser Erklärung ein und dankte No, der allein zu den Wilden seines Stammes zurückkehrte.

Ein Jahr später stieg Ursule mit Maffa einige Minuten vor der vorgeschriebenen Zeit ins Boot und lauerte dem Hecht unweit der Stelle auf, wo die Eselin noch immer vergebens an ihrem stets vollen Trog schnupperte.

Plötzlich bemerkte das Mädchen im durchsichtigen Wasser in der Ferne den schnellen Fisch, den sie erwartete; zur gleichen Zeit eilten von zwei entgegengesetzten Punkten des Horizonts der Jongleur mit dem Wildschweinskopf und die von Boreas grausam gepeitschte Gans auf dasselbe Ziel zu.

Ursule tauchte ein großes Netz senkrecht ins Wasser und schnitt so den Weg ab, auf dem der Hecht wie ein Pfeil in die Mitte der schwimmenden Vorrichtung hineinstieß.

Mit jäher Bewegung wollte die junge Fischerin das Tier auf die Uferböschung werfen, aber offenbar war die Sühne noch nicht genügend, denn die Maschen, so eng und fest sie auch waren, gaben den Gefangenen frei, der ins Wasser zurückfiel und seine rasende Fahrt fortsetzte.

Der Jongleur und die Gans trafen sich für einen Augenblick bei der Eselin, kreuzten sich ohne ihre Geschwindigkeit zu verringern und verschwanden schnell in entgegengesetzten Richtungen.

Allem Anschein nach war Ursules Mißgeschick auf einen übernatürlichen Einfluß zurückzuführen, denn nach dem Ereignis fand sich kein Riß in den unberührten Maschen des Netzes.

Drei weitere Versuche, jeweils im Abstand eines Jahres, erbrachten dasselbe negative Ergebnis. Endlich, im fünften Jahr, gelang Ursule eine so flinke und geschickte Bewegung, daß der Hecht den äußersten Uferrand erreichte, ohne daß er Zeit fand, durch die Maschen zu gleiten.

Sogleich nahmen die vier Blutsverwandten wieder ihre menschliche Gestalt an und verließen voll Furcht vor einer abermaligen Verzauberung das Land, wo man sie nie wiedersah.

In England hatte Soreau die folgende Tatsache erfahren, die der Graf von Corfield, ein intimer Freund des großen Komponisten, in seinen *Erinnerungen an Händel* berichtet.

Seit 1756 verließ Händel, alt und schon seit mehr als vier Jahren der Sehkraft beraubt, kaum mehr seine Wohnung in London, wo ihn seine Bewunderer in Massen besuchten.

Eines Abends befand sich der illustre Musiker in seinem Arbeitszimmer im ersten Stock, einem großen, prunkvollen Raum, den er wegen einer prächtigen Orgel, die an die Holztäfelung stieß, seinen Salons im Parterre vorzog.

In grellem Licht plauderten einige Gäste geräuschvoll, erheitert durch die üppige Mahlzeit, die ihnen der Meister geboten hatte, der ein großer Liebhaber einer guten Küche und eines guten Weinkellers war.

Graf Corfield, der zugegen war, lenkte die Unterhaltung auf das Genie des Gastgebers, dessen Meisterwerke er mit aufrichtigster Begeisterung rühmte. Die anderen stimmten mit ein und jeder bewunderte die Macht der angeborenen schöpferischen Begabung, die der Laie nicht einmal um den Preis verbissenster Arbeit erringen kann.

Nach Corfields Meinung konnte eine Phrase, die hinter einer durch den göttlichen Funken geschmückten Stirn erblüht war, von einem simplen Handwerker banal entwickelt, immernoch manche Notenseite mit dem Hauch seines Geistes beleben. Hingegen, so fügte der Redner hinzu, mußte ein gewöhnliches Thema, von dem inspiriertesten Gehirn behandelt, schicksalhaft seine Schwerfälligkeit und Unbeholfenheit bewahren, ohne den unauslöschlichen Makel seines platten Ursprungs verbergen zu können.

Bei diesen letzten Worten schrie Händel laut auf und behauptete, selbst auf ein Motiv, das nach einem vom Zufall gelieferten Verfahren mechanisch konstruiert worden sei, sei er imstande, ein ganzes Oratorium zu schreiben, das würdig sei, in der Liste seiner Werke angeführt zu werden.

Da diese Behauptung allerlei zweifelndes Gemurmel hervorrief, stand Händel, von den Trankopfern des Gelages belebt, plötzlich auf und erklärte, er wolle auf der Stelle und vor Zeugen das Gerüst der fraglichen Arbeit redlich errichten.

Der berühmte Komponist tastete sich bis zum Kamin und nahm dort aus einer Vase mehrere Stechpalmenzweige, die vom letzten Weihnachtsfest übrig geblieben waren. Er legte sie auf dem Marmor aus und machte auf ihre Zahl aufmerksam: es waren sieben; jeder Zweig sollte eine Note der Tonleiter darstellen und irgendein Zeichen tragen, an dem man ihn wiedererkennen konnte.

Madge, die alte Haushälterin des Meisters, sehr erfahren in Näharbeiten, wurde sogleich herbeigerufen und erhielt den Auftrag, augenblicklich sieben dünne Bänder verschiedener Farbe zu liefern.

Die kluge Frau ließ sich durch etwas so Geringfügiges nicht in Verlegenheit bringen und legte nach kurzer Abwesenheit sieben schmale Seidenbänder vor, deren jedes eine Probe für eine der Farben des Prismas war.

Auf eine Bitte des großen Musikers knüpfte Corfield ein Band um jeden Zweig, ohne ihn aus seiner Lage zu verrücken.

Dies getan, forderte Händel die Anwesenden auf, einen Augenblick die vor ihren Augen aufgebaute Tonleiter zu betrachten, wobei sich jeder die Entsprechung der Farben und der Noten einprägen sollte.

Darauf schritt der Meister selbst mit Hilfe seines durch die Blindheit außerordentlich verfeinerten Tastsinns zu einer minutiösen Prüfung der Zweige und merkte sich jede Besonderheit, die durch die Anordnung der Blätter oder durch die Entfernung der Stacheln voneinander entstanden war.

Sobald er seiner selbst sicher war, nahm er die sieben Zweige in seine linke Hand, deutete in die Richtung nach seinem Arbeitstisch und trug Corfield auf, Feder und Tintenfaß zu holen.

Von einem seiner Getreuen geleitet, ließ sich der blinde Meister aus dem Zimmer zur Treppe führen, deren flaches weißes Geländer ganz seinen Absichten entsprach.

Händel mischte die Stechpalmenzweige gründlich, so daß keine Spur der ursprünglichen Ordnung mehr übrig blieb; dann rief er Corfield, der ihm die frisch eingetauchte Feder reichte.

Mit den verfügbaren Fingern seiner rechten Hand einen der Stechpalmenzweige betastend, deren jeder für ihn seine volle, durch den Tastsinn erkennbare individuelle Persönlichkeit besaß, näherte sich der Blinde dem Geländer, auf das er ohne Mühe in gewöhnlichen Lettern die durch flüchtige Berührung festgestellte Note schrieb.

Eine Stufe tiefer mischte Händel abermals das dicke Büschel der Zweige und suchte mit demselben rein willkürlichen Verfahren des Betastens eine zweite Note, die er etwas weiter unten ebenfalls auf das Geländer schrieb.

So ging der Abstieg langsam und regelmäßig weiter. Auf jeder Stufe schüttelte der Meister gewissenhaft den Strauß nach allen Seiten, bevor er darin mit den Fingerspitzen die Bezeichnung eines unerwarteten Tons suchte, der sogleich in hinreichend leserlichen Schriftzeichen niedergeschrieben wurde.

Die Gäste folgten ihrem Gastgeber Schritt für Schritt und konnten die Richtigkeit seiner Arbeit durch Prüfung der verschiedenfarbigen Bänder leicht feststellen. Zuweilen nahm Corfield die Feder und tauchte sie in die Tinte, bevor er sie dem Blinden zurückgab.

Zehn Minuten später schrieb Händel die dreiundzwanzigste Note und stieg die letzte Stufe herab, die ihn auf das Niveau des Erdgeschosses brachte. Er erreichte eine Bank, setzte sich für einen Augenblick und ruhte sich von seiner Arbeit aus; dabei gab er seinen Freunden den bestimmenden Grund an, der ihn veranlaßt hatte, eine so seltsame Art der Aufzeichnung zu wählen.

Da er sein Ende nahen fühlte, hatte Händel der Stadt London sein ganzes Haus vermacht, das als Museum eingerichtet werden sollte. Eine große Zahl von Manuskripten, Kuriositäten und Andenken aller Art versprach schon jetzt, den Besuch des illustren Heims sehr anziehend zu machen. Doch den Meister ließ der Wunsch nicht los, die Anziehungskraft des künftigen Wallfahrtsortes immer noch weiter zu steigern. Deshalb hatte er an diesem Abend, die günstige Gelegenheit benützend, aus dem Treppengeländer sein unvergängliches Monument gemacht, indem er auf ihm das bizarre, inkohärente Thema schrieb, dessen Länge allein die vorher nicht bekannte Zahl der Stufen bestimmte, dergestalt, daß er auf diese Weise der gewollten mechanischen Seite der Komposition eine weitere Besonderheit hinzufügte.

Durch ein paar Augenblicke der Ruhe erholt, kehrte Händel, von seinen Freunden eskortiert, in den Saal im ersten Stock zurück, wo der Abend dann ein fröhliches Ende fand. Corfield übernahm es, die durch die Laune des Zufalls ausgearbeitete Phrase musikalisch niederzuschreiben, und der Meister versprach, den Angaben des Entwurfs genau zu folgen; nur zwei Freiheiten behielt er sich vor, zunächst die der Notenwerte, dann die der Stimmung, die sich zwanglos von einer Oktave zur anderen entwickeln sollte.

Schon am nächsten Tag machte sich Händel mit Unterstützung durch einen Sekretär, der gewohnt war, nach seinem Diktat zu schreiben, an die Arbeit.

Die Blindheit hatte in keiner Weise die geistige Kraft des berühmten Musikers geschwächt.

In seiner Bearbeitung gewann das Thema mit seiner phantastischen Kontur eine schöne, interessante Wendung dank der geistreichen Kombinationen von Rhythmus und Harmonie.

Eben diese Phrase von dreiundzwanzig Noten, in unaufhörlicher Wiederholung jedesmal mit einem neuen Aspekt präsentiert, bildet ganz allein das berühmte Oratorium *Vesper*, ein machtvolles, heiteres Werk, dessen Erfolg immer noch andauert.

Auf seiner Reise durch Rußland hatte sich Soreau die folgenden historischen Notizen über den Zaren Alexis Michailowitsch gemacht.

Gegen Ende des Jahres 1648 ließ Alexis, fast noch ein Kind und schon seit drei Jahren Kaiser, seine beiden Favoriten Pletschtschejew und Morosow nach ihrem Gutdünken regieren, deren Ungerechtigkeiten und Grausamkeiten überall Unzufriedenheit erzeugten.

Besonders Pletschtschejew, von allen geschmäht, die ihm nahe kamen, erweckte Rachegefühle, wo immer er erschien.

An einem Dezembermorgen ging im Palast ein Gerücht um: Pletschtschejew, vor Schmerzen heulend, wand sich in seinen Gemächern mit blutunterlaufenen Augen und Schaum vor dem Munde in gräßlichen Krämpfen. Als der Zar, von seinem Arzt begleitet, in die Räume seines Günstlings eindrang, bot sich seinen Augen ein entsetzliches Schauspiel: Pletschtschejew, auf dem Teppich ausgestreckt, mit verkrampften Gliedern, blauem Gesicht und blauen Händen, hatte soeben seinen letzten Seufzer getan.

Auf einem Tisch sah man den Rest des Frühstücks, das der Verstorbene eingenommen hatte. Der Arzt trat näher und erkannte an dem Geruch einiger Tropfen der Flüssigkeit, die auf dem Grund der Tasse übrig geblieben war, die Spuren eines sehr starken Giftes.

Der Zar schritt sofort zu einer Untersuchung und ließ alle Diener Pletschtschejews rufen. Doch kein Geständnis war zu erreichen und auch in der Folge führten selbst die minutiösesten Durchsuchungen zu keinem Ergebnis.

Alexis wandte nun ein Mittel an, das den Schuldigen dazu bringen sollte, sich gegen seinen Willen selbst zu verraten. Vor aller Augen schloß er sich allein in seine Kapelle ein, um Gott um eine Eingebung zu bitten. Eine Stunde später öffnete er die Türe und entbot die verdächtigten Diener zu sich, die alsbald den heiligen Ort schweigend betraten.

Einer der Wände zugewandt, zeigte Alexis den Neuangekommenen ein kostbares Glasfenster, dessen bewundernswertes durchsichtiges Mosaik den sterbenden Christus am Kreuz in der Abenddämmerung zeigte. Fast auf der Höhe des Horizonts war die Sonne, im Begriff unterzugehen, durch eine vollkommen regelmäßige rote Scheibe dargestellt.

Auf Alexis' Befehl traten zwei Diener aus der Gruppe an das Glasfenster, indem sie das weit genug vorspringende steinerne Fensterbrett erkletterten. Mit ihren Messern lösten sie die Bleiblättchen ab, die an dem Umfang des strahlenden Gestirns gelötet waren; dann gelang es ihnen, mit den Fingerspitzen die runde Glasscheibe zu fassen, die sie glänzend und unbeschädigt zurückbrachten und dem Zaren übergaben.

Bevor sich Alexis des bizarren Gegenstands bediente, schilderte er eine Vision, die er gerade auf eben diesem Platze in der inneren Sammlung der Einsamkeit gehabt hatte:

Seit einigen Minuten eingeschlossen, hatte Alexis Gott gebeten, ihm den Namen des Schuldigen zu offenbaren, als eine plötzliche Helligkeit ihn die Augen erheben ließ, und da sah er auf dem jetzt unvollständigen Kirchenfenster das Bildnis Jesu, das sich zu beleben schien. Die Augen des Gekreuzigten sahen ihn glühend an und alsbald artikulierten die geschmeidigen lebendigen Lippen die folgende Sentenz: »Löse von dem Fenster diese Sonne, die meine Pein erhellt; wenn deine Blicke dieses durch meine Todesqual geheiligte Prisma durchdringen, werden sie den Schuldigen niederschmettern, der zur Strafe die Wirkung des Gifts verspüren wird, das seine Hand gegeben hatte.« Nach diesen Worten verfiel das Christusbild wieder in seine frühere Unbeweglichkeit und der Zar, geblendet von diesem Wunder, betete noch lange um dem Herrn zu danken.

Die Gruppe der Diener hatte diesem Bericht regungslos zugehört.

Alexis hob, von nun an schweigend, die rote Sonne bis auf die Höhe seiner Augen und fixierte durch die durchsichtige Scheibe hindurch die Reihe der armen Sünder vor ihm.

Der Zar hatte mit gutem Grunde auf die Konsequenzen der religiösen Überschwenglichkeit gerechnet, um sein Ziel zu erreichen, denn seine Worte hatten seine Zuhörer tief bewegt. Plötzlich, von dem forschenden Blick getroffen, der hinter dem farbigen Glas funkelte, schwankte einer der Männer, stieß einen Schrei aus und fiel mit verkrampften Gliedern, Gesicht und Hände wie bei dem sterbenden Pletschtschejew blau gefärbt, in die Arme seiner Gefährten. Der Zar trat zu dem Unglücklichen, der sein Verbrechen gestand, bevor er unter den gräßlichsten Schmerzen seinen Geist aufgab.

Griechenland hatte eine poetische Anekdote geliefert; während seines Aufenthalts in Athen benützte Soreau seine freien Stunden, um in Begleitung eines Fremdenführers die Schönheiten der Stadt und des umgebenden Landes zu besichtigen.

Eines Tages im Arghyros-Wald geleitete der Führer Soreau zu einem schattigen Rondell und bat ihn, das Echo auszuprobieren, das wegen seiner erstaunlichen Reinheit gerühmt wurde.

Soreau gehorchte und stieß eine Reihe von Worten oder Tönen aus, die sofort mit vollkommener Genauigkeit reproduziert wurden.

Der Fremdenführer berichtete darauf das Folgende, das der Örtlichkeit plötzlich ein unerwartetes Interesse verlieh.

Im Jahre 1827 gehörte Canaris, das Idol ganz Griechenlands, das ihm seine Unabhängigkeit verdankte, seit kurzer Zeit dem hellenischen Parlament an.

An einem Sommerabend schlenderte der illustre Seefahrer, von einigen intimen Freunden begleitet, gemächlich durch den Arghyros-Wald, genoß den Zauber der wunderbaren Abenddämmerung und sprach von der Zukunft des Landes, dessen Glück seine einzige Sorge war.

An dem tönenden Rondell angekommen, gab einer der Gefährten Canaris, der zum ersten Mal diese Gegend durchstreifte, die klassische Erklärung des akustischen Phänomens, das alle Spaziergänger ausprobiert hatten.

Da der Held ebenfalls die mysteriöse Stimme hören wollte, begab er sich an den bezeichneten Punkt und rief aufs Geratewohl das Wort »Rose«.

Das Echo wiederholte getreulich die Vokabel, aber zur großen Überraschung aller verbreitete sich im gleichen Augenblick ein durchdringender, erlesener Duft von Rosen in den Lüften.

Canaris wiederholte das Experiment, indem er der Reihe nach die duftreichsten Blumen nannte; jedes Mal kam schnell und deutlich die Antwort in einer Wolke des entsprechenden Aromas.

Die Nachricht, am nächsten Tag von Mund zu Mund weitergegeben, erhöhte die Begeisterung der Griechen für ihren Retter. Ihrer Meinung nach hatte die Natur selbst den Triumphator ehren wollen, indem sie auf seine Spuren die köstliche subtile Seele der wunderbarsten Blumen säte.

Eine Lokalnachricht aus der jüngsten Zeit rief Soreau seinen Aufenthalt in Italien ins Gedächtnis zurück.

Es handelte sich um den Fürsten Savellini, einen unverbesserlichen Kleptomanen, der trotz seines ungeheuren Vermögens auf Bahnhöfen und allgemein an allen Orten, wo sich die Menschen drängten, tagaus tagein mit der verblüffendsten Geschicklichkeit eine reiche Ernte an Taschenuhren und Geldbörsen machte.

Vor allem war der Fürst darauf aus, die Armen auszuplündern. Mit erlesenster Eleganz gekleidet und mit unschätzbaren Kleinodien geschmückt, begab er sich in die Elendsquartiere Roms und suchte auf raffinierte Weise die schmutzigsten Taschen, um seine ringgeschmückten Hände in sie zu versenken.

Als er eines Tages in eine verrufene Gasse kam, einen Schlupfwinkel von Dirnen und Zuhältern, bemerkte er von weitem einen Menschenauflauf, der ihn sofort seinen Schritt beschleunigen ließ.

Näherkommend unterschied er dreißig oder vierzig Strolche der schlimmsten Sorte, die in ihren Zuschauerkreis zwei der Ihren eingeschlossen hatten, die mit Messern gegeneinander kämpften.

Der Fürst glaubte eine Wolke vor seinen Augen vorüberziehen zu sehen; noch nie hatte sich bis jetzt eine solche Gelegenheit geboten, seinem Laster zu frönen.

Freudetrunken, die Kiefer zusammenpressend um zu verhindern, daß seine Zähne klapperten, tat er ein paar taumelnde Schritte auf seinen zitternden Beinen, während in seiner Brust die dumpfen Schläge seines Herzens hämmerten, die ihm den Atem verschlugen.

Begünstigt durch die Anziehungskraft des blutigen Schauspiels, das alle Geister in seinen Bann schlug, konnte der Kleptomane seine Kunst in voller Freiheit ausüben und mit einer Fingerfertigkeit ohne gleichen die aus blauem Leinen oder Rippsamt geschneiderten Taschen durchsuchen.

Kleingeld, plumpe Uhren, Tabaksbeutel und allerlei Kleinigkeiten verschwanden unaufhörlich in den riesigen Höhlungen, die der Fürst im Inneren seines luxuriösen Pelzmantels hatte anbringen lassen.

Plötzlich stürzten sich mehrere Polizisten, von dem Kampf angelockt, auf die Gruppe, packten die beiden Kämpfer und auch den Fürsten, dessen Treiben ihnen nicht entgangen war, und brachten sie auf die Wache.

Eine Haussuchung im Palazzo Savellini machte die unzähligen Diebstähle des armen Irren offenkundig.

Tags darauf brach in den Zeitungen ein fürchterlicher Skandal los und der adelige Kleptomane wurde das Gerede ganz Italiens.

Zusammen mit Chènevillot, der seine Mitwirkung bei der künstlichen Anordnung aller Requisiten versprochen hatte, widmete sich Soreau fieberhaft der Einrichtung der sechs geplanten Bilder.

Für das Gelage der Götter sollte ein schwarzes Seil, das vor einem Hintergrund in der gleichen Farbe nicht zu erkennen war, Merkur in den Lüften schwebend zeigen; der Schiffskoch sollte es übernehmen, für einen reich gedeckten Tisch zu sorgen.

Die Legende vom Ontario-See forderte umfänglichere Arbeiten. Von Olga Tscherwonenkow geliehen, sollte die Eselin Milenkaya, mit den beiden äußersten Enden eines scheinbaren Haarseils zwischen den Kiefern, ihre Rolle vor einer künstlichen Kleie spielen, die aus dünnen Blättchen gelben Papiers bestand und keine gefährliche Versuchung sein würde, die die Scheinhaftigkeit des Hindernisses enthüllen konnte. Soreau hatte seine Wahl auf den genauen Augenblick eines der fruchtlosen Versuche zur Erlösung der Verhexten festgelegt. Stella Boucharessas sollte die mildherzige Ursule spielen, die sich vergebens bemüht, den flüchtigen Hecht zu fangen; neben ihr sollte Jeanne Souze, mit bemaltem Gesicht und bemalten Händen, die Rolle der treuen Maffa spielen. Vor der Eselin würde Soreau als Boreas eine Gans aus dem Hühnerhof des Schiffskochs verfolgen; die Flügel des Tiers würden durch ein unsichtbares Gerüst ausgebreitet gehalten und seine Füße, durch einen zähen Belag an den Boden geheftet, würden die Haltung einer schnellen Flucht einnehmen. Unter den Requisiten der Truppe fand man, um den Jongleur zu schmücken, einen Eberkopf aus Pappe in vollkommener Ausführung; dieses Schmuckstück wurde gewöhnlich von dem Führer des Cotillons im dritten Akt einer Operette getragen, deren sämtliche Figuren in einem bestimmten Augenblick den Maskenball eines steinreichen Hochstaplers heimsuchten.

Für das Bild des schreibenden Händel erhielt Chènevillot sehr genaue Anweisungen von Soreau, der in London mit eigenen Augen das berühmte Treppengeländer gesehen hatte, das im South-Kensington-Museum ehrfurchtsvoll verwahrt wird.

Das Erscheinen des Zaren Alexis war leicht zu machen, genau so wie das von Canaris, das lediglich durch die unvermeidliche Hinzufügung verschiedenartiger starker Parfums erschwert wurde.

Dieses letzte Problem konnte nur von Darriand gelöst werden, der, im Verfolg der Entdeckung seiner Meerespflanzen, zahlreiche Studien über alle möglichen vegetabilischen Gerüche gemacht hatte.

Der tüchtige Gelehrte, der neue Arbeiten plante, um die Mußestunden seiner Reise zu füllen, hatte sich mit Essenzen aller Art versehen, die, kunstvoll gemischt, die verschiedenartigsten Düfte liefern konnten.

Hinter der Kulisse versteckt, würde Darriand selbst, wie ein Echo, die Namen der gerufenen Blumen wiederholen und jeweils ein paar Sekunden vorher einen bestimmten Flacon mit einer höchst flüchtigen Verbindung öffnen, dessen Emanationen den Geruchsinn der Zuschauer plötzlich von allen Seiten treffen sollten.

In der Kleptomanieszene wollte Soreau den Fürsten Savellini darstellen und einen weiten Pelzmantel anlegen, der ihm während der Überfahrt dazu gedient hatte, auf Deck den stets lebhaften Winden der hohen See zu trotzen.

Carmichael in der Rolle des Rezitators sollte mit wenig Worten das von jeder der sechs Gruppen dargestellte Thema erklären.

XV

In Ejur gab es ein Musterbeispiel fesselnder Originalität in der Person Fogars, des ältesten Kaisersohns.

Kaum fünfzehn Jahre alt, verblüffte dieser Knabe uns alle durch seine zuweilen schreckenerregende Sonderbarkeit.

Vom Übernatürlichen angezogen, hatte Fogar aus dem Munde des Zauberers Bachkou einige Zauberrezepte erfahren, die er dann auf seine Weise vervollkommnet hatte.

Als Dichter aus Instinkt wie sein Vater liebte er leidenschaftlich die Natur. Das Meer vor allem zog ihn unwiderstehlich an. Am Strand sitzend verbrachte er Stunden damit, die ruhelosen Fluten zu betrachten und von den geheimen Wundern zu träumen, die in den flüssigen Abgründen verborgen lagen. Als ausgezeichneter Schwimmer badete er wollüstig in dem bestrickenden Element, tauchte so lange wie nur immer möglich war, um verstohlen die geheimnisvollen Räume zu erforschen, die seine frühreife Einbildungskraft bedrängten.

Unter anderen finsteren Praktiken hatte Bachkou Fogar gelehrt, wie er sich ohne fremde Hilfe in einen dem Tod ähnlichen lethargischen Zustand versetzen könne.

Auf der primitiven Pritsche ausgestreckt, die ihm als Bett diente, erreichte es der junge Mann, indem er in einer Art hypnotischer Ekstase erstarrte, die Schläge seines Herzens allmählich ersterben zu lassen, indem er die Atembewegungen seines Brustkorbs völlig anhielt.

Manchmal fühlte Fogar nach Beendigung des Versuchs Teile seiner Venen durch sein bereits geronnenes Blut verstopft.

Doch der Fall war vorgesehen und um Abhilfe zu schaffen, hatte der Knabe stets eine bestimmte Blume bei sich, die ihm Bachkou genannt hatte.

Mit einem der Dornen des Stiels öffnete er die verstopfte Vene, um den kompakten Blutklumpen zu entfernen. Dann lieferte ihm ein einziges Blütenblatt, das er zwischen seinen Fingern preßte, eine violette Flüssigkeit, von der einige Tropfen genügten, um den lebensgefährlichen Spalt wieder zu schließen.

Von dem Wunsch besessen, die unterseeischen Höhlen aufzusuchen, die er wider Willen mit blendenden Phantasmagorien bevölkerte, beschloß Fogar, die geheimnisvolle Kunst zu üben, die es ihm erlaubte, zeitweilig seine Lebensfunktionen aufzuheben.

Sein leuchtendes Ziel war es, lange Zeit unter Wasser bleiben zu können, indem er den Zustand der Hypnose ausnützte, der das Spiel seiner Lungen vollkommen still legte.

Dank einem sich steigernden Training konnte er eine halbe Stunde lang in dem künstlichen Tod verharren, der seinen Absichten dienlich sein konnte.

Er fing damit an, daß er sich auf seiner Pritsche ausstreckte und dadurch seinem Blutkreislauf eine wohltätige Ruhe gewährte, die seine Aufgabe erleichterte.

Nach einigen Minuten standen Herz und Lunge still und Fogar befand sich im Zustand einer träumerischen Halbbewußtheit, der von einer beinahe mechanischen Aktivität begleitet war.

Danach versuchte er aufzustehen, aber nach ein paar automatenhaften Schritten verlor er das Gleichgewicht und fiel zu Boden.

Ungeachtet aller Hindernisse und Gefahren wollte Fogar die seit langem geplante Unterwasserexpedition ohne Verzug durchführen.

Er begab sich an den Strand, versehen mit einer dornigen violetten Blume, die er in die Vertiefung eines Felsblocks legte.

Dann streckte er sich auf dem Sand aus und es gelang ihm sich in den hypnotischen Schlaf zu versetzen.

Bald hörte seine Atmung auf und sein Herz schlug nicht mehr. Dann stand Fogar auf wie ein Schlafwandler und ging ins Meer.

Gestützt von dem dichten Element konnte er leicht das Gleichgewicht halten und stieg ohne zu straucheln die steilen Hänge hinunter, die das Ufer fortsetzten.

Ein Felsspalt eröffnete ihm plötzlich den Zugang zu einer Art tiefem verwickeltem Labyrinth, das er, immer weiter hinuntersteigend, aufs Geratewohl durchsuchte.

Frei und leicht strich er durch die gewundenen Gänge, in denen noch nie ein Taucher seinen Luftschlauch riskiert hatte.

Nach tausend Umwegen geriet er in eine große Höhle, deren Wände vermöge eines phosphoreszierenden Belags in prächtigstem Glanze erstrahlten.

Seltsame Meerestiere bevölkerten rings umher diesen märchenhaften Schlupfwinkel, der an Pracht die phantastischen Visionen übertraf, die sich der Knabe einst geschaffen hatte.

Er brauchte nur die Hand auszustrecken, um sich der erstaunlichsten Wunder zu bemächtigen.

Fogar machte einige Schritte zu einem lebenden Schwamm, der regungslos auf der vorspringenden Kante einer der Wände lag. Die phosphoreszierenden Ausdünstungen, die den Körper des Tieres durchdrangen, zeigten im Inneren des durchtränkten Gewebes ein kleines Menschenherz, das an ein Kreislaufsystem angeschlossen war.

Vorsichtig ergriff Fogar das seltsame Exemplar, das, dem Pflanzenreich nicht angehörend, durch kein Band festgehalten wurde.

Etwas höher klebten drei nicht weniger bizarre Wesen an der Wand.

Das erste, von ziemlich langgezogener Gestalt, trug eine Reihe von dünnen Fühlern, die wie Fransen an Möbeln oder Kleidungsstücken aussahen.

Das zweite, flach und weich wie ein geschmeidiger Stoff, glich einem winzigen Dreieck, dessen Basis an der Mauer haftete; starke Arterien bildeten überall rote Zebrastreifen, die, ergänzt durch zwei runde Augen, starr wie schwarze Erbsen, dem schwebenden Ganzen das Aussehen eines Wimpels verliehen, der an eine unbekannte Völkerschaft erinnerte.

Das letzte, kleiner als seine beiden Nachbarn, trug auf seinem Rücken etwas wie einen schneeweißen Schildkrötenpanzer, der, ähnlich einem festgewordenen Seifenschaum, durch seine Feinheit und Leichtigkeit auffiel.

Diese dreifache Ausbeute dem Schwamm hinzufügend, wollte Fogar den Rückweg antreten.

Plötzlich hob er in einem Winkel der Grotte einen großen gallertartigen Block auf. Da er an ihm keine interessante Besonderheit entdeckte, legte er ihn ohne weiteres auf einen benachbarten Felsen, dessen Oberfläche von Unebenheiten und Spitzen starrte.

Als ob er bei der Berührung dieser schmerzenden Spitzen erwachte, erschauerte der Block und hob als Zeichen der Bedrängnis einen Fühler wie einen Rüssel, nur daß er sich an seinem Ende in drei divergierende Zweige teilte.

Jeder dieser Zweige endete in einem Saugnapf, der an die furchtbaren Arme der Kraken erinnerte.

Je tiefer die Spitzen in sein Fleisch eindrangen, desto mehr litt das Tier.

Seine Erregung äußerte sich bald auf unerwartete Weise. Die Saugarme begannen zu rotieren wie die Speichen eines Rades; allmählich steigerte sich ihre zuerst gemäßigte Geschwindigkeit.

Angesichts dieses seltsamen Apparates änderte Fogar seine Meinung und nahm den Block mehrmals auf, den er jetzt seiner Aufmerksamkeit würdig fand.

Als sich das Tier von der stachligen Oberfläche löste, die es peinigte, hielt es plötzlich in seiner Bewegung inne und fiel in seine frühere Reglosigkeit zurück.

Der junge Mann erreichte den Ausgang der Grotte.

Dort versperrte eine schwebende Gestalt vor ihm in Augenhöhe den Weg.

Man konnte meinen, es sei eine metallene Platte, rund und leicht, die, von der Dichte des Wassers gebremst, langsam herniederstieg.

Fogar wollte das Hindernis mit einer Armbewegung beseitigen.

Aber kaum berührt, zog sich die furchtsame und empfindliche Metallplatte in sich selbst zurück, während sie ihre Umrisse und sogar ihren Farbton änderte.

Fogar bemächtigte sich begierig dieses neuen Musterexemplars, dem er zunächst gar keinen Wert beigemessen hatte, und begann in dem schon durchlaufenen gewundenen Gang aufzusteigen.

Vom Druck der Flüssigkeit gehoben, stieg er ohne Ermüdung zum Strand hinauf, wo er noch einige Schritte machen konnte, bevor er sich hinfallen ließ.

Nach und nach nahmen Herz und Lunge ihre Funktionen wieder auf und der lethargische Schlaf wich einer vollständigen Wachheit.

Fogar blickte um sich und erinnerte sich nur zum Teil an die Einzelheiten seiner einsamen Wanderung.

Der Versuch, länger ausgedehnt als sonst, hatte die Verstopfungen infolge der Gerinnung des Blutes in den Venen vermehrt.

Fogar lief so schnell er konnte und griff nach der violetten Blume, die er vorausschauend mitgenommen hatte.

Die übliche Operation, gefolgt vom sofortigen Verschluß der geöffneten Venen, befreite ihn von verlängerten Blutklumpen, die er aufs Geratewohl in den Sand warf.

Sogleich geriet die Gruppe der Meerestiere in Bewegung, die nach dem Fall des Knaben auf dem Boden liegen geblieben waren.

Offensichtlich gewohnt, sich vom Aussaugen des Blutes ihrer Beute zu ernähren, packten die drei Wesen von der senkrechten Wand, einem unwiderstehlichen Instinkt gehorchend, gierig die dünnen, geronnenen, dunklen Rollen, um sich mit ihnen zu sättigen. Diese unerwartete Mahlzeit geschah unter dem Geräusch eines leichten Gefräßigkeitsrülpsers, den die seltsamen Molluske mit dem weißen Schildkrötenpanzer ausstieß.

Während dieser Zeit blieben der Block mit den drei rotierenden Zweigen, der Schwamm und die flache graulichte Scheibe unbeweglich auf dem Sand liegen.

Fogar, wieder ganz zu sich gekommen, lief nach Ejur und kehrte dann an den Strand mit einem Behälter zurück, den er mit Meerwasser füllte, bevor er die Bewohner der unterseeischen Grotte in ihn legte.

In den nächsten Tagen plante Fogar, stolz auf die Ergebnisse seiner Expedition, für den Festtag eine seltsame Ausstellung seiner Funde.

Er hatte die sechs Geschöpfe genau studiert, die, ihrem Element entrückt, zwar weiterlebten, jedoch völlig unbeweglich blieben.

Diese Regungslosigkeit mißfiel Fogar; er verwarf die banale Idee einer Vorführung im Meerwasser, denn er wollte seine Versuchstiere in der Art der Jahrmarktsschausteller zeigen.

Er erinnerte sich, mit welcher Eile sich die eine Hälfte seiner Truppe der Blutklumpen bemächtigt hatte, die er auf den Strand geworfen hatte, und beschloß, dieses Verfahren der Überreizung abermals anzuwenden.

Der Versuch würde so durch die Vorführung seines lethargischen Schlummers gewürzt werden, gegeben von dem jungen Schwarzen, der inmitten seiner symmetrisch angeordneten Tiere träge auf seiner Pritsche liegen sollte.

Für den Schwamm bot sich ein einfaches Mittel an, das dem Zufall zu verdanken war.

Während der ersten Versuche, seine Zöglinge an die freie Luft zu gewöhnen, hatte Fogar, der Schritt für Schritt vorgehen wollte, Sorge getragen, von Zeit zu Zeit Seewasser über die lebendigen Gewebe zu gießen, damit sie nicht durch allzu starke Austrocknung umkämen.

Als er nun eines Tages, um seinen Seewasservorrat zu schonen, Süßwasser benützte und bei dem Schwamm mit dem Begießen begann, zog sich dieser sofort energisch zusammen, um voll Abscheu die Flüssigkeit abzustoßen, die seinen Lebensfunktionen so wenig entsprach.

Eine solche Dusche am Festtag mußte dieselben Wirkungen herbeiführen und die geforderte Tätigkeit bestimmen.

Der gallertartige Block zeigte sich besonders apathisch.

Glücklicherweise erinnerte sich Fogar, als er an die Grotte dachte, der felsigen Rauheiten, die schmerzhaft in das Fleisch des Tieres eindringend, die Drehbewegung der drei divergierenden Fühler bewirkt hatten.

Er suchte nach einem Mittel, um die unregelmäßigen krummen Spitzen der Steine elegant nachzuahmen.

Von da an spukte in seinem Gedächtnis ein gewisses Rascheln und sein Geist vergegenwertigte ihm das Kleid, das Adinolfa gewählt hatte, um die Bühne der Unvergleichlichen einzuweihen.

Er trug Sirdah auf, die Tragödin um einige der stärksten auf die Seide genähten Gagatnadeln zu bitten.

Adinolfa stellte ihm großzügig das ganze Kleid zur Verfügung, und Rock und Mieder, reich garniert, ergaben eine üppige Ernte.

Eine kleine Menge Zement, von einem der Arbeiter Chènevillots geborgt, ergab eine dünne Schicht, die gleichmäßig auf ein Teppichfragment aufgetragen wurde. Bald streckten hundert Gagatnadeln, in zehn gleichen Reihen in die noch weiche, aber schnell erstarrende Masse gesteckt, ihre feinen drohenden Spitzen senkrecht nach oben.

Um der Schaustellung des gallertartigen Blocks ein größeres Interesse zu verleihen, wollte Fogar an jeden der Saugnäpfe, in die die drei rotierenden Fühler endeten, einen Köder befestigen; das würde ihre Muskelkraft und die Schnelligkeit der Bewegung besser hervorheben.

Auf seine Bitte hin versprach die Familie Boucharessas die Mitwirkung dreier dressierter Katzen, die mit einer vorübergehenden Betäubung davonkommen würden.

Die graulichte Platte wurde, einmal dem Wasser entnommen, starr wie Zink.

Aber Fogar blies sie an und erreichte dadurch allerlei graziöses und subtiles Sich-Werfen und Krümmen, das für den Tag der Festvorstellung zu verwerten war.

Da der junge Mann fortgesetzte längere Formveränderungen ohne Ermüdung der Lunge erzielen wollte, wandte er sich, immer durch Vermittlung seiner Schwester, an Bex selbst, der mit einer Ersatzbatterie, die gegebenenfalls für irgend ein thermo-mechanisches Orchester, ein Produkt seiner arbeitsamen Nächte, bestimmt war, einen leichten und praktischen Ventilator herstellte.

Dieser Apparat hatte einem einfachen Blasebalg den Vorteil vollkommener Regelmäßigkeit in seinem ununterbrochenen sanften Hauch voraus.

Fogar, der immer Bex zur Seite stand, hatte voll Leidenschaft die Zusammensetzung der verschiedenen Teile beobachtet, aus denen der verschmitzte Windgenerator bestand.

Mit seiner kuriosen Aneignungsfähigkeit hatte er alle Feinheiten des Mechanismus begriffen und seine Bewunderung für ein schwieriges Räderwerk oder eine geschickt angebrachte Sperrklinke durch Gesten ausgedrückt.

Bex, von dieser seltsamen Natur angezogen, deren Erscheinen in einem solchen Lande völlig unerwartet war, weihte Fogar in einige seiner chemischen Geheimnisse ein, wobei er die Gefälligkeit so weit trieb, daß er sein automatisches Orchester vor seinen Augen in Gang setzte.

Fogar war starr vor Staunen angesichts der verschiedenen Organe, deren Ingangsetzung Fluten von mannigfaltigen gehaltvollen Harmonien erzeugte.

Eine Einzelheit jedoch verwunderte ihn wegen ihrer relativen Armut, und dank der Intervention Sirdahs, die zugegen war, konnte er Bex um einige Erklärungen bitten.

Er war überrascht, als er sah, daß alle Saiten unfähig waren, mehr als einen Ton auf einmal hervorzubringen. Nach seinen Angaben trugen gewisse Nagetiere, die in einem abgesonderten Teil des Béhuliphruen lebten, eine Mähne, von der jedes Haar, wenn es genügend gespannt wurde, bei beliebiger Reibung gleichzeitig zwei verschiedene Töne hervorbringen konnte.

Bex weigerte sich, solche Geschichten zu glauben, ließ sich aber, wenn auch mit Achselzucken, von Fogar wegführen, der ihn, seiner Sache sicher, zu dem Schlupfwinkel der Nager bringen wollte.

An der Seite seines Führers wagte sich der Chemiker in die Tiefe des Béhuliphruen und kam so in ein Gelände, das ganz von Löchern in Gestalt von Fuchsbauten durchsetzt war.

Fogar machte halt, dann führte er vor Bex plötzlich eine verblüffende Mimik auf, indem er mit dem Finger mehrere Blitz-Zickzacklinien vollführte und mit seiner Kehle das Rollen des Donners nachahmte.

Bex machte eine Gebärde zustimmenden Verstehens; der junge Mann hatte ihm soeben auf ziemlich verständliche Weise erklärt, daß die Nager, die im Augenblick im Dickicht versteckt waren, Gewitter sehr fürchteten und beim ersten Donnerschlag angstvoll in ihre Höhlen flüchteten.

Bex schaute auf, stellte die unveränderte Klarheit des Himmels fest und fragte sich, worauf Fogar hinaus wolle; doch dieser erriet seinen Gedanken und gebot ihm mit einer Gebärde, ruhig zu warten.

Die Schaumlöffelkreuzung war von großen bizarren Bäumen beschattet, deren Früchte, riesigen Bananen gleichend, ringsum auf dem Boden lagen.

Mit seinen Fingern schälte Fogar ohne Mühe eine dieser Früchte, deren geschmeidiges weißliches Innere er knetete, um ihm seine leicht gekrümmte Form zu nehmen.

So erreichte er einen vollkommen regelmäßigen zylindrischen Block, den er der Länge nach mit Hilfe eines dünnen geraden Stäbchens durchbohrte.

In den leeren Kanal führte er eine bestimmte Liane ein, die er von einem der Stämme abgeschnitten hatte, dann festigte er das Ganze durch abermaliges schnelles Kneten.

Nach und nach hatte sich die Frucht in eine richtige Kerze verwandelt, deren leicht entzündlicher Docht dank einigen fliegenden Funken, die Fogar zwei sorgfältig ausgewählten Kieselsteinen entlockte, schnell Feuer fingen.

Bald begriff Bex den Zweck dieses komplizierten Treibens.

Die Kerze, senkrecht auf einen flachen Stein gestellt, ließ, während sie brannte, ein langwährendes geräuschvolles Knistern hören, das dem Rollen des Donners sehr ähnlich war.

Der Chemiker trat näher, von den sonderbaren Eigentümlichkeiten der brennbaren Frucht neugierig gemacht, die das Rasen eines heftigen Gewitters mit täuschender Ähnlichkeit nachahmte.

Plötzlich erscholl im Hochwald eine Galoppade, und Bex sah ein Rudel schwarzer Tiere erscheinen, die, von dem trügerischen Gewitter getäuscht, in höchster Eile ihren Höhlen zustrebten.

Als das Rudel in seiner Nähe war, warf Fogar aufs Geratewohl einen Stein und tötete einen Nager, der ausgestreckt auf dem Boden liegen blieb, während seine Artgenossen in ihren unzähligen Löchern verschwanden.

Nachdem der junge Mann den vegetabilischen Docht gelöscht hatte, dessen geräuschvolles Verkohlen keinen Zweck mehr hatte, hob er das Nagetier auf und stellte es vor Bex.

Das Tier, das eine entfernte Ähnlichkeit mit einem Eichhörnchen hatte, trug fast auf der ganzen Länge seines Rückgrats eine dichte, starre schwarze Mähne.

Bei der Prüfung der Haare bemerkte der Chemiker einige seltsame Knoten, die zweifellos imstande waren, jene doppelten Töne hervorzubringen, die seine Neugierde reizten.

In dem Augenblick, als sie den Platz verlassen wollten, nahm Fogar auf den Rat seines Gefährten die erloschene Kerze an sich, von der er nur einen kleinen Teil verbraucht hatte.

Nach Ejur zurückgekehrt, wollte Bex sogleich die Behauptung seines jungen Führers nachprüfen.

Er wählte vom Rücken des Nagers mehrere Haare mit unterschiedlichen Knoten.

Nach einer Art tönender Unterlage suchend, schnitt er zwei dünne Holzbrettchen zurecht, die er aneinander klebte, um dann in regelmäßigen Abständen unmerkliche kleine Löcher durch sie zu bohren.

Dies getan, ging jedes solide Haar leicht durch die doppelte Fläche und wurde an beiden Enden zwecks dauerhafter Befestigung mit festen Knoten versehen.

Die Brettchen, soweit wie möglich von einander entfernt, wurden von zwei senkrechten Pfosten gehalten und bewirkten sogleich eine starke Spannung der in musikalische Saiten verwandelten Mähnenhaare.

Fogar lieferte selbst einen dünnen biegsamen Zweig, den er im Béhuliphruen aufgesammelt und dann der Länge nach zerschnitten hatte und der eine glatte und ein wenig klebrige Oberfläche bot.

Von Bex sorgfältig abgeschnitten, wurde eines der Stücke des Zweigleins zu einem gebrechlichen Fiedelbogen, der alsbald ohne Mühe die Saiten der so schnell hergerichteten winzigen Geige zum Tönen brachte.

Wie Fogar vorhergesagt hatte, brachten alle Haare, einzeln vibrierend, zwei Töne von gleicher Klangfülle gleichzeitig hervor.

Bex war begeistert und gewann den jungen Mann dafür, am Tag der Festvorstellung das unbegreifliche Instrument ebenso wie die leicht wieder anzuzündende vegetabilische Kerze vorzuführen.

Durch seine Erfolge ermutigt, suchte Fogar neue Wunder, die das Interesse an seinem Auftreten noch vergrößern konnten.

Als er eines Abends einen Matrosen der *Lyncée* in der Strömung des Tez Wäsche waschen sah, überraschte ihn die Ähnlichkeit eines seiner Meerestiere mit dem Seifenschaum, der sich auf den Wogen ausbreitete.

Als der Matrose mit seiner Wäsche fertig war, schenkte er zum Scherz Fogar seine Seife und begleitete das Geschenk mit einem freundschaftlichen Witz über die Hautfarbe des jungen Negers.

Der junge Mann ließ ungeschickterweise das feuchte Seifenstück fallen, das ihm aus den Fingern glitt, aber, sogleich vorsichtig wieder aufgehoben, ihm einen zweifachen Plan für die Festvorstellung eingab.

Zunächst gedachte Fogar, auf die Seife das Tier mit der Panzerschale zu setzen, das, dergestalt für leblosen Schaum gehalten, die Zuschauer durch die plötzliche Offenbarung seiner handelnden Persönlichkeit beeindrucken würde.

Sodann rechnete Fogar darauf, aus den seltsam glitschigen Eigenschaften der für ihn neuen Substanz Kapital zu schlagen, indem er das dank der hinreichenden Feuchtigkeit labil gewordene Seifenstück auf ein beliebiges Ziel schleudern wollte.

Dabei erinnerte sich der junge Mann eines Goldbarrens, den Bachkou eines Tages auf dem Grunde des Tez bemerkt hatte, als der Fluß klarer als gewöhnlich war. Schnell tauchend hatte der Zauberer das funkelnde Ding ergriffen, das er seitdem mit eifersüchtiger Sorgfalt verwahrte.

Wegen seiner zylindrischen Form mit abgerundeten Ecken hätte sich der Barren sehr gut für den von Fogar geplanten schwierigen Versuch geeignet.

Aber dem Zauberer war sein Fund allzu teuer, als daß er sich auch nur für einen Augenblick von ihm hätte trennen mögen.

Fogar aber dachte, der Tez müsse gewiß noch mehr Barren wie diesen in sich bergen, und plante ein Tauchmanöver im Süßwasser, von dem er vertrauensvoll fruchtbare Ergebnisse erwartete. Wie der vom Glück begünstigte Spieler, dachte er nur an den Erfolg und sah sich schon im voraus als Besitzer mehrerer kostbarer Zylinder, die durch ihren Glanz wie auch durch ihre Herkunft mancherlei Bemerkungen auslösen und zugleich sein Lager schmücken würden, das schon so reich mit bizarren Tieren besetzt war.

Mit einer neuen veilchenblauen Blume versehen, ließ sich Fogar auf der Uferböschung des Tez nieder und erwartete den lethargischen Schlaf.

In dem seltsamen Zustand des für sein Vorhaben günstigen Halbbewußtseins angelangt, rollte er sich dem Ufer zu und verschwand in den Tiefen des Stromes genau an der Stelle, an der Bachkou seinen Barren entdeckt hatte.

Unten auf dem Grund des Flusses kniend, wühlte Fogar mit seinen Fingern im Sande und fand nach geduldiger Suche drei glänzende Goldzylinder, die, zweifellos aus fernen Gegenden hierher geschwemmt, mit der Zeit vollkommen glatt geschliffen worden waren.

Der junge Mann war eben wieder aufgestanden, um an die Wasseroberfläche zurückzukehren, als er plötzlich, von Überraschung festgehalten, innehielt.

Eine mächtige Pflanze von weißlicher Farbe, in ihrer ganzen Höhe breit entfaltet, richtete sich neben ihm senkrecht auf wie ein riesiges Schilfrohr.

Auf dem so ausgebreiteten Schirm sah Fogar sich selbst im Sand kniend und den Körper nach vorn gebeugt.

Alsbald verwandelte sich das Bild und zeigte dieselbe Person in einer etwas anderen Pose.

Dann traten weitere Veränderungen ein und der junge Mann sah verblüfft seine hauptsächlichen Gesten durch die seltsam empfindliche Platte reproduziert, die ohne sein Wissen seit seiner langsamen Ankunft auf dem Grunde des Wassers funktionierte.

Der Reihe nach funkelten die drei aus dem Sande gewühlten Barren auf der lebendigen Fläche, die getreulich alle Farben mit einer gewissen Abschwächung durch die Undurchsichtigkeit des flüssigen Mediums wiedergab.

Kaum beendet begann die Reihe der Skizzen von neuem, gleichartig und in der gleichen Ordnung.

Ohne das Ende dieses neuen Zyklus abzuwarten, beseitigte Fogar den Schlick um das riesige weiße Schilfrohr, das er mit seiner unversehrten Wurzel aus dem Grunde heben konnte.

Mehrere Pflanzen der gleichen Art, jedoch geringeren Alters, sprossen hier und da. Der gewandte Taucher entwurzelte einige, dann stieg er endlich mit seiner Ernte und seinen Barren wieder an die freie Luft.

Dem völlig bewußten Leben wiedergegeben und von seinen Blutklumpen durch Anwendung der veilchenblauen Blume befreit, eilte Fogar in seine Hütte und schloß sich ein, um seine kostbaren Pflanzen in Ruhe zu untersuchen.

Die erste Pflanze wiederholte unaufhörlich dieselbe Folge von Bildern, die in unveränderlicher Ordnung aneinandergereiht waren.

Die anderen aber, obgleich in spezifischer Beziehung durchaus gleichgeartet, boten keine nennenswerte Möglichkeit für leuchtende Bilder.

Ganz offensichtlich nahmen die schneeigen Schilfrohre nur während einer bestimmten Phase ihres Riesenwachstums die bunten Umrisse auf, deren Bild ihr Gewebe traf.

Der junge Mann nahm sich vor, auf diesen Moment zu lauern, um daraus Gewinn zu ziehen.

Denn die Aufnahmen auf der ersten Pflanze konnten ihn wegen ihres trüben und wolkigen Aussehens nicht befriedigen.

Er wollte scharfe, klare Abbilder hervorbringen, die man aller Augen eindrucksvoll darbieten konnte.

Ohne alle Hilfe bereitete Fogar im Béhuliphruen einen Vorrat an Blumenerde, die er als dicke Schicht an einer der Wände seiner Hütte ausbreitete.

Hierher verpflanzte er seine Riesenschilfrohre, die ähnlich gewissen amphibischen Algen, sich mühelos dieser neuen Landkultur anpaßten.

Von nun an blieb der junge Schwarze ununterbrochen in seiner Hütte und bewachte eifersüchtig sein Beet, das er mit beharrlicher Sorgfalt pflegte.

Eines Tages betrachtete er, über das schmale Beet gebeugt, eine seiner Pflanzen, die, schon in die Höhe gewachsen, einen gewissen Grad des Aufblühens erreicht hatte.

Plötzlich regte sich etwas in dem pflanzlichen Gewebe, das Fogar nun noch näher untersuchte.

Die senkrechte weißliche Oberfläche erneuerte sich infolge einer seltsamen Molekularbewegung in regelmäßigen Zwischenräumen.

So vollzog sich während eines ziemlich langen Zeitraums eine Reihe von Verwandlungen; dann änderte sich die Beschaffenheit des Phänomens, und Fogar sah, diesmal nicht allzu überrascht, seine eigenen Züge von der auf malerische Assimilation begierigen Pflanze kraftvoll wiedergegeben.

Verschiedene Posen und Ausdrucksformen des einzigen Modells zogen nacheinander über den inwendig von ständigen Störungen bewegten Schirm, und der junge Mann fand die Lösung des Rätsels bestätigt, die er schon beinahe erraten hatte: Sein Abstieg auf den Grund des Tez war mit der Aufnahmephase in der Entwicklung der ersten Pflanze zusammengefallen, die sich sofort der ihr gegenüberstehenden Bilder bemächtigt hatte.

Unglücklicherweise war die neue Folge von Bildern, die in ihrer

Schärfe vollkommen waren, in ästhetischer Hinsicht uninteressant. Fogar, der ja nicht unterrichtet gewesen war, hatte alle möglichen sonderbaren Haltungen eingenommen und seine meist grimassierenden Porträts folgten mit der langweiligsten Monotonie aufeinander.

Eine zweite Pflanze bemerkend, die im Begriff schien, alsbald in ihre lichtempfindliche Periode einzutreten, ging der junge Mann daran, eine Gesamtheit von Bildern vorzubereiten, die es wert waren für einen Augenblick die Aufmerksamkeit auf sich zu ziehen.

Wenige Tage vorher, als Fogar mit seinem ganzen Vorrat an Blumenerde durch den Béhuliphruen zurückkehrte, hatte er Juillard im Schatten eines dichten Laubdaches entdeckt.

Der fleißige Arbeiter hatte sich an seinen Lieblingsplatz begeben – eben dorthin nämlich, wo Adinolfa ihn schon einmal, über alte illustrierte Zeitungen gebückt, überrascht hatte.

Diesmal blätterte Juillard, der sich mit der Erforschung einer neuen Gattung beschäftigte, in einem kostbaren Folianten mit prächtig kolorierten orientalischen Stichen.

Fogar zerstreute sich für einige Augenblicke mit der Bewunderung der prächtigen Bilderseiten, dann setzte er seinen Weg fort, ohne auch nur die Aufmerksamkeit des ganz in seine Arbeit versunkenen Denkers erregt zu haben.

Jetzt schien ihm das Buch, das in seiner Erinnerung herumgeisterte, ganz dazu angetan, seine Pläne zu verwirklichen.

Ohne Wissen Juillards bemächtigte er sich des luxuriösen Werkes. Da die gemalten Bilder, die er mit Muße betrachtet hatte, seine Neugier erregt hatten, suchte er Sirdah auf, um den Sinn des Berichtes zu erfahren.

Das junge Mädchen ließ sich von Carmichael den nicht sehr komplizierten Text vorlesen und konnte dann ihrem Bruder den Inhalt einer arabischen Erzählung angeben, die sich betitelte: *Der Dichter und die Maurin*.

In Bagdad lebte einst ein reicher Kaufmann namens Schahnidjar.

Schahnidjar, der allen Freuden des Lebens genußvoll huldigte, liebte leidenschaftlich die Kunst, die Frauen und die gute Küche.

Der Dichter Ghîriz, dem Kaufmann freundschaftlich verbunden, hatte den Auftrag, heitere oder klagende Strophen zu komponieren und dann mit Charme nach geschickt improvisierten Weisen zu singen.

Da Schahnidjar wert darauf legte, das Leben vom Augenblick des Erwachens an in rosigem Lichte zu sehen, verlangte er von Ghîriz ein tägliches Morgenständchen, das den blassen Zug der schönen Träume aus seinem Gehirn sanft vertreiben sollte.

Pünktlich und gehorsam ging der Dichter jeden Morgen in den

prächtigen Garten hinunter, der den Palast seines Herrn auf allen Seiten umgab. Unter den Fenstern des reichen Schläfers angekommen, machte er unweit des Marmorbassins halt, aus dem in einer Jaderöhre ein schlanker Springbrunnenstrahl sprang.

Ghîriz hob jetzt eine Art Sprachrohr aus einem kostbaren fahlen Metall an seinen Mund und begann eine neue Elegie zu singen, die seiner fruchtbaren Phantasie entsprungen war. Dank einer seltsamen Resonanz verdoppelte das Rohr jeden Ton in der kleinen Terz. Der Dichter führte so allein ein richtiges Duett aus und brachte es fertig, den Reiz seiner herrlichen Diktion dadurch noch zu steigern.

Alsbald erschien Schahnidjar, völlig erwacht, am Fenster mit seiner Favoritin Neddou, der schönen Maurin, in die er leidenschaftlich verliebt war.

Ghîriz fühlte im gleichen Augenblick sein Herz heftiger schlagen. Trunken sah er die göttliche Neddou, die ihm ihrerseits lange Blicke voll brennender Liebe zuwarf.

Als das Morgenständchen zu Ende war, wurde das Fenster wieder geschlossen und der Dichter trug, unter dem blauen Himmel umherirrend, die blendende und ach allzu flüchtige Vision in seinem Geiste mit fort. Ghîriz liebte Neddou mit Leidenschaft und wußte sich von ihr geliebt.

Jeden Abend erklomm Schahnidjar als überzeugter Liebhaber der Schönen, da er den Sonnenuntergang sehen wollte, mit der Geliebten einen sandigen Hügel, von dem aus man einen weiten Ausblick nach Westen hatte.

Auf dem Gipfel der unfruchtbaren Erhebung angelangt, genoß der liebenswürdige Kaufmann das märchenhafte Schauspiel am blutroten Horizont.

Nachdem die üppige Feuerkugel völlig verschwunden war, stieg Schahnidjar am Arm seiner Gefährtin wieder hinunter und dachte im voraus an die raffinierten Gerichte und die gewählten Getränke, die ihm alsbald Wohlbefinden und jauchzende Freude gewähren sollten.

Ghîriz hatte den Augenblick dieses Abgangs abgewartet und eilte, als er sich allein sah, um mit Inbrunst die im Sande deutlich sichtbaren Spuren von Neddous winzigen Füßen zu küssen.

Das waren die höchsten Freuden des Dichters, der kein Mittel hatte, um mit der von Schahnidjar eifersüchtig belauerten Maurin in Verbindung zu kommen.

Eines Tages aber, als Ghîriz es satt hatte, ohne Hoffnung auf eine Annäherung aus der Ferne zu lieben, zog er den Chinesen Keou-Ngan zu Rate, der in Bagdad das Gewerbe eines Propheten und zugleich das eines Zauberers ausübte.

Über die Zukunft einer bis dahin so sehr behinderten Intrige befragt, führte Keou-Ngan Ghîriz in seinen Garten und ließ einen großen Raubvogel los, der majestätisch immer weitere Kurven in den Lüften beschrieb.

Der Chinese beobachtete die Evolutionen des mächtigen Vogels und sagte dem Dichter die baldige Verwirklichung seiner Wünsche voraus.

Auf einen Zuruf setzte sich der Vogel auf die Schulter seines Herrn, der mit Ghîriz in sein Laboratorium zurückkehrte.

Mit Hilfe verschiedener Dokumente, die vor ihm auf dem Tisch lagen, schrieb der Chinese auf Pergament einige Anweisungen nieder, die der Dichter zur Erreichung seines Zieles befolgen sollte.

Als Ghîriz die Niederschrift erhalten hatte, überreichte er Keou-Ngan einige Goldstücke als Honorar für die Konsultation.

Sobald er draußen war, machte er sich in aller Eile daran, den kostbaren Zaubertext zu entziffern.

Er fand darin das Rezept eines sehr verwickelten kulinarischen Präparats, dessen Duft allein Schahnidjar in einen tiefen, langwährenden Schlaf versetzen mußte.

Außerdem war am unteren Rande des Blattes eine Zauberformel sauber aufgezeichnet.

Dreimal mit lauter Stimme ausgesprochen, mußte diese unzusammenhängende Folge von Silben der Platte mit den schlafbringenden Speisen eine kristallene Resonanz verleihen, die in engstem Zusammenhang mit der Betäubung des störenden Schnüfflers stand.

Solange die Klingel stark und schnell ertönte, konnten sich die beiden Liebenden ungehemmt ihrer Trunkenheit hingeben, ohne den tiefbetäubten Schläfer fürchten zu müssen.

Ein zunehmendes Decrescendo, das den Augenblick des Erwachens ankündigte, würde sie rechtzeitig vor der Gefahr warnen.

Ghîriz bereitete das fragliche Gericht für den Abend und stellte es auf eine silberne Wärmeplatte in der Mitte des für seinen Herrn reich gedeckten Tisches.

Beim Anblick einer neuen, auf unbekannte Art zubereiteten Spezialität griff Schahnidjar entzückt mit beiden Händen nach der Platte, um wollüstig die seltsamen Düfte einzuatmen.

Doch im gleichen Augenblick von bleierner Betäubung niedergeworfen, fiel er mit geschlossenen Augen und hängendem Kopfe in sich zusammen.

Ghîriz artikulierte klar und deutlich seine dreifache Beschwörung, und die Platte, die auf den Tisch zurückgefallen war, ließ ein volltönendes, kraftvolles Geläut erschallen.

Als die schöne Neddou von ihrem Dichter das erfolgreiche

Eingreifen des Chinesen erfuhr, erbebte sie vor Freude und nahm sich eine nächtliche Eskapade in den riesigen Garten Schahnidjars vor.

Der Neger Stingo, ein treuer Sklave der Maurin, wurde als Schildwache bei dem Kaufmann aufgestellt mit der Weisung, die beiden Liebenden zu warnen, sobald das Klingeln nachlasse.

Unter dem Schutz der völligen Ergebenheit ihrer Schildwache enteilten Ghîriz und Neddou ohne jeden Hintergedanken.

Sie verbrachten eine lange Nacht der Trunkenheit in einem zauberischen Eden inmitten der seltsamsten Blumen, dann schliefen sie, vom Murmeln eines Wasserfalls gewiegt, im beginnenden Morgengrauen friedlich ein.

Die Sonne hatte schon die Hälfte ihres Weges zurückgelegt, als Stingo das Alarmsignal gab, indem er das baldige Aufhören des magischen Geläuts ankündigte, das soeben schwächer geworden war.

Aus dem Schlaf aufschreckend, sahen die beiden Liebenden, noch ganz in wollüstige Erinnerungen versunken, entsetzt eine neue Trennung vor sich.

Neddou dachte nur noch daran, das Joch Schahnidjars abzuschütteln und mit Ghîriz zu fliehen.

Plötzlich erschien ein Zebra, das die Zufälle seines Umherschweifens an diesen Ort geführt hatte.

Erschreckt durch die unerwartete Anwesenheit von Menschen, die ihm den Weg versperrten, wollte das Tier umkehren.

Doch auf einen Befehl seiner Herrin, stürzte sich der Neger mit einem Sprung auf das Tier und griff in seine Nüstern, was den Renner sofort zügelte.

Ghîriz hatte Neddous Gedanken erraten; flink und leichtfüßig schwang er sich auf das Zebra und half seiner Gefährtin, sich hinter ihm auf die Kruppe zu setzen.

Im nächsten Augenblick entschwanden die beiden Flüchtlinge nach einer Abschiedsgebärde für Stingo im Galopp auf ihrem schnellen Reittier. Die Maurin schwang, ihrer Armut spottend, eine Börse, die einige Goldstücke enthielt, ihr ganzes Vermögen, das für die Kosten des abenteuerlichen Streichs aufgespart worden war. Ghîriz, der tagszuvor alles was er hatte, Keou-Ngan gegeben hatte, konnte diesen bescheidenen Ersparnissen nichts hinzufügen.

Nach ununterbrochenem rasenden Lauf brach das Zebra gegen Abend in einem dunklen Wald erschöpft zusammen.

Überzeugt, für den Augenblick jede Verfolgung vereitelt zu haben, wollten Ghîriz und Neddou ihren durch die Ermüdung und den Wind des schnellen Rittes geschärften Hunger stillen.

Die beiden Liebenden teilten sich die Arbeit. Ghîriz sollte wohlschmeckende Früchte sammeln, während Neddou eine kühle Quelle suchen wollte, die ihren Durst stillen konnte.

Ein hundertjähriger Baum, an dem riesenhaften Stamm leicht erkennbar, wurde als Treffpunkt vereinbart, und beide machten sich im beginnenden Dämmerlicht auf die Suche.

Nach Umwegen entdeckte Neddou die gewünschte Quelle.

Die junge Frau wollte sofort umkehren, doch in der schnell hereingebrochenen Nacht verirrte sie sich immer mehr und schweifte, von Angst befallen, stundenlang umher, ohne den als Treffpunkt vereinbarten Riesenbaum zu finden.

Außer sich vor Schmerz nahm Neddou ihre Zuflucht zum Gebet und tat das Gelübde, sie wolle zehn Tage lang fasten, wenn es ihr gelinge Ghîriz wieder zu finden.

Gestärkt durch diesen Aufschwung zum höchsten Wesen, machte sie sich mit neuem Mut wieder auf den Weg.

Kurze Zeit danach sah sie sich, ohne zu wissen, auf welchen geheimnisvollen Umwegen, plötzlich Ghîriz gegenüber, der sie unter lauten Rufen mit verstörtem Blick erwartet und nicht gewagt hatte, den vereinbarten Platz zu verlassen.

Neddou stürzte sich in die Arme des Dichters und dankte Allah für sein schnelles Eingreifen.

Ghîriz zeigte seine Obsternte, doch Neddou weigerte sich, ihren Anteil zu nehmen und erzählte die Einzelheiten ihres erfolgreichen Gelübdes.

Tags darauf setzten die beiden Flüchtlinge den begonnenen Weg zu Fuß fort; das Zebra hatte sich während der Nacht losgerissen und war entlaufen.

Mehrere Tage lang wanderte das Paar auf gut Glück von Dorf zu Dorf.

Neddou begann die Qualen des Hungers zu spüren. Ghîriz war verzweifelt, doch, um nicht den Zorn des Himmels auf sich zu ziehen, wagte er es nicht, sie zum Bruch ihres Gelübdes zu treiben.

Am zehnten Tag war die junge Frau so schwach, daß sie kaum mehr gehen konnte, selbst wenn sie sich auf den Arm ihres Freundes stützte.

Plötzlich taumelte sie und fiel reglos zu Boden.

Ghîriz rief um Hilfe und sah eine Viktualienhändlerin herbeieilen, deren Verkaufsbude am Straßenrand stand.

Der Dichter fühlte, daß der Tod im Begriff sei, ihm seine Geliebte zu entreißen, und faßte einen raschen Entschluß.

Auf seine Bitte brachte die Händlerin schnell allerlei Lebensmittel, und Neddou, die Augen aufschlagend, sättigte sich wonnevoll mit dieser wohltätigen Nahrung.

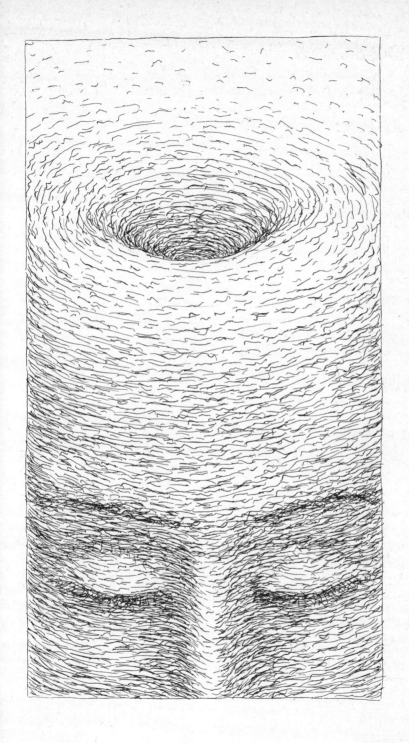

Voll neuer Kraft machte sich die junge Frau wieder auf den Weg, um vor den vielen Abgesandten zu fliehen, die Schahnidjar, dessen glühende Leidenschaft sie kannte, ohne jeden Zweifel auf ihre Spur gesetzt hatte.

Aber ohne Unterlaß setzte ihr eine Unruhe zu, die aus der Reue darüber entsprang, daß sie das Fasten vor der selbstgesetzten Frist gebrochen hatte.

Eine Begegnung am nächsten Tag steigerte ihre Ängste, die plötzlich eine furchtbare Gestalt annahmen.

Mitten auf dem Felde sprach sie ein Mann mit dem Gebaren eines Irren gestikulierend an und stürzte ihre Seele in Verwirrung, indem er ihr als Strafe für ihren Eidbruch einen baldigen schwindelerregenden Sturz vorhersagte.

Einige Stunden vergingen, während welcher Ghîriz und Neddou, schmerzlich erregt von der seltsamen Prophezeiung, schweigend dahingingen.

Gegen Abend, an einer Biegung der Straße, stieß die junge Frau einen Schrei des Entsetzens aus und suchte mit der Hand irgendeine grausige Vision zu verscheuchen.

Vor ihr waren unzählige Augen paarweise ohne Körper und Gesicht erschienen und hatten sie streng und tadelnd angestarrt.

Außerdem aber zogen diese faszinierenden Blicke sie an den Rand der Straße, die hier über einem mit Felsspitzen gespickten Abgrund hing.

Ghîriz, der von dieser plötzlichen Halluzination nichts bemerkt hatte, begriff nicht, worüber sich seine Freundin entsetzte.

Plötzlich sah er, ohne daß er auch nur die geringste Bewegung machen konnte, um sie zurückzuhalten, wie Neddou von einer unwiderstehlichen Macht zu dem Abgrund hingezogen wurde.

Die Unglückliche stürzte, von Fels zu Fels geschleudert, verfolgt von den drohenden Augen, die ihr die Beleidigung der Gottheit vorzuwerfen schienen.

Ghîriz, über den Schlund geneigt, wollte das Los seiner Geliebten teilen und sprang mit einem Satz ins Leere.

Die beiden Leichname fielen Seite an Seite, vereint für die Ewigkeit, in unzugängliche Tiefen.

Fogar hatte Sirdahs Bericht aufmerksam angehört. Die gemalten Bilder gewannen für ihn jetzt eine klare und einheitliche Bedeutung, die für die geplante Verwertung den Ausschlag gab.

Vorsichtshalber hatte der junge Mann bei seinem harmlosen kleinen

Diebstahl zugleich mit dem Folianten ein Album für Schüler entwendet, in dem jede Seite ein Tierbild enthielt, unter dem der lateinische Name der Gattung stand.

Da die kolorierten Szenen der arabischen Erzählung zu wenige waren, bedeutete dieses zweite Werk, in dem jedes Bild sich selbst genügte, eine ausgiebige Ergänzung, die das von der Pflanze geforderte Schauspiel bis zum Ende speisen konnte.

Ausgerüstet mit dem Folianten und dem Album als Reserve, erwartete Fogar als von nun an bewußter und unterrichteter Beobachter die günstige Stunde.

Als der Augenblick gekommen war, stellte er vor das riesige weiße Schilfrohr, dessen Atomveränderungen er überwachte, nacheinander die sämtlichen orientalischen Stiche in der Reihenfolge der Erzählungen.

Als diese Reihe zu Ende war, schlug er das Album auf, von dem im letzten Augenblick eine Seite aufgenommen wurde.

Nach Abschluß der Aufnahmephase konnte der junge Mann das vollkommene Gelingen seiner Operation feststellen, als er die Bilder in voller Schärfe auf dem zart beeindruckten vegetabilischen Schirm vorüberziehen sah.

Er brauchte nur noch die Pflanze zu versorgen, die dazu bestimmt war, auf unbestimmte Zeit die zarten Bilder zu reproduzieren, die nun ein Teil ihrer selbst waren.

Fogar legte die beiden Werke heimlich wieder an ihren Platz; Juillard, von irgendeiner neuen Studie in Anspruch genommen, hatte ihr momentanes Verschwinden nicht einmal bemerkt.

Da der junge Mann nun alle Elemente seiner Vorführung besaß, fand er das Mittel für eine wohldurchdachte Koordination.

Er faßte den endgültigen Entschluß, alles auf seinem Lager zu vereinigen, das für ihn so bequem war, um den lethargischen Schlaf zu erreichen, der die Blutklümpchen erzeugte.

Chènevillot stattete das Lager mit den gewünschten Zutaten aus, die der besonderen Gestalt dieses oder jenes Tiers oder Gegenstands sorgfältig angepaßt waren.

Das automatische Durcheinander des Riesenschilfrohrs schien dazu bestimmt, die Zuschauer während der freiwilligen Ohnmacht zu zerstreuen, die sich monoton fortsetzen sollte.

Da jedoch die erste Phase der Ohnmacht dank dem graduellen Schwinden des Lebens und des Atems wirklich reizvoll war, erschien es angebracht, Fogar allein in den Vordergrund zu stellen bis zum Augenblick der völligen Erschöpfung, in dem er einem Leichnam ähnelte.

Zu diesem Zweck richtete Chènevillot die Pflanze als Betthimmel ein und brachte darüber einen elektrischen Scheinwerfer mit einem starken Reflektor an.

Wenn er für seinen Versuch eine hinreichend dunkle Stunde wählte, würden die wechselnden Bilder der Reihe nach leuchten oder verhüllt sein, je nach der gehorsamen Laune eines gefügigen Stroms.

Fogar, der Wert darauf legte, alles selbst zu machen, sollte allein über die Einschaltung des Stroms gebieten. Jedoch während des lethargischen Schlummers war eine völlige Erstarrung der Arme und Beine nötig, um die Kondensation des Blutes herbeizuführen. Chènevillot unterwarf also den elektrischen Strom der Bewegung einer horizontalen Stange, die, in einer Art Krücke endend, sich in die linke Schulter des Schläfers fügte. Noch wach genug, um das Erscheinen des ersten Bildes zu beobachten, würde der junge Mann durch eine unmerkliche Bewegung des Körpers im gewünschten Augenblick den Scheinwerfer einschalten.

Ein kleiner Alkoven, mit einer Sonderbeleuchtung ausgestattet, sollte dazu dienen, die innere Struktur des bizarren lebendigen Schwamms in allen Einzelheiten zu zeigen.

Als Chènevillot seine Arbeit beendet hatte, übte Fogar geduldig das Zurückspringen seiner feuchten Seife auf die drei Goldbarren, die am Fuße seines Lagers in drei soliden Stützen mit Klauen befestigt waren.

Er brachte es bald zu einer erstaunlichen Geschicklichkeit in diesem schwierigen Spiel und vollführte wahre Wunder an Präzision und Äquilibristik.

Zwischendurch widmete er sich gewissenhaft seiner Pflanze.

Die Wurzel, sorgsam behütet, ruhte jetzt in einem Steinguttopf, der am Rahmen befestigt war. Regelmäßiges Gießen hielt die Gewebe lebensfähig, deren Bilder, immer neu entstehend, ihre ganze Schärfe bewahrten.

XVI

Seit unserer Ankunft in Ejur übte der Ungar Skarioffszky täglich auf seiner Zither mit den verwirrenden reinen Tönen.

Eingeschnürt in seine Zigeuneruniform, die er niemals ablegte, spielte der geschickte Virtuose berauschende Stücke, die imstande waren, die Eingeborenen in Staunen zu versetzen.

Alle seine Übungen wurden von einer zahlreichen Gruppe aufmerksamer Ponukeler verfolgt.

Durch dieses störende Publikum nervös gemacht, wünschte sich der große Künstler eine einsame reizvolle Zuflucht, wo er vor ungelegenen Besuchern sicher war.

Beladen mit seiner Zither und ihrem zusammenlegbaren Gestell wanderte er nach dem Béhuliphruen, in dessen hochstämmiges Gehölz er schnellen Schrittes eindrang, ohne daß er über die einzuschlagende Richtung Zweifel zu hegen schien.

Nach einem ziemlich langen Marsch machte er an einem anmutigen und malerischen Ort an einer Quelle halt.

Skarioffszky kannte diese einsame mysteriöse Stelle bereits; er hatte sogar eines Tages versucht, in dem kristallklaren Bach zu baden, der unter tausend Reflexen über schimmernde Glimmerfelsen floß; aber zu seiner großen Überraschung hatte er den Widerstand des Wassers nicht überwinden können, dessen wunderbare Dichte jedes tiefere Eindringen verhinderte; als er sich auf Knie und Hände niederließ, war es ihm gelungen, den mächtigen Fluß nach allen Richtungen zu überqueren, ohne seinen Körper, der über der Wasseroberfläche blieb, naßzumachen.

Diesmal ließ Skarioffszky den rätselhaften Wasserlauf unbeachtet und beeilte sich, Zither und Gestell vor einem niedrigen Felsblock aufzustellen, der als Sitz dienen konnte.

Vor dem Instrument sitzend begann der Virtuose langsam eine ungarische Melodie voll Zärtlichkeit und Sehnsucht zu spielen.

Nach einigen Takten hatte Skarioffszky, obgleich ganz von dem Hin und Her seiner Stäbchen in Anspruch genommen, den optischen Eindruck einer leichten Bewegung in der Richtung nach dem Fluß.

Mit einem schnellen Blick bemerkte er einen riesigen Wurm, der, aus dem Wasser kommend, die Böschung heraufzukriechen begann. Ohne sein Spiel zu unterbrechen, überwachte der Zigeuner mit häufigen verstohlenen Blicken den Neuankömmling, der sich allmählich der Zither näherte.

Unter dem Gestell haltmachend, ringelte sich der Wurm ohne Furcht zwischen den Füßen des Ungarn, der ihn, die Augen niederschlagend, unbeweglich auf dem Boden liegen sah.

Skarioffszky vergaß den Zwischenfall schnell und während dreier langer Stunden entströmten Fluten von Harmonien seinem poetischen Instrument.

Als der Abend hereinbrach, stand der Zitherspieler endlich auf; zu dem reinen Himmel aufschauend, an dem kein Zeichen eines drohenden Regens zu entdecken war, beschloß er, die Zither für die nächste Probe an Ort und Stelle zu lassen.

In dem Augenblick, als er seinen Schlupfwinkel verließ, bemerkte er, daß sich der Wurm, zurückkehrend, nach der Böschung zu bewegte und alsbald in den Tiefen des Flusses verschwand.

Am nächsten Tag ließ sich Skarioffszky abermals an der seltsamen Quelle nieder und begann seine Arbeit mit einem kapriziösen langsamen Walzer.

Während der ersten Reprise ein wenig durch den kolossalen Wurm abgelenkt, der, aus der Strömung auftauchend, unmittelbar seinen Platz vom Tag zuvor einnahm, wo er, graziös zusammengerollt, bis zum Ende der musikalischen Vorstellung verharrte.

Auch diesmal konnte Skarioffszky, bevor er sich zurückzog, sehen, wie das harmlose Reptil, von Melodien gesättigt, geräuschlos in den stillen Bach zurücktauchte.

Dies wiederholte sich während mehrerer Tage. Nach dem Beispiel der Schlangenbeschwörer zog der Ungar durch sein Talent den musikbegeisterten Wurm unwiderstehlich an, der sich, einmal betört, nicht mehr aus seiner Ekstase befreien konnte.

Der Zigeuner interessierte sich sehr für das Tier, dessen Vertrauen ihn wunderte; eines Abends versperrte er ihm nach beendeter Arbeit mit der Hand den Weg, um einen Dressurversuch zu machen.

Der Wurm kroch ohne jede Angst an den Fingern empor, die ihm vorgehalten wurden, und wickelte sich dann in mehreren Windungen um das Handgelenk des Ungarn, der nach und nach seinen Ärmel aufkrempelte.

Skarioffszky war überrascht, welche beträchtliche Last er zu tragen hatte. Entsprechend dem dichten Medium, das das Wasser des Flusses bildete, hatte der Wurm trotz seiner Geschmeidigkeit ein gewaltiges Gewicht.

Auf diesen ersten Versuch folgten viele andere. Der Wurm kannte bald seinen Herrn und gehorchte dem geringsten Ruf seiner Stimme.

Diese Gelehrigkeit ließ im Geiste des Zigeuners ein Dressurprojekt reifen, das kostbare Ergebnisse zeitigen konnte.

Es galt, das Tier dazu zu bringen, daß es selbst der Zither einige Töne entlockte, indem man seine geheimnisvolle Passion für die Erschütterungen der Luftschichten durch den Schall geduldig ausbildete.

Nach langen Überlegungen ersann Skarioffszky einen Apparat, der es ermöglichte, das Gewicht des besonderen Wassers zu verwerten, in dem der Wurm lebte.

Die Felsen des Flusses lieferten ihm vier feste, durchsichtige Glimmerplatten, die, zart behauen und mit Tonerde zusammengefügt, einen Behälter für bestimmte Zwecke ergaben. Zwei widerstandsfähige Arme, senkrecht zu beiden Seiten der Zither in den Boden gerammt, trugen auf ihren gegabelten Enden den Apparat, der mit seiner langen, schmalen Basis wie ein Trog gebaut war.

Skarioffszky dressierte den Wurm darauf, in den Glimmerbehälter zu kriechen und dann, sich der Länge nach ausdehnend, einen in der unteren Kante ausgesparten Schlitz abzudichten.

Mit einer breiten Fruchthülse versehen, schöpfte er schnell einige Pinten Wasser und goß sie in den durchsichtigen Trog.

Dann hob er mit dem Ende eines Zweigleins einen winzigen Teil des ausgestreckten Körpers für eine Viertelsekunde an.

Ein Tropfen Wasser fiel auf eine Saite, die ganz rein vibrierte.

Der Versuch, in der benachbarten Region mehrmals wiederholt, ergab eine Reihe von Noten, die ein Ritornell bildeten.

Plötzlich wurde dieselbe musikalische Passage von dem Wurm wiederholt, der von sich aus durch eine Reihe von kurzen Zuckungen, die er fehlerfrei an den richtigen Stellen vollführte, Tropfen der Flüssigkeit passieren ließ.

Niemals hätte Skarioffszky auf ein so schnelles Verständnis zu hoffen gewagt. Von nun an erschien ihm seine Aufgabe leicht und fruchtbringend.

Takt um Takt brachte er dem Wurm mehrere lebhafte oder melancholische ungarische Melodien bei.

Der Zigeuner bediente sich zunächst seines Zweigleins, um dem Tier seine Wünsche zu übermitteln, worauf dieses das verlangte Fragment ohne jede weitere Hilfe ausführte.

Als Skarioffszky das Wasser durch zwei Resonanzöffnungen in das Innere der Zither fließen sah, bohrte er mit einer Nadel in die untere Seite des Instruments ein nicht wahrnehmbares Loch, das in einem dünnen Strahl den Überschuß der angesammelten Flüssigkeit ablaufen ließ.

Zuweilen wurde der Vorrat aus dem nahegelegenen Fluß ergänzt, und die Arbeit ging nach Wunsch weiter.

Von wachsendem Ehrgeiz getrieben, wollte der Ungar schließlich, ein Zweiglein in jeder Hand, zwei Noten auf einmal erreichen.

Da sich der Wurm dieser neuen Forderung ohne weiteres unterworfen hatte, wurden die Zitherstücke, die unveränderlich auf dem manchmal gleichzeitigen Schlag zweier Stäbe beruhten, durchwegs ausführbar.

Entschlossen, auf der Festvorstellung als Dresseur und nicht mehr nur als Ausführender aufzutreten, widmete sich der Zigeuner mehrere Tage lang mit Leidenschaft seiner erzieherischen Aufgabe.

Am Ende band er, die Schwierigkeiten vervielfachend, an jeden seiner zehn Finger ein Zweiglein und konnte so dem Wurm mancherlei polyphonische Akrobatenkunststücke beibringen, die im allgemeinen aus seinem Repertoire ausgeschlossen waren.

Überzeugt, daß er das erstaunliche Reptil nun vorführen könne, suchte Skarioffszky noch verschiedene Vervollkommnungen, die geeignet waren, den Apparat im ganzen zu verbessern.

Auf seine Bitten ersetzte Chènevillot die beiden Gabelzweige, die bis dahin den Glimmerbehälter getragen hatten, durch ein doppeltes metallenes Gestell, das an den Stützen der Zither selbst befestigt war.

Außerdem wurde das Instrument teilweise mit Filz besetzt, der dazu bestimmt war, den widerhallenden Aufschlag der schweren Wassertropfen zu dämpfen.

Um zu verhindern, daß der Platz der Trophäen überschwemmt werde, sollte eine Schüssel mit filzgefütterter Röhre den dünnen Strahl aus der Zither auffangen.

Nachdem diese Zurüstungen beendet waren, vollendete Skarioffszky die Ausbildung des Wurms, der jeden Tag beim ersten Ton der Zither sofort aus dem dichten Fluß auftauchte, in den ihn der Ungar nach Beendigung der Arbeit selbst zurücktauchen ließ.

XVII

Von allen Söhnen des Kaisers war Rhéjed, zwölf Jahre alt, der mutwilligste und ausgelassenste.

Er verbrachte seine Tage damit, tausend bizarre Spiele zu erfinden, die oft ausgefallen genug waren, um sein Leben in Gefahr zu bringen.

Der Béhuliphruengarten, gewöhnlich der Schauplatz seiner Taten, lieferte ihm manche Gelegenheit, seine ungestümen Neigungen zu befriedigen.

Bald erkletterte das gewandte Negerkind einen riesigen Baum, um Nester auf den höchsten Ästen zu sammeln, bald machte er mit Steinwürfen Jagd auf Vögel oder Vierfüßler, die er auch mit Hilfe von sehr sinnreichen Fallen zu fangen verstand.

Eines Tages erblickte Rhéjed, als er gerade auf eine schmale Lichtung hinaustreten wollte, ein rothaariges Nagetier, das im Wind schnüffelte, als wolle es seinen Weg wählen.

Das Kind hatte eine starke Gerte in der Hand, die es kurz vorher von einem Gebüsch gebrochen hatte. Mit einem Schlag dieser primitiven Waffe tötete es den Nager, der mitten auf der Lichtung auf die Seite fiel.

Nähertretend sah Rhéjed, daß aus dem Maul des Kadavers ein Speichel floß, der einen besonderen, ungewöhnlich starken Geruch verströmte; angeekelt von dem Schauspiel, überquerte Rhéjed die Lichtung und setzte seinen Weg fort.

Plötzlich hörte er laute Flügelschläge und sah, sich umdrehend, einen mächtigen Raubvogel mit langen Stelzenbeinen, der sich, nach einigen konzentrischen Kreisen, jählings auf den Nager stürzte.

Rhéjed ging zurück mit dem Hintergedanken, den Vogel zu töten, der schon dem Kadaver mit Schnabelhieben zusetzte.

Da er auf den besonders verletzlichen Kopf zielen wollte, näherte er sich behutsam von vorn, während der Vogel den Kopf gesenkt hielt.

Mit Verwunderung bemerkte das Kind oberhalb des Schnabels zwei Geruchsöffnungen, die, ohne Zweifel schon in der Ferne von dem Geruch des seltsamen Speichels erreicht, den Vogel informiert und dann geleitet hatten, der schon mit Ungeduld auf das verheißene Festmahl wartete.

Noch immer mit seiner Gerte bewaffnet, nahm Rhéjed einen Anlauf und traf den Vogel mitten auf den Hinterkopf; das Tier brach ohne Laut zusammen.

Doch als der Knabe sein neues Opfer aus der Nähe betrachten wollte, fühlte er sich durch einen unüberwindlichen Magneten am Boden festgehalten.

Sein rechter Fuß ruhte auf einem schweren flachen Stein, der von dem Speichel des Nagers bedeckt war.

Diese Substanz, schon halb eingetrocknet, bildete einen unwiderstehlich festen Kleister, und Rhéjed konnte seinen nackten Fuß nur um den Preis heftiger Anstrengungen befreien, die tiefe und schmerzhafte Hautabschürfungen verursachten.

Um nicht noch einmal festgeheftet zu werden, dachte der Mutwillige, nachdem er endlich freigekommen war, nur noch daran, sich so schnell wie möglich von dem gefährlichen Ort zu entfernen.

Einen Augenblick später hießen ihn ferne Flügelschläge den Kopf wenden, und er entdeckte in den Lüften einen zweiten Vogel derselben Rasse, der sich, von dem immer durchdringenderen Geruch angelockt, auf die verführerische Beute stürzte.

Da faßte Rhéjed einen kühnen Entschluß, der sich auf das Haftvermögen des ungewöhnlichen Speichels und zugleich auf die offenkundige Verwirrung gründete, die der von ihm ausgehende Geruch unter der Sippschaft gewisser Vögel von großer Flügelspannweite anrichtete.

Frisch niedergetretenes Gras zeigte ihm den letzten Weg des Nagetiers. An einem Punkt dieser Fährte, der vielleicht vor kurzem Tiere der gleichen Gattung gefolgt waren, grub Rhéjed ein kleines Loch, das er mit leichten Zweigen völlig verdeckte.

Tags darauf holte das Kind, entzückt von dem Erfolg seiner Falle, aus der engen Höhlung ein Nagetier mit rotem Vlies, ganz dem ersten gleichend, und brachte es lebend nach Hause.

Einem Gefühl des Wetteifers gehorchend, das Fogars Plan in ihm erregte, wollte der waghalsige Rhéjed dem Fest dadurch eine besondere Würze verleihen, daß er sich von einem der Vögel mit den Nasenlöchern, wie sie im Béhuliphruen verbreitet waren, in die Lüfte erheben ließ.

Der Nager, der im letzten Augenblick getötet werden sollte, würde genügend Speichel liefern, der durch seine Ausdünstungen den erforderlichen Vogel anlocken und dann zur schnellen Einrichtung eines sinnreichen Luftgespanns dienen konnte.

Diese letzte Bedingung machte die Verwendung eines flachen Gegenstandes notwendig, auf den der tierische Leim aufgetragen werden konnte, da er, einfach auf den Boden gegossen, unverwertbar geblieben wäre.

Rhéjed durchsuchte die Trümmer der *Lyncée* und entdeckte einen leichten Schranktürflügel, der ganz seinen Absichten entsprach.

Das Kind teilte seinen Plan nur bruchstückweise mit; aus Furcht vor dem unausbleiblichen väterlichen Veto behielt es alles für sich, was sich auf seine Reise ins Blaue bezog.

XVIII

Vor zwei Monaten war Séil-kor abgereist, und wir warteten ungeduldig auf seine Rückkehr, denn nachdem die Vorbereitungen zum Fest abgeschlossen waren, fühlten wir, daß die Langeweile, die wir bis jetzt durch Arbeit und Spekulationen bekämpft hatten, uns von neuem befallen werde.

Glücklicherweise verschaffte uns ein höchst unerwarteter Zwischenfall nachdrückliche Zerstreuung.

Eines Abends erzählte uns Sirdah von einem ernsten Ereignis, das sich an eben diesem Tag abgespielt hatte.

Gegen drei Uhr hatte sich ein Botschafter des Königs Yaour, nachdem er in einer Piroge den Tez überquert hatte, in Talous Haus geleiten lassen, dem er gute Nachrichten überbrachte: der Herrscher von Drelchkaff hatte Wind davon bekommen, was in Ejur vorging, und war seitdem von dem glühenden Wunsch besessen, den Kaiser in seiner glanzvollen Toilette mit Kopfstimme singen zu hören; er wollte ohne alle Bedingungen Sirdahs Heilung erlauben, wenn der Vater der jungen Blinden einwilligte, in seiner Gegenwart die Bühne der Unvergleichlichen zu besteigen, um mit seiner weiblichen Ausstrahlung die *Aubade* von Dariccelli zu singen.

Geschmeichelt durch diese Bitte und entzückt von dem Gedanken, so wohlfeil seiner Tochter das Augenlicht wiederzugeben, begann Talou schon mit einer bejahenden Antwort, als Gaïz-dûh – dies war der Name des schwarzen Botschafters – einige Schritte näher trat, um mit leiser Stimme Geheimnisse zu enthüllen. Der vorgebliche, so dringlich formulierte Wunsch war nur eine List, die es Yaour ermöglichen sollte, an der Spitze einer starken Eskorte frei und offen in die Stadt Ejur einzudringen. Der König kannte Talous Stolz und wußte im voraus, daß ihn sein gefährlicher Nachbar werde blenden wollen, indem er ihn inmitten aller seiner Truppen empfangen würde; daher hoffte er das feindliche Heer in dem verhältnismäßig beschränkten Raum des Platzes der Trophäen wie in einer Falle zu fangen. Während sich die Einwohner Ejurs, von der Zeremonie angezogen, am Rand der Esplanade drängten, sollte das drelchkaffische Heer den Tez auf einer schnell improvisierten Brücke aus Pirogen überschreiten, um sich als ein Gürtel von Menschen rund um die Stadt zu verteilen und dann zur gleichen Zeit den Ort der Vorstellung zu überfluten. In diesem Augenblick würde Yaour seiner Eskorte den Befehl zum Angriff erteilen und die ponukelischen Krieger, wie in einem Schraubstock zusammengepreßt, würden von den stürmischen Angreifern niedergemetzelt werden, die ja neben manch anderen Vorteilen auch den der Überraschung hatten. Herr der

Lage, wollte sich Yaour dann zum Kaiser ausrufen lassen, nachdem er Talou und seine ganze Sippe zu Sklaven gemacht hatte.

So verriet Gaïz-dûh ohne Gewissensbisse seinen Herrn, der seine Dienste schlecht belohnt und sich ihm gegenüber oft brutal benommen hatte. Was den Preis für seine Denunziation betraf, verließ er sich auf Talous Großmut.

Talou, entschlossen, aus der Warnung Nutzen zu ziehen, schickte Gaïz-dûh mit dem Auftrag zurück, König Yaour für den folgenden Tag auf die Zeit des Sonnenuntergangs einzuladen.

Im voraus eine glänzende Belohnung witternd, zog der Botschafter hoffnungsvoll ab, während Talou schon im Kopfe einen ganzen Verteidigungs- und Angriffsplan ausarbeitete.

Am nächsten Tag versteckte sich auf Befehl des Kaisers die Hälfte der ponukelischen Truppen in den Baumgruppen des Béhuliphruen, während sich der Rest in ganz kleinen Gruppen in den Hütten des südlichsten Viertels von Ejur verbarg.

Zur vereinbarten Stunde überquerten Yaour und seine von Gaïz-dûh befehligte Eskorte, in etwa zehn Pirogen stehend, den Tez.

Rao, der Nachfolger Mossems, überwachte auf dem rechten Ufer die Landung; er führte den König bis zum Platz der Trophäen, wo Talou ohne Waffen in seiner weiblichen Kleidung und nur von einer Handvoll Verteidiger umgeben, ihn erwartete.

Auf dem Platz ankommend, blickte Yaour in die Runde und schien durch die Abwesenheit der Krieger verwirrt, die er in der Falle zu fangen gedachte. Talou kam ihm entgegen, und die beiden Monarchen wechselten ein paar Worte, die Sirdah, die in unserer Mitte geblieben war, mit leiser Stimme übersetzte.

Zuerst fragte Yaour, der sich vergeblich bemühte, seine Unruhe nicht merken zu lassen, ob er nicht das Glück haben könne, die schönen Truppen Ponukeles zu sehen, deren Kühnheit und Stolz überall gerühmt werde. Talou erwiderte, sein Gast sei ein wenig vor der festgesetzten Zeit gekommen und seine Krieger, im Augenblick noch mit der Vollendung ihres Schmuckes beschäftigt, würden in wenigen Augenblicken auf der Esplanade Aufstellung nehmen, um den Glanz der Vorstellung durch ihre Anwesenheit zu erhöhen. Diese Erklärung beruhigte Yaour, doch fürchtete er zugleich, seine unvorsichtige Frage könne den Argwohn des Kaisers erregt haben, und tat daher so, als beschäftige er sich mit Belanglosigkeiten. Er erging sich in leidenschaftlicher Bewunderung von Talous Aufputz und äußerte den brennenden Wunsch, ein ähnliches Kostüm zu besitzen.

Auf diese Worte hin wandte sich der Kaiser, der einen Vorwand suchte, um bis zum Eintreffen des feindlichen Heeres Zeit zu gewinnen, plötzlich an unsere Gruppe und befahl uns durch Sirdahs Mund, in unserem Gepäck nach einem Gewand ähnlich dem seinigen zu suchen.

Adinolfa, die auf ihren Tourneen Goethes *Faust* zu spielen pflegte, ging eilends weg und kam gleich darauf mit Gretchens Kleid und Perücke zurück.

Angesichts dieses Geschenks brach Yaour in Freudenrufe aus. Er warf seine Waffen auf den Boden und konnte dank seiner extremen Magerkeit ohne Mühe in das Kleid schlüpfen, das sich über seinem Lendenschurz zuhaken ließ; dann stülpte er sich die Perücke mit den zwei dicken blonden Zöpfen auf den Kopf und machte einige majestätische Schritte; er schien wirklich erfreut von der Wirkung, die seine bizarre Verkleidung tat.

Aber plötzlich erklang von draußen ein ungeheures Geschrei; Yaour, Verrat witternd, stürzte sich auf seine Waffen und floh in aller Eile mit seiner Eskorte. Nur Gaïz-dûh, bereit, in den Reihen seiner Feinde zu kämpfen, schloß sich den Ponukelischen Kriegern an, die sich im Gefolge Talous und Raos an die Fersen des Königs hefteten. Angezogen von dem erregenden Schauspiel, das sich anbahnte, setzte sich unsere Gruppe im Laufschritt nach derselben Richtung in Bewegung und erreichte alsbald die südliche Grenze von Ejur.

Wir konnten leicht erkennen, was soeben geschehen war. Das drelchkaffische Heer hatte, gemäß dem Entschluß des Königs, den Tez auf einer Pirogenbrücke überquert; in dem Augenblick, als der letzte Mann seinen Fuß auf das rechte Ufer setzte, waren Talous Kriegerscharen mit Geschrei aus den Hütten von Ejur und zugleich aus den Baumgruppen des Béhuliphruen hervorgekommen, um den Feind von allen Seiten einzuschließen, indem sie sich der von Yaour geplanten Taktik zu ihrem eigenen Nutzen bedienten. Bald war der Boden mit Toten und Verwundeten bedeckt, und der Sieg gehörte offensichtlich den Truppen des Kaisers.

Yaour, noch immer in Kleid und Perücke, hatte sich tapfer in das Handgemenge gestürzt und kämpfte inmitten der Seinen. Mit einer Lanze bewaffnet ging Talou, seine Schleppe auf dem linken Arm tragend, auf ihn los, und es begann ein seltsames, dem Anschein nach karnevalistisches Duell zwischen den beiden Monarchen. Dem König gelang es zuerst, mehrere Stöße zu parieren, aber bald durchbohrte der Kaiser nach einer geschickten Finte das Herz seines Gegners.

Schnell entmutigt durch den Tod ihres Führers, zögerten die dezimierten Drelchkaffier nicht länger, sich zu ergeben. Man brachte sie nach Ejur, wo sie als Gefangene behandelt werden sollten.

Die Leichen, ausgenommen die Yaours, wurden in den Tez geworfen, der sie auf die See hinausschwemmte.

XIX

Kurz vor dem Sieg Talous war eine erstaunliche Nachricht nach Ejur gedrungen: es hieß, in Yaours Bereich befinde sich ein Europäerpaar, und zwar eine junge Frau und ihr Bruder, die durch die Zufälle einer Forschungsreise in die Gegend jenseits des Tez verschlagen worden waren.

Der Bruder schien nur eine ganz unbedeutende Rolle zu spielen, aber die schöne, bezaubernde Reisende stellte stolz ihre Verbindung mit Yaour zur Schau, auf den ihr Charme sofort einen tiefen Eindruck gemacht hatte.

Nach der Schlacht ließ sich Talou die beiden Unbekannten vorführen, die sich ohne Wächter frei bewegen durften, in Erwartung einer Verfügung über das Los, das ihnen zuteil werden sollte.

Die Forscherin – eine Französin namens Louise Montalescot – trat sehr bald mit uns in Verbindung, und beglückt, Landsleute getroffen zu haben, berichtete sie uns von all den Wechselfällen, deren Verkettung sie und ihren Bruder bis in diese entlegene Gegend Afrikas geführt hatte.

Louise, von bescheidener Herkunft, war in einem Vorort von Paris geboren. Ihr Vater war in einer keramischen Fabrik beschäftigt, wo er seinen Lebensunterhalt damit verdiente, daß er verschiedene Modelle von Vasen und Gefäßen ausführte; diese Aufgabe setzte ein wirkliches Talent für Bildhauerei voraus, worauf sich der wackere Mann, dem Eitelkeit fern lag, jedoch durchaus nichts einbildete.

Louise hatte einen jüngeren Bruder, dem ihre herzliche Zuneigung galt. Norbert – so hieß der Junge – übte seit seiner frühesten Kindheit unter der Leitung seines Vaters mit großer Leichtigkeit das Modellieren zarter Statuetten in Form von Flakons oder Kerzenleuchtern.

Frühzeitig zur Schule geschickt, zeigte Louise erstaunliche Anlagen; dank einer glanzvollen Prüfung erhielt sie einen Freiplatz in einem Mädchenlyzeum und konnte so eine gediegene Ausbildung erwerben. Mit zwanzig Jahren besaß sie alle Zeugnisse und konnte vom Ertrag ihrer Lektionen leben; sie vervollkommnete sich selbst in allen Zweigen der Geistes- und Naturwissenschaften. Von der Leidenschaft für fruchtbringende Arbeit verzehrt, bedauerte sie, daß Schlaf und Mahlzeiten soviel Zeit in Anspruch nahmen.

Da ihr Fanatismus sie vor allem zur Chemie hinzog, verfolgte sie im Verlaufe ihrer Nachtwachen eine bestimmte große Entdeckung, die schon lange in ihrem Geiste keimte. Es handelte sich darum, durch ein rein photographisches Verfahren eine Antriebskraft zu gewinnen, die präzise genug war, um einen Bleistift oder Pinsel sicher zu führen.

Louise war schon beinahe am Ziel, aber es fehlte ihr noch eine bis dahin unauffindbar gebliebene sehr wichtige Essenz. An den Sonntagen sammelte sie in den Wäldern um Paris Pflanzen, doch suchte sie vergebens nach der unbekannten, die ihre Mixtur vollkommen machen sollte.

Das junge Mädchen las in Berichten von Forschern märchenhafte Schilderungen der Tropenflora und träumte davon, die heißen Regionen Zentralafrikas zu durchstreifen, überzeugt, sie werde inmitten einer Vegetation ohnegleichen ihre mageren Erfolgschancen verhundertfachen.

Um sich von ihrer fixen Idee abzulenken, arbeitete Louise täglich an einem kurzen interessanten, bebilderten botanischen Traktat, einem Werk, das der Vulgarisierung dienen und die erstaunlichen Wunder der Pflanzenwelt ins rechte Licht rücken sollte. Sie schloß das kleine Werk schnell ab; es wurde in einer großen Auflage gedruckt und brachte ihr ein kleines Vermögen ein.

Als sie sich im Besitze dieses unerwarteten Reichtums sah, dachte sie nur noch daran, die so heiß ersehnte Reise zu unternehmen.

Jedoch seit einiger Zeit verspürte sie in der rechten Lunge ein Unbehagen – etwas wie einen ständigen lästigen Druck, so als befinde sich ein Vorrat von Luft in ihr, den auszustoßen sie nicht imstande war. Da sie vor ihrem Aufbruch zu ihrer langen Expedition eine fachkundige Meinung darüber hören wollte, zog sie den Dr. Renesme zu Rate, dessen berühmte Werke über die Brustkrankheiten sie gelesen und bewundert hatte.

Der große Spezialist war aufs höchste überrascht von der Bizarrerie des Falles. In Louises Lunge war ein Tumor entstanden und die Atonie des kranken Teiles bewirkte, daß nur ein Teil der eingeatmeten Luft wieder ausgeatmet werden konnte.

Nach Renesmes Meinung waren die Beschwerden ohne jeden Zweifel durch gewisse schädliche Gase verursacht worden, die das junge Mädchen bei ihren chemischen Experimenten eingeatmet hatte.

Es war dringend notwendig, einen künstlichen Ausgang für die eingeschlossene Luft zu schaffen, denn ohne diese Vorsichtsmaßnahme mußte der Tumor bis ins Unendliche weiterwachsen. Außerdem sollte der Atmungsapparat mit einer besonderen Klangfähigkeit ausgestattet werden, die die Möglichkeit gab, jeden Augenblick sein Funktionieren festzustellen, die kleinste Störung eines der Hauptorgane konnte bewirken, daß die Geschwulst irreparable Fortschritte machte.

In physischer Hinsicht wohlausgestattet, war Louise trotz der Ernsthaftigkeit ihres Charakters nicht frei von einer gewissen Koketterie. Verzweifelt über Renesmes Enthüllungen, suchte sie nach einem

Mittel, das chirurgische Instrument, das von nun an ein Bestandteil ihrer Person sein sollte, so anmutig und ästhetisch wie möglich zu machen.

Ihre bevorstehende Abreise in gefährliche Gegenden zum Vorwand nehmend, beschloß sie Männerkleidung anzulegen, deren Bequemlichkeit vollauf den Schwierigkeiten einer verwegenen Forschungsreise entsprach.

Ihre Wahl fiel auf eine Offiziersuniform; so konnte sie den Schallröhren den Anschein von Achselschnüren geben, indem sie den Trick nachahmte, mit dem man die Hörrohre der Tauben in Fächern oder Regenschirmen verbirgt.

Renesme machte gern bei der Verwirklichung dieses Einfalls mit und konstruierte seinen Apparat nach den gewünschten Plänen.

Die Operation gelang nach Wunsch; der Tumor wurde in den unteren Teil der Lunge verlegt und mit der Außenwelt durch eine enge Öffnung in Verbindung gesetzt, an der ein Rohr angebracht war, das in mehrere hohle, tönende Achselschnüre auslief.

Dank der wohltätigen Wirkung dieses Ventils konnte Louise, von nun an ohne Furcht, ein Leben der Mühe und Arbeit führen. Jeden Abend mußte sie die Öffnung mit einem metallenen Stöpsel verschließen, nachdem sie den Apparat abgenommen hatte, der während der ruhigen und langsamen Atmung im Schlaf nicht nötig war.

Als sie sich zum ersten Male in der Offiziersuniform sah, fühlte sie sich ein wenig über ihr trauriges Mißgeschick getröstet. Sie fand ihr neues Kostüm sehr kleidsam und konnte die Wirkung ihres prächtigen blonden Haares bewundern, das sie in natürlichen Locken unter der winzigen Kappe hervorquellen ließ, die sie verwegen aufs Ohr gesetzt hatte.

Selbst während der arbeitsamsten Zeiten ihrer aufreibenden Studien hatte Louise niemals ihren Bruder Norbert vernachlässigt.

Ihre zärtliche Neigung für ihn war noch inniger nach dem Tod ihrer Eltern geworden, die im Laufe eines schrecklichen Winters, der mörderische Epidemien zur Folge hatte, gleichzeitig gestorben waren.

Norbert nahm jetzt in der Keramikfabrik den Platz seines Vaters ein; er besaß eine wunderbare Geschicklichkeit, im Handumdrehen alle Arten von Figürchen voll Leben und Anmut anzufertigen. Abgesehen von diesem ausgesprochenen Talent hatte der junge Mann wenig Intelligenz und stand völlig unter dem vortrefflichen Einfluß seiner Schwester.

Louise wollte ihren unerwarteten Reichtum mit Norbert teilen; sie beschloß daher, ihn auf ihre herrliche Reise mitzunehmen.

Seit kurzem interessierte sich das junge Mädchen für eine gezähmte Elster, die sie unter seltsamen Umständen gefunden hatte. Der Vogel war ihr zum ersten Mal an einem Sonntag mitten im Wald von Chaville vor Augen gekommen. In der Ferne hatte es soeben zwölf Uhr geschlagen, und Louise hatte sich nach ermüdender Kräutersuche am Fuße eines Baumes niedergelassen, um eine frugale Mahlzeit zu halten. Plötzlich näherte sich ihr hüpfend eine freche, gefräßige Elster, als wollte sie Brosamen suchen, die ihr denn auch sofort reichlich zugeworfen wurden. Voll Dankbarkeit kam der Vogel ohne jede Angst näher und ließ sich von der großmütigen Spenderin liebkosen und aufheben, die ihn, gerührt ob dieser vertrauensvollen Sympathie, mit nach Hause nahm, wo sie sogleich mit seiner Erziehung begann. Bald setzte sich die Elster beim leisesten Anruf auf die Schulter ihrer Herrin, und sie trieb den Gehorsam sogar soweit, daß sie einen kleinen Gegenstand, der ihr mit dem Finger bezeichnet wurde, in ihrem Schnabel herbeibrachte.

Louise war nun ihrer geflügelten Gefährtin allzusehr verbunden, als daß sie sich mit dem Gedanken hätte befreunden können, sie besoldeter Obhut zu überlassen. Sie nahm daher den Vogel mit, als sie voll überschwenglichem Optimismus gemeinsam mit ihrem Bruder den Expreßzug nach Marseille bestieg.

Ein schneller Passagierdampfer brachte sie nach Porto-Novo, wo sich Bruder und Schwester in aller Eile eine kleine Eskorte von Weißen zusammensuchten, um nach Süden zu ziehen. Louises Plan war es, die Vorrh zu erreichen, auf die sie Bücher von mehreren Forschungsreisenden hingewiesen hatten; dort vor allem entdeckte ihre Phantasie schon im voraus alle Arten wunderbarer Gewächse.

Ihre Hoffnung wurde nicht enttäuscht, als sie nach vielen Strapazen den imposanten Urwald kennenlernte. Sie begann auf der Stelle mit ihren Nachforschungen und verspürte eine mächtige Freude, als sie beinahe bei jedem Schritt in Gestalt einer Blume oder Pflanze irgendeinen unbekannten neuen Schatz erblickte.

Vor ihrer Abreise hatte Louise auf chemischem Wege eine ätzende Flüssigkeit bereitet, die ihre Arbeit erleichtern sollte. Ein Tropfen dieser Lösung, auf eine beliebige Pflanze gegossen, mußte durch partielle Verbrennung, die unter leichter Rauchentwicklung vor sich ging, das unzweifelhafte Vorhandensein der gewünschten Essenz offenbaren.

Trotz der unendlichen Menge von Pflanzengattungen, die in der Vorrh angehäuft waren, blieben die ständig wiederholten Versuche ergebnislos. Viele Tage lang erfüllte Louise ihre Aufgabe mit Ausdauer, indem sie unaufhörlich unter dem herrlichen Laubdach immer weiter vordrang. Manchmal, wenn sie auf einem Baum ein lockendes bizarres Blatt bemerkte, bezeichnete sie es der Elster, die es mit ihrem Schnabel abriß, um es ihr zu bringen.

So durchquerte sie ohne jedes Resultat die ganze Vorrh von Norden nach Süden. Louise machte verzweifelt nur noch mechanisch ihre gewohnten Versuche, als plötzlich ein Tropfen ihres Präparats, den sie nur *pro forma* auf eine neue Pflanze geträufelt hatte, jene kurze Verbrennung hervorrief, auf die sie so lange vergeblich gewartet hatte.

Das junge Mädchen erlebte eine Minute der Trunkenheit, die sie für die vergangenen Enttäuschungen entschädigten. Sie sammelte eine ganze Menge der kostbaren rötlichen Pflanzen, deren Samen, im Treibhaus gezogen, ihr den künftigen Vorrat liefern sollten.

Die Reisende hatte ihre denkwürdige Entdeckung bei Einbruch der Nacht gemacht; man kampierte an dem Ort, wo man haltgemacht hatte, und nach einer ausgiebigen Mahlzeit, in deren Verlauf alle notwendigen Entschlüsse gefaßt wurden, um baldigst nach Porto-Novo zurückzukommen, streckte sich jedermann zur Nachtruhe aus.

Am nächsten Morgen aber, als Louise und Norbert erwachten, sahen sie sich allein. Die Gefährten hatten sie verlassen, nachdem sie sich eine Tasche, die das junge Mädchen stets umgehängt trug, nach Durchschneidung der Riemen angeeignet hatten; in ihren verschiedenen Fächern verbarg sie eine wichtige Last von Gold und Banknoten. Um eine Anzeige zu vermeiden, hatten die Elenden die entlegenste Etappe abgewartet, um den beiden im Stich Gelassenen, die ohne Lebensmittel waren, jede Aussicht auf eine Rückkehr zu nehmen.

Louise wollte nicht das Unmögliche versuchen, um Porto-Novo zu erreichen; sie wanderte im Gegenteil nach Süden, in der Hoffnung, irgendein Eingeborenendorf zu erreichen, von dem aus sie durch Versprechung eines Lösegeldes in die Heimat zurückzugelangen hoffte. Sie sammelte einen großen Vorrat von Früchten und ließ bald die Vorrh hinter sich, nachdem sie den riesigen Wald vollständig durchquert hatte ohne irgendeine Spur von Velbar oder Sirdah zu finden, die der Brand bald aus ihrem Zufluchtsort vertreiben sollte.

Nach einem Marsch von ein paar Stunden stieß Louise auf den Tez, dessen Lauf in einer gewissen Entfernung von Ejur sich merklich nach Norden wandte. In diesem Augenblick kam ein Baumstamm den Fluß herabgetrieben. Auf ein Zeichen seiner Schwester ergriff Norbert das lange Treibholz, und so konnten die beiden Exilierten, schlecht und recht auf der rissigen Rinde sitzend, mit Hilfe eines Astes, der als Wrickriemen diente, den Strom überqueren. Das junge Mädchen hatte mit Freuden diese Gelegenheit ergriffen, eine Barriere zwischen sich und ihre ehemaligen Begleiter zu legen, die vielleicht bedauerten, ihre

Opfer am Leben gelassen zu haben, und einer bedrohlichen Rückkehr fähig waren.

Von diesem Punkt an folgten Bruder und Schwester beständig dem linken Ufer des Tez und gerieten so in die Gewalt Yaours, den Louises Schönheit in tiefe Verwirrung stürzte.

Im Verlauf ihrer Studien war Louise mit Studenten und Studentinnen in Berührung gekommen, deren sehr fortschrittliche Ansichten auf sie abgefärbt hatten; sie machte kein Geheimnis aus ihrer Verachtung gewisser gesellschaftlicher Konventionen und ging mitunter sogar soweit, die freie Liebesverbindung zu preisen. Yaour, jung und mit eindrucksvollen Zügen, übte eine starke Anziehung auf ihre Phantasie aus, die dem Unvorhergesehenen zugetan war.

Nach ihren Vorstellungen durften sich zwei Wesen, die in mächtigem Drange sich gegenseitig anzogen, durch keinerlei Vorurteile hindern lassen. Glücklich und stolz über die romanhafte Seite des Abenteuers, ergab sie sich ohne Vorbehalt dem seltsamen König, dessen Leidenschaft im ersten Augenblick entbrannt war.

Alle Pläne für eine Heimkehr wurden durch diese unerwartete Lösung aufgeschoben.

Bei ihrer verräterischen Flucht in die Vorrh hatten die Begleiter einen Sack zurückgelassen, dessen Inhalt, wertlos für sie, aber unendlich wertvoll für Louise, aus einer Menge von Gegenständen und Ingredienzien bestand, die mit der großen, bis dahin noch unvollendeten photographischen Entdeckung zusammenhingen.

Die junge Frau nahm ihre Arbeiten mit brennendem Eifer wieder auf; jetzt, da sie die einst unauffindbare Essenz besaß, die die roten Urwaldpflanzen geliefert hatten, zweifelte sie nicht mehr am Erfolg.

Doch forderte das Werk noch viele Versuche, und das Ziel war noch nicht erreicht, als die Schlacht am Tez geschlagen wurde.

Während Louise ihren Bericht abschloß, gestand sie uns, welch tiefen Kummer ihr der Tod des unglücklichen Yaour bereitet habe; die verzehrende Erinnerung an ihn würde, so meinte sie, ihr ganzes Dasein überschatten.

XX

Am Tag nach seinem Siege schickte der Kaiser Sirdah zu uns, die einen verwickelten Auftrag zu erfüllen hatte.

Talou, der neben dem Amt des Herrschers auch das des religiösen Oberhauptes versah, wollte sich selbst zum König von Drelchkaff krönen; darauf gab ihm sein letzter Sieg ein Anrecht.

Nun, der Monarch hatte die Absicht, den Glanz der ungewöhnlichen Proklamation dadurch zu erhöhen, daß er sie mit der Festvorstellung der Unvergleichlichen zusammenlegte.

Er wollte Eindruck auf seine Untertanen machen und bat uns daher, ihm irgendeine großartige Tradition zu nennen, die bei den Weißen bestand.

Juillard sprach sogleich von dem Salbgefäß zu Reims und erbot sich im voraus, alle nötigen Einzelheiten darüber zu liefern, wie die Salbung mit dem geweihten Öl auszuführen sei. Zugleich beschloß Chènevillot, an der Nordseite des Platzes der Trophäen einen kleinen Altar zu errichten.

Nachdem diese erste Frage erledigt war, fuhr Sirdah in der Aufzählung ihrer Bitten fort.

Da Yaour IX. keine Verwandten hatte, die von Yaour I. abstammten, bedeutete sein Tod das endgültige Erlöschen seines Stammes.

Um die Krönungszeremonie zu verschönern und Talous unbestreitbare Rechte zu bekräftigen, wünschte der Kaiser etwas wie ein genealogisches Dokument aufzustellen, auf dem, mit Souann als Ausgangspunkt, die Auslöschung des rivalisierenden Zweiges anschaulich dargestellt werden sollte.

Der Kaiser, sehr stolz auf seine europäische Abstammung, legte Wert darauf, daß auf dem geplanten Dokument das alte Porträt erscheine, das, im Mannesstamm Talous pietätvoll vom Vater auf den Sohn vererbt, die beiden spanischen Schwestern, die Gemahlinnen Souanns, darstellte.

Juillard übernahm es gern, diese dynastische Urkunde aufzustellen, die den bereits nach Chènevillots Idee gebauten Altar schmücken sollte.

Von diesen verschiedenen Einzelheiten abgesehen, sollte der Leichnam des unglücklichen Yaour selbst eine seltsame Darstellung liefern.

Die Lanze, mit der der Kaiser den verstorbenen König durchbohrt hatte, trug, wie viele ponukelische Waffen, an ihrer Spitze ein sehr starkes Gift, das unfehlbar den Tod herbeiführte, außerdem aber die Eigenschaft hatte, für einige Zeit jede Verwesung des Kadavers zu verhindern.

Die Leiche des illustren Besiegten konnte also, selbst nach längerer

Wartezeit, für die Festlichkeiten unter den hinfälligen Gummibaum gelegt werden, der einst dem Stamme der Yaours geweiht worden war.

Nach der Meinung des Kaisers forderte diese Demütigung des verfluchten Baumes als Gegensatz eine glorreiche Dekoration der Palme, die später von Talou IV. gepflanzt worden war.

Dem Maler Torresse fiel die Aufgabe zu, ein Gedenkschild zu fertigen, das an die nun schon ferne Restauration erinnern sollte, deren Datum genau mit der Entstehung des Baumes zusammenfiel.

Sirdah teilte uns gleichzeitig mit, daß der Tag der Krönung durch die Hinrichtung aller Schuldigen gekennzeichnet werden und daß Rao der Vollstrecker sein solle.

Gaïz-dûh, der auf seine Bitte um eine großartige Belohnung vom Kaiser nur die Antwort erhalten hatte: »*Du bist ein Verräter und wirst bestraft werden wie ein Verräter*«, sollte mit einem Beil enthauptet werden, dessen Schneide aus einem besonderen Holz bestand, das ebenso widerstandsfähig wie Eisen war und außerdem jede Blutung verhinderte.

Mossem sollten mit glühendem Eisen die verräterischen Schriftzeichen in die Fußsohlen gebrannt werden, die er einst in Sirdahs Todesurkunde eingetragen hatte.

Rul sollte durch den Stich der langen goldenen Nadeln umkommen, die seit so vielen Jahren ihr Haar schmückten; die Spitzen würden durch die Ösen des roten Korsetts, das sich durch allzulangen Gebrauch in Fetzen aufgelöst hatte, in ihren Körper eindringen.

Für Djizmé bat uns der Kaiser, der mit seiner Phantasie am Ende war, um Angabe einer in unseren Ländern üblichen Hinrichtungsart. Da hatte Chènevillot einen Gedanken, der der Verurteilten jegliches Leiden ersparte und außerdem den Vorteil bot, ihren Tod bis zu einem vielleicht fernen Datum hinauszuschieben. Der Architekt hatte in seinem Vorrat einen Blitzableiter neueren Modells, der für das Schloß des Barons Ballesteros bestimmt war. Man konnte beim nächsten hinreichend nahen Gewitter Djizmé leicht mit dem Draht des Gerätes in Kontakt bringen und sie so mit Hilfe der Wolken durch einen elektrischen Schlag töten. Schlechtes Wetter aber war in Ejur selten; so konnte irgendein unvorhergesehenes Ereignis, das die Unglückliche befreite, vor dem ersten Donnerschlag eintreten.

Der betriebsame Naïr sollte mit dem Leben davonkommen, wegen der zweckmäßigen Fallen, die er zur Vernichtung der Moskitos herstellte. Da aber einfache Gefangenschaft ohne Qualen für den Urheber des bebilderten Briefchens an Djizmé, wie es schien, offenbar eine zu milde Strafe gewesen wäre, wünschte Talou am Rande des Platzes der Trophäen eine Art Sockel, auf welchem die Schlinge befestigt werden sollte, die Sèil-kor an einem bestimmten Abend gelegt hatte. Zu völliger Unbeweglichkeit verdammt, hatte Naïr kaum Platz genug, um sich zum Schlaf auszustrecken; den Fuß in der Schlinge, die ihm schon einmal zum Verhängnis geworden war, sollte er unaufhörlich an der Herstellung seiner sinnreichen Vorrichtungen arbeiten. Um dem entnervenden physischen Zwang die moralische Pein hinzuzufügen, sollten der steife Hut, der schwedische Handschuh und der Brief mit den Vignetten, die eigentlichen Instrumente seines lächerlichen Mißgeschicks, sich ständig in seinem Gesichtskreis befinden.

Um die Darstellung der Krönung vollständig zu machen, verlangte Talou noch ein Gefängnis, von dem aus die Verurteilten, die lebendigen Beweise seiner absoluten Macht, seinem Triumph beiwohnen sollten.

Nach Darlegung dieser sinistren Neuigkeiten berichtete uns Sirdah von einem glücklichen Ereignis, das ebenfalls für den Festtag vorgesehen war. Es handelte sich um ihre eigene Heilung durch den Zauberer Bachkou, der jetzt der Macht Talous unterworfen war. In seiner Ungeduld hatte der Kaiser seine Tochter noch am Abend der Schlacht am Tez zu dem geschickten Operateur bringen wollen. Doch Sirdah hatte sich geweigert, ihr Sehvermögen an einem Tag wiederzugewinnen, der von soviel vergossenem Blut befleckt war, sie wollte sich diese zusätzliche Freude lieber für den Tag der Krönung aufheben, der schon durch die strahlende Verherrlichung ihres Vaters angekündigt war.

Ein paar Worte über die Montalescots beschlossen Sirdahs Auftrag.

In den Augen des Kaisers hatte Louise allein durch ihre Liebschaft mit dem Todfeind, dessen Gedenken völlig ausgelöscht werden sollte, die schwerste Strafe verdient. Talou ging sogar so weit, den ungefährlichen Norbert in den Haß mit einzubeziehen, den ihm alles einflößte, was aus der Nähe oder aus der Ferne die Gunst Yaours genossen hatte. Doch Sirdah hatte gerade im rechten Augenblick die Neugier ihres Vaters durch einen Bericht über die große Entdeckung erregt, mit der die junge Frau beschäftigt war; begierig, den geplanten Apparat funktionieren zu sehen, hatte sich Talou vorgenommen, das Urteil über die Forscherin aufzuschieben, die ihre Arbeit frei weiterführen konnte.

Chènevillot brauchte nur acht Tage, um seine neuen Arbeiten auszuführen.

Am Nordrand des Platzes der Trophäen erhob sich ein kleiner Altar mit mehreren Stufen davor; gegenüber, auf der Südseite, erstreckte sich ein Gefängnis, das für die Verurteilten bestimmt war, und unweit des Theaters der Unvergleichlichen erblickte man, mit allem geforderten Zubehör, einen hölzernen Sockel, auf dem Naïr sofort installiert wurde.

Besonders bestochen von dem Gedanken, Djizmé durch einen Funken vom Himmel umkommen zu lassen, hatte Talou Chènevillots Plan vollauf gebilligt. Die Unglückliche, darüber unterrichtet, welche Hinrichtungsart ihr bestimmt sei, hatte von dem Kaiser zwei letzte Gnadenerweise erlangt: nämlich die, auf der weißen Matte mit den bunten Bildern sterben zu dürfen, die ihr Geliebter ihr einst geschenkt hatte, und zum anderen die, im tödlichen Augenblick um den Hals eine Karte mit den drei Mondphasen zu tragen, die die Tage ihrer glanzvollen Empfänge heraufbeschwor und sie in der höchsten Not an die Zeit ihrer höchsten allmächtigen Herrlichkeit erinnerte.

Chènevillot hatte sich der fraglichen Matte bedient, um damit einen Apparat zur elektrischen Hinrichtung zu bedenken, den allein der Blitz in Tätigkeit setzen konnte.

XXI

Die Montalescots hatten sich schnell an ihren neuen Wohnsitz gewöhnt. Louise befaßte sich leidenschaftlich mit ihrer erstaunlichen Entdeckung, während Norbert neugierig den Béhuliphruen oder das rechte Ufer des Tez durchforschte.

Die immer treue gezähmte Elster erregte durch ihre Anhänglichkeit und ihre Intelligenz die Bewunderung aller; der Vogel, der jeden Tag neue Fortschritte machte, führte mit wunderbarer Sicherheit die verschiedensten Befehle aus, die ihm seine Herrin erteilte.

Eines Tages, als Norbert am Ufer des Tez umherstreifte, erregte die außerordentliche Geschmeidigkeit einer etwas feuchten gelblichen Erde sein Interesse; er nahm sofort einen Vorrat davon an sich. Von nun an konnte der junge Mann seine Mußestunden damit verbringen, daß er mit seiner gewohnten Fertigkeit hübsche Statuetten modellierte, die, wenn sie an der Sonne getrocknet wurden, die Härte und das Aussehen von Terrakotta hatten. Talou, der sich offenkundig für diese künstlerischen Arbeiten interessierte, schien irgendein Projekt auszuarbeiten, das ein Zufall alsbald zur völligen Reife führte.

Seit wir uns in Ejur aufhielten, hatte das Schlachtvieh, das auf der *Lyncée* mitgeführt worden war, um während der Fahrt geschlachtet zu werden, nach und nach zu unserer Ernährung beigetragen.

Dank dem sparsamen Schiffskoch, der mit diesem kostbaren Vorrat sehr haushälterisch umging, waren noch mehrere Kälber übrig, die das Los ihrer Gefährten teilen sollten. Der vorausschauende Koch entschied sich endlich dahin, diese Gruppe von Überlebenden anzubrechen, und servierte uns eines Abends zugleich mit den appetitlichen Bratenschnitten des ersten Opfers eine feingewürzte Kalbslunge. Talou, der sich aus instinktiver Neugier immer lüstern auf unsere europäischen Gerichte gezeigt hatte, kostete sorgfältig dieses letzte, dessen Herkunft und ursprüngliches Aussehen er sogleich zu erfahren begehrte.

Am nächsten Tag suchte uns Sirdah traurig und angstvoll im Auftrag ihres Vaters auf, dessen unangenehme Anweisungen sie uns mit einer Fülle persönlicher Würdigungen erläuterte.

Ihrer Meinung nach verabscheute Talou Louise, deren Bild sich in seinem Denken immer mit dem des Königs Yaour verband. Bruder und Schwester wurden in das Gefühl wilder Abneigung einbezogen, und der Kaiser gewährte den beiden eine Ausreiseerlaubnis nur um den Preis von nicht realisierten Wunderwerken, die er in allen Einzelheiten mit einem Raffinement voll bösartiger Grausamkeit emsig ausgearbeitet hatte.

Unter den Kisten und Ballen, die nach dem Scheitern der *Lyncée* erbrochen worden waren, befand sich ein beträchtlicher Vorrat von Spielsachen, die an einen Händler in Buenos Aires adressiert waren. Talou hatte sich alle Artikel, die ihm neu waren, genau erklären lassen, wobei er sich besonders für mechanische Gegenstände interessierte, deren Federn er selbst aufzog. Vor allem hatte er dabei eine Eisenbahn entdeckt, die ihn besonders durch ihr wunderbares Rollen entzückte, das einem komplizierten Netz von leicht demontierbaren Gleisen zu verdanken war. Aus dieser amüsanten Erfindung war zum Teil der Plan hervorgegangen, den uns Sirdah nun im einzelnen auseinandersetzte.

Von seinem letzten Dinner inspiriert, verlangte Talou von dem armen Norbert die Errichtung einer Statue in natürlicher Größe, packend als Sujet und leicht genug um – ohne sie zu beschädigen – auf zwei rohen Schienen zu rollen, die aus derselben unbeständigen Materie gemacht werden sollten, die der Schiffskoch am Abend zuvor so trefflich zubereitet hatte. Außerdem forderte der Kaiser, ohne diesmal ein Gewicht zu nennen, drei mehr oder weniger gegliederte plastische Werke, deren Mechanismus einzig die zahme Elster mit ihrem Schnabel oder ihren Klauen in Bewegung setzen sollte.

Die Erfüllung dieser Bedingungen zusammen mit dem tadellosen Funktionieren des Apparats, an dessen Vollendung Louise arbeitete, würde die Freiheit für Bruder und Schwester bedeuten, die sich dann unserer Gruppe anschließen konnten, um Porto-Novo zu erreichen.

Trotz der unerbittlichen Strenge dieses Ultimatums begriff Louise, ohne der Mutlosigkeit nachzugeben, daß es ihre Pflicht sei, Norbert zu führen und zu ermutigen.

Zu allererst galt es, eine Materie zu finden, die leicht, schmiegsam und zugleich widerstandsfähig war und die dazu dienen konnte, eine fast gewichtslose Statue zu errichten.

Die beiden durchstöberten auf gut Glück das Gepäck, das aus unserem Schiff herausgeholt worden war, und Louise stieß plötzlich einen Freudenschrei aus, als sie mehrere gewichtige Pakete voller gleichmäßig schwarzen Korsettstangen entdeckte. Aus den Etiketten ersah sie, daß die Sendung von einer Firma in Liquidation stammte, die offenbar einen Teil ihres Lagerbestands zu herabgesetzten Preisen an irgend einen amerikanischen Fabrikanten verkauft hatte.

Da die Interessen, die auf dem Spiel standen, zu schwer wogen, um Platz für irgend welche Skrupel zu lassen, bemächtigte sich Louise der Ware, auf die Gefahr hin, den Empfänger später entschädigen zu müssen.

Um das packende Sujet zu finden, das die Instruktionen des Kaisers forderten, brauchte die junge Frau nur aus ihrer Erinnerung zu schöpfen, die durch eine überaus reichhaltige Lektüre bereichert worden war. Sie erinnerte sich einer Anekdote, die Thukydides in seiner *Geschichte des Peloponnesischen Krieges* erzählt, und zwar da, wo der illustre Chronist in einer knappen Vorbemerkung den Charakter der Athener mit dem der Spartaner zu vergleichen sucht.

Der klassische Bericht, den Generationen von Gymnasiasten unzählige Male übersetzt haben, besagt im wesentlichen folgendes:

Ein reicher Lazedämonier namens Ktenas hatte eine große Zahl von Heloten in seinen Diensten.

Statt diese Sklaven, die seine Mitbürger auf das Niveau von Saumtieren herabwürdigten, zu verachten, dachte Ktenas nur daran, ihr Geistes- und Gefühlsniveau durch Bildung zu heben. Sein edles humanitäres Ziel war, sie zu seinesgleichen zu machen, und um die Trägsten zu eifrigem Studium zu zwingen, griff er zu strengen Strafen, ja, er hatte keine Bedenken, zuweilen seine Macht über Leben und Tod zu üben.

Der Widerspenstigste der Gruppe war unbestritten ein gewisser Saridakis, der, ebenso unbegabt wie apathisch, sich ohne Scham von all seinen Kameraden überholen ließ.

Trotz der härtesten Züchtigungen blieb Saridakis unverändert und widmete vergebens ganze Stunden der simplen Konjugation der Hilfsverben.

Ktenas sah in dieser Kundgebung vollständiger Unfähigkeit die Gelegenheit, den Geist seiner Schüler schreckenerregend zu treffen.

Er gab Saridakis drei Tage, um das Verbum εἰμί endgültig in sein Gedächtnis einzugraben. Nach Ablauf dieser Frist sollte der Helot seine Lektion vor seinen sämtlichen Mitschülern aufsagen, während Ktenas, einen Dolch in der Hand, beim geringsten Fehler das Herz des Schuldigen durchbohren würde.

Fest überzeugt, daß der Herr seinen furchterregenden Versprechungen gemäß handeln werde, machte Saridakis, sein Gehirn zermarternd, heroische Anstrengungen, um sich auf die letzte Prüfung vorzubereiten.

Am festgesetzten Tag versammelte Ktenas seine Sklaven um sich, setzte sich zu Saridakis und richtete die Spitze seiner Klinge auf die Brust des Unglücklichen. Die Szene war kurz; der Rezitator irrte sich gröblich im Duell des einzigen Imperfekts, und mitten in der angstvollen Stille erscholl plötzlich ein dumpfer Schlag. Der Helot drehte sich mit durchbohrtem Herzen einen Augenblick um sich selbst und fiel tot zu Füßen des unerbittlichen Richters nieder.

Louise übernahm dieses packende Vorbild ohne zu zögern.

Unterstützt durch die Angaben seiner Schwester, gelang es Norbert, mit den biegsamen Korsettstangen eine flache Statue auf Rädern zu schaffen. Die zu dieser Arbeit nötigen Nägel und Werkzeuge lieferte Chènevillot, der selbst eine gut ausbalancierte Waage konstruierte, die im letzten Moment die zarten, gebrechlichen Schienen aufnehmen konnte. Um dieses Werk, das von eindrücklicher Kraft war, zu vervollständigen, schrieb Louise in weißen Lettern auf den schwarzen Sockel einen breiten erklärenden Titel, auf den die Konjugation des berühmten Duells folgte, gemurmelt von den versagenden Lippen des Heloten.

Die bewegten Bilder, die vom Kaiser befohlen worden waren, forderten jetzt drei andere Sujets.

Louise, die Enthusiastin, bewunderte Kant, dessen Porträts deutlich vor ihren geistigen Augen standen. Unter ihrer Aufsicht führte Norbert eine Büste des berühmten Philosophen aus, wobei er darauf achtete, das Innere des Blocks auszuhöhlen und nur auf dem Scheitel eine sehr dünne lehmige Schicht stehen zu lassen. Chènevillot brachte in der Schädelhöhle eine Reihe elektrischer Lampen mit starken Reflektoren an, deren Licht die genialen Flammen eines lichtvollen Gedankens darstellen sollte.

Louise ließ sich dann durch eine alte bretonische Legende inspirieren, die auf rührende Weise die berühmte Lüge der Nonne Perpetua berichtet, die sich nicht fürchtete, ihr Leben zu riskieren, als sie es ablehnte, zwei in ihrem Kloster versteckte Flüchtlinge den sie verfolgenden Sbirren auszuliefern.

Diesmal mußte Norbert eine ganze Gruppe mit Kunst und Geduld modellieren.

Als letzte Figur beschwor der junge Mann, gelehriges Werkzeug seiner Schwester, den Regenten, der gebückt vor Ludwig XV. stand. Die Forscherin liebte die Antithese, die in dieser bescheidenen Achtungserweisung steckte, welche einem Kind von der mächtigsten Persönlichkeit des Königreichs erwiesen wurde.

Jedes Werk war mit einem sehr einfachen Mechanismus versehen, der im besonderen dem Schnabel und den Klauen der Elster angepaßt war, deren Dressur mehr Mühe machte, als man erwartet hatte.

Denn die neue Arbeit war viel verwickelter als die unbedeutenden Kunststücke, die der Vogel bis jetzt vollbracht hatte. Die Bewegungen mußten der Reihe nach ohne Steuerung und Anweisung ausgeführt werden, und das Tier vermochte sich eine solche Reihe verschiedener präziser Evolutionen nur schwer einzuprägen. Norbert half seiner Schwester bei der mühsamen Dressur, die nun schnell zum Ziel geführt werden mußte.

Louise jedoch setzte fleißig ihre chemischen Arbeiten fort, deren letzte Etappen ein in bezug auf Beleuchtung ganz besonders eingerichtetes Lokal erforderten.

Auf ihre Bitte baute Chènevillot eine Art sehr kleine Hütte, deren Wände vorsichtshalber keinerlei Öffnungen hatten und nicht den kleinsten Strahl eindringen ließen.

Innerhalb des Laboratoriums durfte lediglich ein sehr schwaches gelbliches Licht herrschen; selbst völlig undurchsichtige Glasscheiben hätten mit Sicherheit Reflexe erzeugt, die sich auf die seltsame lichtempfindliche Platte verderblich ausgewirkt hätten, die hier hergestellt wurde.

Die Lösung des Problems lieferte Juillard, der den Gesprächen zwischen Louise und dem Architekten beigewohnt hatte.

Der Gelehrte besaß in seiner großen Bücherkiste ein kostbares Exemplar des *»Schönen Mädchens von Perth«*, das aus der ersten Ausgabe des berühmten Werkes stammte. Die mehr als ein Jahrhundert alten Seiten waren völlig vergilbt und konnten dazu dienen, die blendende Helle der afrikanischen Sonne zu dämpfen und zu mildern.

Trotz des unschätzbaren Wertes dieses außerordentlich seltenen Buches bot Juillard es ohne Zaudern der Forscherin an, die es ganz ihren Plänen entsprechend fand und dem liebenswürdigen Spender von Herzen dankte.

Chènevillot schnitt die Blätter in Form von Dachziegeln zu, die in verschiedenen Stärken, auf einem dünnen Gebälk befestigt, den oberen Teil der Hütte bildeten. Ein Guckloch in der Mitte dieses leichten Daches erlaubte der Gefangenen, zuweilen ein wenig frische Luft zu schöpfen, nachdem sie ihre Gerätschaften und Ingredienzen zugedeckt hatte. Da in einem so wichtigen Fall die Bequemlichkeit hinter der Vorsicht zurücktreten mußte, benützte Louise diese einzige mit Vorbedacht angebrachte Öffnung zum Ein- und Aussteigen, und zwar mit Hilfe von zwei kleinen Doppelleitern mit flachen Stufen, die der Architekt zu diesem besonderen Zweck angefertigt hatte. Denn der schwächste Lichtstrahl konnte das Gelingen der Arbeit in Frage stellen, und das Guckloch an der Decke eignete sich besser als irgend eine seitliche Türe zum hermetischen Verschluß, den sein Eigengewicht verbürgte.

Die Hütte stand auf dem Platz der Trophäen, unweit der Börse, von der sie die von Norbert genau ausgerichteten Statuen trennten. Chènevillot hatte, bevor er das Dach deckte, das Innere eingerichtet, zu dem eine der Doppelleitern gehörte, außerdem ein leicht beweglicher Stuhl und ein Tisch mit allem, was zu der wunderbaren Entdeckung nötig war.

Louise verbrachte von nun an den größten Teil ihrer Tage im Laboratorium bei ihren Drogen, Schalen und Pflanzen; sie benützte die Augenblicke der Freiheit, um die Dressur der Elster zu vervollkommnen, die ihr in ihrem zerbrechlichen Verlies treulich Gesellschaft leistete.

Fragte man die junge Frau nach dem Ausgang ihrer chemischen Manipulationen, so schien sie voll freudiger Hoffnung zu sein.

XXII

Unterdessen erschien Séil-kor wieder an der Spitze seiner schwarzen Träger, die sich unter der Last der vielen Waren krümmten, die mit den Lösegeldern gekauft worden waren. Jeder Tributpflichtige hatte nach Maßgabe seiner Mittel gezahlt, und die Familien der ärmsten Matrosen hatten ihre Ersparnisse zusammengelegt und sich damit abgefunden, ihren Anteil der Gesamtsumme hinzuzufügen.

Nach einer langen Besprechung mit dem Kaiser kam Séil-kor zu uns, um uns das Neueste zu berichten. Da die von uns verfaßten Briefe eine ausreichende Summe eingebracht hatten, drohte unserer Befreiung von dieser Seite keine Verzögerung. Aber es mußte noch eine unvorhergesehene Bedingung erfüllt werden.

Seit dem blutigen Kampf mit den drelchkaffischen Truppen hatte Talou, die Einsamkeit unter den Bäumen des Béhuliphruen suchend, sehr viele Stunden damit zugebracht, klangvolle Strophen zu dichten, die den Sieg über Yaour zum Gegenstand hatten und die *Jerukka* um einen ergänzenden Gesang bereichern sollte, betitelt: *Die Schlacht am Tez*.

Bei seiner Krönung wollte der Kaiser das ganze Heldengedicht von seinen Truppen singen lassen, aber der neue Gesang, der eben an diesem Morgen abgeschlossen worden war, war den schwarzen Kriegern noch unbekannt, und ein langes Üben würde notwendig sein, um ihn einer so großen Gruppe beizubringen.

Die Folge war, daß Talou Carmichael die Aufgabe stellte, am festgesetzten Tag mit seiner glanzvollen Kopfstimme den neuen Teil seines Werkes vorzutragen. Das hatte auch den Vorteil, daß die unbekannten Strophen des umfangreichen Gedichtes ins Licht gerückt und die auf diese Weise sensationell gewordene Première hervorgehoben wurde.

Um die Schlacht am Tez zu singen, sollte der junge Marseiller seine männliche Kleidung anbehalten, denn Talou wollte sich zum König von Drelchkaff in dem Gewand krönen, das er am Tag seines Sieges getragen hatte, einem höchst eindrucksvollen Gewand, dessen Fasson ihm besonders majestätisch erschien. Außerdem wollte der Kaiser selbst im Programm mitwirken, indem er die *Aubade* von Dariccelli vokalisierte.

Als Séil-kor mit seiner Erklärung fertig war, übergab er Carmichael ein großes Papierblatt, das er mit seltsamen, aber vollkommen leserlichen Wörtern bedeckt hatte, deren schwierige Aussprache mit Hilfe der französischen Schreibung getreu wiedergegeben war; es war die *Schlacht am Tez*, die der junge Schwarze soeben nach dem Diktat des Kaisers niedergeschrieben hatte.

Die Melodie sollte durch die ständige Wiederholung eines einzigen kurzen Motivs zustande kommen, das Séil-kor leicht Carmichael beibringen konnte.

Talou rechnete mit der Furcht, um eine vollkommene Interpretation zu erreichen, und bestrafte daher im voraus den kleinsten Gedächtnisfehler damit, daß Carmichael drei Stunden lang zum Zweck einer neuen, demselben Gesetz unterliegenden lyrischen Rezitation aufrecht und unbeweglich, das Gesicht nur der Sykomore auf dem Platz der Trophäen zugewandt, seine Lektion unter scharfer Überwachung eines Schwarzen noch einmal durchgehen mußte.

Nachdem Séil-kor die erzwungene Zustimmung des jungen Sängers erhalten hatte, verlangte er nach wie vor als Beauftragter Talous von uns einen einfachen Rat darüber, welche Rolle die sechsunddreißig Brüder Sirdahs während der Krönungszeremonie spielen könnten.

Uns dünkte, daß Kinder dieses Alters, ganz und gar dafür bestimmt als Pagen zu dienen, den malerischen Eindruck des Ereignisses erhöhen würden, wenn sie die lange Schleppe ihres Vaters trügen, sobald er majestätisch auf den Altar zuschreiten würde. Aber dabei fanden höchstens sechs Platz um die Schleppe, also mußte das Los entscheiden. Chènevillot übernahm es, einen großen Spielwürfel herzustellen, der dazu verwendet werden sollte, die Auserwählten unter den vielen Knäblein festzustellen, die in sechs Reihen aufgeteilt waren.

Was die zehn Gemahlinnen des Kaisers betraf, so sollten sie den *Luenn'chétuz* tanzen, einen hieratischen Tanz, der eng mit seltsamen und bedeutenden Riten verbunden war.

Zum Schluß zeigte uns Séil-kor einen langen, zusammengerollten Pergamentstreifen, der mit von Talou grob gezeichneten kriegerischen Gruppen bedeckt war.

Während seiner Feldzüge pflegte der Kaiser, ohne irgend etwas niederzuschreiben, sich täglich Notizen zu machen, die einzig auf das Bild gegründet waren, indem er die verschiedenen Operationen seiner Truppen in Skizzen festhielt, solange er sie noch frisch und genau im Gedächtnis hatte.

In die Hauptstadt zurückgekehrt, benützte er diesen strategischen Führer, um seine Verse zu machen, und so hatten wir also den eigentlichen Entwurf der *Jerukka* vor Augen.

Da Talou in unserem Gepäck ein selbstschreibendes Barometer entdeckt hatte, dessen Funktionieren er sich hatte erklären lassen, träumte er davon, seine Zeichnungen auf dem rotierenden Zylinder des kostbaren Instruments automatisch vorbeidefilieren zu sehen.

La Billaudière-Maisonnial, an knifflige Arbeiten gewöhnt, übernahm es, den kaiserlichen Wunsch zu verwirklichen; er nahm den gebrechlichen Mechanismus aus dem Barometergehäuse heraus, beschleunigte die Bewegung, und bald funktionierte sein sinnreicher Apparat, mit dem Pergamentstreifen versehen, neben der Bühne der Unvergleichlichen.

XXIII

Einige Tage vergingen, während welcher Carmichael nach der Weise der Papageien den barbarischen Text der *Schlacht am Tez* auswendig lernte. Von Séil-kor angeleitet, hatte er sich mühelos die seltsame Melodie eingeprägt, die den Strophen angepaßt war, und fühlte sich imstande, das neue Fragment der *Jerukka* zu singen.

An der Börse war die Carmichael-Aktie ständig gestiegen, seit der junge Marseiller einen ponukelischen Gesang, ein in Wort und Musik höchst bizarres Werk, in sein gewohntes Repertoire aufgenommen hatte.

Mit dem Herannahen des großen Tages hatte die Spekulation einen neuen Aufschwung genommen; eine letzte Sitzung, die sehr bewegt zu werden versprach, sollte unmittelbar vor dem Beginn der Vorstellung stattfinden.

Von dem Wunsch getrieben, zur Pracht des Festes dadurch beizutragen, daß er einen prächtigen Krönungsmantel für den Kaiser wob, stellte Bedu am Tez seinen berühmten Webstuhl auf, der beim Scheitern des Schiffes in keiner Weise gelitten hatte.

Er entwarf eine Karte Afrikas, von Meeren umgeben, und kennzeichnete durch ein kräftiges Rot die dem Zepter Talous unterworfenen Landstriche.

Die Südgrenze Drelchkaffs war nur wenig bekannt und ließ dem Künstler freie Hand, dem Kaiser zu schmeicheln, indem er das Königreich bis zum Cap der Guten Hoffnung ausdehnte, dessen Namen er im vollen Wortlaut eintrug.

Nachdem die Schaufelräder reguliert waren, wurde die Maschine in Bewegung gesetzt und bald war ein schweres Prunkgewand bereit, im feierlichen Augenblick sich um die Schultern des Herrschers zu legen.

Durch diesen Erfolg ermutigt, wollte Bedu Sirdah eine Überraschung bereiten, die uns immer soviel Güte und Ergebenheit bewiesen hatte.

Er zeichnete für sie den Entwurf eines prächtigen Mantels, dessen Ornamentik packende Szenen der Sintflut wiedergab.

Der Erfinder gedachte den Apparat am Morgen der Krönung einzustellen, um ihn vor Sirdah funktionieren zu lassen, die nach ihrer Heilung sicher mit dem lebhaftesten Vergnügen den Anblick der zauberischen Arbeit des erstaunlichen Mechanismus genießen würde.

Da Bachkou seine Operation bei Einbruch der Nacht ausführen

wollte, sollte ein Azetylenscheinwerfer, der in der Ausrüstung der *Lyncée* gefunden und dann am Flußufer aufgestellt worden war, seinen Lichtkegel auf die Maschine richten.

Um das dem Strom geweihte Schauspiel zu erweitern, beschloß Fuxier, mehrere blaue Tabletten herzustellen, die, in den Strom geworfen, auf der Oberfläche des Wassers allerlei flüchtige Bilder erzeugen würden.

Bevor er sich ans Werk machte, befragte er uns alle, welche Gegenstände er behandeln solle und erntete bunt durcheinander eine Menge von Ideen, von denen er sich nur die folgenden vormerkte:

1) Perseus, das Haupt der Medusa tragend.

2) Ein spanisches Gelage mit ausgelassenen Tänzen.

3) Die Legende von dem provenzalischen Dichter Giapalu, der sich eines Tages von der malerischen Landschaft inspirieren lassen wollte, in der der Var entspringt und der dabei dem alten Fluß seine Geheimnisse preisgab, welcher, über seine Schulter gebeugt, neugierig mitlas. Tags darauf rezitierten die murmelnden Fluten von der Quelle bis zur Mündung die neuen Verse, die, vom Stempel des Genies geprägt, bald im ganzen Land bekannt waren, ohne den Namen eines Autors zu nennen. Das verblüffte Giapalu und er wollte vergeblich seine Vaterschaft behaupten; man nannte ihn einen Schwindler, und der arme Poet starb vor Kummer, bevor er den Ruhm kennengelernt hatte.

4) Eine Eigentümlichkeit des Schlaraffenlandes hinsichtlich der Regelmäßigkeit des Windes, welcher den Einwohnern die genaue Zeit angab, ohne daß diese eine Uhr zu haben und aufzuziehen brauchten.

5) Ein galantes Abenteuer des Fürsten Conti, das er selbst in seinem Briefwechsel mit den folgenden diskreten Ausdrücken erzählt:

Im Frühling des Jahres 1695 war François-Louis de Bourbon, Fürst von Conti, Gast eines achtzigjährigen Greises, des Marquis von ***, dessen Schloß in einem riesigen schattigen Park lag.

Im Jahr zuvor hatte der Marquis eine junge Frau geheiratet, auf die er sehr eifersüchtig war, obwohl er für sie nur die Aufmerksamkeiten eines Vaters hatte.

Fürst Conti suchte jede Nacht die Marquise auf, deren zwanzig Jahre sich nicht mit ewiger Einsamkeit begnügen wollten.

Diese Besuche machten unendliche Vorsichtsmaßregeln notwendig. Um für den Notfall einen Vorwand zur Hand zu haben, ließ der Fürst vor jeder Zusammenkunft im Park einen gezähmten Häher los, der ihn schon seit langem auf all seinen Reisen begleitete.

Eines Abends klopfte der Marquis, von einem unbestimmten Argwohn getrieben, bei seinem Gast an; als er keine Antwort erhielt, drang er in das leere Zimmer ein und sah die Kleider des Abwesenden über ein Möbelstück verstreut. Der Achtzigjährige eilte sofort zu seiner Frau und forderte sie auf, ihn auf der Stelle zu empfangen. Die Marquise öffnete geräuschlos das Fenster und schloß es auf die gleiche Weise wieder, während sich ihr Liebhaber bis auf den Erdboden hinabgleiten ließ. Dieses Manöver hatte nur wenige Sekunden gedauert, so daß der Türriegel zur rechten Zeit zurückgezogen werden konnte.

Der eifersüchtige Alte trat ein ohne ein Wort zu sagen und durchsuchte vergebens alle Winkel des Zimmers. Dann erst dämmerte ihm die Möglichkeit einer Flucht durch das Fenster und er begann den Park zu durchstöbern.

Es dauerte nicht lange bis er den halbnackten Conti entdeckte, der ihm die Suche nach seinem entflogenen Häher in allen Einzelheiten auseinandersetzte.

Der Marquis wollte seinen Gast begleiten, um zu sehen, ob er die Wahrheit sagte. Nach einigen Schritten rief der Fürst: »Da ist er!« und zeigte auf den zahmen Vogel, der auf einem Baum saß und sich nach dem ersten Anruf auf seinen Finger setzte.

Der Argwohn des Greises verflog sofort und die Ehre der Marquise blieb unverletzt.

Mit diesen fünf Themen ausgestattet, begann Fuxier von neuem an seinem Block aus blauer Substanz die minutiöse Arbeit, die er bereits bei der inneren Modellierung der roten Tabletten für die Darstellung des Shakespeare-Bildes erfolgreich geleistet hatte.

XXIV

Eines Morgens wäre Séil-kor beinahe ein Opfer seiner Ergebenheit für den Kaiser geworden. Gegen zehn Uhr trug man ihn blutend auf den Platz der Trophäen, um ihn der Fürsorge Dr. Leflaives anzuvertrauen.

Die Ursache des Ereignisses war ein unerwarteter, blitzschneller Vorgang.

Einige Minuten vorher war es dem Verräter Gaïz-dûh gelungen zu fliehen. Séil-kor, Augenzeuge des kühnen Streichs, hatte den Flüchtling verfolgt und bald eingeholt; er packte seinen linken Arm.

Gaïz-dûh, dessen Rechte eine Waffe hielt, hatte sich wütend umgedreht, um Séil-kor auf den Kopf zu schlagen; die kurze Verzögerung durch diese jähe Szene machte es den Wächtern möglich, herbeizueilen und den Gefangenen ebenso wie den Verletzten zurückzubringen. Dr. Leflaive verband die Wunde und versprach, den Patienten zu heilen.

Schon am nächsten Morgen war jede Lebensgefahr völlig beseitigt, doch begannen sich seelische Störungen zu zeigen, die von einer schweren Verletzung des Gehirns herrührten. Séil-kor hatte das Gedächtnis verloren und war nicht mehr imstande, Gesichter zu erkennen.

Als Darriand den Kranken besuchte, sah er eine wunderbare Gelegenheit, mit Hilfe seiner hypnotischen Pflanzen ein Wunder zu wirken. Da er mehrere noch völlig unkolorierte Filme besaß, bat er Bedu, auf einen dieser langen geschmeidigen und durchsichtigen Streifen einige Szenen aus der hervorstechendsten Periode in Séil-kors Leben zu malen.

Die Idylle mit Nina mußte zweifellos den Vorzug erhalten. Wenn man den jungen »Schwarzen« zu seiner Freundin brachte, die er wirklich vor Augen zu haben glauben würde, konnte er eine heilsame Erschütterung verspüren, die ihm vielleicht alle seine Fähigkeiten wiedergeben würde.

Unter den Reliquien des armen Kranken fand man eine große Photographie, die Nina *en face* zeigte; sie lieferte Bedu wertvolle Angaben.

Als Fuxier mit der Herstellung der Tabletten fertig war, wollte er auf unsere dringenden Bitten seine Versuchsreihe durch das Sprießen einer Weintraube vervollständigen, von der jede Beere ein anderes Thema darstellen sollte.

Wir suchten ringsum neue Anregungen. Da Fuxier die Freiheit hatte, die Bedeutung der Traube auf seine Weise zu regeln, setzte er die Zahl der Beeren auf Zehn fest und faßte die folgenden Szenen ins Auge:

1) Einen Überblick über das keltische Gallien

2) Die berühmte Vision des Grafen Valtguire, der im Traum einen Dämon sah, der die Leiche seines Todfeindes Eudes, des Sohnes von Robert dem Starken, zersägte. Durch dieses Zeichen ermutigt, das ihm die Hilfe des Himmels zu verheißen schien, indem er seinen Gegner dem Tod und der Verdammnis weihte, vergaß Valtguire jede Vorsicht und verdoppelte seine Erbitterung in dem blutigen Feldzug, den er gegen Eudes und seine Anhänger führte. Dieses Ungestüm wurde ihm zum Verhängnis und war die Ursache seiner Gefangennahme und der unmittelbar darauf folgenden Enthauptung.

3) Eine Wiedererweckung des alten Roms zur Zeit seines größten Glanzes, versinnbildlicht durch die Zirkusspiele.

4) Der siegreiche Napoleon in Spanien, den die stets zur Empörung bereite Bevölkerung verflucht.

5) Ein Evangelium des heiligen Lukas, das drei Wunder berichtet, die Jesus an den Kindern des Ehepaars Gedaliel gewirkt hat, dessen bescheidene Hütte, durch die Gegenwart des göttlichen Meisters erhellt, plötzlich voll von strahlenden Echos war, nachdem eben noch bitterste Trauer geherrscht hatte. Zwei Tage vor dem himmlischen Besuch war das Älteste der Kinder, ein Junge von fünfzehn Jahren, blaß und hinfällig, plötzlich gestorben, während er seinen Beruf als Korbflechter ausübte. Auf seinem Lager ausgestreckt, hielt er in den zusammengekrampften Fingern noch die Weidenrute, mit der er in dem verhängnisvollen Augenblick beschäftigt gewesen war. Von den zwei Schwestern, die der Verstorbene geliebt hatte, hatte die erste durch den Schock beim Anblick der Leiche die Sprache verloren; die jüngere war ein armer, häßlicher, buckliger Krüppel; sie vermochte ihre Eltern nicht über ihr doppeltes Unglück zu trösten. Als Jesus eintrat, streckte er die Hand gegen die eindrucksvolle Stumme aus, die, sogleich geheilt, eilends aus vollem Halse einen nicht endenwollenden Triller sang, der die Wiederkehr der Freude, der Hoffnung anzukündigen schien. Eine zweite Gebärde der allmächtigen Hand, diesmal nach dem Totenbette zu, gab dem Toten das Leben wieder, welcher, seine unterbrochene Arbeit wieder aufnehmend, den geschmeidigen Weidenzweig mit seinen geübten Fingern bog und verknotete. Im gleichen Augenblick offenbarte sich den Augen der geblendeten Eltern ein neues Wunder: Jesus hatte mit dem Finger die sanfte Verkrüppelte berührt, die plötzlich verschönt und wieder gerade gewachsen war.

6) Die Ballade von Hans dem Kräftigen, einem legendären Holzfäller

aus dem Schwarzwald, der trotz seines hohen Alters allein mehr Stämme und Reisigbündel auf seine Schultern lud als seine sechs Söhne zusammen.

7) Eine Passage aus *Emile*, in der Jean-Jacques Rousseau ausführlich den ersten männlichen Eindruck schildert, den sein Held beim Anblick einer jungen Unbekannten empfindet, die in einem mohnroten Kleid vor seiner Türe sitzt.

8) Eine Reproduktion des Gemäldes von Raffael, betitelt: *Satan vom Schwert des Engels getroffen*.

Mit all diesen Materialien ausgestattet, machte sich Fuxier ans Werk und gab uns so das fesselnde Schauspiel seiner seltsamen, geduldigen Arbeit.

Vor seiner Weinrebe sitzend, durchwühlte er den Keim der künftigen Traube mit Hilfe stählerner Instrumente von äußerster Feinheit, denselben, die er zur Herstellung seiner Tabletten gebrauchte.

Zuweilen entnahm er einer winzigen Büchse verschiedene Farbstoffe, die mit den Figuren während ihrer Entwicklung verschmelzen konnten.

Stundenlang setzte er seine wunderbare Arbeit fort, wobei er seinen Eifer ausschließlich auf den genauen Punkt richtete, aus dem die Beeren sprießen sollten, die durch diese furchtbare Zermalmung im voraus ihrer Kerne beraubt worden waren.

XXV

Als alle erklärt hatten, sie seien fertig, setzte Talou das Datum der Krönung fest und wählte nach dem ponukelischen Kalender den Tag, der dem 25. Juni entsprach.

Am 24. kam der Ichthyologe Martignon, der die Exkursionen längs der Küste in seiner Piroge niemals unterbrochen hatte, sehr bewegt von den überraschenden Entdeckungen zurück, die er soeben im Verfolg einer Lotung in großer Tiefe gemacht hatte.

Er trug auf beiden Armen ein vollständig mit einem leichten Plaid bedecktes Aquarium und weigerte sich, den Inhalt zu zeigen, um sich seinen Effekt für den nächsten Tag aufzusparen. Dieses Ereignis ließ eine bedeutsame Kursveränderung der Martignonaktie für die letzte Börsenstunde erwarten.

Am 25. Juni um zwei Uhr nachmittags machte sich jedermann zu der großen Festlichkeit bereit.

Ein Ölkännchen, das das heilige Salbgefäß darstellen sollte, wurde einem Huilier der *Lyncée* entnommen und auf den Altar zum Gebrauch Talous gestellt, den Juillard unterrichtet hatte, wie er sich die Stirne salben müsse.

Neben das Gefäß wurde aufrecht ein großes Pergamentblatt gestellt, eine Art Bulle, die der Kaiser Rao diktiert hatte und die eine feierliche Proklamation enthielt.

Balbet hatte sich eine neue Schießvorführung ausgedacht; rechts vom Altar rammte er einen dicken Pfahl in die Erde, den einer der Arbeiter Chènevillots behauen hatte; dahinter bot, genau in der gewünschten Achse, ein Sykomorenstamm eine begrenzte Oberfläche, die, auf Anordnung des Architekten senkrecht abgeflacht, die Kugeln auffangen sollte, ohne daß gefährliche Abpraller zu befürchten waren.

Auf das obere Ende des Pfahls legte der Schütze ein weiches Ei, das der Schiffskoch nach seiner Anweisung sorgsam so gekocht hatte, daß das Weiße fest geworden, der Dotter aber flüssig geblieben war.

Das völlig frische Ei war von einem der Hühner gelegt worden, die in Marseille auf die *Lyncée* verladen worden waren.

Olga Tscherwonenkow, Haar und Büste mit Laubwerk aus dem Béhuliphruen geschmückt, hatte sich mit einem Tänzerinnenkostüm ausstaffiert, das auf ihre Veranlassung mühsam improvisiert worden war. Hector Boucharessas hatte eines seiner Reservetrikots abgetreten, das geduldig zerschnitten und wieder zusammengenäht wurde und nun die Ober- und Unterschenkel der stattlichen Matrone umschloß; mehrere Fenstervorhänge, aus dem Lager des Tapezierers Beaucreau ausgewählt, hatten den Tüll für den Rock geliefert und das Ganze wurde vervollständigt durch ein tief ausgeschnittenes himmelblaues Mieder, das die Livländerin in Erwartung der Soireen in den großen Theatern von Buenos Aires mitgebracht hatte.

Einst, als Olga schlank und leichtfüßig war, erschien sie beim *Pas de la Nymphe* auf einer Hirschkuh reitend inmitten einer Dekoration, die einen dichten wilden Wald vorstellte. Um jetzt einen ähnlichen Auftritt zu bewerkstelligen, gedachte die ehemalige Tänzerin sich von Sladki tragen zu lassen, denn ein Versuch Tags zuvor hatte gezeigt, daß das graziöse Tier kräftig genug war, um einige Augenblicke lang das gewaltige Gewicht seiner Herrin zu tragen.

In Erwartung der Stunde seines Auftritts wanderte der treue und gefügige Elch friedlich an der Seite der Livländerin.

Bedu war am gleichen Morgen mit der Bemalung des Streifens fertig geworden, welcher Séil-kors schlafendes Gedächtnis aufwecken sollte. Um möglichst scharfe Projektionen zu erhalten beschloß Darriand, den Versuch in stockdunkler Nacht zu machen, indem er die Kappe, die Samtmaske und die Halskrause verwendete, die Nina einst ausgeschnitten hatte; denn die Berührung dieser drei Gegenstände, die der frühreife Liebhaber pietätvoll aufbewahrt hatte, konnte in hohem Maß zur plötzlichen Wiedererweckung der alten Erinnerungen beitragen.

Dank leidenschaftlicher Arbeit hatte Louise Montalescot die so lange gesuchte Lösung des Problems gefunden. Nachdem die junge Frau die ganze Nacht in ihrem Laboratorium verbracht hatte, das durch den zur Zeit vollen, strahlenden Mond genügend beleuchtet wurde, war sie sicher, daß sie ihren Apparat fertig bekommen und daß er bei Tagesanbruch funktionsfähig sein werde. Der poetische Lichtschein der Morgenröte würde sich für einen ersten Versuch automatischer Reproduktion eignen, und Talou gab voller Neugier Sirdah seine Einwilligung, die beauftragt wurde, ihm dieses Projekt eines morgendlichen Versuchs zu unterbreiten.

Was die Elster betraf, so spielte sie jetzt ihre Rolle mit unfehlbarer Sicherheit, und der Kaiser brauchte nur den Moment zu wählen, um sie auf die Probe zu stellen. Der Helot selbst sollte von dem Vogel auf zwei Schienen bewegt werden, die Norbert soeben aus einer Kalbslunge aus dem Vorrat des Schiffskochs hergestellt hatte.

Gegen vier Uhr wurden Mossem, Rul, Gaïz-dûh und Dzizmé in das von Chènevillot erbaute Gefängnis eingeschlossen.

Rao behielt den Schlüssel und beschäftigte sich dann damit, eine Handvoll Sklaven auszusuchen, die fähig waren, ihn bei seiner Aufgabe als Organisator zu unterstützen, die ihm der Kaiser schon vor langer Zeit anvertraut hatte.

Bald darauf erschien Talou im Festgewand.

Alles hatte sich zur Festvorstellung eingefunden, einschließlich der ponukelischen Truppen, die die *Jerukka* singen sollten.

Als Juillard die feierliche Stunde kommen fühlte, richtete er an unsere Gruppe, die sich schon auf der Südseite der Esplanade zusammendrängte, eine Empfehlung.

Für die Überreichung der Orden gedachte sich der Historiker einzig auf die Eindrücke des schwarzen Publikums zu stützen, dessen naiver Instinkt ihm geeignet schien, ein gerechtes und aufrichtiges Urteil zu liefern.

Da unsere Beifallsäußerungen die eingeborenen Zuschauer beeinflussen und vor allem die Beobachteraufgabe des Ordensverteilers stören konnte, wurden wir gebeten, nach jeder Nummer der Vorstellung regungslose Stille zu wahren.

Diese Losung hatte überdies den Vorteil, von vornherein den parteiischen und eigennützigen Enthusiasmus zu zügeln, den der oder jener Anwärter auf das große Band des Deltaordens gewissen Inhabern seiner Aktien einflößen konnte.

Im letzten Augenblick trug der Kaiser, der sich einen sensationellen Auftritt verschaffen wollte, Rao auf, abseits des Platzes der Trophäen ein Gefolge aufzustellen, das in festgesetzter Ordnung langsam vorrücken sollte.

Allgemeine Stille trat ein, und man weiß, wie auf die Krönungszeremonie und danach die Festvorstellung, ergänzt durch eine friedliche Nacht dank dem Experiment von Louise Montalescot, die entnervende Strafe folgte, die Carmichael in meiner Gesellschaft unter der Aufsicht einer eingeborenen Schildwache abbüßte.

XXVI

Seit drei langen Stunden wiederholte der junge Marseiller aus Furcht vor einer zweiten Bestrafung die *Schlacht am Tez*, die er jetzt untadelig vor sich hinträllerte, ohne daß ich, im Schatten der Sykomorenzweige, den geringsten Fehler im Text feststellen konnte.

Plötzlich erschien in der Ferne Talou und ging, von Sirdah begleitet, auf uns zu.

Der Kaiser kam selbst, um seinen wundervollen Interpreten zu befreien, den er sogleich einer neuen Prüfung unterziehen wollte.

Entzückt, in einem Augenblick auf die Probe gestellt zu werden, in dem ihn sein frisch geübtes Gedächtnis seiner selbst sicher machte, begann Carmichael, immer im Sopranregister, unerschrocken sein unverständliches Stück zu singen, das er diesmal ohne den geringsten Fehler zu Ende führte.

Von dieser vollkommenen Darbietung geblendet, schlug Talou abermals den Weg nach dem kaiserlichen Hause ein, nachdem er Sirdah den Auftrag gegeben hatte, Carmichael seine volle Zufriedenheit auszusprechen.

Durch diese erwünschte Sentenz befreit, nahm mir Carmichael den höllischen Text aus den Händen, der ihn an so viele von Angst erfüllte langweilige Arbeitsstunden erinnerte, und zerriß ihn mit heiterer Beflissenheit.

Ich billige innerlich diese Geste einer unschuldigen Rache und verließ mit ihm den Platz der Trophäen, um mich dem Packen meiner Sachen zu widmen, dem nun nichts mehr im Wege stand.

Unsere Abreise fand noch am Frühnachmittage des gleichen Tages statt. Die Montalescots hatten sich unserer Gruppe angeschlossen, die, von dem gänzlich geheilten Séil-kor geführt, aus den sämtlichen Schiffbrüchigen der *Lyncée* bestand.

Talou hatte uns eine Anzahl Eingeborener zur Verfügung gestellt, die den Auftrag hatten, unsere Lebensmittel und das wenige Gepäck zu tragen, das uns geblieben war.

Eine von vier Schwarzen getragene Bahre wurde für Olga Tscherwonenkow reserviert, die noch immer unter dem Muskelfaserriß an den Beinen litt.

Ein Marsch von zehn Tagen genügte, um Porto-Novo zu erreichen; dort sagte uns Séil-kor, mit wohlverdientem Dank für seine loyalen Dienste überschüttet, Lebewohl, um mit seiner Eskorte den Rückweg nach Ejur einzuschlagen.

Der Kapitän eines großen Schiffes, das im Begriff war, nach Marseille auszulaufen, willigte ein, uns in die Heimat zurückzubringen. Jeder von uns hatte es eilig, nach Frankreich zu kommen, denn nach so verwirrenden Abenteuern war keine Rede mehr davon, direkt nach Amerika zu fahren.

Die Überfahrt ging ohne Zwischenfall vonstatten und am 19. Juli nahmen wir am Quai de la Joliette voneinander Abschied unter Austausch herzlicher Händedrücke, an denen einzig Tancrède Boucharessas nicht teilnehmen konnte.

bernd mattheus

der stern auf der stirn

[...] von einem déjeuner bei camille flammarion ([am 19. 7. 1923] das dem besuch eines observatoriums folgte) brachte raymond roussel einen kleinen keks in form eines sternes mit fünf zacken mit. er ließ eine silberschachtel von derselben größe und form, mit einem glasdeckel, anfertigen, dann schloß er den stern mit hilfe eines winzigen silbernen vorhängeschlosses darin ein (dieses vorhängeschloß ist kaum einige millimeter groß). ein an die silberschachtel gebundenes pergamentetikett erinnerte an die herkunft des kleinen kekses. der nach roussels tod verkaufte gegenstand wurde zufällig auf dem flohmarkt entdeckt. er gehörte mir nicht, aber er blieb verschiedene monate in meiner schublade, und ich kann nicht ruhig darüber sprechen. die dunkle absicht roussels scheint sehr mit dem eßbaren charakter des sternes verbunden zu sein: offenbar wollte er sich den eßbaren stern konsequenter und realer aneignen, indem er ihn verzehrte. der merkwürdige gegenstand bedeutete für mich, daß roussel auf seine weise den von ihm gehegten traum erfüllt hatte, ›einen stern vom himmel zu essen‹.

[...] die grenzen unserer gefräßigkeit bis zu den sternen zu erweitern, ist ohne zweifel ein ohnmächtiger anspruch. der gedanke eines sich zu eigen gemachten sternes ist einer der absurdesten gedanken, die formuliert werden können (was ein italienischer oder katholischer stern, oder, verlockender, aber nicht weniger verrückt: ein m. raymond roussel gehörender stern wäre). wenn es aber nicht möglich ist, einen stern der menschlichen kleinheit anzupassen, so ist es dem menschen erlaubt, sich seiner zu bedienen, um seine elenden grenzen zu sprengen. derjenige, der sich vorstellt, wie er einen stern ißt, selbst wenn er ihn sich lustig von der größe eines kleinen kekses dächte, kann nicht die absicht haben, ihn auf die größe dessen zu reduzieren, was er unbehindert in der hand hält: er muß die absicht haben, größer zu werden, bis er sich in der blendenden tiefe des himmels verliert. [...]
georges bataille, *les mangeurs d'étoiles*

wider die passe-partout-theorien
ich bringe es nie fertig, ohne skrupel über wen auch immer zu schreiben, und bin stets verleitet zu wiederholen, was derjenige sein leben lang gesagt und geschrieben hat. man mag das repetitionszwang heißen. vielleicht verstehe *ich* nicht, wer weiß, doch mir drücken sich stets jene spitzen, um die es ›geht‹, fühlbar in die stirn, ohne daß ich ein besonders aufwendiges, differenziertes instrumentarium benötigte, das sich, meistens, zu häufig, irgendwann bloß noch selbst reproduziert, falls man es zu obstinat, zu lange und zu gleichmäßig auf einen autor oder auf sein werk ›ansetzt‹. damit will ich nicht behaupten, ich sei nicht von diesem fluxus infiziert, noch daß es heute irgendjemandem noch möglich wäre, sich ganz naiv an die lektüre eines textes zu machen, vor allem eines solchen, der beansprucht, einen rang über der unterhaltungsliteratur zu stehen. die theorie beeinflußt, bewußt oder nicht, die rezeption, ja sie verleiht einem werk erst signifikanz, doch ich bemühe mich, sie zu vergessen. kurz: *ich* verfüge über kein referenzsystem, das imstände wäre, in psychologie, anthropologie, mathematik, linguistik, filosofie, geometrie, trigonometrie, astrologie, astronomie, psychoanalyse, syntaktik, semantik etc. zu *re*integrieren, was als literatur oder poesie ›verkleidet‹ auftrat – und falls es doch keine verkleidung, sondern wirklich poesie war, wird sie auch mit allen referenzsystemen fertig, indem sie sie einfach stehen läßt, wo sie kaum einem schaden und mit gewißheit verschimmeln werden: in den bibliotheken, den büchern, den akademien, den köpfen der akademiker. michel foucault, gilles deleuze, jean ricardou, michel butor, jean cocteau, jean ferry, andré breton, alain robbe-grillet, françois caradec, louis aragon, michel leiris, rayner heppenstall, allen voran pierre janet – ich werde nicht sämtliche namen derer aufzählen, die zum ›fall‹ roussel etwas zu sagen wußten: diese ganze sekundärliteratur, die inzwischen mindestens den umfang von roussels œuvre erreicht hat, diese eitelkeit der entdecker, experten, mystifikateure und exegeten kotzt mich nicht nur an, sie bringt mich auch langsam in rage.

bleibt mir zu sagen, daß ich trotzdem, nach der lektüre all dieser studien, erschüttert war von dem leben, das roussel geführt hatte, oder besser gesagt: das er gestorben ist, das er erstorben hat. (das absolut verzweifelte seiner sinnlosen, zu spät abgetriebenen existenz, die auf einem irrtum errichtet war. roussel strebte die vervollkommnung seines werkes zu lasten der arbeit an sich selbst an.

einsamkeit, ob selbstgewählt oder nicht, wird bloß unter der bedingung eine produktive, wenn sie eine persönlichkeitswandlung unterstützt. bei roussel generierte sie literarische larven, die so tot und durchkalkuliert sind wie das leben ihres erzeugers es war, der sein affektives sein planmäßig destruierte, neutralisierte – bis zu jener wende ein jahr vor seiner selbsttötung.)

ein dichter gibt niemals ein erträgliches identifikationsmuster ab, und was raymond roussel betrifft, glaube ich ganz und gar nicht, daß seine existenz oder sein werk eines tages allgemeingültigkeit erlangen könnte, dafür war er zu intelligent. das geschwätz der rousseliander, derjenigen, die empirische beweise für ihre filosofie, besser: religion suchen, widerlegt das keinesfalls.

ich weiß nur, daß gerade diese sprache hier das war, was raymond roussel zugleich abschreckte und faszinierte – faszinierte als fiktionaler text (seine lieblingsautoren waren u. a. victor hugo, jules verne und pierre loti) oder als möglichkeit, mittel zur fiktionalisierung der wirklichkeit.

kurz: roussel zog die konzeption der realität vor. falls die wirklichkeit ein kartenhaus der signifikanten ist, muß er sich gesagt haben, dann vermag ich schreibend – experimentierend, umkonstruierend – in dieses gebäude einzugreifen.

»es ist wahr: der mensch *ist* der mikrokosmos.
ich bin meine welt« (ludwig wittgenstein, 12. 10. 1916).

während der niederschrift von *la doublure* (publiziert in *le gaulois* vom 10. juni 1897) erlebte roussel, wie er seinem therapeuten pierre janet mitteilte, im alter von neunzehn jahren das erste mal die empfindung der glorie.[1] fortan gelten sämtliche anstrengungen roussels auf dem gebiet der literatur wie des theaters der wiedererlangung dieser art von euphorie: ihre prämisse ist weltlicher ruhm, den roussel zu lebzeiten nicht finden sollte. ein werk ausschließlich im hinblick auf das ›erfolgserlebnis‹ zu schaffen, ekstase, die auf anerkennung von leistung, auf geltung errichtet ist ... scheint eine paradoxe idee zu sein. die psychiatrie hat hierfür den ausdruck megalomanie geprägt.

roussel wurde von janet seiner depressionen wegen behandelt, vermutlich sein leben lang, und ging auf diese weise als ›fall‹, unter dem namen martial, in die fachliteratur ein (janets *de l'angoisse à l'extase*, 1926, aus dem roussel die ihn betreffenden passagen in seiner autobiographischen schrift *comment...* zitiert).

ein mann, der nach der veröffentlichung eines buches erwartet, daß sich die leute auf der straße nach ihm umdrehen, muß enttäuscht werden. roussel wurde gründlich enttäuscht – wie jeder, der schreibt, um geliebt zu werden.

der mann, der sich für prädestiniert hielt, der meinte, den stern auf der stirn zu tragen, blieb literarisch in jeder beziehung ein außenseiter, blieb – abgesehen von den sympathiebekundungen einiger surrealisten – unbekannt und unverstanden.

1932 gibt er neben seiner neigung für süßigkeiten der für alkohol und barbiturate nach, erstmals unterzieht er sich in verschiedenen privatkliniken entziehungskuren.

ein jahr darauf reist roussel in begleitung von charlotte dufrène nach palermo, wo beide getrennte zimmer in einem hotel belegen. im gepäck führt der dichter eine sammlung von schlaftabletten mit sich, die er exzessiv konsumiert[2].

seine begleiterin führt über quantität und euphorisierende wirkung jedes einzelnen präparates genau buch. [der rausch, so könnte man aus roussels schriften schließen, ist etwas, das chemisch, kinematographisch, maschinell provozierbar ist. vielleicht entspricht diese vorstellung weit eher den gegebenheiten als die mystizistischen deutungsversuche der ekstase, halluzination etc. die kinästhetischen und visuellen sensationen mögen durchaus auf eingriffe in die physiologie des menschen zurückführbar sein, wenn ich auch annehme, daß dem abrücken von der wirklichkeit ein bruch mit der kommunikation vorangeht. (es ist nicht bekannt, ob roussel während seiner drogenperiode noch immer schrieb.)

und wollte er nicht die euphorie, ohne den preis zahlen zu müssen, den jede ekstase ohne manipulationen ebenfalls fordert: lockerung der identität?] roussel, der auch finanziell am ende zu sein scheint, sucht nur noch eine obsession heim: suizid.

da ihm kein revolver verfügbar ist, schneidet er sich in der badewanne die pulsadern auf, kann jedoch gerettet werden.

in dieser phase würde sich roussel eher arme und beine abschneiden lassen, wie er provokativ sagte, als die drogen aufzugeben. am 14. juli 1933 stirbt er im alter von sechsundfünfzig jahren an einer überdosis von barbituraten. man findet seine leiche an der verbindungstür zum zimmer charlotte dufrènes. es ist dies wohl sein erster und letzter kommunikationsversuch – ohne papier – gewesen. roussel hatte exakte anordnungen betreffs seines literarischen nachlasses sowie der feststellung seines todes und seiner beerdigung getroffen. er fürchtete, scheintot begraben zu werden.

roussel wurde in der familiengruft beigesetzt – sein entwurf für ein denkmal, das einen mann in einer bibliothek zeigt, blieb konzeption.

distanz der kriegsteilnehmer roussel, befragt nach seinen eindrükken, gab zur antwort, daß er noch nie so viele menschen auf einem fleck gesehen habe.

– truman capote (nachdem er eine offenbar zufällige reihe von leuten beschrieben hat): »now, andy, you tell me what you think these people have in common.«

– warhol: »they committed suicide, one?«

identitätslosigkeit betrachtet man die personen in roussels werk, fällt einem auf, daß sie die starre von kadavern haben.
»everybody's plastic – but i love plastic. i want to be plastic« (andy warhol).
längst sind sie keine psychologischen subjekte mehr, sondern personen im sinne von darstellern.
roussel war für seine meisterhaften imitationen, vorzugsweise von schauspielern, bekannt. es kostete ihn offenbar wenig mühe, sein ich-selbst vorübergehend auf ein minimum zu reduzieren, d. h., sich mit anderen charakteren zu identifizieren, um diese durch sich leben zu lassen.
glück tangierte ihn zeit seines lebens nur dann, wenn er seinen gesang am klavier begleitete.

roussel erinnert sich seiner kindheit gern.

»alles neue quält mich« roussel machte sich unerreichbar, indem er z. b. die wenigen besucher, die er empfing, mit fragen überhäufte, um die möglichkeit, ungewollt etwas preiszugeben, von vornherein abzublocken, d. h. verletzungsmöglichkeiten zu verhindern. was der abwehrtechnik andy warhols entspricht, der unbequemen, ihn irritierenden fragern das mikrophon seines tonbandgerätes oder das objektiv seiner polaroidkamera entgegenhält.
todesangst vor der geringsten veränderung, angst, verändert zu werden: er gibt sich niemals, bleibt auf distanz. das mysteriöse an roussel ist, daß es nichts geheimes in seinem leben gibt. er versucht zu verbergen, daß sich nichts in ihm verbirgt.

die regel/der prozeß in dem maße wie sich die surrealisten bei der *écriture automatique* in einen passiv-rezeptiven zustand versetzten, leere in sich erzeugten, unterwarf sich roussel einer strengen regel, um die aufhebung jeglicher zensur zu erreichen. das von roussel in seinem literarischen testament, *comment j'ai écrit certains de mes livres* (1935 posthum veröffentlicht), beschriebene verfahren phonetischer kombinatorik[3] erweist sich anhand einer übersetzung als nicht rekonstruierbar: die eindimensionale übersetzung macht den rousselschen prozeß nicht transparent, sie vermag das gleiten des sinns nicht darzustellen.
roussel erklärt, die *impressions d'afrique* seien aus einer »annäherung« zwischen dem wort *billard* und dem wort *pillard* entstanden, wobei *pillard* für talou steht und *bandes* für seine kriegerischen horden. nach dem gleichen poetischen verfahren schrieb er den roman *locus solus* (1914), die stücke *l'étoile au front* (1925) und *la poussière de soleils* (1927).

sucht man unter den zahllosen tödlich ausgehenden love-stories der *impressions d'afrique,* in diesem an cut-ups erinnernden dschungel aus erzählungen nach materiellen belegen für die originalität der rousselschen poesie, so wird man von den abgedroschensten redewendungen und von klischeehaften pseudometaphern unangenehm überrascht.

»**die regel** ist der mißbrauch, die ausnahme ist die wollust. () alles ist besser als die regel...«[4] nun könnte man sagen: die obsessionelle einhaltung der regel ist selbst wieder eine ausnahme.

bei roussel findet man einerseits die konforme, plagiatorische, konventionelle sprache, zum anderen die leere, mobile seite, auf welcher der tod der sprache erkennbar wird: roussel nimmt eine neuverteilung der sprache durch brüche vor.

vergleichbar dem stummfilm werden in den *impressions d'afrique* von bildunterschriften begleitete images vorgeführt.

das heißt, die äquivalenz von bild und wort, wahrnehmung und sprache.

beispiel: »das echo des arghyros-waldes sendet constantin canaris den duft der beschworenen blumen«; den namen einer blume in den wald gesprochen, generiert einen phonetischen und duftenden widerhall. »zeichen wird vielmehr das ding oder der als solcher bezeichnete körper, sofern er eine ihn definierende seite zum vorschein bringt, die der dem wort entsprechende graphismus aufgezeichnet hat. der abstand zwischen den beiden wird durch das auge, welches das wort ›sieht‹, ohne zu lesen, in der weise überbrückt, daß es den schmerz, der von dem im körper eingeritzten graphismus ausgeht, abschätzt: das auge springt.«[5]

der wahnsinn entdeckt, daß worte und dinge im inneren leer sind[6]. »dieser leere wollte sich auch artaud in seinem werk nähern, von der er aber unablässig abgelenkt wurde: durch sie von seinem werk abgelenkt, aber auch von ihr durch sein werk abgelenkt, und gegen diese markhaltige ruine schleuderte er unablässig seine sprache, ein werk ausgrabend, das die abwesenheit des werkes ist. diese leere ist für roussel paradoxerweise die sonne...«[7]

konstituiert die bewegung der verhüllenden worte, die aus der sonne aufsteigen[8], nicht das bild der eingeschlossenen sonne, eine art eichel, die sich mit dem sperma, das sie ausstößt, zu verbergen sucht, wortsperma – aus furcht vor dem signifikanten?

»die furcht vor dem tode ist das beste zeichen eines falschen, d. h. schlechten lebens« (ludwig wittgenstein, 8. 7. 1916).

die verdoppelungen und wiederholungen in der sprache roussels sind ein indiz für die **präsenz des todes.** »bei roussel erzählt die durch einen systematisch gesteuerten zufall zu staub reduzierte sprache unendlich die wiederholung des todes und das rätsel der gespaltenen ursprünge. und als könnte dieses erleben der formen der endlichkeit in der sprache nicht ertragen werden oder als wäre es ungenügend (vielleicht war sein ungenügen sogar unerträglich), hat sich dieses erleben innerhalb des wahnsinns manifestiert – die gestalt der endlichkeit ergibt sich so in der sprache (als das, was sich in ihr enthüllt), aber auch vor ihr, diesseits, als jene unförmige, stumme, bedeutungslose region, in der die sprache sich befreien kann.«[9]

die zeichen bezeichnen durch die **abwesenheit des sinns,** was in den sprachspielen ersichtlich ist, die demonstrieren, daß ein wort multiple bedeutungen hat, daß ein wiederholter satz einen unterschiedlichen sinn bekommt.

raymond roussel, indem er sich weigert zu kommunizieren, tritt als person fast völlig hinter dem geschriebenen zurück.
dennoch gibt es kaum einen dichter oder schriftsteller, dem an der rolle des autors mehr lag als roussel, der die bedeutung des werkes höher einschätzte als er.

solange nicht schlüssig bewiesen ist, ob das poetische verfahren roussels nicht eine mystifikation und/oder eine vorsätzliche täuschung ist, nachträglich konstruiert, um künftige exegeten irrezuführen und weit davon entfernt, bloß grabstein der sprache zu sein, bietet sein werk noch immer eine breite projektionsfläche für biographische, symbolische, psychoanalytische sondierungen.
und jetzt meine subjektive empfindung nach der lektüre einiger seiner werke: sie kommunizieren nichts. es sind leerbücher, ähnlich denen eines dieter roth oder piero manzoni, dessen autobiographie *(piero manzoni, the life and the works,* glücksburg–hamburg–paris 1963) aus hundert unbedruckten seiten weißen papiers besteht, einzig der umschlag enthält angaben über autor, titel und verlag. roussels ›roman‹ konstituiert sich aus unendlich vielen mikroromanen, wobei der eine jeweils die vorangegangenen annihiliert. das prinzip der schreibtäfelchen: ist die fläche ausgefüllt, kann die schrift gelöscht und

die folie neu beschrieben werden. »es ist an der zeit, sich darüber klar zu werden, daß die literarische rede sich nicht durch das bestimmt, was sie sagt, auch nicht durch die strukturen, die sie etwas bedeuten lassen, sondern daß sie ein sein hat, und daß man sie nach diesem sein befragen muß.«[10]

erfindungen: roussel vergleicht die manöver der fechtmaschine von la billaudière-maisonnial, d. h. die »unendliche zahl zufälliger resultate« mit »leichten schlägen auf das rohr eines kaleidoskops ..., durch die im gesichtsfeld des betrachters kristallmosaike von ewig neuer buntheit erzeugt werden«.

analog dem kaleidoskop entwickelt roussel seine miniatur-romane. die differenz zwischen dem originalsatz und seiner veränderung ist mit sich vermehrenden geschichten überhäuft, die den ausgangspunkt immer mehr zurückdrängen, ihn überdecken und gänzlich verhüllen.[6]

asymbolismus die phantasiemaschinen roussels generieren und reproduzieren reine ereignisse, symbole, die sich selbst genügen. es gibt eine relative starre, bewegungslosigkeit, weil die ereignisse im voraus vom geschlossenen raum einer maschine eingegrenzt, limitiert werden.

sämtliche erfindungen, apparate und maschinen sind absolut nutzlos; sie dienen nicht einmal dazu, die erzählung in fluß zu halten, um beispielsweise zu einem ereignis zu führen – man denke an die tötungsmaschinen.

er beschreibt vorwiegend nur das, was er (bzw. eine seiner figuren) sieht und tut, nicht was er denkt oder fühlt. delirien, affekte, halluzinationen werden – es sei denn, daß maschinen, chemikalien o. ä. diese provozieren – niemals berührt.

die identität des autors konstituiert sich folglich aus einer molekularen, phonetischen kombinatorik.[6]

die hysterische, wörtlich nehmende lesart jean ferrys[11], der bildbeschreibungen rückübersetzt in bilder, das desymbolisierte resymbolisiert.

roussel, all seine publikationen aus eigener tasche bezahlend, litt unter der tatsache, daß er millionär war. er glaubte, daß man ihm längst den rang eines genies zuerkannt hätte, wenn er mittellos gewesen wäre.

die **impressions d'afrique** wurden zuerst als fortsetzungsroman im *gaulois du dimanche* (10.–11. 7. und 20.–21. 11. 1910) sowie im oktober 1910 als buch veröffentlicht, ohne beachtung zu finden; innerhalb von zweiundzwanzig jahren konnte die erste auflage des buches abverkauft werden. eine ›zweite auflage‹, wie alle bücher roussels bei alphonse lemerre verlegt, ist ebenfalls auf den 2. oktober 1910 datiert (preis: 3.50 f); es existieren von dieser auflage exemplare auf japan und ein exemplar auf velin mit weißem umschlag. die dritte auflage des buches wurde 1932 gedruckt; in ihr werden die *nouvelles impressions d'afrique* angekündigt. diese edition enthält einen grünen zettel mit einem hinweis folgenden wortlautes: »warnung/ die leser, die nicht in die kunst raymond roussels eingeweiht sind, lesen vorteilhafterweise dieses buch zuerst von seite 212 bis seite 455, danach von seite 1 bis seite 211«. im rahmen der von jean ferry herausgegebenen neuausgabe von roussels gesamtwerk erschienen die *impressions d'afrique* im verlag jean-jacques pauvert, 1972 schließlich in einer populären taschenbuchreihe.

auf anregung edmond rostands, der sich spontan für das buch begeisterte, machte roussel eine bühnenfassung der *impressions*, welche im théâtre fémina (premiere: 30. 9. 1911), später im théâtre antoine (premiere: 11. 5. 1912) aufgeführt wurde.

roussels theater war das ganze gegenteil eines solchen, das zur partizipation animierte. realistisch in szene gesetzt, müssen die schauspieler in der fantastischen dekoration störend gewirkt haben. nicht allein, daß roussel die inszenierungen selbst finanzierte, er war auch mitunter gezwungen, freikarten zu verschenken, um überhaupt zuschauer für seine stücke zu gewinnen. »es war mehr als ein mißerfolg, es war ein sturm der entrüstung. man schalt mich verrückt, pfiff die schauspieler aus, warf sou-stücke auf die bühne, protestbriefe gingen an den direktor.«[12] eine tournee durch nordfrankreich, holland und belgien verlief analog.

roussel wurde neben jarry von der kritik gern als paradebeispiel für untheater zitiert – so anläßlich der aufführungen des von artaud und vitrac 1926 gegründeten alfred-jarry-theaters.

»ich muß hier noch von einer recht seltsamen tatsache sprechen. ich bin viel gereist. namentlich habe ich in den jahren 1920–1921 eine weltreise über indien, australien, neuseeland, die archipele des stillen ozeans, china, japan und amerika unternommen. () ich kannte damals bereits die wichtigsten länder europas, ägypten und ganz nordafrika, und später habe ich konstantinopel, kleinasien und persien besucht. aus all diesen reisen habe ich nie etwas für meine bücher geschöpft. mir schien, das verdiente, mitgeteilt zu werden, **beweist es doch, daß bei mir die einbildungskraft alles ist.**«[13]

Der blick des voyeurs man erzählt, daß roussel nur in ausnahmefällen seine schiffskabine verließ.

für interkontinentale reisen ließ er sich 1925 eigens ein automobil, das ›rollende haus‹ konstruieren. das vehikel von 9 metern länge und 2,5 metern breite enthielt einen beheizbaren, variablen salon mit schrankbett, ein kombiniertes eß- und wohnzimmer, ein badezimmer mit toilette, einen aufenthalts- und ruheraum für das dreiköpfige personal.[14] roussel trennte sich von dem kostspieligen gefährt, da es gegen seine intentionen überall aufsehen erregte, selbst der papst und mussolini sollen sich für die mobile villa interessiert gezeigt haben.

muß noch erwähnt werden, daß roussel während dieser exkursionen mit dem auto der äußeren realität keine aufmerksamkeit schenkte, sondern las? (und zwar gelegentlich seitenweise: er zerpflückte ein buch und las nur jeweils eine seite, um sie – wenn er sich beobachtet fühlte – in der tasche verschwinden zu lassen. lose buchseiten tauchen bei der hütte der louise montalescot in den *impressions* wieder auf.)

die **konzeption** (empfängnis/vorstellung/geistesschöpfung/gestaltung) der **realität** vorziehend, bevölkert roussel das afrika seiner imagination mit mitteleuropäischen genies (»unvergleichliche«) wie er es mit techno-mythologischen erfindungen möbliert.

in den ersten neun kapiteln seines buches wird szene für szene und akt für akt eines marathonschauspiels beschrieben, das die rituellen feste der ›primitiven‹ vollständig ersetzt. natürlich spielt man, vor exotischem dekor, romeo und julia, gretchen aus dem *faust* tritt auf.

roussels afrika eine guckkastenbühne. ein land, eine andere zivilisation explorieren bedeutete partizipation. und partizipation ist gerade das, was roussel – ähnlich seinen kollegen gérard de nerval und gustave flaubert – um jeden preis vermeiden will. er bleibt auf *distance*[15], als wollte er demonstrieren, daß man eine stadt, ein land, einen kontinent nicht mit auto, eisenbahn oder schiff verlassen kann, wenn es einem nicht einmal gelingt, am ort, stehenden fußes gewissermaßen, seinen geistigen kontinent zu verlassen, wenn man es nicht schafft, sich von seinen vorstellungen zu emanzipieren und einer die fähigkeit nicht besitzt, die konzeption gegen die wirklichkeit durchzusetzen. warum dann reisen, das schiff verlassen, wenn man doch nur die eingesessenen vorstellungen apportiert? wenn das, was wir wahrnehmen, durch das filter unserer muttersprache geht, welches uns versagt, daß uns etwas neues auffällt. wenn riten und mythen der neger trotz dolmetscher obskur bleiben, weil wir ihre sprache nur mittels projektion der unseren ›verstehen‹ können?

ich weiß nicht, ob roussel in dieser weise bildungs- oder forschungsreisen als nutzlos verachtete. es sei nur erwähnt, daß er seine weltreisen nach der niederschrift der *impressions d'afrique* unternahm.

bezeichnenderweise folgt der chronologische teil des buches, beginnend mit dem X. kapitel, erst auf die kontemplation der belebten bilder. die versdichtung *nouvelles impressions d'afrique*, 1932 erschienen, war mit 59 illustrationen – nach den instruktionen roussels – von henri a. zo versehen.

der sarg seiner mutter, mit der er bis zu ihrem tode, im jahre 1911, zusammengelebt hatte, enthielt ein fenster, damit er das gesicht der toten bis zuletzt sehen konnte.

eine der ersten versdichtungen roussels, aus dem jahre 1904, trug den titel *la vue* (der blick). die *nouvelles impressions d'afrique* bezeichnet er als genauen neubeginn dieses gedichtes: »es ging um ein winziges opernglas in anhängerform, von dem jeder tubus – zwei millimeter breit und so gebaut, daß man ihn vors auge drücken kann – eine photographie auf glas enthielt: die eine mit den bazaren von kairo, die andere mit einem kai in luksor. in versen gab ich die beschreibung dieser beiden photographien«[16].

»die kunst wäre also niemals paranoisch, sondern stets pervers, fetischistisch.«[17]

junggesellentum – junggesellenmaschinen michel carrouges[18] zählt neben franz kafka und marcel duchamp raymond roussel zu einem der großen maschinisten zölibatärer maschinen. als modell für seine theorie der junggesellenmaschinen dienen ihm werke der bildenden kunst, insbesondere der literatur, u. a. kafkas erzählung *in der strafkolonie*, duchamps glasmalerei *la mariée mise à nu par ses célibataires, même* (die neuvermählte, von ihren junggesellen selbst entkleidet, auch das ›große glas‹ genannt) sowie roussels *locus solus* und *impressions d'afrique*.

das drama der zölibatären maschine, schreibt carrouges, sei nicht das des wesens, das völlig allein lebe, sondern das des geschöpfes, das sich unendlich weit einem geschöpf des anderen geschlechts nähere, ohne indessen wirklich mit diesem zusammentreffen zu können. nicht um keuschheit oder askese handle es sich, im gegenteil sei es der konflikt der erotischen leidenschaften beider, welche sich gegenüberstünden und außer sich gerieten, ohne zur vereinigung zu kommen.[19]

ohne carrouges' theoremen zu folgen, für den die zölibatären maschinen sinnbildhaft für die reduktion der erotik zu einem seelenlosen mechanismus stehen (lust ohne liebe), für die unmöglichkeit, zur ekstase zu gelangen, für den verlust des heiligen (insofern, als für den mann die frau der gipfel der göttlichen mysterien in der natur sei) und ferner für den sieg der technik über den menschen schlechthin, seien die charakteristika einer zölibatären maschine herausgestellt, sei die beantwortung der frage versucht, wie sie idealerweise funktionieren, was sie produzieren.

einige der wenigen konstanten der zölibatären maschinen ist die zusammensetzung aus einem männlichen und einem weiblichen element, die einschreibung von oben, der zusammenhang von hieroglyphe (schrift) und körper, und daß es oftmals marterinstrumente sind, die auch zur autodestruktion schreiten können. in der sprache der schizoanalyse: »... zum ersten zeugt die zölibatäre maschine durch ihre qualen, schatten und ihr altes gesetz von einer ehemaligen paranoischen maschine. indessen ist sie selbst keine. alles: ihr räderwerk, ihr fahrgestell, ihre scheren, nadeln, geliebten und strahlen unterscheiden sie von einer paranoischen maschine. noch in den qualen, die sie zufügt, dem tod, den sie bringt, offenbart sie etwas neues, eine kraft gleich der sonne. () es existiert eine augenblickliche konsumtion der neuen maschine, ein vergnügen, das man autoerotisch oder automatisch nennen möchte, worin sich die freuden einer neuen verbindung ankündigen: neue geburt, verführerische ekstase, so als befreite der maschinelle erotismus weitere schrankenlose kräfte.

auf die frage: was produziert die zölibatäre maschine, was wird vermittels ihrer produziert? scheint die antwort zu lauten: intensive quantitäten. es gibt eine schizophrene erfahrung intensiver quantitäten im reinzustand, die beinahe unerträglich ist – zölibatäre größe und elend als höchste empfindungen...«[20]

außer mechanisch oder elektrisch betriebenen maschinen untersucht carrouges roboter und androiden (villiers de l'isle-adam, *l'eve future*), konstellationen (lautréamont, *les chants de maldoror;* kafka, *die verwandlung;* roussel, *impressions d'afrique*) unter dem aspekt ›zölibatäre maschinen‹. wenigstens fünf solcher wundermaschinen finden sich in den *impressions d'afrique:*

1. (strafapparat) das blitzableiterbett, auf dem sich djizmé widerstandslos töten läßt. ihr körper ruht auf einer weichen, mit zahllosen zeichnungen – vignetten ähnlich – verzierten matte, der kopf steckt in einem metallhelm, der durch einen draht mit dem blitzableiter verbunden ist, ihre füße stecken in geerdeten metallschuhen. als ein gewitter aufzieht, betrachtet sie eine pergamentkarte, auf welcher in

hieroglyphischen zeichen ihr name zu lesen ist, der von einem dreifachen mondsymbol (drei mondphasen) begleitet wird. der blitz tötet sie.

2. das scheinwerferbett von fogar. bei mondschein legt sich fogar auf ein bett, das von folgenden gegenständen überragt wird: ein weißes dreieckiges siebtuch, das an einem pfahl befestigt ist; ein scheinwerfer; eine senkrecht stehende metallstange, deren gekrümmtes ende unten in die achsel des liegenden einmündet; eine art weißes schilfrohr, das sich über das ensemble krümmt und so etwas wie einen betthimmel bildet.

unterstützt von einer kaum wahrnehmbaren bewegung an dem handgriff, fällt fogar in lethargischen schlaf. der scheinwerfer geht an und läßt die große pflanze aufleuchten. man sieht ein deutliches bild wie ein kirchenfenster, welches nach den schilderungen aus 1001 nacht die entführung der schönen neddou wiedergibt, die in einem abgrund stirbt. während der bild-show stehen herz und atmung fogars still. darauf verletzt er sich vorsätzlich an einer pflanze, schließt die wunde, nährt mit blutgerinnseln symbolische meerestiere. um drei blutklümpchen zu gewinnen, hatte sich fogar in eine ›freiwillige katalepsie‹ versetzt. die endekstase mündet in einen blitz ein.

deutlich der autismus roussels: die illusionsmaschine ist – ähnlich dem stereoskop – das gegenteil des films, indem einem einzigen menschen die rezeption der bilder vorbehalten bleibt. für roussel war exklusivität das unterpfand für genuß: büßte er das privileg ein, zu den wenigen auserwählten zu gehören, welchen ein solcher genuß zugänglich war, wandte er sich desinteressiert (angeekelt) ab. man könnte diese attitüde aristokratismus nennen.[20a]

3. (zeitmaschine) die markise darriands ist eine weitere illusionsmaschine auf visuell-chemischer basis.

sie konstituiert sich aus einem mit ozeanischen pflanzen bewachsenen plafond, die einen kräftigen halluzinogenen duft verströmen. ferner aus einer mauer, die als projektionsfläche dient und einer ausfahrbaren markise, in deren innenfalte ein projektor installiert ist. der hypnotiseur darriand heilt mit dieser auf synästhesie abzielenden installation den wahnsinnigen séil-kor mittels schock. letzterer ist berechnet: die zeitmaschine ermöglicht dem probanden nicht bloß, bestimmte ereignisse zu erinnern, sie konfrontiert ihn mit schlüsselerlebnissen aus seinem leben und zwingt ihn so zur bewußtwerdung. séil-kor fiel nach dem verlust seiner jugendliebe, nina laubé, in wahnsinn. darriand setzt nun seinen patienten einer art zeitmaschine aus, indem er ihm die wichtigsten liebes-szenen wieder vergegenwärtigt.

4. die puppen der louise montalescot, schöpfungen ihres bruders norbert.

louise montalescot vereint in ihrer person gleich mehrere obsessionen roussels: die travestie, die inklination für künstliche menschen. die ex-geliebte des unterlegenen königs wird durch sowohl wissenschaftliche als auch künstlerische talente ausgezeichnet. die chemikerin und zeichnerin trägt einen offiziers-dolman (kniehose, reitstiefel, feldmütze), dessen achselschnüre chirurgische nadeln verdecken, die bei jedem atemzug in ihre lungen eindringen. die notwendigkeit dieser organerweiterung oder symbiose aus organischem und anorganischem wird mit der im zuge chemischer experimente an giftigen gasen erkrankten lunge erläutert. nebenbei produzieren diese prothesen beim atmen eine art automatischer musik.

louise montalescot steckt bis zur taille in einer kleinen hütte, die aus vergilbten seiten von walter scott's roman *the fair maid of perth* besteht. eine halb lichtdurchlässige hütte dient ihr als dunkel-kammer, entwikkelt sie doch einen photomechanischen prozeß, der es erlaubt, automatisch bilder herzustellen (vgl. die beschreibung der maschine, p. 251). eine gezähmte elster fungiert als verlängerte hand der montalescot, gleichsam als kommunikatives bindeglied zwischen passion und aktion; mit schnabelhieben setzt die elster auf weisung der montalescot vier »bewegliche bildnisse« in gang: a) die nonne perpetua schüttelt den kopf, sagt »nein«, um auf diese weise spione zu täuschen, die zwei flüchtlinge suchen; b) der regent philipp von orléans beugt den kopf vor louis XV. (als kind); c) kants durchsichtiger hohler kopf füllt sich mit elektrischem licht an, dem glanz seines genies; d) der helote saridakis, eine aus korsettstäben gefertigte negerfigur, dem ein dolch im herzen steckt, rollt auf ihrer kalbslungenschiene vor und zurück (simulation des perpetuum mobile).

louise montalescots situation ähnelt derjenigen von faustine in *locus solus*, dennoch ist sie weitgehend emanzipiert und erhält lediglich von ihrem bruder norbert und von dem architekten chènevillot unterstützung.

5. der trophäenplatz:

entkräfteter gummibaum	altar	palme
darunter die leiche	genea-	(totemistischer baum)
von yaour IX., kostü-	logischer	pfahl mit (totem) ei
miert als gretchen im	baum der	
faust	kaiser-	
	lichen	
	dynastie	

nach der deskription der anordnung von symbolen, führt roussel aus, was geschieht (immer die frage: wie funktioniert die maschine? was produziert sie?). der meisterschütze balbet (man weiß von roussels schießkünsten) befreit ein weiches, auf einem pfahl liegendes ei vom eiweiß, während das dotter unversehrt bleibt. hierzu bedient er sich eines *gras*-gewehres, aus dem er 24 schuß abgibt.

ritualisierung und mechanisierung von leben und arbeit roussels repetitionszwang, ausdruck seiner furcht vor neuem, stellt françois caradec[21] anhand seines arbeitsrhythmus (schreiben von 8 bis 12 uhr) und dem ritual seiner mehrstündigen einnahme von mahlzeiten dar; er aß in völliger isolation und unter ausschluß des geringsten kontaktes mit den personen, die die speisen zubereitet hatten. mehr als einmal wird man an proust erinnert.

»i still care about people but it would be so much easier not to care ... it's too hard to care ... i don't want to get involved in other people's lives ... i don't want to get too close ... i don't like to touch things ... that's why my work is so distant from myself ... and i don't really believe in love« (andy warhol).

roussels erster kritiker war robert de montesquiou. in einem kapitel seines buches *élus et appelés* (1921) setzt er sich mit *la vue* und den *impressions d'afrique* auseinander.

mit der bühnenfassung von *locus solus* (1922), den stücken *l'étoile au front* (1924) und *la poussière de soleils* (1926) weckte roussel das interesse der surrealisten (breton, dalí, aragon, robert desnos, queneau, vitrac, soupault, éluard). das alfred-jarry-theater unter der leitung von artaud und vitrac wollte stücke von roussel inszenieren. zu den frühen bewunderern von roussels werk zählt neben andré gide und jean cocteau auch michel leiris, mit dessen vater, eugène leiris, roussel sowohl geschäftlich als auch freundschaftlich verbunden war. leiris nahm 1932/33 an einer ethnographischen expedition nach afrika teil, die teilweise von roussel finanziert wurde. die ersten biographischen informationen veröffentlichte leiris, in den 50er jahren setzte die kritische beschäftigung mit roussels œuvre wieder ein (marcel jean, pierre schneider, jean ferry u. a.). nachruhm: zum hundertsten geburtstag roussels widmete die zeitschrift *l'arc* dem exzentriker 1977 eigens eine ausgabe. für die deutsche sprache wird roussel erst entdeckt bzw. ›wiederentdeckt‹.[21a]

roussel mied orte, an denen er in seiner kindheit ein gewisses glück empfunden hatte.

da er stets wissen wollte, wo er sich gerade befand, fürchtete er sich vor tunneln und vermied es, des nachts zu reisen.

charlotte dufrène bat er, in seiner gegenwart nicht über sie ängstigende dinge zu sprechen: er meinte, die angst könnte sich auf ihn übertragen; darüber hinaus war ihm der anblick von tränen unerträglich.[22]

1932 widmet sich roussel dem schachspiel. von michel leiris[22], der roussel kurz vor seiner sizilienreise traf, danach gefragt, ob er noch schreibe: »das ist derart schwierig!«

man weiß, daß unglückliche menschen verdammt ordentlich sind. die schmutz-phobie eines roussel, der vor dem ersten weltkrieg kleidungsstücke nach einmaligem tragen wegschenkte, wird höchstens noch von derjenigen ludwig wittgensteins übertroffen, der, wenn er irgendwo zu besuch war, darauf bestand, das geschirr selbst zu spülen – mit einer von ihm mitgebrachten bürste[23].

roussel prämierte den drucker, der in seinen büchern einen fehler entdeckte.

dem repetitionszwang kam roussels schreib-›prozeß‹ entgegen. seine tendenz zur mechanisierung und okkultation drückt sich in der begeisterung selbst für ziemlich einfache apparate wie das *leserost* (p. 160) aus, das zur dechiffrierung von geheimschriften benutzt wird. an der korrespondenz mit einer dame faszinierte ihn einzig die benutzung eines solchen leserostes[21].

genialität = experimentierfreude + fleiß: »ich blute über jedem satz« (roussel).

zur erotologie raymond roussels abgesehen von seinem dandyismus und den intensiven mutter-schwester-relationen, seiner liebe zu kindern etc. gibt es bei roussel, in den *impressions d'afrique* sehr deutlich, eroberungen nur durch die kunstübung: letztere stellt sich dar als eine kombination von angewandter wissenschaft (oder bloß kunstfertigkeit) bzw. automatisierter kunst (louise montalescot) mit fleiß.

konservativ, um nicht zu sagen prüde, verabscheute er den weiblichen exhibitionismus seiner zeit, die bürgerliche ansicht teilend, daß die orgie hinter verschlossenen türen stattzufinden habe.

»frigid people really make it« (andy warhol).

um den schein zu wahren, nimmt sich roussel 1910 eine mätresse. charlotte frédez, genannt dufrène, begleitet ihn fortan bis zu seinem lebensende. roussel mietet ihr eine wohnung, zeigt sich mit ihr in der oper (wenige zeit nach spielbeginn verließ er meistens die loge und ließ sich nach hause chauffieren. eifersüchtig war er darauf bedacht, daß der chauffeur sofort zur oper zurückeilte, um der dufrène unverzüglich zu diensten zu stehen).

roussels homosexualität ist nicht mehr als ein gerücht, das zu belegen den biographen schwer fällt. man spricht von dem undurchdringlichen doppelleben des dichters, das – ebenso wie sein aristokratismus – dem bourgeois bewunderung abverlangt, wenn auch uneingestandenermaßen.

april–oktober 1977

anmerkungen

1 cf. roussel, r., *comment j'ai écrit certains de mes livres*, paris 1963, p. 26

2 »barbiturate sind unbedingt suchterzeugend, wenn in großen mengen, gleich über welchen zeitraum konsumiert (ungefähr ein gramm pro tag führt zur sucht). das entzugssyndrom ist gefährlicher als das des morphiumentzugs. es besteht aus halluzinationen mit epilepsieähnlichen krämpfen. () der barbituratsüchtige bietet einen erbärmlichen anblick. er kann nicht koordinieren, er taumelt, fällt von barhockern, schläft mitten in einem satz ein und läßt essen aus dem mund fallen. er ist verwirrt, streitsüchtig und blöde« (burroughs, w. s., *the naked lunch*, frankfurt–berlin–wien 1971, p. 224f.).

3 einige beispiele aus den *impressions d'afrique* werden auf den seiten 13–23 von *comment* ... expliziert.

4 barthes, r., *die lust am text*, frankfurt 1974, p. 62

5 deleuze, g. und guattari, f., *anti-ödipus*, frankfurt 1974, p. 262

6 cf. deleuze, g., *schizologie*, vorwort zu: l. wolfson, *le schizo et les langues*, paris 1970

7 foucault, m., *raymond roussel*, paris 1963, p. 207

8 cf. foucault, m.: (7)

9 foucault, m., *die ordnung der dinge*, frankfurt 1974, p. 458f.

10 foucault, m.: *der wahnsinn, das abwesende werk*, zitiert nach: ders., *schriften zur literatur*, münchen 1974, p. 127, man kann sich roussels werk über jean-pierre brisset nähern oder, wie andré breton, eine esoterische interpretation versuchen ... nichts ist unmöglich und wenig wurde unversucht gelassen; vgl. auch j. ricardou, l'activité rousselienne, tel quel 39, 1969.

11 ferry, j., *l'afrique des impressions. petite guide pratique à l'usage du voyageur*, paris 1967

12 roussel, r.: (1) zitiert nach: *raymond roussel. eine dokumentation*, hersg. von hanns grössel, münchen 1977, p. 93

13 roussel, r.: (12) p. 90f.

14 vgl. den bericht der *revue du touring club de france*, reprint in: *bizarre*, no. 34/35, no.-spécial raymond roussel, paris 1964

15 dieselbe distance charakterisiert die frühen, mit unbeweglicher kamera aufgenommenen filme andy warhols.

16 roussel, r.: (12) p. 95

17 barthes, r., *über mich selbst*, münchen 1978, p. 75

18 carrouges, m., *les machines célibataires*, paris 1954, erweiterte neuauflage 1976; zum thema vgl. auch den katalog *junggesellenmaschinen/les machines célibataires*, venedig 1975

19 cf. carrouges, m.: (18) p. 60

20 deleuze, g. und guattari, f.: (5) p. 26

20a walter pichlers tragbares ein-mann-wohnzimmer (helm mit eingebautem tv etc.) wäre roussels streben nach exklusiven genüssen sicher entgegengekommen.

21 caradec, f., *vie de raymond roussel*, paris 1972

21a 1977–78: neuauflage von *locus solus;* hans hollmann verärgert in basel mit *der stern auf der stirn* das theaterpublikum; jürg laederach adaptiert *la poussière de soleils (sonnenstaub);* roussels stücke erscheinen unter dem titel *die prädestinierten*, hrsg. k. völker.

22 cf. leiris, m.: *conception et réalité chez raymond roussel.* critique 89, oktober 1954

23 cf. malcolm, n., *ludwig wittgenstein. ein erinnerungsbuch,* münchen–wien, o.j.

Impressianische Afrikonen

Inhaltsverzeichnis

Kapitel		Seite
I	Beschreibung des Platzes der Trophäen	7
	Naïr	7
II	Aufzug von Talou VII. mit Gefolge	17
	Wahl der Pagen	18
	Krönung	19
	Tanz der Frauen und Rülpsen	20
	Hinrichtungen (Gaïz-dûh, Mossem, Rul)	23
	Louise Montalescot und Elster	25
III	Beginn: Darbietungen der Unvergleichlichen Börsensitzung	29
	Vier Brüder Bocharessas (Ballspiel, Katzenbarlauf, Geräuschimitation)	29
	Stella Boucharessas, Balance auf Rad, Füllhorn	32
	Balbet, Schütze → Ei	32
	La Billaudière-Maisonnial, Balbet, Fechten	33
	Rhéjed: Nagetier → Geifer → Vogel	35
	Bex Orgel	37
	Bex Knopfgabel und Bernsteinstifte	42
	Skarioffszky und Wurm	50
IV	Bühne: Talou und Carmichael (Souffleur)	55
	Martignon, Ichthyologe, mit Störrochen	55
	Tancrède Boucharessas, homme orchestre, Strunk	56
	Ludovic, 4stimmiger Sänger	57
	Philippo, Kopf, und Jenn, Impresario	58
	Lelgoualch, einbeiniger Flötist	60
	Urbain mit sprechendem Pferd Romulus	61
	Whirligig baut Münzenturm, Domino-Mauer und Spielkartenhaus	62
	Cuijper, Tenor mit Stimmröhre (Verstärker)	64
	Adinolfa, ergreifende Tasso-Rezitation	65
V	Rezitator Carmichaels Lebende Bilder	67
	Mahl der Götter des Olymps	
	Ursula mit Maffa leistet den Verhexten des Ontario-Sees Hilfe	68
	Händel, Vesper-Oratorium komponierend	69
	Zar Alexis, den Mörder Pletschtschejews entdeckend	
	Das Echo des Arghyros-Waldes sendet Constantin Canaris den Duft der beschworenen Blumen	70
	Fürst Savellini als Taschendieb	
	Olga Tscherwonenkow, auf Elch Sladki, Pas de la Nymphe, Muskelkrampf, verarztet durch Dr. Leflaive	71
	Westseite	
	Chor der schwarzen Krieger: »Jerukka«. Monoto-	

Bestrafungen (II–III sidebar); *Komiker Soreau* (V sidebar)

	nes Heldengedicht über Talou. Letzte Strophe gesungen durch Carmichael. Fehler. Talou als Souffleur. Carmichael erhält drei Stunden Stubenarrest	
VI	Südlich von Ejur (Ebene)	73
	Stephan Alcott und seine sechs Söhne: Echonummer	
	Zauberer Bachkou heilt Sirdah von ihrer Blindheit	78
	Beschreibung des Webstuhls	79
	Bedu setzt den Webstuhl in Funktion. Beschreibung der Funktion	82
	Beschreibung der Motive: Schiffbruch	
	Arche Noah	83
	Überreichung des Mantels an Sirdah	84

auf Wasseroberfläche

Fuxier demonstriert Bildpastillen	
Perseus, das Haupt der Medusa tragend	
Tänzerinnen auf dem Tisch	
Dichter Giapalu läßt sich von Var Verse ranken	85
Winduhr des Schlaraffenlandes	
Fürst Conti und sein Eichelhäher	86
Luxos Feuerwerk: Porträts des Barons Ballesteros	86
Beschreibung von Djizmés Bett	87
Gewitter und Hinrichtung von Djizmé (Naïr)	88
(Platz der Trophäen)	

VII		Auftritt von Darriand und Séil-kor	89
		Projektionen auf Mauer mit magnetischen Pflanzen	90

Zur Wiedererweckung von Séil-kors Gedächtnis

- die junge Kandiotin
- Landkarte »Corréze« und »Tulle«   91
- Fang des Zitterrochens
- der doppelte Einsatz
- die Fabel
- der Ball
- Oo-Tal
- Boléro in der Remise   92
- Leitspur
- erste Adventsnacht
- Orientierung
- Keuchhusten

Heilung Séil-kors	92
Auftritt von Kalj und Méisdehl auf römischen Streitwagen	93
Schlußszene von Romeo und Julia	
Fuxiers rote Bildpastillen Rauchbilder:	94
– die Versuchung Evas	
– Thisias ... die Orgie in Zion	95
St. Ignatius	
– Pheior von Alexandria	
– Jeremias ... der Feuerstein	96

VIII	– Pergovédule	97
	Fuxier zeigt seine Darstellungen in zehn Traubenbeeren	98
	Auftritt Fogars mit dem Himmelbett mit Pflanze	102
	Beschreibung des Bettes	
	Bett in Aktion. Fogar fällt in Tiefschlaf	104
	Bilderfolge im Gewebe der Pflanze	
	– Kaufmann und Frau und Dichter. Wolf	
	Fogar entfernt Blutgerinnsel aus Venen	108
	Fogar füttert die drei Blutklümpchen, drei Gegenstände, leuchtender Schwamm	
	Scheibe verwandelt sich in Kuppel	110
	Gallertartiger Block auf Gagat-Nadeln	111
	Seife → Salto auf drei Goldbarren	112
	Portikus und halber Zweig als Streichinstrument und Bogen	113
	Donnernde Kerze	
	Verleihung des Delta-Ordens an Marius Boucharessas	114
	Verleihung der sechs kleinen Delta-Orden an Skarioffszky, Tancrède Boucharessas, Urbain, Lelgoualch, Ludovic und	
	La Billaudière	115
	Beziehen der Schlafquartiere	

Fogar

IX	Morgen des 26. Juni	116
	Platz der Trophäen	
	Louise Montalescot verläßt ihre Hütte (Laboratorium)	
	Auszug aus Ejur nach Süden zum Feuerwerkplatz	116
	Beschreibung der Staffelei	117
	Funktionieren der Staffelei	
	Beschreibung des gemalten Bildes	121
	Herstellung einer Zeichnung (Straßenszene)	122
	Rückkehr zum Platz der Trophäen	123
	Arrest Carmichaels, *Erzähler* hilft ihm repetieren und rekapituliert dabei seine Erlebnisse	123

südlich von Ejur
Rückblende

X	Einschiffung in Marseille am 15. März, Ziel Buenos Aires	127
	Liste der Passagiere auf der »Lyncée«	
	– Juillard	
	– Olga Tscherwonenkow, Elch Sladki, Eselin Milenkaja	
	– Carmichael	
	– Balbet	128
	– La Billaudière-Maisonnial	
	– Luxo	
	– Chènevillot	
	– Darriand	
	– Bex	129

Rekapitulation der Erlebnisse des Erzählers

Séil-kor

- Bedu
- Fuxier
- Hounsfield & Cerjat und drei Angestellte
- Soreau und Jeanne Souze und Operettentruppe
- Martignon 130
- Dr. Leflaive
- Adinolfa
- Skarioffszky
- Cuijper
- Whirligig
- Urbain und Pferd Romulus
- Tancrède Boucharessas
- Hector Boucharessas
- Tommy Boucharessas
- Marius Boucharessas
- Bob Boucharessas
- Stella Boucharessas
- Ludovic
- Lelgoualch
- Stephan Alcott und seine sechs Söhne
- Jenn
- Philippo

Fahrt der »Lyncée«, gestrandet ca. am 25. März an der Küste Afrikas 130
Gefangennahme durch Neger unter Séil-kor
Séil-kor erzählt seine Geschichte 131

- Reise durch Wüste mit dem Forscher Laubé
- Tripolis, Laubé trifft Frau und Kind
- Geographie-Prüfung (Corrèze, Tulle)
- Séil-kors Freundschaft mit Nina Laubé 132
- Zitterrochen, Umarmung Ninas 133
- Séil-kors Geschenke an Nina an deren Geburtstag 134
- Überfahrt nach Frankreich (Port-d'Oo, Schloß)
- Ankunft der Ferréol-Zirkus-Truppe 135

Zirkusnummern:
- Seiltanz
- Boléro 136

Ferréol besiegt mehrere Gegner im Ringen
Nina und Séil-kor spielen Zirkusnummern in der Remise nach
- Kostüme: Käppchen, Maske, Halskrause
- Boléro in der Remise 137
- Erkrankung Ninas
- Erkundung des Maquis mit Nina, Markierung des Weges mit Schweizer Käse. Sie verirren sich.

Späte Heimkehr ins Schloß 138
Ninas Tod 139

Erzähler	*Séil-kor*		
		Séil-kors Flucht und Rückkehr nach Afrika, an den Kaiserhof	140
		Séil-kor erzählt Geschichte Talous VII. und des Kaiserreichs	140
		Talous Abstammung: Souann, Gründer der Dynastie, mit spanischen Zwillingen, die vor Ejur Schiffbruch erlitten	141
		Zwei genau gleich alte Söhne: Talou I. und Yaour I.	
		Anlegung des Platzes der Trophäen, Sykomoren Samenniederlegung von Gummibaum und Palme als Gottesurteil über Thronfolge	
		Palme gibt Talou recht	
		Tod der spanischen Zwillinge. Doppelporträt	
		Eroberung von Drelchkaff	
		Souann stirbt. Yaour I. regiert Drelchkaff	143
		Talou I. regiert Ponukele	
		Yaour V. dringt in Ejur ein, Talou IV. flieht.	
		Yaour V. vernichtet Palme, dreißigjährige Kaiserzeit	
		Yaour VI. unfähiger Kaiser	
		Talou IV. kommt aus dem Exil, vertreibt Yaour VI., pflanzt wieder die Palme. Seither die zwei Königreiche in Haß nebeneinander.	
		Gummibaum halb abgestorben.	
XI		Séil-kor erzählt aus dem Privatleben Talous VII.	146
	Erzählung Séil-kors	Talou heiratet Rul. Spaziergang am Strand	146
		Schiffbruch, Bergung einer toten Amme in Schweizer Tracht, mit Pflegekind. Rul nimmt ihre Goldnadeln und rotes Mieder ab und trägt sie selber.	147
		Das Schiff hieß Sylvandre	
		Sirdah ist die Tochter von Talou VII. und Rul	
		Muttermal auf Stirne (Mieder und Goldnadeln)	
		Sirdah schielt	
		Rul haßt, Talou liebt Sirdah	
		Mossem, Ratgeber und Premierminister Talous VII., verliebt sich in Rul → Sohn	147
		In Talous Abwesenheit verschleppen Rul und Mossem Sirdah in die Vorrh, um ihrem Sohn Thronfolge zu sichern	148
		Mossem bringt Sirdah in den Geisterwald	
		Mossem fälscht Todesurkunde	
		Talou, voll Schmerz, will wieder eine Tochter, zeugt aber nur Söhne	149
		Talou erweitert sein Königreich durch Feldzüge	
		Er dichtet die Jerukka	
		Talou wird über die Beziehung Rul/Mossem unterrichtet, schenkt dem Gerücht aber keinen Glauben.	

			Um Talous Mißtrauen zu zerstören, nimmt Mossem eine Schein-Geliebte: Djizmé, die er mit Geschenken und Privilegien überschüttet. Handzettel.	
			Djizmé nimmt sich einen Geliebten: Naïr.	150
			Naïr wird ihr Page und verfertigt Moskito-Fallen und zeichnet.	
			Schwarze Melone von der »Sylvandre«	151
			Djizmé trägt Wildlederhandschuhe von der »Sylvandre«. Naïr will Djizmé beim königlichen Tête-à-tête im Béhuliphruen (Talou, Rul, Mossem und Djizmé) treffen. Brief an sie.	152
			Mossem kriegt Brief zu lesen – Plan zur Bestrafung von Naïr und Djizmé: Séil-kor an Stelle von Naïr, dem er eine Falle stellt.	153
			Mit Kreide das Wort »Pincée« auf Melone. Das »C« auf Djizmés Handschuh und der Brief und die Schlinge beweisen Talou die Untreue Djizmés gegenüber Mossem.	
			Djizmé und Naïr ins Gefängnis	155
			Talous Trauer um Sirdah. Sein Vorstellungsbild von der wachsenden Sirdah	155
			Adoption von Méisdehl (gleich alt wie Kalj)	156
			Brand des Vorrh. Talou Zuschauer	
Erzähler	*Erzählung Séil-kors*		Sirdah erscheint mit französischem Soldaten (Zuave), wird von Talou erkannt.	157
			Zuave wird ohnmächtig von fallendem Baum	
			Zurück in Ejur: Ruls Geständnis, Mossems Verhaftung. Talou findet Naïres Brief an Djizmé – Vorsatz, sie hinzurichten.	
			Zuave Velbar erzählt Séil-kor seine Erlebnisse:	158
			Aufgewachsen in Marseille. Dekorationsmaler, gute Baritonstimme, Militärdienst beim 5. Zuavenregiment in Bougie, Algerien.	
			Grausamer Feldwebel Lécurou, dessen Geliebte Flore Crinis.	
		Erzählung Velbars	Komponist Faucillon entdeckt Velbar und engagiert ihn als Ersatz für den heiseren Bariton Ardonceau, Rolle: Dädalus.	159
			Flore verliebt sich in Velbar, konsultiert die Wahrsagerin Angélique.	160
			Plan für Flores Annäherung an Velbar. Leserost. Anonymer Brief, Rendezvous Café Léopold, Überreichung des Leserostes	161
			Korrespondenz Flore-Velbar. Velbar richtet Liebesnest ein, Lécurou entdeckt die Beziehung Flore/Velbar, er verläßt Flore und schikaniert Velbar	164
			Suires Befehlsverweigerung und Mordversuch an Lécurou. Erschießung Suires.	
			Flore jetzt offen Velbars Geliebte	165

<table>
<tr><td rowspan="2">Erzähler</td><td colspan="3">Erzählung Séil-kors</td><td>Flore macht Schulden – Geldspiele
Polizeirazzia in der Spielhölle. Flores Selbstmord.
Velbar ohrfeigt Lécurou. Er muß fliehen.
Im Laderaum der »Saint Irenée« Richtung Südafrika. Schiffbruch vor Mihu.
Kannibalen von Mihu verspeisen alle Geretteten.</td><td>166</td></tr>
<tr><td>Erzählung Velbars</td><td>Velbar flieht in die Vorrh. Baut Hütte
Aquarellserie über Ereignisse in Bougie
Velbar findet Sirdah und zieht sie auf,
Brand zwingt beide zur Flucht. Zusammentreffen mit Talou und Gefolge
Velbar stirbt an den Folgen des Unfalls (stürzender Baum)
Beisetzung Velbars auf dem Platz der Trophäen.
Méisdehl bleibt in der Gnade Talous
Rul wird Sklavin im Béhuliphruen, ihr Sohn siecht dahin und stirbt.
Mossem, Naïr und Djizmé zum Tode verurteilt. Vollstreckung immer wieder verschoben.
Rao, Schüler von Mossem, wird dessen Nachfolger
Ruls Rache: Ansteckung Sirdahs mit der endemischen Augenkrankheit
Ruls Festnahme durch Talou. Todesurteil. Sirdah, blind, soll von Bachkou geheilt werden.
Bachkou weigert sich unter dem Druck von Yaour IX., der Sirdah zur Frau will (Kaiserreich)
Talou und Sirdah verzichten auf Heilung</td><td>167

168

169

170

171</td></tr>
<tr><td>XII</td><td colspan="2" rowspan="2">Vorbereitungen zur Gala</td><td>Während Séil-kors Erzählungen: Löschung der Ladung der »Lyncée«
Einzug der Passagiere in Ejur
Talou verlangt Lösegeld
Briefe an die Verwandten in Europa
Séil-kor bringt acht Tage später Briefe nach Porto Novo
Langeweile, Warten auf Séil-kors Rückkehr
Juillards Idee: Gründung des Clubs der Unvergleichlichen
Chènevillot baut Bühne mit Talous Genehmigung
Juillard verfertigt Delta-Orden
Vorbereitungen zur Gala:
  – Olga Tscherwonenkow
  – Juillard, Balbet, La Billaudière-Maisonnial, Luxo, Martignon
  – Boucharessas, Alcott (gemeinsame Zirkusnummer)
Kalj und Méisdehl benutzen singenden Wagen</td><td>172

175

176

177

178</td></tr>
<tr><td>XIII</td><td>Herstellung der Bühne mit Hilfe von Weißbinder Torresse und Tapezierer Beaucreau</td><td>179</td></tr>
</table>

			– Carmichael (»472«-Anekdote)	180

<table>
<tr><td rowspan="20">*Erzähler*</td><td rowspan="11">*Vorbereitungen zur Gala*</td><td rowspan="11">*Adinolfas Vorbereitungen*</td><td>Carmichaels Auftrittsprobe. Talou will so singen lernen wie Carmichael</td><td>181</td></tr>
<tr><td>– Adinolfa erprobt Akustik des Platzes, wird im Béhuliphruen imitiert durch Méisdehl.</td><td></td></tr>
<tr><td>Méisdehl wird Adinolfas Schülerin</td><td>181</td></tr>
<tr><td>Adinolfas erfolgreiche Karriere. Kauf eines Schlosses in London von Lord Dewsbury.</td><td></td></tr>
<tr><td>Adinolfa findet im Geheimfach Shakespeares Handschrift von »Romeo und Julia«, Creighton macht Abschriften</td><td>183</td></tr>
<tr><td>Teilweise Veröffentlichung in der »Times« Gelehrtenstreit um Echtheit des Manuskriptes</td><td>184</td></tr>
<tr><td>Adinolfa will das Stück aufführen, scheitert aber an hohen Kosten, notiert Interesse</td><td></td></tr>
<tr><td>*Vorbereitungen* für die Schlußszene mit Kalj als Romeo und Méisdehl als Julia</td><td>185</td></tr>
<tr><td>Kostüme. Im Béhuliphruen bittet sie Juillard um zwei rot kolorierte Illustrationen für Kopfbedeckungen</td><td></td></tr>
<tr><td>Erstes Bild Romeo und Julia: Pater Valdivieso, der seinen Schüler Romeo mit Hilfe folgender lehrhafter Bilder unterrichtet:</td><td>186</td></tr>
<tr><td>– die Versuchung Evas
– der Wüstling Thisias
– Pheior von Alexandria
– Jeremias
– Ignatius
Zweites Bild: Julias Amme
– Fee Urgèle
– Menschenfresserin Pergovédule
Vorkommen dieser Bilder in der Schlußszene
Adinolfa beauftragt Fuxier mit der Schaffung der Bilder (bilderträchtige Tabletten) und Chènevillot mit der Bühnenausstattung, Bex für Balsam gegen Verbrennung</td><td>187

189</td></tr>
<tr><td rowspan="9">XIV</td><td rowspan="4">*Die Börse*</td><td>Juillard gründet Aktien-Glücksspiel</td><td>191</td></tr>
<tr><td>Chènevillot baut Börse</td><td></td></tr>
<tr><td>Hounsfield & Cerjat als Wechselmakler</td><td></td></tr>
<tr><td>Beschreibung der Börse</td><td></td></tr>
<tr><td rowspan="5">*Lebende Bilder*</td><td>Aufträge in Alexandrinern. Aktienkurse</td><td>192</td></tr>
<tr><td>Talou singt »Aubade« von Dariccelli. Kostüm.</td><td></td></tr>
<tr><td>Operettentruppe übt lebende Bilder, Leitung: *Soreau*</td><td>193</td></tr>
<tr><td>– Gelage der olympischen Götter
– Geschichte aus *Quebec:* Ursule Jouandon entzaubert ihre durch No verwandelten Stiefverwandten</td><td></td></tr>
<tr><td>– Geschichte aus *England:* Händel komponiert</td><td></td></tr>
</table>

Erzähler		*der Truppe Soreaus.*	mit Hilfe des Zufalls das »Vesper«-Oratorium	196
			– Zar Alexis entdeckt den Mörder von Pletsch- tschejew (Geschichte aus *Rußland*)	199
			– Geschichte aus *Griechenland:* Canaris und das duftende Echo	201
			– Geschichte aus *Italien:* Fürst Savellini wird als Taschendieb festgenommen	202
			Soreaus Vorbereitungen	203
			– Gelage der Götter	
			– Legende vom Ontario-See	
			– Händel	
			– Alexis	
			– Canaris	
			– Carmichael als Rezitator	
	XV		*Fogar*, fünfzehnjährig (ältester Kaisersohn), Schüler von Zauberer Bachkou, Dichter, Taucher	205
			Fähigkeit, sich in todähnlichen Zustand zu versetzen, Unterwasser-Expeditionen, Ausbeute	
	Vorbereitung zur Gala	*Fogars Vorbereitungen*	Fogars Vorbereitungen	206
			Meertiere	
			Zusammenarbeit mit Bex (zweitönige Tierhaarsaiten) Seifenschaumtier, Goldbarren	213
			Bildwiedergebende Süßwasserpflanze (Schilf)	
			Als Projektionsvorlage stiehlt er Juillard das Buch »*Der Dichter und die Maurin*« und Album mit Tierabbildungen	216
			Koordination und Komposition aller Gegenstände	224
	XVI	*Skarioffszki*	*Skarioffszki*, Zigeuner mit Zither	226
			Geht an einsamen Ort im Béhuliphruen	
			Schweres Wasser, Wurm	
			Wurm-Dressur	227
			Apparat für Wurm	
			Wurm lernt Musikstücke	
			Mehrstimmige Melodien	
			Perfektionierung des Apparates durch Chènevillot	229
	XVII		*Rhéjed*, zwölfjähriger Sohn des Kaisers	230
			Rhéjed erschlägt im Béhuliphruen Nagetier	
			Speichel des Nagers lockt großen Vogel an	
			Speichel sehr starker Klebstoff	231
			Rhéjed fängt zweites Nagetier,	
			Schranktüre. Geheimhaltung	
			(Vorbereitungen abgeschlossen)	
			Gaïz-dûh, Botschafter von Yaour,	232
			kommt zu Talou, bringt Botschaft von Yaour, enthüllt aber auch dessen geheime Pläne.	
			Einladung an Yaour für den folgenden Tag.	
			Vorbereitungen für den Empfang. Yaour kommt.	233

		Einkleidung als Gretchen im »Faust«.	
		Besiegung des Drelchkaff-Heeres. Duell der Monarchen, Talou siegt.	
	XIX	Louise Montalescot und Norbert kommen aus Drelchkaff nach Ejur.	235
		Geschichte ihrer Herkunft, Louises Veranlagung. Louises Mal-Apparat; fehlende Substanz, die sie in Afrika zu finden hofft.	
		Lungenkrankheit	
		Luftröhren in Achselschnüren	236
		Norbert Montalescot, Bildhauer. Elster	237
		Reise nach Afrika. Vorrh, wo Louise die gesuchte Pflanze/Substanz findet.	
		Louise und Norbert werden von ihrer Reisegruppe bestohlen und verlassen. Marsch nach Süden.	
		Nach Drelchkaff. Liebesbeziehung Louise/Yaour.	240
		Fortsetzung der Arbeit am Malapparat.	
Erzähler	XX	Talou will sich zum König von Drelchkaff krönen	241
		Juillards Rat, Chènevillot baut Altar.	
		Stammbaum, Leichnam Yaours	
		Bestrafungskonzepte für Galïz-dûh, Mossem, Rul und Djizmé. Blitzableiter	242
		Bestrafung Naïrs. Gefängnis am Südrand.	
		Aufschub von Sirdahs Heilung	
		Aufschub des Urteils über die Montalescots.	
		Chènevillots neue Bauten: Altar, Gefängnis, Sokkel für Naïr, Djizmés Todeslager.	
	XXI	*Talous* Aufträge an Norbert, mit denen sich dieser die Freilassung erkaufen soll.	247
		Statue auf Schienen	
		Drei mechanische Skulpturen	
	Montalescot	Korsettstangen, Motivsuche	248
		Geschichte vom Heloten Saridakis	249
		Kant-Büste, Nonne Perpetua, Ludwig XV.	250
		Louises Hütte	251
	XXII	Séil-kors Rückkehr (Lösegeld)	253
		Talou dichtet die Jerukka. Auftrag an Carmichael	
		Rolle der sechsunddreißig Kaisersöhne	254
		Rolle der zehn Kaisergattinnen	
		Talous gezeichneter Jerukka-Entwurf (in Barometer)	
	XXIII	Carmichael übt die Jerukka	256
		Bedu webt den Krönungsmantel und entwirft Mantel für Sirdah	
		Fuxier stellt Wasserbild-Pastillen her	257

Fuxier {
1. Perseus
2. Spanisches Gelage
3. Legende vom Dichter Giapalu
4. Winduhr des Schlaraffenlandes
5. Galantes Abenteuer des Fürsten Conti
Fuxiers Pastillen für Shakespeare-Aufführung 258

XXIV   Séil-kors Verletzung durch Gaïz-dûh 259
Gedächtnis-Verlust
Darriands Vorbereitungen für Heilung
Fuxiers zehn Traubenbeeren 260
– Beschreibung der acht Szenen

XXV   Festlegung des Krönungsdatums 262
Rückkehr des Ichthyologen Martignon
25. Juni 14,00 h alles bereit:
Ölkanne für Salbung
Balbets Vorbereitung (Ei)
Olga Tscherwonenkows Kostüm, Elch 263
Bedus Bilder für Séil-kors Gedächtnis-Heilung
Montalescots letzte Vorbereitungen
Gefangene, Rao, Talou, Juillard, letzte Vorbereitungen 264
Ende der Rückblende

Carmichaels fehlerfreie Rezitation 265
Aufbruch nach Port Novo
Einschiffung
19. Juli Ankunft in Marseille 266

Ende.

Frühe Texte der Moderne

Raymond Roussel

Nouvelles Impressions d'Afrique

Französisch Deutsch

edition text + kritik

Raymond Roussel
Nouvelles Impressions d'Afrique
Übersetzt und herausgegeben von Hanns Grössel
160 Seiten, DM 15,–

Die „Nouvelles Impressions d'Afrique" sind das letzte zu Lebzeiten veröffentlichte Werk. In dieser vierteiligen Versdichtung werden Ansätze zu Beschreibungen durch ausufernde Assoziationsreihen ständig unterbrochen; Roussel demonstriert damit die Unmöglichkeit des Beschreibens und stellt darüber hinaus die Möglichkeiten literarischer Fixierung und Fiktion überhaupt in Frage; Größenverhältnisse werden verkehrt, Lebensbereiche gegeneinander entgrenzt.

Die Ausgabe von Hanns Grössel bietet neben dem französischen Text eine wortgetreue Prosaübersetzung, dazu die Zeichnungen von Henri A. Zo sowie die dazugehörigen Legenden; Anmerkungen, eine ausgewählte Bibliographie und ein ausführliches Nachwort ergänzen den Band.

edition text + kritik, Levelingstr. 6 a, 8000 München 80